WIRTSCHAFT ENERGIE UMWELT

Simone Maier

Bioprodukte
in der Schweizer Gastronomiebranche

Vermarktung als Herausforderung
für organisatorisches Lernen

Institut für Wirtschaft und Ökologie
Universität St.Gallen

cepe
Centre for Energy Policy and Economics
Swiss Federal Institutes of Technology

vdf Hochschulverlag AG
an der ETH Zürich

ISBN 3 7281 2836 8

Herausgeber:

Prof. Dr. Thomas Dyllick	Bereich Betriebswirtschaftslehre
Prof. Dr. Massimo Filippini	Bereich Volkswirtschaftslehre
Prof. Dr. Daniel Spreng	Bereich Energieanalyse

Das vorliegende Werk ist eine überarbeitete Version der von der Universität St. Gallen genehmigten Dissertation mit dem ausführlicheren Titel „Strategische Herausforderungen bei der Einführung von Bioprodukten in der Schweizer Gastronomiebranche".

Referent: Prof. Dr. Thomas Dyllick
Korreferent: Prof. Dr. Johannes Rüegg-Stürm

Die Deutsche Bibliothek – CIP-Einheitsaufnahme

Maier, Simone:
Bioprodukte in der Schweizer Gastronomiebranche : Vermarktung als Herausforderung für organisatorisches Lernen / Simone Maier.
– Zürich : vdf,Hochsch.-Verl. an der ETH, 2002
(Wirtschaft, Energie, Umwelt)
Zugl.: St. Gallen, Univ., Diss., 2002

ISBN 3-7281-2836-8

Meinen Eltern

Vorwort

Diese Dissertationsschrift markiert den Endpunkt eines weiten Weges mit vielen Etappen und vielen Wegbegleiterinnen und -begleitern, denen ich meinen Dank ausspreche. Prof. Dr. Thomas Dyllick spielte als Referent die Rolle des Igels, der immer schon da war, wenn ich hasengleich und manchmal ausser Atem eine neue Etappe auf dem langen Weg erreichte. Ihm danke ich für die hartnäckigen Fragen, welche halfen, das Werk zwar nicht leichter zu erarbeiten, aber sicherlich besser zu machen. Als Korreferent beobachtete Prof. Dr. Johannes Rüegg-Stürm meinen Weg eher aus dem Hintergrund, in seiner Habilitationsschrift fand ich jedoch eine „Landkarte", die sich für meine Analyse als sehr hilfreich erwies.
Ein langes Wegstück legte ich im Rahmen des Integrierten Forschungsprojektes „Nachhaltige Schweiz im internationalen Kontext – Visionen, Strategien und Instrumente entwickelt am Beispiel des Bedürnisfeldes Ernährung" (IP) zurück. Das Projekt und meine Forschungsarbeit wurden im Rahmen des Schwerpunktprogramms Umwelt durch den Schweizerischen Nationalfonds finanziert, danke. Während der ersten drei Jahre des IP arbeitete ich in einem Teilprojekt für Prof. Dr. Matthias Finger am idheap in Lausanne. Ich danke ihm für den grossen Freiraum, den ich in dieser Zeit hatte, um in vielen kleinen Umwegen auf Konferenzbesuchen in der wissenschaftlichen community Kontakte zu schliessen und heimisch zu werden. Ueli Haldimann (heute Alerion Consulting, Zug) spielte als externer Projektmitarbeiter am idheap häufig Wegweiser in Sachen Praxisrelevanz. Ich danke ihm ausserdem für seinen finanziellen Beitrag zur Überbrückung der Durststrecke im St. Galler Doktorandensalär.
Im transdisziplinär angelegten IP beschritt ich einen Teil des Wegs zusammen mit Kolleginnen und Kollegen, deren Gedanken mich sehr bereichert haben. Besonders möchte ich PD Dr. Gertrude Hirsch Hadorn (ETH Zürich) für ihre wegweisenden Tipps in Sachen „wissenschaftlicher Anschlussfähigkeit" danken. Ausserdem legte ich mit ihr und einer weiteren Kollegin, Dr. Sybille Wölfing Kast (heute impulsa, Bern), ein Stück gemeinsamen Wegs bei der Ausarbeitung einer transdisziplinären Forschungsheuristik zurück, die ebenfalls bei vdf erscheint. Beide übten sich in Geduld mit ihrer Kollegin, die zusätzlich zu diesem Buchrucksack das Dissertationsprojekt zu schultern hatte, was mehr als einmal zu Verzögerungen bei der Erreichung eines Etappenziels führte. Ich danke Euch beiden sehr für alles. Auch Dr. Ueli Stalder (heute Schweizerische Arbeitsgemeinschaft für das Berggebiet), Dr. Carmen Tanner (derzeit Northwestern University, USA) und Tobias Schulz (IWÖ-HSG) waren inspirierende Wegbegleiter im IP.
Der Weg dieses Projektes war nur möglich durch die Bereitschaft zweier Unternehmen, die mir tiefen Einblick in ihre Erfahrungen mit Bioprodukten gewährten. Ich danke der Mövenpick Produktions AG, Birmenstorf, und dem SV-Service, Zürich, sehr herzlich für diese Chance. Ihre Bereitschaft, meine Ergebnisse unter Nennung der Unternehmen zu publizieren, ist keineswegs selbstverständlich, da sie schwierige und steinige Wege bei der Einführung der Bioprodukte zurück gelegt haben. Besonders möchte ich Herrn Paul Kaelin (ehemals Um-

weltbeauftragter des SV-Service, heute ecopoint GmbH, Basel) sowie den Herren Hans-Ulrich Schaer und Lukas Brunner (alt: Mövenpick Produktions AG, neu: Deliciel AG) für die Öffnung der Wege in ihre Unternehmen danken.
Ein weiterer Dank geht an Dr. Arnt Meyer (heute ökom Verlag, München), Prof. Dr. Uwe Schneidewind (Universität Oldenburg) und Prof. Dr. Frank-Martin Belz (IWÖ-HSG), die einzelne Kapitel gelesen und kommentiert haben, sowie Cornelia Koch und Daniel Meier (beide Studierende an der Universität St. Gallen) für das Korrekturlesen der ersten Version.
Schliesslich danke ich Dr. Bernd Knappmann vom vdf Hochschulverlag für sein westfälisch-humorvolles Lektorat (kein Widerspruch!) und seinen verständnisvollen Umgang mit einer wegmüden Autorin. Ausserdem ein Dank an die Mannschaft von „Natürlich Aargau", die meine Begleitung ihres mittlerweile leider eingestellten Unterfangens eines Regionalmarketings für Aargauer Produkte mit einem Druckkostenzuschuss honoriert hat.
Kurz, nachdem ich den Weg aufgenommen hatte, gesellte sich mir ein Gefährte zu. Oliver Begré hat die Beschwerden aller Umwege und steilen Gebirgspässe, aber auch die Freuden der Etappenziele und des Endspurts mit mir geteilt. Viele kleine und grosse Dinge hat er mir abgenommen und mich viele Male zum Lachen gebracht, als ich es nötig brauchte. Danke für alles, ich freue mich auf viele Jahre gemeinsamen Wegs.
Besonders danke ich meinen Eltern, Violet und Rudi Maier, die mir diesen Weg ermöglicht und an sein erfolgreiches Ende geglaubt haben. Diese Arbeit ist für Euch!

Simone Maier
St. Gallen, April 2002

Inhaltsübersicht

Inhaltsverzeichnis

Abbildungsverzeichnis

Tabellenverzeichnis

Abkürzungsverzeichnis

BSE	Bovine Spongiforme Enzephalopathie
CNP	Coop Naturaplan
eds.	editors
etc.	et cetera
f.	folgende
ff.	fortfolgende
F&B	Food & Beverage
ggf.	gegebenenfalls
Hrsg.	Herausgeber
Idheap	Institut des Hautes Etudes en Administration Publique
IWÖ-HSG	Institut für Wirtschaft und Ökologie an der Hochschule St. Gallen
MKS	Maul- und Klauenseuche
m.w.N.	mit weiteren Nennungen
NGO	Non Governmental Organisation
NZZ	Neue Zürcher Zeitung
o.J.	ohne Jahr
ProdAG	(Mövenpick) Produktions AG
s.a.	siehe auch
sFr.	Schweizer Franken
SKS	Stiftung für Konsumentenschutz
SV	Schweizer Volksdienst (SV-Service)
SWOT	Strengths, Weaknesses, Opportunities, Threats
u.a.	unter anderem
UMS	Umweltmanagementsystem
usw.	und so weiter
vgl.	vergleiche
WWF	World Wide Fund for Nature
z.B.	zum Beispiel

1. Einleitung

1.1. Problemstellung

Die Bedeutung des Ausser-Haus-Konsums in den Industrieländern wächst durch die zunehmende Pluralisierung der Essgewohnheiten und Auflösung der familiären Essgemeinschaften.[1] In der Schweiz verteilt sich der Bezug von Lebensmitteln im Verhältnis 3:2 auf die beiden Kanäle Einzelhandel und Gastronomie.[2] Während Bioprodukte bei den grossen Einzelhandelsketten der Schweiz seit einigen Jahren zum Standardangebot mit rapide steigenden Umsatzanteilen gehören,[3] findet man sie bisher in Restaurants kaum auf der Speisekarte.[4] Einer der wenigen Anbieter ist das Cateringunternehmen *SV-Service*. Dort wurde 1996 das Programm „Bio logisch" eingeführt, mit dem ein *biologisches Menü* in jedem SV-Restaurant etabliert werden sollte.

Auch für ein biologisches Angebot werden längst nicht bei allen Gastronomen ausschliesslich Frischprodukte eingesetzt. Convenienceprodukte[5] spielen in der Gastronomie eine wichtige Rolle, um Zeit und Personalkosten einzusparen.

Die Nachfrage nach *biologischen Convenienceprodukten* richtet sich mit der langsam zunehmenden Verbreitung von Bioangeboten in der Gastronomie nicht mehr nur an die „Bio-Pioniere", sondern immer mehr auch an solche Lebensmittelverarbeiter, die bislang nur konventionelle Produkte[6] im Angebot hatten. Dies erklärt sich zum einen dadurch, dass das Nachfragevolumen die Produktionskapazität der „Bio-Pioniere" mittlerweile übersteigt, zum anderen möchten viele Unternehmen weiterhin mit ihren gewohnten Lieferanten arbeiten. Daher nahm die *Mövenpick Produktions AG* (im weiteren: ProdAG) 1996 auf Anfrage eines Unternehmens aus der Handelsgastronomie Bioprodukte in ihr Sortiment auf. Andere konventionelle Lebensmittelverarbeiter nutzten die gestiegene Nach-

---

1 Vgl. Rigendinger 1997, 39ff.

2 Bundesamt für Statistik 2000, Tabelle T2 „Ausgabenstruktur nach sozioökonomischen Gruppen 1998".

3 Der Umsatz von Bioprodukten unter der ökologischen Kompetenzmarke Coop Naturaplan betrug im Jahr 2000 rund 365 Mio. sFr. (Coop 2001, 9). Der Umsatz der Migros Bio-Produktion lag 2000 bei ca. 180 Mio. sFr. (Migros 2001, 10).

4 Bereits 1994 führten die Coop Restaurants im Zuge des Naturaplan-Angebots erste biologische Gemüse-Komponenten ein. Seit April 2000 wird das gesamte Rind- und Schweinefleisch in +Natura-Beef+- bzw. Naturaplan Porc-Qualität und ausgewählte Kalbfleischprodukte in Knospenqualität angeboten. Der Umsatz mit den biologischen Speisen betrug 2000 über 21 Mio. sFr. (Coop 2001, 9). +Natura-Beef+ und Naturaplan Porc sind Labelprogramme, die eine tierfreundliche Haltung und artgerechte Fütterung vorsehen (WWF Schweiz & SKS 2000, 13, 14 und 17).

5 Es handelt sich um vorverarbeitete Produkte. Genauere Erläuterungen zu Convenienceprodukten folgen in Kapitel 3.4.

6 Unter „konventionellen Produkten" werden in dieser Arbeit alle Produkte verstanden, die mit Rohstoffen aus konventioneller Landwirtschaft nach den etablierten Verarbeitungsverfahren hergestellt werden. Entsprechend sind „konventionelle" Unternehmen solche, die bislang nur mit konventionellen Produkten gearbeitet haben.

frage aus eigenem Antrieb zur Lancierung eines biologischen Conveniencesortiments.
Unabhängig davon, auf welcher Stufe der Wertschöpfungskette sie sich befinden, sehen sich Unternehmen, die Bioprodukte einführen, mit *strategischen Herausforderungen* konfrontiert. So wünschenswert ein Bioangebot aus gesellschaftlicher und ökologischer Perspektive sein mag, müssen die Produkte doch mindestens mittelfristig rentabel in das Sortiment integriert werden. Bei der Einführung sind die Unternehmen also neben der Eingliederung in die *operativen Abläufe* auch gefordert, eine geeignete *Marketingstrategie* zu *entwic??keln.*

1.2. Stand der Forschung

Die *marktorientierte* Perspektive der Einführung von Bioprodukten in konventionellen Unternehmen wurde bereits in verschiedenen Arbeiten untersucht. Belz (1995) zeigt, welchen Beitrag die Einführung ökologischer, u.a. biologischer, Produkte zur *Wettbewerbsfähigkeit* von Unternehmen der Lebensmittelbranche leisten. Villiger (2000) entwickelt Marketingstrategien, um Bioprodukten im Schweizer Einzelhandel den Sprung aus der *Ökonische in den Massenmarkt* und damit in die konventionellen Vertriebskanäle hinein zu ermöglichen. Auch Belz (2001) gibt im Rahmen seiner Konzeption des *transformativen Ökomarketings* u.a. am Beispiel von Bioprodukten, Hinweise für das operative und strategische Marketing, um ökologische Produkte und Dienstleistungen mit einer breiten Akzeptanz am Markt durchzusetzen. Diese Arbeiten fokussieren auf den Lebensmitteleinzelhandel; sie erwähnen die *Gastronomie ausschliesslich am Rande* und reflektieren die *unterschiedlichen Rahmenbedingungen* von Einzelhandel und Gastronomie kaum.[7]
Erste Ansätze zur Forschung über *Bioprodukte in der Gastronomiebranche* bilden die Arbeiten von Wüstenhagen und Hermanowski. Wüstenhagen (1997) diskutierte die Ökologie als *Wettbewerbsfaktor im Schweizer Cateringmarkt* und stellte am Beispiel verschiedener Schweizer Anbieter unterschiedliche Wettbewerbsstrategien zur Einführung von Bioprodukten in der Gastronomie vor. Hermanowski et al. (1997) legten eine deskriptive Arbeit zu den *operativen Problemen* bei der Einführung von Bioprodukten im deutschen Gastronomiemarkt vor und formulierten Gestaltungsempfehlungen für die Anpassung der operativen Prozesse und zur kostengünstigen Menügestaltung mit biologischen Produkten.
Der marktorientierte Blick auf die Einführung von Bioprodukten konzentriert sich auf die Entwicklung von Wettbewerbsstrategien und Marketingmassnahmen und damit auf den *Inhalt* der Strategieentwicklung. Bei allen genannten Arbeiten bleibt jedoch die *Form* der Strategieentwicklung, der *organisationsinterne Prozess,* grösstenteils unberücksichtigt. Die Autoren gehen implizit davon aus, dass keine *operativen Probleme* in den internen Wertschöpfungsprozessen *bis zur Erreichung des Umsatzerfolgs* auftreten und auch die *Strategieentwicklungspro-*

---

[7] Vgl. Villiger 2000, 100 und Belz 2001, 172f.

zesse in der Planungs- und Realisierungsphase solcher Innovationsprojekte ideal ablaufen. Der Blick in die Praxis zeigt jedoch, dass die Einführung von Bioprodukten organisationsintern häufig ganz anders als reibungslos vonstatten geht.

1.3. Zielsetzung und Forschungsfragen

Die vorliegende Arbeit widmet sich der *organisationsinternen Perspektive* der Einführung von Bioprodukten in der Gastronomiebranche. Sie zeigt die strategischen Herausforderungen auf, analysiert ihre Ursachen und entwickelt Gestaltungsempfehlungen für eine erfolgreiche Einführung.
Die Arbeit orientiert sich an folgenden *forschungsleitenden Fragen*:

1. Wie läuft die Einführung von Bioprodukten bei den untersuchten Unternehmen in der Gastronomiebranche ab?
2. Welche Probleme treten bei der Einführung der Bioprodukte auf?
3. Wie können die vorgefundenen Probleme theoretisch systematisiert und erklärt werden?
4. Welche Empfehlungen können aus dieser Analyse für Unternehmen in der Gastrononomiebranche abgeleitet werden?

1.4. Forschungsmethodik

1.4.1. Forschungsansatz

Die Arbeit ist *anwendungsorientiert*, da sie von einem *Praxisproblem* ausgeht[8]: den strategischen Herausforderungen bei der Einführung von Bioprodukten in konventionellen Unternehmen. Sie kann mit ihrem *explorativen* und kombiniert *induktiv-deduktiven* Vorgehen und der *Fallstudienanalyse* der *qualitativen Sozialforschung* zugerechnet werden.
Das *explorative* Vorgehen wurde gewählt, weil es sich bei der Problemstellung um ein bislang nur wenig bearbeitetes Thema handelt, dessen Zusammenhänge und Einflussfaktoren zunächst erfasst werden mussten. Dazu werden zwei *Fallstudien* durchgeführt.[9] Sie sind *induktiv* angelegt und dienen dazu, die heterogenen, komplexen Kausalzusammenhänge herauszuarbeiten, die in den beiden Unternehmen zu Problemen bei der Einführung von Bioprodukten führten. Dabei wurde besonders Wert darauf gelegt, diejenigen Faktoren zu finden, welche das Ergebnis des Einführungsprozesses entscheidend beeinflussten.[10] Die Fallstudien erfassen die Probleme, Einflussfaktoren und Zusammenhänge zunächst am Spe-

[8] Vgl. Ulrich 1981.

[9] Vgl. Yin 1994.

[10] Vgl. Hirsch Hadorn 1999.

zialfall, bevor die Ergebnisse im Fallstudienvergleich im Hinblick auf verallgemeinerbare Aspekte diskutiert werden.[11]

Zur Fallstudienanalyse werden aber auch *deduktive* Elemente eingesetzt. Kapitel 3 analysiert die Rahmenbedingungen, beispielsweise die Einflussfaktoren auf die Konsumentscheidung im Restaurant, und die Wettbewerbssituation in der Gastronomiebranche. Diese Aspekte wurden bei der ad hoc-Kategorisierung als relevant für beide Fälle identifiziert, weil sie die Prozesse in beiden untersuchten Unternehmen beeinflussen. Daher werden sie vor den Einzelfallstudien im Detail analysiert und dann in den Fallstudien auf den Spezialfall der untersuchten Unternehmen angewandt.

Ein *regelgeleitetes Vorgehen*, das als Qualitätsmerkmal qualitativer Sozialforschung[12] gilt, wurde sichergestellt, indem die Analyseschritte einem geplanten Vorgehen folgten. Die *Nähe zum Gegenstand* wurde durch die Interviews mit den hauptsächlich von der Einführung betroffenen Personen hergestellt. Die Ergebnisse wurden *kommunikativ validiert*, indem die betroffenen Personen in den Unternehmen Interviewprotokolle zur Kenntnis erhielten. Auch die Fallstudien wurden vorgelegt und mit Unternehmensvertretern diskutiert, um Fehlinterpretationen zu verhindern und die Veröffentlichung der unternehmensbezogenen Informationen zu autorisieren. Die *Ergebnisse* wurden durch die Abstützung auf verschiedene Informationsquellen, wie die Interviews mit unternehmensinternen und -externen Akteuren, Geschäftsberichte, Informationsbroschüren und andere verfügbare Dokumente[13] *trianguliert.*

Der eingesetzte Analyserahmen basiert auf *systemisch-konstruktivistischen* Theorien. Als *Rekonstruktion* und *Interpretation* von vergangenen Ereignissen kann die Arbeit keinen Absolutheitsanspruch vertreten. Vielmehr geht es um die *plausible Begründung*, warum welche Faktoren die Prozesse beeinflusst haben und warum welche andere Gestaltung dieser Faktoren ein günstigeres Ergebnis der Prozesse mit sich gebracht haben könnten.[14] Die Arbeit bietet Interpretationen der betrachteten Handlungskontexte an, die den involvierten Akteuren in der akuten Handlungssituation möglicherweise so nicht zugänglich waren, und will damit Handlungsoptionen aufdec??ken, die *auch* möglich gewesen wären. Damit bietet sie nachfolgenden Akteuren die Möglichkeit, sich an einer theoretisch rekonstruierten und reflektierten Interpretation der bereits vorhandenen Praxiserfahrungen zu orientieren und die Wahrnehmung ihrer eigenen Handlungsoptionen daran zu hinterfragen.

---

[11] Vgl. Eisenhardt 1989.

[12] Zu den Qualitätsmerkmalen qualitativer Sozialforschung, vgl. Mayring 1996.

[13] Im Fall des SV-Service wurden zusätzlich drei Diplomarbeiten einbezogen, die vom Unternehmen in Auftrag gegeben wurden und die einen Bezug zum Programm „Bio logisch“ aufweisen (Büchel 1996, Dziadek 1997 und Zuccolin 1997).

[14] Zu dieser Perspektive von Forschung als Sinngebungs- und Interpretationsprozess, vgl. Dachler 1988, 69f., auch Rüegg-Stürm 2001, Vorwort vi, und Baitsch 1993, Kapitel 4.

1.4.2. Forschungsmethodische Konsequenzen aus dem Projektverlauf

Das empirische Material, das in dieser Arbeit verwendet wird, stammt grösstenteils aus der Bearbeitung des Nationalfondsprojektes „Organizational and interorganizational learning processes towards sustainability“[15], das 1996–1999 am idheap[16] in Lausanne bearbeitet wurde. In diesem Forschungsprojekt wurde nach Lernprozessen der Unternehmen in Richtung Nachhaltigkeit im Zusammenhang mit der Einführung der Bioprodukte gefragt. In den Interviews zeigte sich, dass diese Fragestellung von der Unternehmensrealität relativ weit entfernt war. *Keines der Unternehmen strebte mit der Einführung der Bioprodukte an, zu lernen, das Unternehmen nachhaltiger zu machen.*[17] Die Mitarbeiterinnen und Mitarbeiter interessierten sich v.a. für die Lösung der operativen und strategischen Probleme, die durch die Einführung der Bioprodukte entstanden. Im Sinne einer anwendungsorientierten Forschung, welche die Probleme der Lebenswelt bearbeitet, wurde dieses Anliegen zum Thema des Dissertationsprojektes.

Mit diesem Perspektivenwechsel ist ein *forschungsmethodisches Problem* verbunden: Die Interviews, die 1997 und 1998 unter der alten Fragestellung geführt wurden, fokussierten teilweise auf andere Fragen und Probleme, als dies für die neue Forschungsfrage zielführend gewesen wäre. Als das Material ab 1999 unter der neuen Forschungsfrage analysiert wurde, zeigte sich, dass Fragen offen blieben, die aus dem vorhandenen Interviewmaterial nicht zu beantworten waren. Die Fragen konnten aber häufig nicht mehr geklärt werden, weil die betreffenden Akteure das Unternehmen verlassen hatten. Ohnehin kann man davon ausgehen, dass sich die Perspektive der Gesprächspartner auf die Geschehnisse in einer Befragung zwei Jahre nach den Ereignissen verändert hätte. An den Stellen der Arbeit, wo durch den Wechsel der Fragestellung solche Lücken auftreten, wird explizit darauf hingewiesen.

Eine Konsequenz aus der langen Bearbeitungsdauer liegt darin, dass die weitere Entwicklung der Bioangebote mittels erneuter Interviews im Herbst 2000 in die Bearbeitung einfliessen konnte. Gemäss dem Sprichwort „Hinterher ist man immer schlauer“ musste aber bei der Interpretation berücksichtigt werden, dass die Perspektive dieser Interviewpartner zwangsläufig eine andere war als die derjenigen in der ersten Interviewphase.

1.4.3. Vorgehen bei der Fallstudienanalyse

Für die Fallstudien wurden auf Basis der ursprünglichen Fragestellung zwei Unternehmen ausgewählt, eines aus der Lebensmittel verarbeitenden Industrie und

---

15 Vgl. Maier/Finger 2001, Maier et al. 1999. Das Projekt war Teil des Integrierten Projektes „Nachhaltige Schweiz im internationalen Kontext: Visionen, Strategien und Instrumente entwickelt am Beispiel des Bedürfnisfeldes Ernährung“ des Schwerpunktprogramms Umwelt des Schweizerischen Nationalfonds.

16 Der Projektverantwortliche war Prof. Dr. Matthias Finger.

17 Im Fall des Programm „Bio logisch“ im SV-Service war das Bioangebot durchaus dazu gedacht, einen Beitrag zu einer ökologisch verträglicheren Verpflegungsweise zu leisten. Im Fall der ProdAG wurde diese normative Dimension hingegen nicht berührt. Es wird zu diskutieren sein, inwiefern diese unterschiedliche normative Orientierung einen Einfluss auf die Prozesse hatte.

ein Gastronomieunternehmen. Aufgrund der Interviews wurde dann die neue Fragestellung formuliert. Die Unternehmen waren als Fallstudien zu ihrer Untersuchung geeignet, weil sie

- auf zwei verschiedenen Stufen der Produktkette angesiedelt waren,

  ... was erlaubte, nicht nur die Ähnlichkeiten über eine enge Branchengrenze hinweg zu erfassen, sondern auch die Bedingungen zu erkennen, die sie als Vertreter ihrer Produktkettenstufe für die Unternehmen auf der jeweils anderen Stufe bereitstellten.

- sehr unterschiedliche Strategien hinsichtlich Ökologie im Allgemeinen und Bioprodukten im Besonderen verfolgten,

  ... damit die Einflüsse erkannt werden konnten, die durch unterschiedliche strategische Herangehensweisen des Gesamtunternehmens auf die Strategie für die Bioprodukte einwirkten.

- eine hohe organisationale Arbeitsteilung (Differenzierung) aufwiesen,

  ... wodurch an der Strategieentwicklung mehrere Instanzen im Unternehmen beteiligt waren und damit sowohl individuelle als auch strukturelle Einflüsse auf die Strategieentwicklung erkennbar wurden.

- zu annähernd gleicher Zeit, 1996, Bioprodukte in ihr Angebot aufnahmen,

  ... was erlaubte, die Rahmenbedingungen aus Markt und Gesellschaft einerseits zu erkennen, aber andererseits auch festzustellen, ob und wie die beiden Unternehmen unterschiedlich damit umgingen.

Die *Interviewpartner*[18] in den Unternehmen und verbundenen Organisationen[19] wurden schrittweise identifiziert.[20] Zunächst dienten die jeweils hauptsächlich mit der Einführung der Bioprodukte befassten Personen in beiden Unternehmen als *Ansprechpartner*. Nachdem in einem ersten Gespräch der Verlauf der Ereignisse geklärt und die wichtigsten betroffenen Personen im Prozess der Einführung identifiziert wurden, fanden die weiteren Gespräche statt. Die nachfolgenden Gesprächspartner wurden danach ausgewählt, dass sie am Prozess der Einführung der Bioprodukten in unterschiedlichen Funktionen beteiligt waren. Darüber hinaus sollte die *Bandbreite der Einschätzungen* des Prozesses abgedeckt werden. So wurden positiv eingestellte Ansprechpartner und Kritiker gleichermassen um ein Interview gebeten. Eine erste Interviewwelle fand 1997/98 statt. Im Winter 2000/2001 wurden dann einzelne Interviews mit neuen Ge-

---

18 Vgl. Interviewliste mit Daten und Erfassungsmethoden im Anhang.

19 Für die Fallstudie SV-Service wurden zwei Lieferanten interviewt, für die Fallstudie Mövenpick mehrere Gesprächspartner bei der Bio Suisse.

20 Damit wurde das Verfahren des „theoretical sampling“ angewandt, das die Interviewpartner nach der Bandbreite der zugänglichen Informationen sowie einer Sättigung der Arbeit mit Inhalt ausliest und nicht nach der statistischen Repräsentativität einer Population, die in der quantitativen Forschung im Vordergrund steht (vgl. Eisenhardt 1989, 533).

sprächspartnern aus den Fallstudienunternehmen, ebenfalls mit Tonaufnahme und Transskript, hinzugefügt, um die in der Zwischenzeit abgelaufenen Prozesse nachzuvollziehen und zusätzliche Informationen hinsichtlich der neuen Fragestellung zu erheben.

Mit den Akteuren der Fallstudienunternehmen wurden *narrative, teilstrukturierte Interviews* durchgeführt, die sich für die Exploration von Sinnzusammenhängen und handlungsbezogene Fragestellungen besonders eignen.[21] Die Gesprächspartner erhielten vor dem Interview einen kurzen Gesprächsleitfaden zugeschickt,[22] anhand dessen sie sich auf das Gespräch vorbereiten konnten. Im Gespräch wurden dann je nach Kontext weiterführende Fragen gestellt.

Die Interviews wurden vollständig *transskribiert.* Das Transskript übertrug die vorwiegend in Schweizer Dialekt gesprochenen Interviews ins Schriftdeutsche. *Auffällige Gesprächsstellen*, z.B. lange Denkpausen, stammelndes Suchen nach Worten, Gefühlsäusserungen, wurden im Transskript *notiert*, weil sie z.B. darauf hinweisen konnten, dass die befragte Person bei der Interpretation eines Ereignisses gegenüber der Interviewerin Probleme hatte. Ein *Gesprächsprotokoll*, das die gegebenen Informationen und erste Interpretationen enthielt, wurde den Interviewpartnern zur *Validierung* vorgelegt und ggf. Daten nach Rückmeldung korrigiert.

Ausserdem wurden 2000 und 2001 verschiedene *Interviews mit anderen Akteuren* in der Gastronomiebranche, v.a. mit Wettbewerbern der beiden Fallstudienunternehmen, geführt. Der Zweck lag zum einen in der Erfassung einer *Fremdwahrnehmung* der beiden Unternehmen, zum anderen wurden *Informationen für die Wettbewerbsanalyse* gesammelt. Diese Interviews wurden entweder *unmittelbar* während oder *nach Tonaufnahme* des Gesprächs *in Notizen* dokumentiert, da es hier weniger um die Erfassung von Sinnzusammenhängen, sondern mehr um Sachinformationen ging. Diese Interviews dienten aber nur zur Erhebung von Hintergrundinformationen und wurden daher nicht in die unmittelbare Analyse durch Codierung einbezogen.

Die Transskripte wurden dann mit Hilfe eines Programms für qualitative Forschung[23] gemäss der neuen Fragestellung *codiert und analysiert* und auf diesem Weg *ad hoc-Kategorien* relevanter Probleme und Einflussfaktoren gebildet. Auf der Basis der ersten Systematisierung der Probleme und Einflussfaktoren wurde mittels Literaturrecherche ein *theoriebasierter Analyserahmen* erstellt, der es erlaubte, die Probleme und Einflussfaktoren näher zu beschreiben, zu erklären und zueinander in Beziehung zu setzen. Ausserdem wurden verschiedene Kontextfaktoren auf deduktivem Wege analysiert, z.B. die Wettbewerbssituation in der

---

[21] Vgl. Mayring 1996, 54ff.

[22] Die Gesprächsleitfäden wurden individuell auf die Funktion der Gesprächspartner und den jeweiligen Wissens- und Interpretationsstand der Autorin abgestimmt. In Anhang 2 sind exemplarische Leitfäden aufgeführt.

[23] Es handelt sich um das speziell für ein Vorgehen nach „grounded theory" entworfene Programm ATLAS/ti. Zur Funktionsweise vgl. http://www.atlasti.de, und zur Einschätzung der Funktionalität vgl. Miles/Weitzman 1994.

Gastronomiebranche, und die Ergebnisse dieser Analysen in die Fallstudienanalyse einbezogen.

Die beiden *Fallstudien* wurden anhand dieser konzeptionellen Grundlagen zunächst einzeln analysiert und daraus *Gestaltungsempfehlungen für die beiden Unternehmen* abgeleitet. Im *Fallstudienvergleich*[24] wurden Gemeinsamkeiten und Differenzen zwischen den Fällen herausgearbeitet und daraus *verallgemeinerbare Erkenntnisse und Handlungsempfehlungen* formuliert (vgl. die folgende Abbildung 1 zum Vorgehen bei der Fallstudienanalyse).

[24] Zum Vorgehen im Fallstudienvergleich siehe Eisenhardt 1989.

Abbildung 1: Vorgehen bei der Fallstudienanalyse

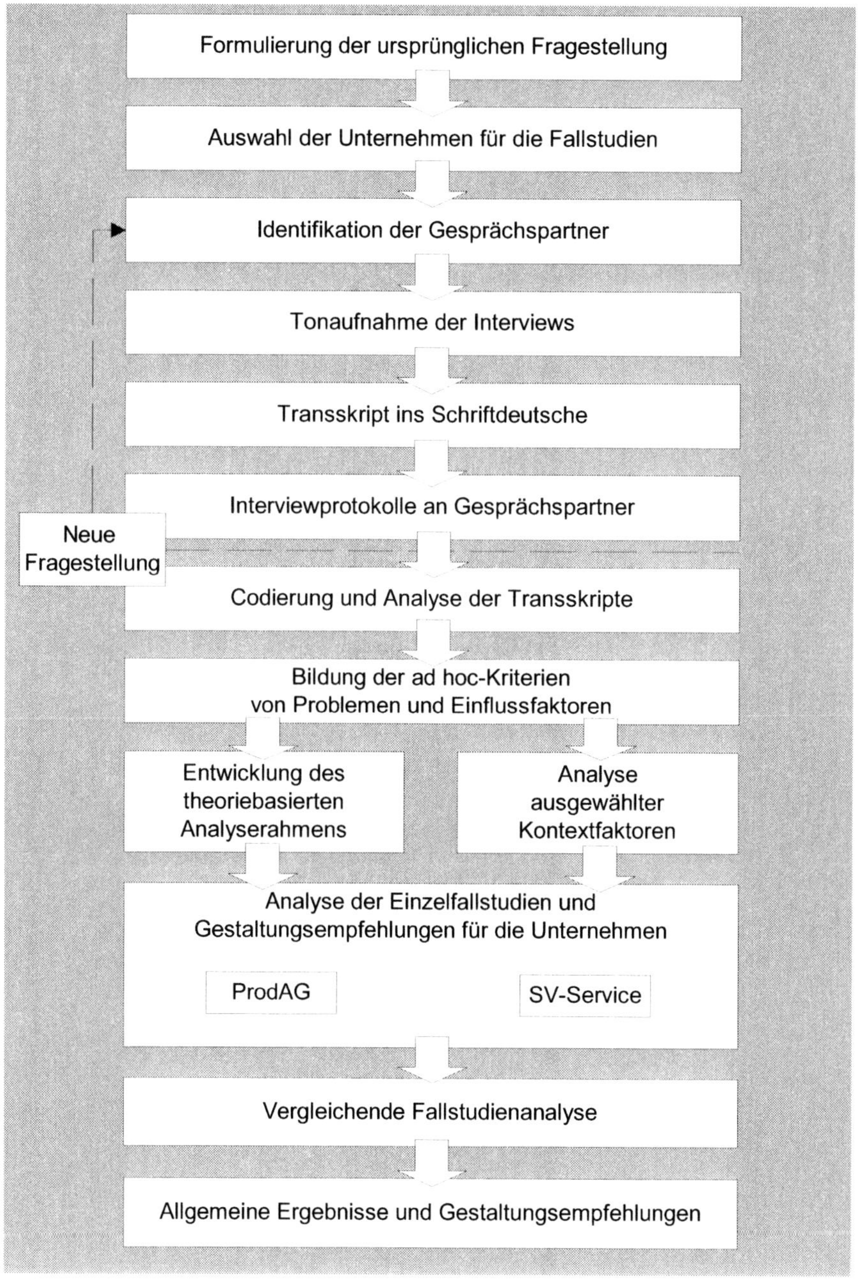

1.5. Aufbau der Arbeit

Das Einleitungskapitel hat Problemstellung, Forschungsfragen und Forschungsmethodik präsentiert. Im zweiten Kapitel werden die konzeptionellen Grundlagen vorgestellt. Das dritte Kapitel analysiert Rahmenbedingungen, welche die Prozesse in beiden Unternehmen beeinflussten und zeigt ihre Wettbewerbssituation auf. In Kapitel 4 und 5 folgen die Fallstudien Mövenpick Produktions AG und SV-Service. Im sechsten Kapitel wird die vergleichende Fallstudienanalyse durchgeführt. Kapitel 7 formuliert Gestaltungsempfehlungen an Akteure der Gastronomiebranche, die Bioprodukte einführen wollen sowie an Organisationen, die einen Bionachweis vergeben oder die Einführung von Bioprodukten in der Gastronomie stimulieren wollen und gibt einen Ausblick. Abschliessend wird weiterer Forschungsbedarf aufgezeigt.

Abbildung 2: Aufbau der Arbeit

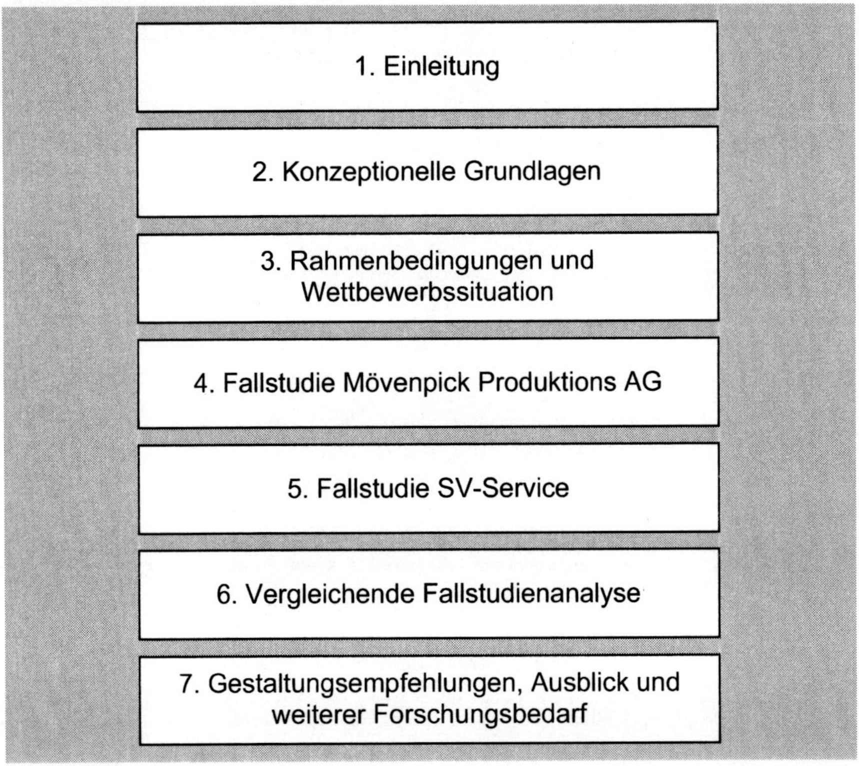

2. Konzeptionelle Grundlagen

Das Thema der Arbeit sind die strategischen Herausforderungen bei der Einführung von Bioprodukten in der Gastronomiebranche.[25] Dieses Kapitel stellt die konzeptionellen Grundlagen vor, mit deren Hilfe die Beschreibung und Analyse durchgeführt werden. Drei Ansatzpunkte dienen zur Bearbeitung des Themas:

1. Die Einführung von Bioprodukten, verstanden als Innovation (2.1.)
2. Das Marketing als die eine strategische Herausforderung (2.2.)
3. Die Strategieentwicklung als die andere strategische Herausforderung (2.3.)

2.1. Die Einführung von Bioprodukten als Innovation

Der Begriff Innovation soll hier als die Einführung von etwas Neuem in einem Unternehmen verstanden werden.[26] Hauschildt[27] unterscheidet verschiedene Dimensionen einer Innovation: die inhaltliche (Was ist neu?), die subjektive (Neu für wen?), die prozessuale (Wo beginnt und endet die Neuerung?) und die normative (Ist neu gleich erfolgreich?). Alle vier Dimensionen sind für die Analyse der strategischen Herausforderungen insofern relevant, als sie helfen aufzuspüren, wie viel Neues die Bioprodukte für die einführenden Unternehmen mit sich bringen und welcher Veränderungsbedarf durch die Einführung entsteht. Im Folgenden werden allgemeine Hinweise für die Analyse in den Fallstudien generiert. Der Fallstudienvergleich arbeitet dann heraus, *was an den strategischen Herausforderungen biospezifisch ist* und wo die Innovation *allgemeine Schwachpunkte der analysierten Unternehmen* offenlegt.
Was ist neu? Die Einführung von Bioprodukten in einem Unternehmen ist zunächst eine Produktinnovation. Wichtig ist in den beiden untersuchten Fällen, dass die Bioprodukte keine völligen Neuentwicklungen waren. Vielmehr handelte es sich um biologische Varianten konventioneller Produkte. In den Fallstudien wird genauer herausgestellt, *was neu an den Bioprodukten war* und *wie die Unternehmen mit diesen Neuerungen umgegangen sind.*
Neu für wen? Bioprodukte werden seit geraumer Zeit in der Schweiz hergestellt und vermarktet. Die Bioprodukte waren also keine absolut unbekannte Grösse, sondern neu für die betrachteten Unternehmen, welche bislang nur konventionelle Produkte herstellten. Die Mitarbeiterinnen und Mitarbeiter hatten in der Regel im Privatleben bereits von Bioprodukten gehört oder sie, in selteneren Fällen, schon selbst konsumiert, und sie hatten ihre professionellen Erfahrungen

[25] Das Verständnis der Begriffe Bioprodukte und Gastronomiebranche wird im nachfolgenden Kapitel 3 geklärt.

[26] Hauschildt 1997, 3.

[27] 1997, 3f.

mit der konventionellen Variante der nunmehr biologischen Produkte. In der Analyse wird gezeigt, *wie die Erfahrungen der involvierten Personen sich auf die Einführung der Bioprodukte auswirkte.*

Wo beginnt und endet die Neuerung? Die Neuerung beschränkte sich nicht allein auf das Produkt, d.h. auf den Austausch von Inhaltsstoffen, sondern die Inhaltsstoffe mussten auch beschafft und die fertigen Produkte vermarktet werden, die Wertschöpfungsprozesse im Unternehmen waren also ebenfalls von der Innovation betroffen. In der Analyse wird aufgezeigt, *wo in der organisationalen Wertschöpfungskette die Herausforderungen der Einführung lagen und wie Wechselwirkungen innerhalb des Unternehmens zu dauerhaften Problemen auf einzelnen organisationalen Wertschöpfungsstufen führten.* Um die aufgefundenen Herausforderungen den unterschiedlichen Managementebenen zuweisen zu können, wird in der Zuordnung der Probleme zu den Etappen der Wertschöpfungskette *zwischen strategischen und operativen Problemen unterschieden* (vgl. Abbildung 3). Entsprechend sind die Problemlösungen dem strategischen oder dem operativen Management zuzuordnen. Während das *strategische* Management auf die Definition der allgemeinen Programme zur Erreichung der Unternehmensziele ausgerichtet ist, befasst sich das *operative* Management mit der Gestaltung der konkreten Schritte zur Umsetzung der Strategie in den Unternehmensprozessen auf den einzelnen Wertschöpfungsstufen.[28]

Abbildung 3: Analyseschema zur Ortung der strategischen und operativen Herausforderungen und ihrer Wechselwirkungen in der Wertschöpfungskette (Quelle: aus Kirsch 1997, 85 adaptiert)

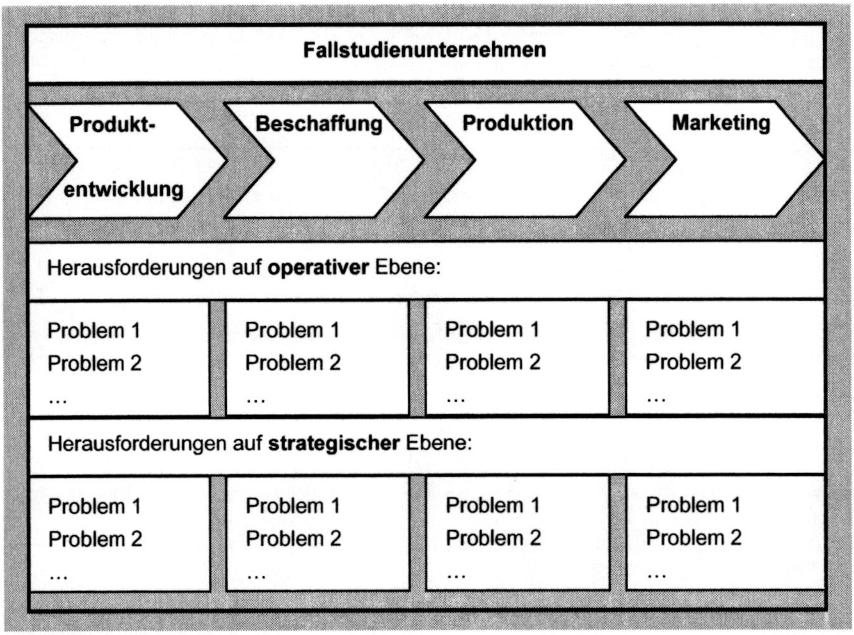

[28] Vgl. Heinen 1991, 64ff.; Bleicher 1996, 74ff.

Ist neu gleich erfolgreich? Um Erfolg feststellen zu können, müssen Ziele definiert, Strategien zu ihrer Erreichung festgelegt und die Zielerreichung mittels Evaluation überprüft werden. Die Ziele der Unternehmen bei der Einführung der Bioprodukte betrafen vor allem das *Marketing* sowie den Prozess, in dem sie festgelegt und Massnahmen zu ihrer Erreichung ausgearbeitet wurden, die *Strategieentwicklung*. Die Fallstudien arbeiten die *strategischen Herausforderungen im Marketing und der Strategieentwicklung für die Bioprodukte* heraus und zeigen auf, welche *Mittel zur Evaluation* genutzt wurden.

2.2. Marketing als strategische Herausforderung

Das Marketing für die Bioprodukte konnte als eine der beiden wesentlichen Herausforderungen identifiziert werden. Zunächst wird kurz das Verständnis von Marketing in dieser Arbeit geklärt. Bioprodukte als eine Innovation in den untersuchten Unternehmen aufzufassen, bringt gewisse Implikationen für das Marketing mit sich, die danach vorgestellt werden. Zuletzt wird das eingesetzte Marketingkonzept vorgestellt, mit dem die Herausforderungen in diesem Bereich näher beschrieben und dann auch analysiert werden.

Marketing wird in dieser Arbeit als duale Konzeption aufgefasst. Einerseits ist das Marketing eine der Wertschöpfungsstufen im Unternehmen, hat also *funktionale* Bedeutung. Dabei muss zwischen strategischem und operativem Marketing unterschieden werden. Das *strategische* Marketing befasst sich mit *Positionierung, Timing, Kundensegmentierung* und *Sortimentspolitik*.[29] Das *operative* Marketing umfasst die Gestaltung des *Marketingmixes,* mit dem Produkt-, Preis-, Distributions- und Kommunikationspolitik abgestimmt aufeinander definiert werden und dessen Gestaltung von der Marketingstrategie abhängig ist. Andererseits kommt aber auch eine *führungsmässige* Orientierung am Marketing zum Tragen, weil die Arbeit davon ausgeht, dass alle Wertschöpfungsstufen marktorientiert koordiniert werden müssen, um die Einführung der Bioprodukte gelingen zu lassen.[30]

2.2.1. Strategisches Marketing

Da die Bioprodukte eine Innovation in den beiden Unternehmen waren, musste die Marketingstrategie für sie erst entwickelt werden. Die erste Frage betraf die grundsätzliche *Positionierung* der Bioprodukte im Markt. Hierfür sind zwei Konzepte relevant, das Profilierungskonzept und das Konzept der ökologischen Wettbewerbsstrategien.

---

[29] Zu den Aufgaben des strategischen Marketings, vgl. z.B. Becker J. 1998 und spezifisch zum strategischen Öko-Marketing Belz 2001, 79ff.

[30] Zu diesem dualen Verständnis von Marketing, vgl. Becker J. 1998, 1–3, und Belz 2001, 9. Ein dritter Punkt, den man auch als an die Marketingidee angelehnt auffassen könnte, liegt in der Frage, wie die Informationsbedürfnisse des jeweiligen Gegenübers mit anschlussfähigen, also kundenorientierten, Aussagen bedient werden können; eine Idee in der Führung und geführt werden als ein Austausch von „Dienstleistungen" aufgefasst werden. Die Implikationen dieser Auffassung werden im folgenden Abschnitt zur Strategieentwicklung vertieft behandelt.

Meffert und Kirchgeorg unterscheiden drei grundsätzliche *Profilierungsmöglichkeiten* für ökologische Produkte.[31] Die erste Möglichkeit der Profilierung liegt in einer *dominanten* Betonung der ökologischen gegenüber den anderen Produkteigenschaften. Hierzu sollte die ökologische Eigenschaft eine besondere Bedeutung in der Konsumentenwahrnehmung des Produktes haben; zu denken wäre beispielsweise an ökologische Produkte, deren „konventionelle" Varianten sich als gesundheitsschädlich erwiesen haben, wie z.B. Asbestzement.[32] Die zweite Profilierungsmöglichkeit liegt in einer *zusätzlichen, flankierenden* Betonung der ökologischen Produkteigenschaft. Dies trifft auf Produkte zu, deren ökologische Qualität in der Konsumentenwahrnehmung nur eine von mehreren relevanten Produkteigenschaften ist, z.B. Umweltpapier. Bei der dritten Profilierungsvariante ist die ökologische Qualität ein integraler Bestandteil des Produkts geworden, sie wird als *selbstverständlich vorausgesetzt*, was z.B. mittlerweile auf phosphatfreie Waschmittelprodukte zutrifft.

Das Konzept der *ökologischen Wettbewerbsstrategien* zeigt zwei Bezugspunkte auf, die mit einer ökologischen Strategie unter zwei Ausrichtungen adressiert werden können. Zum einen kann eine ökologische Wettbewerbsstrategie auf die *Gesellschaft* oder auf den *Markt* Bezug nehmen, zum anderen kann sie *defensiv* oder *offensiv* ausgerichtet sein. Damit ergeben sich vier mögliche ökologische Wettbewerbsstrategien (vgl. Tabelle 1). Die Auswahl der jeweiligen Strategie ergibt sich zum einen aus der Umfeldsituation und der Herkunft der Ansprüche, welche eher von marktlichen oder gesellschaftlichen Stakeholdern an das Unternehmen bzw. einzelne Produkte herangetragen werden. Zum anderen orientiert sich die Strategiewahl auch daran, ob das Management eines Unternehmens prinzipiell eher offensiv oder defensiv gegenüber Umfeldentwicklungen eingestellt ist.

Um die Rahmensituation für die Positionierungsentscheidung der untersuchten Unternehmen zu klären, wird in Kapitel 3.3. eine *Wettbewerbsanalyse*[33] durchgeführt, welche auf das Angebot von Bioprodukten in der Gastronomie fokussiert. Die Fallstudienunternehmen stehen auf unterschiedlichen Stufen der Produktkette. Es handelt sich um ein Lebensmittel verarbeitendes Unternehmen (Mövenpick Produktions AG) und ein Gastronomieunternehmen (SV-Service). Da die Gastronomie als Gatekeeper[34] in dieser Kette agiert, steht sie im Mittelpunkt der Wettbewerbsanalyse. Die Lebensmittelverarbeitung wird in der Position der Lieferantin aufgenommen. Die Marketingsituation unterscheidet sich für die beiden Fallstudienunternehmen insofern, als im Fall des Lebensmittelverarbeiters eine „Business to Business"-Konstellation (B2B) vorliegt und für die Gas-

---

[31] Meffert/Kirchgeorg 1998, 277ff., vgl. auch Belz 2001, 82f.

[32] Vgl. hierzu Dyllick 1989.

[33] Vgl. Porter 1999.

[34] Als Gatekeeper wird ein Unternehmen bezeichnet, wenn es auf den Marktzugang der vorgelagerten Marktakteure in der Produktkette zu den Konsumenten Einfluss hat. Allgemein zum Gatekeeper-Konzept im ökologischen Kontext vgl. Hansen 1988, spezifisch für Biolebensmittel im Einzelhandel vgl. Villiger 2000.

tronomie eine „Business to Consumer"-Konstellation (B2C). Es wird in der Analyse darauf hingewiesen, wenn diese Spezifika relevant werden.

Tabelle 1: Typologie ökologischer Wettbewerbsstrategien (Quelle: Dyllick et al. 1997, 76)

Strategiebezug / Strategieausrichtung	Gesellschaft	Markt
Defensiv	Ökologische Marktabsicherungs-Strategien („clean")	Ökologische Kosten-Strategien („effizient")
Offensiv	Ökologische Marktentwicklungs-Strategien („progressiv")	Ökologische Differenzierungs-Strategien („innovativ")

Darüber hinaus ist hinsichtlich der Positionierung der Bioprodukte noch eine grundsätzliche Überlegung wichtig. Die analysierten Unternehmen haben sich aufgrund ihrer langjährigen Tätigkeit bereits im Markt für konventionelle Produkte positioniert. Daher muss bei der Positionierung der Bioprodukte beachtet werden, dass kein grundlegender Widerspruch zur Grundpositionierung des Unternehmens aufgebaut wird, der die Kunden irritieren und daher die Glaubwürdigkeit des Angebots unterminieren könnte.[35] In den Fallstudien wird die Positionierung der Bioprodukte durch die Unternehmen aufgezeigt und die Eignung dieser Positionierung für die jeweiligen internen und externen Kontexte analysiert.

Das *Timing* des Markteintritts betrifft die Wahl des Zeitpunkts in einem Produktlebenszyklus, zu dem ein Produkt auf den Markt gebracht wird. *Marktpioniere* haben aufgrund des frühen Markteintritts noch sehr viel Aufbauarbeit sowohl im Beschaffungs- wie auch im Absatzmarkt zu leisten. Dafür sind diese Unternehmen die ersten, bzw. einzelne unter wenigen Marktakteuren und können die Spielregeln des Marktes mitgestalten. Die *frühen Folger* können von der Aufbauarbeit dieser Pioniere profitieren. Dafür haben sie aber bereits erste Markteintrittsbarrieren zu überwinden, da sich die Ersten bereits im Markt etablieren konnten und sowohl Vorsprung auf der Erfahrungskurve wie auch Kundentreue aufbauen konnten. *Späte Folger* setzen auf die Nachahmung der Erfolgreichen im Markt, die sie häufig mit Effizienzgewinnen und damit Kostenstrate-

[35] Erste Überlegungen zur Kompatibilität von Bioprodukten mit bestimmten gastronomischen Konzepten werden in Kapitel 3.3.1. angestellt. Diese werden dann in Kapitel 6. beim Vergleich der Positionierungsentscheidungen der beiden Fallstudienunternehmen vertieft.

gien zu schlagen suchen. Die *Nachzügler* werden eher durch die Erwartungen ihrer Kunden zum Markteintritt bewogen, da sie sich den Anprüchen an die Bereitstellung eines bestimmten Produkts nicht ohne Gefahr des Kundenverlusts verschliessen können. Das Timing einer Markteinführung muss ggf. auch auf die konjunkturelle Lage abgestimmt werden. Während einige Produkte als relativ konjunkturunabhängig gelten können, sind andere stark abhängig von der wirtschaftlichen Situation einer Volkswirtschaft. In jedem Fall müssen Marketingstrategie und -massnahmen dem Zeitpunkt des Markeintritts angepasst werden.[36] In den Fallstudien wird das Timing der jeweiligen Einführung der Bioprodukte aufgezeigt und in seiner Bedeutung für die entstandenen Probleme und entsprechende Lösungsmöglichkeiten diskutiert.
Die *Kundensegmentierung* ist die dritte strategische Marketingentscheidung, bei der definiert wird, welche Kunden angesprochen werden sollen. Im Allgemeinen kann hinsichtlich ökologischer Produkte, zu denen ein Bioangebot in der Gastronomie zählt, zwischen drei Typen von Konsumentinnen und Konsumenten unterschieden werden: 1. den Umweltaktiven, die ein hohes Umweltbewusstsein haben und sich auch weitgehend danach verhalten, 2. den Umweltaktivierbaren, die zwar ein hohes Umweltbewusstsein haben, sich aber nur bedingt danach verhalten und 3. den Umweltpassiven, die nur ein geringes oder gar kein Umweltbewusstsein haben.[37] In Kapitel 3.5. wird untersucht, inwiefern diese grobe Segmentierung für die Gastronomiebranche hilfreich ist, oder welche Segmentierung dort ggf. zutreffender vorgenommen werden kann.
Die vierte strategische Entscheidung betrifft die *Sortimentspolitik.* Mit ihr werden grundlegende Eckpunkte des zu vermarktenden Sortiments definiert. Sie muss sich an der Kundensegmentierung orientieren, da das Sortiment nur *in Abhängigkeit von der Zielgruppe* bestimmt werden kann.[38]

2.2.2. Operatives Marketing

Das operative Marketing befasst sich mit der Gestaltung des Marketingmixes. In den Fallstudien werden die Probleme detailliert für die einzelnen Aspekte des Marketingmixes beschrieben. Die Darstellung folgt der Einteilung in die „4P“[39]: Product, Price, Placement und Promotion.
Unter *Produktpolitik* wird die *Gestaltung* der physisch-funktionalen, ästhetischen, sozialen und ökologischen *Eigenschaften* von Produkten im Hinblick auf die Befriedigung von grundlegenden und zusätzlichen Kundennutzen verstanden.[40] Die *ökologische Qualität* von Bio-Convenienceprodukten wird in Kapitel

---

[36] Zu Timingstrategien für ökologische Produkte vgl. z.B. Böttger 1996.

[37] Vgl. Meffert/Kirchgeorg 1998, 121f.

[38] Vgl. Belz 2001, 84ff.

[39] Vgl. Kotler 1986. Die beiden weiteren „P“ des Megamarketing, Politics und Public Opinion, werden in ihrem Einfluss auf die Einführung der Bioprodukte in Kapitel 3.2 unter der Diskussion der Diffusion der Bioprodukte in der Schweiz abgehandelt. Die Frage ihrer Beeinflussung durch das Unternehmen im Sinne einer aktiven Strukturpolitik folgt im Fallstudienvergleich in Kapitel 6.2.

[40] Bänsch 1998, 73ff., mit Bezug auf die Vershofen'sche Nutzentheorie.

3.4. eingeschätzt, um die ökologische Bedeutung einer Umstellung auf Bioprodukte in der Gastronomie zu klären. Die *Diskussion der Kosten-Nutzen-Relation des Bioangebots* für die jeweiligen Kunden, d.h. in Form von Bioconvenienceprodukten für die Gastronomie sowie in Form biologischer Speisen für Restaurantgäste, erfolgt in Kapitel 3.5. In den Fallstudien wird auf diese allgemeinen Abwägungen Bezug genommen, um die gewählten Marketingmassnahmen der Produktpolitik beurteilen zu können.

„Gegenstand der *Preispolitik* ist die Bestimmung der Preisforderung, die in der jeweiligen Situation (unter den jeweiligen Markt- und Betriebsdaten) der vorgegebenen Zielsetzung (z.B. Gewinnmaximierung) entspricht.“[41] Es gibt verschiedene Preissetzungsmöglichkeiten, um neue Produkte im Markt zu platzieren. Gemäss der *Skimmingstrategie* wird die Zahlungsbereitschaft der Konsumentengruppen abgeschöpft, dafür aber eine geringere Marktdurchdringung in Kauf genommen, während die *Penetrationsstrategie* geringere Margen bei grösstmöglicher Marktdurchdringung vorsieht.[42] Es wird dargestellt, welche Preispolitik mit welchen Ergebnissen in den Fallstudienunternehmen zum Einsatz gekommen ist, welche Einflussfaktoren darauf einwirkten und die Angemessenheit der Massnahmen diskutiert.

Unter der *Distributionspolitik* werden „alle Entscheidungen und Massnahmen zur Überbrückung der zwischen Anbieter und Endkäufer einer Leistung vorhandenen Distanz“ verstanden.[43] Sie umfasst die Auswahl geeigneter Verkaufspunkte und Vertriebswege, die auf der strategischen Entscheidung der Kundensegmentierung aufbauen. In beiden Unternehmen wurde keine gesonderte Distributionspolitik für die Bioprodukte betrieben, sondern sie wurden in den gleichen Kanälen und mit der gleichen Logistik vertrieben wie die konventionellen Produkte. Daher wird die Distributionspolitik in den Fallstudien nicht gesondert analysiert.

„Marketingbezogen repräsentiert *Kommunikationspolitik* von Unternehmen alle Entscheidungen und Handlungen zur Gestaltung und Übermittlung von Informationen an marktrelevante Adressaten, um diese zieladäquat zu beeinflussen.“[44] Den Kunden soll ein *gedanklicher Interpretationsrahmen* vermittelt werden, in dessen Licht sie die Bioprodukte positiv beurteilen und sich daher für ihren Einsatz (Gastronomen) bzw. Konsum (Restaurantgäste) entscheiden.[45] Dieses Konzept geht auf die Kognitionstheorie und den Begriff des „framing“ zurück. Die existierenden gedanklichen Bezugsrahmen strukturieren Wahrnehmung und Beurteilung des Wahrgenommenen vor und führen zur *Bildung von Erwartun-*

---

41 Bänsch 1998, 161.

42 Zu Optionen der Preissetzung im Hinblick auf die Markterschliessung für Bioprodukte im Einzelhandel vgl. Villiger 2000, 217 ff. und 227 ff.

43 Bänsch 1998, 137.

44 Bänsch 1998, 204.

45 Für eine allgemeine Erläuterung des „framings“, d.h. des Schaffens von situationsspezifischen Interpretationsrahmen vgl. Bateson 1994, 249ff.

gen[46]. So wird z.B. an einem Stehimbiss ein geringerer Preis für ein Glas Mineralwasser erwartet als in einem Edelrestaurant. Besonders wichtig ist bei der Kommunikationspolitik, dass die Erwartungen der Kunden erfasst und zum Ausgangspunkt der Kommunikationsmassnahmen gemacht werden. Es wird diskutiert, inwiefern die beiden Unternehmen die Erwartungen ihrer Kunden in die Gestaltung der Kommunikationspolitik einbezogen haben.
Für die Analyse des operativen Marketings muss berücksichtigt werden, dass die vier Einzelaspekte nicht isoliert nebeneinander, sondern in *Wechselwirkungen* miteinander stehen.[47] Daher sollte die Gestaltung auf einen abgestimmten *Marketingmix* zielen. Darüber hinaus orientiert sich der Marketingmix an der Marketingstrategie. In den Fallstudien werden die Zusammenhänge zwischen Marketingstrategie und Marketingmix sowie die Einflussfaktoren auf die Gestaltung der einzelnen Marketingaspekte für die Bioprodukte herausgearbeitet und ihre Wechselwirkungen im Detail analysiert. Die nachfolgend in Abbildung 4 dargestellte Heuristik wird in der Fallstudienanalyse angewandt.

---

46 Erwartungen spielen für die Einführung von Bioprodukten eine herausragende Rolle, was sich v.a. in der Strategieentwicklung zeigen wird.

47 Vgl. Becker 1998.

Abbildung 4: Heuristik zur Darstellung der Einflussfaktoren und Wechselwirkungen zwischen Marketingstrategie und Marketingmix (Quelle: eigene)

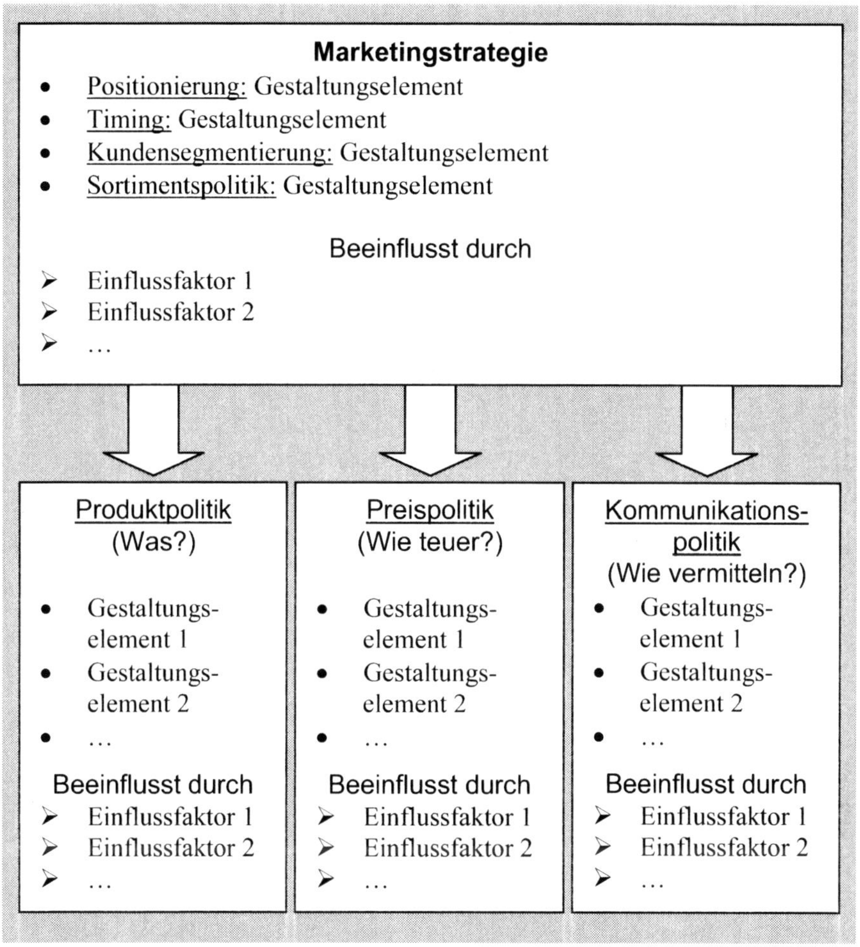

2.3. Der Prozess der Strategieentwicklung als Herausforderung

Der Prozess, in dem die Strategie für die Bioprodukte in den Unternehmen entwickelt wurden, stellte sich in der ad hoc-Kategorisierung der Informationen aus den Interviews als die zweite entscheidende Herausforderung dar. Die *systemisch-konstruktivistische Theorie* konnte als geeignetes Konzept gefunden werden, um alle empirisch ermittelten Probleme und Einflussfaktoren der Strategieentwicklung unter einem theoretischen Dach zueinander in Beziehung zu setzen, ihre Wirkung zu analysieren und Handlungsoptionen herauszuarbeiten.

Zunächst wird das Verständnis der in der Arbeit verwendeten Grundbegriffe erläutert (2.3.1.). Dann werden zwei wichtige Facetten der Strategieentwicklung erläutert, erstens die Herstellung von Anschlussfähigkeit als mikropolitischer Prozess (2.3.2.), und zweitens die Interpretations- und Sinngebungsprozesse in lokalen Praxis-Gemeinschaften (2.3.3.). Zuletzt werden die individuellen und organisationalen Bedingungen der Möglichkeit guter Strategieentwicklung erläutert (2.3.4.).

2.3.1. Begriffliche Grundlagen

Ein systemisch-konstruktivistisches Konzept von Unternehmung als einer Sonderform sozialer Systeme bildet den Ausgangspunkt der Darstellung. *Soziale Systeme* lassen sich mit Giddens als *beständig rekursiv im Handeln (re-)produzierte Strukturen* charakterisieren. Strukturen ermöglichen Regelmässigkeiten im Handeln, die das soziale Leben erwartbar machen und lassen sich unterscheiden in *Regeln der Signifikation* (Bedeutung), *Regeln der Legitimation* (Sanktion) und *Ressourcen der Machtausübung* mit *allokativen* Ressourcen als Verfügungsmacht über Dinge und *autoritativen* Ressourcen als Verfügungsmacht über Menschen.[48]

Organisationen sind soziale Systeme mit vier Besonderheiten: 1. Sie betreiben in besonderem Umfang reflexive Selbstregulation, d.h. Wissen über die Bedingungen und Mechanismen der Systemreproduktion wird zur absichtlichen Steuerung dieser Reproduktion eingesetzt. 2. Sie weisen einen hohen Grad an Formalisierung im Sinne kodifizierter Interpretationen von Regeln auf. 3. Das Phänomen Macht spielt in Organisationen eine besondere Rolle, weil allokative und autoritative Ressourcen in besonderem Umfang konzentriert werden. 4. Für die Steuerung von Organisationen sind institutionalisierte normative Muster verfügbar, sie existieren also in einem institutionalisierten Umfeld.[49]

Die Unternehmung ist eine *ökonomische Organisation,* als solche durch die *Notwendigkeit der Reproduktion allokativer Ressourcen* geprägt[50] und damit eine Sonderform von sozialen Systemen. Mit der Konzeption von Unternehmung als ein sich beständig reproduzierendes soziales System wird *Strategieentwicklung zu einem immanenten Phänomen der Unternehmung,*[51] das nicht separat von den organisationalen Prozessen abläuft. Denn wenn die Unternehmung als ein sich reproduzierendes soziales System verstanden wird, dann sind alle Prozesse, die in ihr ablaufen, dieser Reproduktionslogik unterworfen, also auch die Strategieentwicklung.

Fragt man nach der Bedeutung des Begriffs *Strategie*, so sind zwei sich ergänzende Perspektiven in der Literatur zu finden. Die erste Perspektive ist „*inhaltlich und teleologisch* ausgerichtet“[52] und definiert Strategie als „die *Ausgestal-*

---

[48] Vgl. Giddens 1995.

[49] Vgl. Becker 2000, 155ff.

[50] Becker 2000, 156.

[51] Schreyögg/Noss 2000, 47.

[52] Liebl 1996, 35.

tung wettbewerbsrelevanter unternehmenspolitischer Variablen mit dem *Ziel, dauerhafte Konkurrenzvorteile zu schaffen.*“[53] Die zweite Perspektive ist *prozessualer* Art und sieht Strategie nicht als einmal fertiggestellten, statischen Plan, sondern vielmehr im Sinne eines *sich permanent im Unternehmensprozess fortentwickelnden Ziel- und Massnahmenkatalogs.* Dies bedeutet *nicht,* dass auf formale Planungsmassnahmen völlig verzichtet werden kann, sondern nur, dass die Planung bei weitem nicht die einzige Quelle der Strategie ist und sie in der Realisierung in vielfältiger Weise adaptiert und weiterentwickelt wird.[54] Die zweite Perspektive steht im Zentrum der weiteren Betrachtung.

Das oben skizzierte Verständnis von Strategieentwicklung liegt im *Spannungsfeld zwischen Determinismus und Voluntarismus.* Denn die organisationalen Akteure müssen in ihrem Handeln, also auch in der Planung und Realisierung der Strategie, Anschlussfähigkeit an die bestehenden Strukturen herstellen, um die Reproduktion des Systems zu gewährleisten (deterministisches Element), aber die Detailausprägungen, wie dies erreicht wird, sind kontingent (voluntaristisches Element).[55]

Der Kontext der konzeptionellen Grundlagen: Die Theorieentwicklung des Strategischen Managements

Der in dieser Arbeit verwendete Ansatz der Strategieentwicklung lässt sich konzeptionell in die vorläufig letzte Etappe der Theorieentwicklung des strategischen Managements einordnen. Gemäss Friedrich (2000) kann die Theorieentwicklung historisch als eine zwischen den beiden Polen Unternehmung und Markt/Wettbewerb oszillierende Pendelbewegung mit zunehmendem Erkenntnisgewinn rekonstruiert werden. Sie begann Ende der 1960er-Jahren unter dem Stichwort „Business Policy“ mit dem Schwerpunkt auf der Unternehmungsperspektive. In dieser Strömung wurde die „SWOT-Analyse“[56] entwickelt und die Untersuchung der „Distinctive Capabilities“ einer Unternehmung begann. Mit dem Transaktionskostenansatz führte Williamson[57] eine erste Zwischenposition ein, die der Frage nach der optimalen Organisationsform zwischen Markt und Hierarchie nachging. In den 1980er-Jahren begründete Porter den „Market Based View“[58] und konzentrierte sich damit auf die Wettbewerbskräfte. In Gegenbewegung dazu, auf Seite der Unternehmung war dann der „Resource Based View“ angesiedelt, mit dem Hamel/Prahalad[59] in den 1990er-Jahren den Blick wieder in die Unternehmung hinein, auf die Entwicklung von Kernkompetenzen als Quelle der Wettbewerbsfähigkeit lenkten. Schliesslich versucht der Ansatz des soge-

---

53 Liebl 1996, 35.

54 Vgl. Quinn 1988, Mintzberg/Waters 1985, Mintzberg/Lampel 1999.

55 Rüegg-Stürm 2001, 9f..

56 Vgl. Ansoff 1979.

57 Vgl. Williamson 1975.

58 Vgl. Porter 1992 (Erstauflage 1980).

59 Hamel/Prahalad 1994.

nannten „Neuen Strategischen Managements“[60], dem auch die konzeptionellen Grundlagen dieser Arbeit zugeordnet werden können, eine neue Zwischenposition, in der einerseits die Marktkräfte und der externe Kontext eine Rolle für die Strategieentwicklung spielen, andererseits aber auch der interne Kontext der Unternehmung mit seinen kognitiven und mikropolitischen Prozessen.

2.3.2. Strategieentwicklung als Herstellung von Anschlussfähigkeit in mikropolitischen Prozessen

Indem sich das Handeln auf die eigenen *Erwartungen über Kausalzusammenhänge von Handlungsbedingungen und Handlungsfolgen* sowie auf die *antizipierten Erwartungen der anderen Akteure* bezieht, wird die *Anschlussfähigkeit* hergestellt und werden die Strukturen stabilisiert.[61] Handeln und Kommunikation (bzw. das Ausbleiben derselben) der anderen Akteure wirken als *Signale*, aus denen ihre Erwartungen interpretiert werden. Da aber weder alle Handlungsbedingungen bekannt, noch alle Handlungsfolgen vorhersehbar und beabsichtigt sein können, ist das *Resultat* des Handelns immer ein Stück weit *kontingent.*[62] Anschlussfähigkeit herzustellen bedeutet, *Sinn und Legitimation* von Problemdefinitionen und Strategieausrichtung *auszuhandeln* sowie eine *geeignete Ressourcenverteilung* zur Ermächtigung entsprechenden Handelns *zu erreichen.* Die Spannbreite der Gestaltungsmöglichkeiten innerhalb dessen, was noch als anschlussfähig gelten kann, hängt von der *Kompetenz* der Akteure und von *mikropolitischen Prozessen* unter ihnen ab. Kompetenz hat zwei Quellen. Erstens speist sie sich aus den *persönlichen Fähigkeiten* der Akteure und zweitens aus den von der Organisation bzw. anderen organisationalen Akteuren *zur Verfügung gestellten Ressourcen.* In der Regel werden Ressourcen aber nicht ohne Weiteres zur Verfügung gestellt, sondern sie müssen bei Akteuren mit Verfügungsrechten bzw. Mobilisationspotenzial eingefordert werden. Dazu bedarf es seitens der Fordernden wiederum persönlicher Fähigkeiten: Analytische Fähigkeiten, um *intersubjektiv einleuchtende* Begründungen zu finden; Verhandlungsgeschick und politischen Instinkt, um *sozial funktionierende* Argumente[63] zu finden, sowie ein Gespür für *Networking*, um die Akteure zu kennen, die über Ressourcen verfügen.[64] Der Spielraum zur Mobilisierung von Ressourcen ist in der gewählten Konzeption von Unternehmung systematisch gegeben, weil es keine „zwingend richtige“, sondern nur eine intersubjektiv als sinnvoll geltende (doppelt viable)

---

60 Hinterhuber et al. 2000.

61 Grundsätzlich muss ein Mindestmass an Erwartbarem gegeben sein, um Handeln überhaupt zu ermöglichen (Luhmann 1989). Zum Zusammenhang zwischen Handeln im organisationalen Kontext und Erwartungen vgl. auch Rüegg-Stürm 2001, 85f.

62 Giddens 1995, 56.

63 Zur Unterscheidung zwischen rational einleuchtenden und sozial funktionierenden Argumenten als einfache und doppelte Viabilität von Wissen vgl. Becker 2000, 167ff.

64 Zu Bargaining und Networking als wichtiger Bestandteil des Strategieentwicklungsprozesses vgl. Al-Ani 2000, 64. Zu den Bedingungen der Durchsetzung einer bestimmten Problemdiagnose vgl. auch Baitsch 1993, 34.

Ressourcenallokation gibt, die daher eine Frage der Begründung, d.h. von *Interpretation und Sinngebung,* ist.[65]

2.3.3. Strategieentwicklung als Interpretations- und Sinngebungsprozess in lokalen Praxis-Gemeinschaften

Damit ist ein zweiter konzeptioneller Aspekt genannt, der für die Analyse von Bedeutung ist. Die Konzeption der Unternehmung als soziales System verschiebt die Bedeutung weg von den „rationalen" Entscheidungsprozessen und hin zu *Interpretations- und Sinngebungsprozessen.*[66] Die jeweils betrachteten Akteure *„verfertigen"* ihre Wirklichkeit*en* durch Beobachtung und Interpretation,[67] weil es keinen „unmittelbaren Zugang zur Welt gibt, sondern immer nur einen durch Wahrnehmung und Interpretation vermittelten"[68].

Daher können in der Unternehmung nicht alle Akteure dieselbe Perspektive haben, sondern ihre jeweiligen Perspektiven werden geprägt durch ihre *persönlichen Erfahrungen und Interessen* einerseits und ihren *lokalen Arbeitskontext* andererseits. Die Perspektiven der einzelnen organisationalen Akteure innerhalb eines lokalen Kontextes in der Unternehmung, z.B. in einem Betrieb des SV-Service oder in der Entwicklungsgruppe der ProdAG, ähneln sich mehr, als die der Akteure aus anderen lokalen Kontexten derselben Unternehmung. Daher kann die Unternehmung als eine „Gemeinschaft mehr oder weniger *locker gekoppelter Praxis-Gemeinschaften* [betrachtet werden], in denen sich im Vollzug der Arbeit *eigene (lokale) Alltagstheorien* herausbilden und die *teilweise auch eigene Ziele verfolgen.*"[69] Der Begriff der Alltagstheorie entspricht dem der „Theory in Use"[70]. Es handelt sich um das Verständnis der Kausalzusammenhänge und Handlungsgründe, welches sich die jeweiligen Akteure aus ihrer Alltagserfahrung erarbeitet haben.

Die Trennung zwischen Strategieplanern und Strategieausführenden in der Strategieentwicklung wird in dieser Perspektive konzeptionell hinfällig und die häufig praktizierte Abkopplung der Planer vom operativen Geschehen aus dem Konzept heraus problematisierbar.[71] Denn bereits bei der Planung werden die Strukturen in der entwickelten Strategie (re-)produziert, weil die organisationalen Akteure, welche die Planung durchführen, in die organisationalen Strukturen

[65] Pfriem (1996) hat die Spielräume stukturpolitischen Unternehmertums anschaulich beschrieben und Schneidewind (1998) hat mit Hilfe der Strukturationstheorie erklärt, wie diese Spielräume genutzt und erweitert werden können.

[66] Vgl. Dachler 1988 und Rüegg-Stürm 2001. Darüber hinaus Becker 2000 zur Umdeutung des Rationalitäts-Begriffs im systemisch-konstruktivistischen Konzept von Unternehmung.

[67] Rüegg-Stürm 2001, 114.

[68] Becker 2000, 165f.

[69] Rüegg-Stürm 2001, 116. Ergänzung in eckiger Klammer und Setzung der Hervorhebungen durch die Autorin.

[70] Argyris/Schön 1996.

[71] Zur Kritik der Abkopplung der strategischen Planung vom operativen Geschäft vgl. Al-Ani 2000.

eingebettet sind.[72] Wenn die geplante Strategie in der Anwendung durch die lokalen organisationalen Akteure in den Systemprozessen realisiert wird, durchdringen sich Prozesse der Strategieentwicklung und allgemeine Systemprozesse.[73] Die Strategie wird in der Realisierung immer auch weiterentwickelt, weil sie *von den lokalen Akteuren* auf die bei ihnen *vorliegenden internen und externen Kontexte angewandt und daran adaptiert* werden muss.[74]
Die Mitarbeiterinnen und Mitarbeiter in den verschiedenen lokalen Kontexten haben somit im Strategieentwicklungsprozess unterschiedliche, einander ergänzende Rollen. Die Mitarbeiter im operativen Geschäft stehen an der Schnittstelle der Unternehmung zu Kunden und Lieferanten und sind damit eine wichtige *Quelle für strategische Impulse*, weil ihre alltäglichen Erfahrungen in Aussenkontakten das Rohmaterial für die (Weiter-)entwicklung der Strategie bilden.[75] Die Mitarbeiterinnen in zentralen Funktionen können sich hingegen einen Überblick über die verschiedenen lokalen Erfahrungen verschaffen und sie im Hinblick auf strategisch relevante Hinweise auswerten. Dabei können nicht nur die Informationen über den externen Kontext konzentriert werden, sondern auch erfolgreiche Handlungsweisen operativer Einheiten im Umgang mit Problemen, bei der Realisierung oder gar Generierung strategischer Ziele analysiert und auf ihre Anwendungsmöglichkeiten im Gesamtunternehmen überprüft werden.

2.3.4. Die Bedingungen der Möglichkeit guter Strategieentwicklung

Die Strategieentwicklung funktioniert dann gut, wenn alle *lokalen Kontexte* ihre *komparativen Vorteile in den Entwicklungsprozess einbringen*: die operativen Einheiten ihre „Aussenkontakte“, die zentralen Einheiten ihre Überblicksperspektive und die Stärke für Evaluationsdienstleistungen.[76] Die *Geschäftsprozesseigner* werden in dieser Perspektive zum *Kern der Strategieentwicklung* und das *Top-Management* eher zu einer *moderierenden Kraft*, welche die strategischen Impulse aus den Geschäftsprozessfeldern kanalisiert, auswertet und eine Grobsteuerung für zulässige Entwicklungsrichtungen vorgibt, indem sie den jeweils verantwortlichen Personen entsprechende Signale und Anreize vorgibt.[77]

---

72 Al-Ani 2000, 55.

73 Schreyögg/Noss 2000, 40.

74 Die Beschreibung des Phänomens, dass Strategie niemals 1:1 übertragbar ist, sondern immer an externe und interne Kontexte angepasst werden muss, findet sich in Mintzberg/Waters (1985, 257) in der Unterscheidung zwischen „intended“ und „realized strategy“. Die Bedeutung des internen und externen Kontextes für den Strategieentwicklungsprozess hat Pettigrew (1987) beschrieben. Rüegg-Stürm (2001) liefert eine Erklärung auf systemisch-konstruktivistischer Basis dafür.

75 Vgl. Schreyögg 1998, Al-Ani 2000.

76 Vgl. Andreassen/Lanseng 1997.

77 Vgl. Schreyögg 1998, Al-Ani 2000. Dieses Konzept ist extrem voraussetzungsvoll und bedingt nicht nur eine funktionierende Kommunikation, sondern auch ein Gespür dafür, welche Signale und Anreize die gewünschte Wirkung haben. Unter der Prämisse der unerkannten Handlungsbedingungen und unvorhergesehenen Handlungsfolgen kann die Setzung von Signalen und Anreizen immer nur „hoffnungsvoll“, aber ohne Erfolgsgarantie vorgenommen werden.

Welche der unzähligen Informationen aus dem alltäglichen Geschehen zu einer strategischen Information oder einer akzeptierten Problemdefinition für die Unternehmung gekürt wird, hängt u.a. von der *Gestaltung der Leistungsbeurteilungskriterien* ab. Denn eine Mitarbeiterin erklärt einen Sachverhalt in der Regel dann zu einer Chance oder Gefahr, wenn er mit ihren Leistungsbeurteilungskriterien in Zusammenhang steht, sich also fördernd oder hemmend auf die von ihr erwartete Performance auswirken kann.[78]

Allgemein gesprochen ergibt sich der Anstoss zur Wahrnehmung einer strategischen Chance oder Gefahr dann, wenn die Handelnden mit ihren Routinehandlungen nicht mehr die angestrebten Ziele erreichen können, weil sich daraus *Hinweise auf mangelnde Gültigkeit des bestehenden Wissens für den fraglichen Handlungskontext* ergeben. Das bestehende Wissen kann in *Handlungswissen* und *Zielwissen* unterteilt werden. Bei Zweifeln an der Gültigkeit des Wissens müssen entweder neue Handlungsweisen für bestehende Ziele gefunden werden (Handlungswissen wird revidiert, dies entspräche dem „single loop learning") oder die Ziele überdacht und ggf. revidiert werden (Zielwissen wird verändert, was einem „double loop learning" gleichkäme).[79]

Allerdings ist die Wahrnehmung eines Sachverhalts allein noch nicht mit einem Lernerfolg gleichzusetzen. Vielmehr können verschiedene *Lernpathologien* auftreten, die eine Veränderung von Wissen und Handeln verhindern. Wenn z.B. ein bestimmtes Produktprogramm oder Geschäftsfeld *als strategisch untergeordnet beurteilt* wird, werden u.U. *keine Ressourcen verfügbar* gemacht, um *Chancen oder Gefahren* in seinem Zusammenhang zu erkennen. Mangels Ressourcen findet *keine sorgfältige Analyse* statt, was dazu führen kann, dass Chancen oder Gefahren des Produktprogramms oder Geschäftsfelds nicht rechtzeitig erkannt werden. Wenn die Analyse unterbleibt, werden die zugehörigen Einflussfaktoren *ignoriert* oder auch *unzutreffende Einflussfaktoren* benannt und daher unpassende Massnahmen ergriffen; es findet „supersticious learning" [80] statt. Eine andere Variante der Lernpathologie ist die „competency trap"[81]. Die Mitarbeiter der Unternehmung hatten in der Vergangenheit grossen Erfolg mit einer bestimmten Vorgehensweise, die sich daraufhin zu einer *Routine* eingespielt hat, also in einem bestimmten Kontext angewandt und nicht mehr hinterfragt wird. Sie nehmen daher nicht wahr, dass diese Art zu Handeln dem *veränderten internen und externen Kontext*, bzw. bei der Eröffnung eines neuen Produktpro-

---

78 Schreyögg 1998, 38.

79 Vgl. Rüegg-Stürm 2001, 104. Allerdings differenziert Rüegg-Stürm nicht zwischen den Wissensarten, eine Unterscheidung, die im Hinblick auf die verschiedenen Lerntypen von Argyris/Schön 1996 getroffen wurde.

80 Levitt/March 1989, 21.

81 Levitt/March 1989, 18.

gramms oder Geschäftsfeldes, *nicht mehr angemessen* ist.[82] Auch hier spielt die *Evaluation* der Chance oder Gefahr eine grosse Rolle, da sie die Notwendigkeit zur Veränderungen des Handelns mit Dringlichkeit versieht.

Der Gestaltung und Anwendung von *geeigneten Evaluationsinstrumenten* kommt daher grosse Bedeutung bei. Sie können zwei Ausprägungen annehmen: Zum einen ist an das breite Spektrum *betriebswirtschaftlicher Analyseinstrumente* zu denken, die aber im Kontext der Strategieentwicklung vor allem Warncharakter besitzen, weil sie die *Reproduktion der allokativen Ressourcen* (z.B. Umsatz, Rentabilität, Kapitalverzinsung) *erfassen.* Die Rolle dieser Instrumente liegt v.a. in der Warnung bei unzureichender Wirtschaftlichkeit neuer Strategien. Zum anderen müssen aber auch die *Ursachen* des mangelnden wirtschaftlichen Erfolges aufgedeckt werden. Diese können auf verschiedenen Wertschöpfungsebenen liegen.

Für diese Arbeit ist v.a. das Marketing relevant und da geht es prioritär um die Herstellung der Anschlussfähigkeit von Sinn und Legitimation, das „framing" von Produkten oder Dienstleistungen und ihrer Preise gegenüber den Kunden. Daher sollten auch die entsprechenden Evaluationsinstrumente vor allem *kommunikativ basiert* sein. Zu denken wäre an *Kundenbefragungen* oder die *Erfassung von Feedback gegenüber dem Verkaufspersonal* bei Kundenkontakten, um die Gründe der Kunden für Kauf oder Nichtkauf zu erfassen und entsprechende Veränderungen bei Marketingmassnahmen und -zielen einzuleiten.

2.4. Zwischenfazit

Damit sind die konzeptionellen Grundlagen zur Analyse der Fallstudien dargestellt. Die Kernelemente lassen sich abschliessend in einer Systematik darstellen, die auf den *Zusammenhang zwischen organisationaler und individueller Ebene* für die Strategieentwicklung eingeht.[83] Auf beiden Ebenen werden zwei Bedingungen unterschieden: einerseits die *Bereitschaft* und andererseits die *Fähigkeit* zu einer Weiterentwicklung. Diese Systematik wird im Fallstudienvergleich eingesetzt, um herauszuarbeiten, inwiefern es sich bei den Herausforderungen der Strategieentwicklung um situationsspezifische Probleme oder allgemeine organisationale Schwachpunkte handelte.

Auf *organisationaler* Ebene wird die Bereitschaft zur Strategieentwicklung – das *Sollen* – von *Signalen und Erwartungen* vor allem *des Top-Managements* und den *Anreizen zu spezifischen Beiträgen* der Akteure in den lokalen Praxisgemeinschaften gespeist. Die Fähigkeit zur Strategieentwicklung – das *Kennen* – liegt einerseits in der Gewährleistung einer *funktionierenden Kommunikation* im

---

[82] So bilden viele Unternehmen traditioneller Branchen auf ihrem Website ihre Werbebroschüre ab und bieten bestenfalls einen Warenkatalog mit Bestellungsformular per Email an. Unternehmen neuer Branchen nutzen den Website hingegen als eigenständigen Vertriebskanal, über den sich Kunden z.B. einen Laptop-Computer mit allen gewünschten Ausstattungsmodulen zusammenstellen und bestellen können. Die modulare Produkt- und Preisinformation incl. Bestellformular für die Zusammenstellung von Kleiderschränken wäre bspw. eine attraktive Dienstleistung, die aber nach Kenntnis der Autorin noch nicht existiert.

[83] Vgl. Hornberger 2000, 246.

Unternehmen begründet. Damit ist nicht nur eine Information und Schulung der betroffenen Mitarbeiter gemeint, sondern vor allem ein funktionierender Feedback-Mechanismus, der sowohl top-down als auch bottom-up den gemeinsamen Strategieentwicklungsprozess ermöglicht. Andererseits muss auch die Kenntnis des *externen Kontexts*, insbesondere der *Kundenbedürfnisse*, vorhanden sein.
Auf *individueller* Ebene wird die Bereitschaft zur Strategieentwicklung – das *Wollen* – von *Interessen* gespeist, die sich aus Persönlichkeit und Zugehörigkeit zu einer „local community" ableiten. Sodann spielen individuelle *Erfahrungen* und die *Bereitschaft zu Lernen und Veränderung* eine Rolle. Die Fähigkeit zur Strategieentwicklung auf individueller Ebene – das *Können* – hängt zum einen von der *Ressourcenausstattung* und der *Verfügbarkeit von Evaluationsinstrumenten* und zum anderen von den *persönlichen Fähigkeiten und Fertigkeiten* ab. Zusammenfassend vgl. die folgende Tabelle 2.

Tabelle 2: Die Bedingungen der Strategieentwicklung auf individueller und organisationaler Ebene (Quelle: adaptiert aus Hornberger 2000, 246)

	Bereitschaft	Fähigkeit
Organisationale Ebene	**SOLLEN** • Signale und Erwartungen des Top-Managements • Anreize zu spezifischen Beiträgen der lokalen Praxisgemeinschaften	**KENNEN** • Gewährleistung einer funktionierenden Kommunikation im Unternehmen • Kenntnis des externen Kontexts, insbesondere Kundenbedürfnisse
Individuelle Ebene	**WOLLEN** • Interessen: persönliche und die der lokalen Praxisgemeinschaft • Individuelle Veränderungs- und Lernbereitschaft • Individuelle Vorerfahrungen	**KÖNNEN** • Ausstattung mit Ressourcen • Ausstattung mit Evaluationsinstrumenten • Individuelle Fähigkeiten und Fertigkeiten

3. Rahmenbedingungen und Wettbewerbssituation

In diesem Kapitel werden die Rahmenbedingungen erläutert, die für die Analyse *beider* Fallstudien eine Bedeutung haben. Zunächst werden die *Unterschiede der verschiedenen landwirtschaftlichen Produktionsarten* erläutert (3.1.), um darzustellen, was Bioprodukte von anderen landwirtschaftlichen Erzeugnissen abhebt. Es folgt eine Darstellung des *historischen Ablaufs der Diffusion von Bioprodukten* im Schweizer Markt mit Fokus auf der Gastronomiebranche (3.2.), um zu zeigen, inwiefern Bioprodukte in der Schweiz bereits erhältlich sind und welche marktlichen, politischen und gesellschaftlichen Faktoren dabei eine Rolle spielten. Die *Wettbewerbssituation in der Schweizer Gastronomiebranche* für ausgewählte Segmente wird im darauf folgenden Abschnitt analysiert und in ihrer Bedeutung für die Fallstudienunternehmen diskutiert (3.3.). Es folgen Erläuterungen zu *Bio-Convenienceprodukten* (3.4.), um die Besonderheiten biologischer Convenienceprodukte zu verdeutlichen. Die allgemeinen *Einflussfaktoren auf die Konsumentscheidung im Personalrestaurant* werden analysiert (3.5.), um die Verkaufssituation zu verstehen, mit der die Gastronomie, insbesondere das Fallstudienunternehmen SV-Service konfrontiert ist. Zuletzt wird die *Position der Bio Suisse* als der einflussreichsten privaten Labelorganisation in der Schweiz dargestellt und die *Einflussfaktoren auf die Wahl eines Bionachweises* erläutert (3.6.), um die Hintergründe der Entscheidung für die untersuchten Unternehmen zu klären.

3.1. Die Unterschiede zwischen konventioneller, integrierter und biologischer Landwirtschaft

➔ Konventionelle, integrierte und biologische Landwirtschaft liegen auf einer ansteigenden Skala von ökologischer Verträglichkeit und Tierfreundlichkeit. Staatliche und private Kennzeichnungsregelungen unterstützen die Transparenz der Anforderungen gegenüber den Konsumenten.

Die landwirtschaftliche Produktion in der Schweiz unterscheidet zwischen drei verschiedenen Standards, der konventionellen, der integrierten (IP) und der biologischen Produktionsweise (Bio). Ihre Produkte kann man in pflanzliche und tierische unterscheiden. Aufgrund der staatlichen Subventionspraxis seit Anfang der 1990er-Jahre hat der Anteil der konventionellen Produktion in der Schweiz kontinuierlich abgenommen, während sich IP als neuer Standard etablierte und auch die Bioproduktion stetig zunahm (vgl. Abbildung 5). Sowohl für die IP als auch für die Bioproduktion existieren mittlerweile staatliche Regulierungen, welche die Mindeststandards der Produktion festschreiben. Darüber hinaus existieren aber noch eine Reihe privater Labels, die zusätzliche Regeln etabliert haben.[84]

In der *konventionellen Produktion* wird sowohl bei der pflanzlichen wie bei der tierischen Produktion vor allem auf die *Maximierung der Erträge*[85] geachtet. Dabei wurde in der pflanzlichen Produktion die Mechanisierung der Produktion vorangetrieben und in beiden Produktgruppen wurde durch den *Einsatz künstlicher Zusatzstoffe* (Pflanzen: Kunstdünger und Pestizide, Tiere: chemische Leistungsförderer und Antibiotika) einerseits die Produktivität gesteigert und andererseits versucht, die negativen Nebenfolgen dieser Intensivierung, wie Schädlingsbefall der Pflanzen und Krankheitsanfälligkeit der Tiere, zu kontrollieren. Ausserdem wurde in beiden Sparten die Spezialisierung und Entkopplung von natürlichen Kreisläufen forciert. Dies führte dazu, dass die Landwirte immer mehr Einsatzstoffe wie Dünger und Futtermittel zukaufen mussten, anstatt sie auf dem eigenen Hof zu produzieren, wodurch sie die Kontrolle über die Qualität dieser Stoffe verloren.[86] Aus ökologischer Perspektive verursachte diese Entwicklung eine starke Zunahme der Energieintensität der Landwirtschaft, die Anreicherung unerwünschter Stoffe in Böden und Wasser, aber auch den landwirtschaftlichen Produkten. Darüber hinaus konnte eine Abnahme der Artenvielfalt festgestellt werden.[87]

Abbildung 5: Bewirtschaftung der landwirtschaftlichen Nutzfläche in der Schweiz (Quelle: SAS Forum 1/2001)

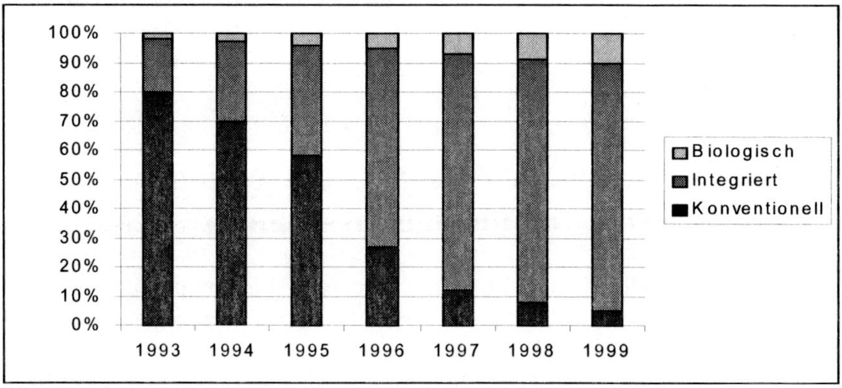

[84] Für die folgende Darstellung der drei Produktionsarten vgl. Villiger 2000, 82–90.

[85] Die Ertragsmaximierung wurde ursprünglich durch das Bestreben angetrieben, einen möglichst hohen Eigenversorgungsgrad mit Lebensmitteln zu erreichen, um Lebensmittelknappheit zu vermeiden, worin auch das ursprüngliche Motiv der staatlichen Landwirtschaftssubventionierung liegt (vgl. Tappeser et al. 1999).

[86] Neben dem mangelnden Bewusstsein der Konsumenten für die Folgen von „Billigkäufen", das den Preisdruck rückwärts durch die Produktkette in Gang setzt, unterstützt dieser Kontrollverlust die Entstehung von Lebensmittelskandalen, wie Dioxin in Hühner- oder BSE-Risikomaterial in Rinderfutter. Der Kostendruck verleitet die Verarbeiter dazu, elementare Vorsichtsmassnahmen oder Qualitätsmassstäbe zu unterlaufen, die Ausdifferenzierung der Produktionsstufen erschwert die Kontrolle über die Produktkette (vgl. Tappeser et al. 1999).

[87] Vgl. Belz 1995, 37–41; Jungbluth 1999.

Die *integrierte Produktion* ist ein mittlerweile genau definiertes Pflanzenbaukonzept, das die negativen gesundheitlichen und ökologischen Folgen der konventionellen Produktion so weit als möglich zu begrenzen sucht. Es entstand in den 1970er-Jahren, als die Öffentlichkeit erstmals auf die hohen Pestizidkonzentrationen in Gemüse und die Eutrophierung von Böden und Gewässern aufmerksam wurde und die Veränderung der landwirtschaftlichen Praxis einforderte. Die IP arbeitet daher nach der Maxime *„So wenig wie möglich und so viel wie nötig“*, um die Produkte einerseits möglichst naturbelassen herzustellen und andererseits das Ertragsausfallrisiko für die Landwirte zu minimieren.[88] Ausserdem wird natürlichen Düngemitteln und Schädlingsbekämpfungsmethoden der Vorrang vor künstlichen Einsatzstoffen gegeben. In der Tierhaltung und Fleischproduktion kann die Haltung in *„besonders tierfreundlichen Stallhaltungssystemen“* (BTS) als Äquivalent der IP gelten. Hier gaben die negativen Folgen der Massentierhaltung den Ausschlag, artgerechtere Tierhaltung einzufordern. In der BTS, die in der Schweiz staatlich gefördert wird und daher genau definiert ist, haben die Tiere Liege-, Fress- und Auslaufmöglichkeiten, die Ställe lassen Tageslicht herein, sind ausreichend belüftet und bieten artgemässe Bewegungs- und Beschäftigungsmöglichkeiten. Private IP-Label haben teilweise höhere Anforderungen an Pflanzenbau und Tierhaltung. Beispiele sind *AgriNatura* für Kartoffeln, Brot und Mehl, Fleisch und Eier; *IP Suisse* für Pflanzenbau, Tierhaltung und Spezialkulturen und *Vinatura* für Schweizer Weine. Die Handelsmarke *Migros-Sano* der Migros, die auf der IP mit weiterführenden Anforderungen basierte, wurde nach der Einführung der Schweizer Bioverordnung abgeschafft, bzw. in der Fleischproduktion als „7-Punkte-Programm“ weitergeführt.

Die *Bioproduktion*[89] strebt den *geschlossenen Nährstoffkreislauf* und die Pflege der *Bodenfruchtbarkeit* an. Die Produkte sollen möglichst mit den *vorhandenen Voraussetzungen* hergestellt werden. Dazu setzt man an den Standort angepasste und widerstandsfähige Sorten ein und beachtet Fruchtfolgen, die dem Boden unterschiedliche Nährstoffe entziehen und wieder zufügen. Ausserdem werden ökologische Ausgleichsflächen ausgeschieden, um die Artenvielfalt zu sichern. Der Einsatz von künstlichen Düngemitteln und chemisch-synthetischen Schädlingsbekämpfungsmitteln im Pflanzenbau, von Antibiotika und künstlichen Leistungsförderern in der Tierhaltung sowie die Nutzung der Gentechnologie sind *verboten*. Die Bioproduktion orientiert sich darüber hinaus an den *saisonalen* Reifezyklen der Pflanzen und setzt daher keine geheizten Gewächshäuser ein, die Ernten ausserhalb der natürlichen Zeiten ermöglichen. Für die Tierhaltung ist

88 Kritiker bezeichnen die IP allerdings als „lediglich gute bäuerliche Praxis“ und kritisieren ihre Subventionierung, da die IP mit ihrer Grundmaxime des sparsamen Einsatzes von Dünger und Schädlingsbekämpfungsmitteln der Ertragsmaximierung „nur“ das wirtschaftliche Effizienzprinzip zur Seite gestellt und damit die vorherige Überdüngung und den übermässigen Einsatz von Pestiziden eingedämmt hat. (Persönliche Mitteilung Dr. Guido Nischwitz, IÖW Heidelberg, 13.05.2000).

89 Während die Bioverordnung für pflanzliche Produkte bereits seit Januar 1998 in Kraft ist, wurde die Erweiterung für tierische Produkte erst Anfang 2001 in Kraft gesetzt. Die genaue Bezeichnung lautet: Verordnung über die biologische Landwirtschaft und die Kennzeichnung biologisch produzierter Erzeugnisse (SR 910.18).

die kontrollierte Freilandhaltung vorgeschrieben (RAUS: *Regelmässiger Auslauf ins Freie*), die je nach Tierart unterschiedliche Möglichkeiten zum Aufenthalt im Freien vorsieht. Ausserdem müssen die Tiere mit artgerechtem und biologisch produziertem Futter ernährt werden. Wiederum sehen die privaten Biolabel weiterführende Regeln vor.[90] Beispiele für private Biolabel sind *Demeter* und die drei *Knospe*-Varianten[91] der *Bio Suisse*. Ausserdem existieren verschiedene biologische Handelsmarken, wie *M-Bio, Bio Domaine* und *Coop Naturaplan* (CNP) für verschiedenen Lebensmittel und *Delinat* für biologischen Wein. Für die Fleischproduktion gibt es zum Teil gesonderte Label, z.B. *Freiland KAG* und *Fidelio*, die auf den Biolabels aufbauen, aber strengere Tierhaltungsbestimmungen anwenden.

3.2. Die Diffusion von Bioprodukten in der Schweiz und ihre institutionellen Voraussetzungen

➔ An dieser Stelle wird die chronologische Entwicklung der Verbreitung von Bioprodukten in der Schweiz im Lebensmitteleinzelhandel und in der Gastronomie geschildert. Dabei werden die Querbezüge zu den institutionellen Voraussetzungen in der Politik und der allgemeinen Haltung der Schweizer Gesellschaft zu Bioprodukten aufgezeigt. Während Bioprodukte im Lebensmitteleinzelhandel bereits weit verbreitet sind, findet man sie in der Gastronomie nur vereinzelt.

Im Jahr 1992 beschloss das Schweizer Volk eine weitreichende Reform der Agrarpolitik unter dem Schlagwort „Agrarpolitik 2002“ (AP 2002). Mit dieser Reform, die innerhalb von zehn Jahren bis 2002 umgesetzt wird, wurden für die hochregulierten Landwirtschaftssparten der Milch- und Getreidewirtschaft die staatlichen Produktionsquoten und Preisgarantien abgeschafft, um die Produktionsplanung und Preisbildung von Milch, Milchprodukten und Getreide dem marktlichen Zusammenspiel von Nachfrage und Angebot zu überlassen. Da man die Landwirtschaft aber nicht allein als Produzentin von Rohstoffen, sondern multifunktional auch als Bereitstellerin von Allgemeingütern wie der Landschaftspflege auffasste, wurden als Entgelt für diese Leistungen Direktzahlungen ausgerichtet. Ausserdem wurden Direktzahlungen für die Integrierte Produktion und die Biolandwirtschaft bereitgestellt, um den Landwirten die Umstellung auf die umweltfreundlicheren Produktionsarten zu erleichtern. In der Folge etablierte sich die IP als neuer landwirtschaftlicher Standard und auch die Biolandwirtschaft konnte ihren Anteil an der landwirtschaftlichen Produktionsfläche in den Jahren von 1993 bis 2000 von 1% auf fast 10% steigern.

---

[90] Zu den unterschiedlichen Standards der verschiedenen Bionachweise vgl. Schmid 2000, ausserdem WWF Schweiz 2000.

[91] Es gibt drei verschiedene Varianten: die „Bio *Suisse*“ Knospe für Schweizer Bioprodukte, die „Bio“ Knospe für Bioprodukte mit mehr als 10% Bestandteilen aus dem Ausland und die „Bio *Umstellung*“ Knospe für Produkte, die während der zweijährigen Umstellungsphase eines Betriebs auf Biolandbau produziert werden. Vgl. Bio Suisse 1997b.

Während die Subventionierung der Biolandwirtschaft die *Voraussetzung* für die *Expansion dieser Produktionsart* schuf, hinkte die Legislative hinsichtlich der Standards für die Produktionsbedingungen und die Kennzeichnungspflicht hinterher. Erst zum 1. Januar 1998 wurde die Schweizer Bioverordnung für die pflanzlichen Produkte rechtskräftig und zu Jahresbeginn 2001 die Ausweitung auf tierische Produkte. Die Verzögerung entstand, weil die Schweiz über Im- und Export sehr stark mit der EU verbunden ist und man daher deren Rechtssetzung abwartete, um die Schweizer Verordnungen daran anlehnen zu können. Diese Lücke erklärt unter anderem, warum das privatrechtliche Biolabel der Bio Suisse, die Knospe, sich in der Schweiz so stark etablieren konnte. Als die Voraussetzungen für die Expansion der Biolandwirtschaft mit den Subventionen geschaffen war, klaffte eine *Lücke* hinsichtlich eines *verbindlichen staatlichen Bionachweises*, welche die Bio Suisse mit der Knospe schliessen konnte. Das Label existierte schon seit über zehn Jahren, war aber vor allem den eingefleischten Biokunden bekannt und weniger den Supermarktkunden. Doch da Coop zur Absicherung des Coop Naturaplan (CNP) einen vertrauenswürdigen Partner brauchte, stand nur die Knospe zur Verfügung. Das Demeterlabel war vom Image her so stark an die Anthroposophie gebunden, dass es für Coop nicht in Frage kam. So konnte Coop die Glaubwürdigkeit der Knospe nutzen und die Bio Suisse profitierte von der intensiven Werbekampagne für den CNP, welche gezielt auch über die Knospe informierte.[92]
Das Einzelhandelsunternehmen Coop nutzte die Chance, dass Bioprodukte durch die staatliche Subventionierung erstmals in grösserem Umfang verfügbar wurden. Das Unternehmen akquirierte bestehende Biobauern und Umstellungswillige als Lieferanten und lancierte 1993 seine Bio-Handelsmarke „Coop Naturaplan“. Damit setzte es sich von seinem Mitbewerber Migros ab und platzierte die Bioprodukte erstmals nicht in einer Nische, sondern im Massenmarkt.[93] Die Coop-Prognosen setzten einen Marktanteil von 20% als Ziel für die Bioprodukte und die Umsatzzuwächse waren vielversprechend, der absolute Marktanteil lag allerdings noch im Promillebereich.[94]
1995 traten die ersten Nachfolger im Massenmarkt auf: Primo/visàvis, Waro, Pick Pay und volg realisierten gemeinsam die Einführung der Handelsmarke „Bio-Domaine“ und auch Migros plante die eigene Bio-Handelsmarke „M-Bio“. Aus heutiger Sicht war der *ökologische Wettbewerb im Lebensmitteleinzelhandel*, der aus der Rivalität zwischen den beiden Duopolisten Migros und Coop entstand, 1995 bereits in vollem Gange und die *Take-off-Phase*[95] der Bioprodukte hatte gerade begonnen. Zum damaligen Zeitpunkt konnte aber *noch nicht abgeschätzt* werden, wie die Masse der Konsumenten auf das Bioangebot im Einzel-

---

92 Vgl. auch Villiger 2000, 107.

93 Zur Unterscheidung von Ökonische und Massenmarkt vgl. Villiger et al. 2000 für ökologische Produkte allgemein sowie Villiger 2000 für Biolebensmittel.

94 Vgl. Villiger 2000, 140.

95 Zur Branchenstrukturanalyse der Wettbewerbssituation im Schweizer Lebensmitteleinzelhandel und der Phaseneinteilung des Verbreitungsprozesses im Einzelhandel vgl. Villiger 2000: Branchenstrukturanalyse (17–50) und Take-off-Phase (138–144).

handel ansprechen würde,[96] auch wenn die allgemeine Haltung der Bevölkerung gegenüber den Bioprodukten aufgrund der Annahme der Agrarpolitik 2002 in der eidgenössischen Abstimmung als positiv angenommen werden konnte. Als sich 1997 der Erfolg des CNP und auch der anderen Bio-Handelsmarken bestätigte, führte auch Spar mit „Natur Pur“ eine eigene Biomarke ein. Nachzügler unter den Einzelhändlern ist Manor, wo erst seit 2000 eine Biomarke im Aufbau ist; somit bleibt im Schweizer Einzelhandel nur der Discounter Denner ohne Bioangebot.

In der Gastronomie waren Bioprodukte hingegen 1995 noch Sache weniger Pionier-Einzelgastronomen, wobei hier zwischen zwei Gruppen unterschieden werden kann.[97] Zum einen handelte es sich um *Gourmet-Restaurants*[98] aus dem gehobenen Preissegment. Deren Küchenchefs kochen saisonal mit regional beschafften, biologischen Frischprodukten. Sie legen grossen Wert auf die Frische der Rohprodukte und auf geschmackliche Spitzenleistung. Ihre kulinarische Ausrichtung kann aber sehr unterschiedlich sein.[99] Zielgruppe sind Feinschmecker, die sich ein kulinarisches Erlebnis etwas kosten lassen. Zum anderen wurden Bioprodukte bereits von Restaurants mit Betreibern und Gästen aus dem *„alternativen Milieu“*[100] angeboten. Der Einsatz von Bioprodukten kann in diesem Segment v.a. als Ausdruck der ökologischen Einstellung der Betreiber interpretiert werden.[101] Dies ist auch das hauptsächliche Positionierungsargument gegenüber ihren Gästen. Die Preise sind bei diesen Restaurants unterschiedlich, die Preislage aber im Verhältnis zur angebotenen Leistung moderat, da ihre Zielgruppen zum Teil ein relativ kleines Budget zur Verfügung haben.[102] Die Coop Gastronomie hatte bereits 1994 mit dem Einsatz einzelner pflanzlicher Biokomponenten begonnen. Dies war aber kein Mittel zur Positionierung innerhalb der Gastronomie, sondern eine Konsequenz aus der Positionierung mit Bioprodukten

---

[96] Belz schrieb 1995 (62) über die Entwicklung des ökologischen Wettbewerbs im Schweizer Lebensmitteleinzelhandel: „Zweifelsohne hat sich der ökologische Wettbewerb in den Jahren 1993/94 verstärkt und es bleibt abzuwarten, welchen Erfolg der Coop Natura Plan hat ...“ Zu diesem Zeitpunkt hatte sich also trotz der weiter fortgeschrittenen Entwicklung im Lebensmitteleinzelhandel noch keine gefestigte Erwartung gebildet.

[97] Interview Andere 8. Für eine Liste von Bio-Restaurants vgl. z.B. http://www.bio-gourmet.ch.

[98] Im Gegensatz zum Lebensmitteleinzelhandel ist hier eine Gruppe von Pionieren zu finden, die Bioprodukte weniger als ökologische denn als geschmackliche Differenzierungskomponente ansieht.

[99] So kann von der französischen Haute Cuisine bis zur thailändischen Küche alles vertreten sein.

[100] Interview Andere 9.

[101] Da diese Restaurants bereits seit langer Zeit Bioprodukte anbieten, brauchen sie ihre Glaubwürdigkeit nicht mit einem Biolabel zu demonstrieren. Sie verwenden auch nicht unbedingt ausschliesslich Bioprodukte, sondern beurteilen den Einsatz von Rohprodukten unter Kriterien, die faire Preise, Regionalität und Saisonalität einschliessen. Interviews Andere 8 und Andere 9.

[102] Interview Andere 9. Wenn man die zwei Komponenten des klassischen Konzepts von Preissensibilität: Budgetrestriktion und Präferenzen betrachtet, so liegt der Grund für die Preissensibilität dieser Zielgruppe eher in der Budgetrestriktion. Sie sind durchaus bereit, für Bioprodukte mehr zu zahlen, als für konventionelle. Ihre Preisbereitschaft ist aber zum Teil durch ein (geringes) verfügbares Einkommen nach oben begrenzt.

im Detailhandel.[103] 1997 starteten dann die Swissair und Mitropa Suisse als Unternehmen der Verkehrsgastronomie unabhängig voneinander eigene Bioangebote. Während die Swissair zunächst einen Bioanteil von 90% auf allen Flügen von Schweizer Flughäfen anstrebte,[104] begann die Mitropa mit einem einzelnen Biomenü in Kooperation mit Demeter. Für einen Überblick über die Entwicklung vgl. Tabelle 3.

Tabelle 3: Zeittafel zur Entwicklung der Bioprodukte in der Gastronomie und im Lebensmitteleinzelhandel sowie des staatlichen und privaten Ordnungsrahmens (Quellen: Villiger 2000 und eigene Recherchen)

Zeit	Staatlicher / privater Ordnungsrahmen	Gastronomie	Lebensmittel-einzelhandel
Vor 1992	1981 Gründung der *VSBLO* (seit 1998 *Bio Suisse*) und Festlegung erster Basiskriterien für die Knospe	Bioangebot bei gehobener Einzelgastronomie und „alternativen" Restaurants	Vermischung von Bioprodukten mit konventioneller Ware Ab Hof-Verkauf Erste Bioläden
1992	AP 2002: *Direktzahlungen* für Bio und IP		
1993			*Coop* lanciert „Coop Naturaplan" mit Knospe
1994		Einführung erster Biokomponenten in den *Coop Restaurants*	
1995		Die *Mövenpick Prod-AG* beginnt mit der Produktion des Bio-Kartoffelgratins	*Primo/visàvis, Waro, Pick Pay* und *volg* führen gemeinsame Marke „Bio-Domaine" mit Knospe ein *Migros* startet Handelsmarke „M-Bio" mit eigenen Biokriterien[105]
1996		Beginn Programm „Bio logisch" beim *SV-Service*	

[103] Interview Andere 5.

[104] Bei Lancierung des Programms kündigte die Swissair noch an, dass bis 1999 90% der Komponenten aus Bioanbau stammen sollten. Dieser Anspruch ist mittlerweile aufgrund der hohen Beschaffungskosten und der eingeschränkten Verfügbarkeit auf mindestens 50% zurückgeschraubt worden. Swissair Gazette 6/97, 10f., und Tel. Auskunft Stefan DiGallo, Swissair Inflight Department, 14.03.2001. Für den Bionachweis wird die Schweizer Bioverordnung zugrunde gelegt bzw. bei Importprodukten die EU-Bioverordnung (Tel. Auskunft Stefan DiGallo, Swissair Inflight Department, 14.03.2001).

[105] Nach intensiven Verhandlungen erkannten Migros und Bio Suisse 1996 ihre Richtlinien für Schweizer Bioprodukte als gleichwertig an (vgl. MGB und Bio Suisse 1996). Für einen wissenschaftlichen Vergleich der jeweiligen Kriterien, vgl. Schmid 2000.

1997	Einführung von Richtlinien für die Knospe-Zertifizierung von Gastronomiebetrieben, erarbeitet in Kooperation von Bio Suisse, SV-Service und ETH Zürich	*Swissair* startet naturalgourmet™ mit mindestens 50% Anteil aus biologischem Anbau Erstes Biogericht bei der *Mitropa* Suisse mit Demeter-Label[106]	*Spar* führt die Handelsmarke „Natur Pur" ein
1998	CH: Bioverordnung für pflanzliche Produkte		
2000			*Manor* kündigt eine eigene Bio-Handelsmarke an.
2001	CH: Bioverordnung für tierische Produkte		

3.3. Die Wettbewerbssituation in der Schweizer Gastronomiebranche

➔ Die Wettbewerbssituation spielt eine wichtige Rolle bei der Entscheidung, wie ein neues Produkt, in diesem Fall die Bioprodukte, positioniert werden sollten. Daher wird die Wettbewerbssituation in der Schweizer Gastronomiebranche im Hinblick auf Positionierungsoptionen analysiert.

Wie dargestellt, geht die Arbeit von einem weiten Branchenverständnis aus, das neben der Gastronomie auch die Lebensmittel verarbeitende Industrie und die Restaurantgäste, in die Analyse einbezieht. Die vorgelagerten Wertschöpfungsstufen der Produktkette werden nicht explizit einbezogen, erscheinen aber implizit als Bereitsteller von Marktbedingungen, mit denen sich die Akteure in der Lebensmittel verarbeitenden Industrie und der Gastronomie auseinander setzen müssen (vgl. Abbildung 6, implizit einbezogene Stufen in grau).

Abbildung 6: Produktkette der Gastronomiebranche (Quelle: eigene)

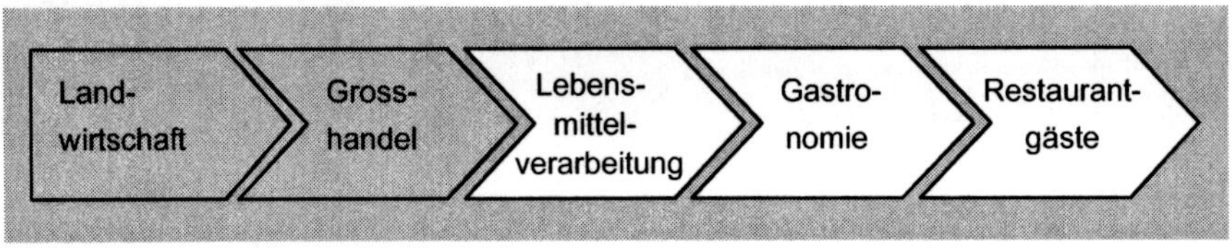

106 Interview Andere 6.

Die Wettbewerbssituation der in dieser Arbeit betrachteten Akteure wird nach der Systematik von Porter analysiert.[107] Er unterscheidet fünf Triebkräfte des Wettbewerbs: die Rivalität zwischen den Unternehmen innerhalb der Branche,[108] die Gefahr des Markteintritts neuer Konkurrenten, die Gefahr der Substitution durch Ersatzprodukte, die Verhandlungsmacht der Lieferanten und diejenige der Abnehmer (vgl. Abbildung 7). Diese fünf Triebkräfte beeinflussen die Branchenstruktur, welche wiederum die Verteilung der Wertschöpfung unter den beteiligten Akteuren bestimmt.

Abbildung 7: Branchenstrukturanalyse (Quelle: Porter 1999)

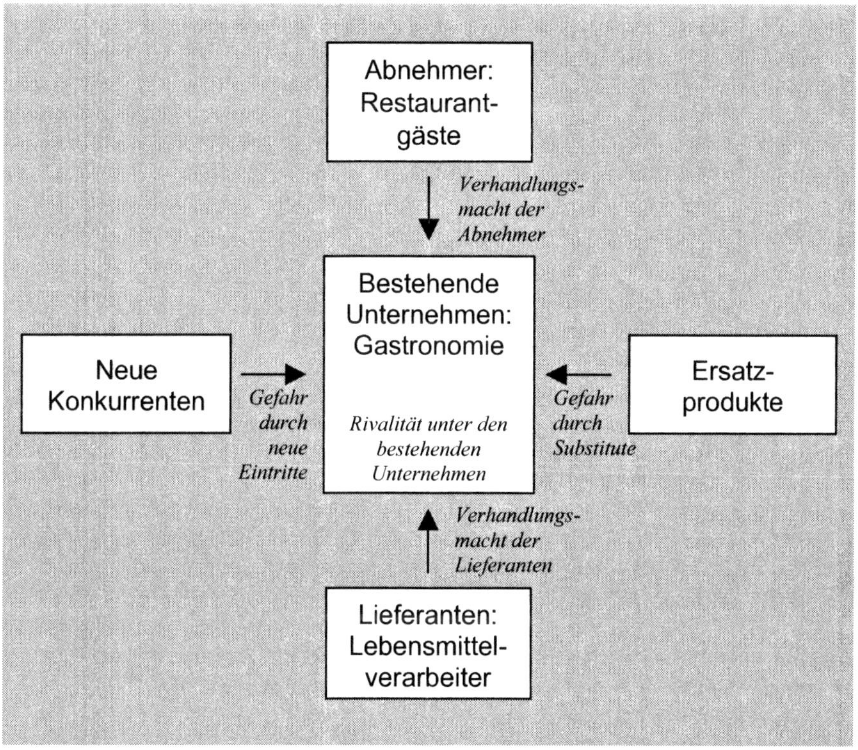

Die Analyse fokussiert auf die Wettbewerbssituation in der Schweizer Gastronomie. Zunächst werden die Gastronomiesegmente abgegrenzt und die Wettbewerbssituation in den für diese Arbeit relevanten Segmenten eingeschätzt. Es handelt sich um allgemeine Angaben, die in den Fallstudien für die dort betrachteten Unternehmen vertieft werden. Die Lebensmittel verarbeitende Industrie, welche in der Mövenpick-Fallstudie im Zentrum des Interesses steht, wird

---

107 Vgl. Porter 1999.

108 In diesem Fall ist das Branchenverständnis im engeren Sinne gemeint, das nur Unternehmen einer Wertschöpfungsstufe in der Produktkette einbezieht. Daher muss die Analyse für die verschiedenen, in dieser Arbeit relevanten Unternehmen getrennt durchgeführt werden.

als Lieferantin erfasst. In diesem Zusammenhang wird den Wettbewerbern der ProdAG, also den Herstellern von Tiefkühl-Convenienceprodukten[109], besondere Aufmerksamkeit zuteil. Die neuen Konkurrenten und die Substitutionsprodukte werden in die Betrachtung der Gastronomiesegmente und ihrer Lieferanten einbezogen. Zuletzt wird die Verhandlungsmacht der Abnehmer eingeschätzt. Das Fazit resümiert die Chancen für Gastronomieunternehmen und ihre Lieferanten, sich mit Bioprodukten einen Wettbewerbsvorteil zu verschaffen.

3.3.1. Die Wettbewerber in ausgewählten Segmenten des Schweizer Gastronomiemarktes

Die Gastronomie wird in dieser Arbeit nach der Organisationsform der Anbieter und den abgedeckten Vertriebsorten segmentiert. Als erstes Segment ist die *gewerbliche Gastronomie* zu nennen, die sich hauptsächlich aus Einzelunternehmen mit einem Restaurant zusammensetzt und den bei weitem grössten Marktanteil in der Schweiz abdeckt.[110] Wenn man von einem Gesamtumsatz der Schweizer Gastronomie (ohne Hotelgastronomie[111]) von 17,23 Mrd. sFr. im Jahr 1998 ausgeht,[112] dann betrug der Umsatzanteil der gewerblichen Gastronomie 80%.[113] Diese Zahl ist ein Ausdruck des traditionell atomisierten Gastronomiemarktes. Auch in Zukunft wird die Zahl der Einzelbetriebe steigen, da seit kurzem keine staatliche Regulierung der Unternehmensgründung für die Gastronomie (Bedürfnisklausel) mehr besteht und in diesem Zuge bereits in neun Deutschschweizer Kantonen kein Fähigkeitsausweis des Betreibers mehr verlangt wird.[114] Die weiteren Segmente, Catering, Gruppen- und Markengastronomie, Handels- und Verkehrsgastronomie bestehen aus Gastronomieunternehmen, die mehrere Betriebe führen. Der härteste Wettbewerb findet zwischen gewerblicher, Gemeinschafts-, Handelsgastronomie und GMG bei der Mittagsverpflegung statt, auf die laut Gastrosuisse im Jahr 2000 mit 40% der grösste Einzelanteil des Ausser-Haus-Konsums entfiel.[115] Für einen Überblick über die Marktanteile im Schweizer Gastronomiemarkt vgl. Abbildung 8.

---

109 „Tiefkühl" wird im Weiteren mit „TK" abgekürzt.

110 In der (aktuellsten verfügbaren) Betriebszählung des Bundesamts für Statistik 1995 machten die 23'291 Kleinunternehmen 98,7% des Bestands an Gastronomieunternehmen in der Schweiz aus (Stat. Jahrbuch der Schweiz 1998, T 6.1)

111 Die Hotelgastronomie wird in dieser Arbeit nicht berücksichtigt, weil das Speiseangebot dort im Rahmen des gesamten Bewirtungs- und Beherbergungskonzeptes gesehen wird, wodurch der Bezug zu den Fallstudien kaum noch gegeben wäre.

112 KATAG 1999, ohne den Speiseumsatz von Hotels und Pensionen.

113 Diese Aufteilung ist nicht ganz zutreffend, da in diesem Anteil auch noch Gastronomieformen enthalten sind, die traditionell vorwiegend Getränkeumsatz machen. Lt. KATAG 1999 machen diese Segmente aber nur Bruchteile aus, sodass der Prozentsatz die richtige Grössenordnung ausweist.

114 Die Bedürfnisklausel gilt nur noch im Kanton Baselland, vgl. KATAG 1999.

115 NZZ 19.04.2001. Der Anteil der Mittagsverpflegung sinkt allerdings seit Jahren zugunsten kleiner Zwischenmahlzeiten (KATAG 1999).

Abbildung 8: Verteilung der Marktanteile im Schweizer Gastronomiemarkt 1998, ohne Hotels (Quellen: food service 09/2000a und KATAG 1999)

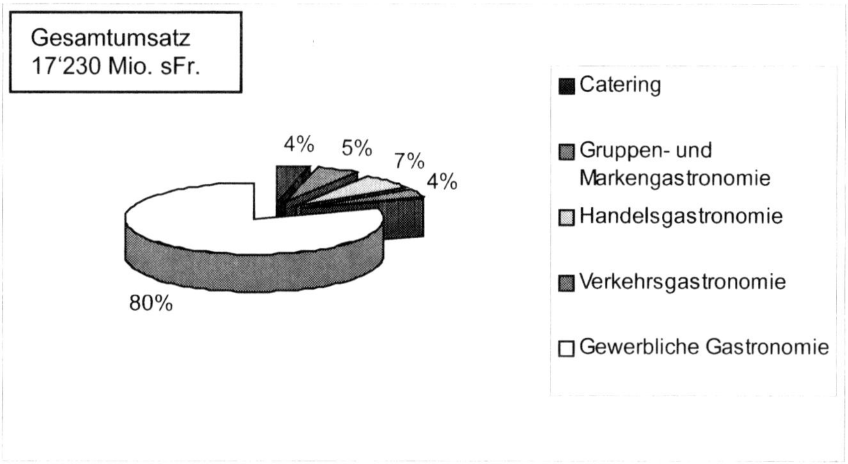

Das *Catering*, auch *Gemeinschaftsgastronomie* oder *-verpflegung* genannt, bietet die Verpflegung von Personal, Schülern, Studierenden sowie von Krankenhauspatienten und Altenheimbewohnern[116] an und hat einen Marktanteil von 4%. Innerhalb dieses Segments gilt der Markt des „normalen" Catering mit einer Abdeckung von ca. 50% durch die grossen Anbieter (vgl. Tabelle 4 weiter hinten) als annähernd gesättigt.[117] Der Markteintritt der Britischen Compass Group durch Kauf kleinerer Schweizer Anbieter,[118] die Akquisitionsaktivitäten und der Kauf von Culinarium durch die SV-Group sowie die abnehmende Subventionsbereitschaft der Auftraggeber haben bewirkt, dass der *Wettbewerb* in den 1990er-Jahren *deutlich härter* geworden ist.[119] Die Gemeinschaftsverpflegung ist eines der *preissensibelsten Gastronomiesegmente*, sodass die Differenzierung mit Bioprodukten nur schwierig zu realisieren ist.[120] Der Wettbewerb im Bereich des Care Catering ist in der Mitte der 1990er-Jahre durch zunehmende Fremdvergabe der

---

116 Die Verpflegung in Krankenhäusern und Pflegeeinrichtungen wird unter dem Begriff „Care Catering" zusammengefasst. Hier gelten aber nochmals andere Bedingungen, als in den vorher genannten Segmenten, insbesondere aufgrund der speziellen gesundheitlichen Bedürfnisse der Verpflegten. Daher wird dieser Bereich in der Betrachtung ausgeklammert. Bioprodukte erscheinen in diesem Segment einerseits als interessante Verpflegungsvariante, weil sie besonders dem Gesundheitsbedürfnis entsprechen, sie sind auf der anderen Seite aber auch relativ teuer, was bei der häufig kostensensiblen Trägerschaft dieser Einrichtungen zum Problem werden kann.

117 Ungefähr 50% der Personalverpflegung wird noch durch unternehmenseigene Anbieter abgedeckt. Nach einer Outsourcing-Welle in den 1990er-Jahren scheint das Akquisitionspotenzial für die grossen Anbieter, u.a. aufgrund der wieder anziehenden Konjunktur, aber erst einmal erschöpft zu sein. Vgl. KATAG 1999.

118 Es handelt sich um Eurest und Dagard in der Westschweiz.

119 Geschäftsbericht SV-Group 1999.

120 Dies wird in der SV-Service Fallstudie vertieft behandelt.

Verpflegung und Anwendung des kostenorientierten Managements im Zuge des „New Public Management" erst entstanden. Die etablierten Cateringunternehmen versuchen, in diesem relativ neuen Markt Anteile zu erobern, bislang haben z.B. nur wenige Krankenhäuser die Verpflegung fremd vergeben.[121]
In der *Gruppen- und Markengastronomie*[122] (abgekürzt: GMG) mit einem Marktanteil von 5% ist das heterogene Segment jener Gastronomieunternehmen zusammengefasst, die mehrere Betriebe führen und dies entweder unter einer Marke (Beispiele: Marken „Marché" und „Mövenpick" der Mövenpick Gastronomy International) oder mit einem individuellen Marktauftritt jedes einzelnen Restaurants (Beispiel: mehrere Betriebe mit individuellen Konzepten der Kramer Gastronomie in Zürich) führen. Die grossen GMG-Unternehmen haben sich mit unterschiedlichen gastronomischen Konzepten positioniert, sodass nur eingeschränkt von einem direkten Wettbewerb gesprochen werden kann. Einige sind nur auf regionalen Märkten aktiv, womit an unterschiedlichen Standorten verschiedene Wettbewerber aufeinander treffen. Generell konkurrieren die GMG-Unternehmen, wie auch die gewerbliche Gastronomie, bei Standortnähe durch das Angebot spezieller Mittagsmenüs mit der Gemeinschaftsgastronomie.[123] Kein Unternehmen der Gruppen- und Markengastronomie hat sich bislang offensiv mit Bioprodukten positioniert, allein die Mövenpick Restaurants haben ein kleines Bioangebot.[124]
Woran liegt es, dass in der GMG bislang kein Unternehmen eine Biooffensive lanciert hat? Wenn man betrachtet, was die GMG ausmacht, so sind dies *drei wettbewerbsrelevante Faktoren*: *Kostenersparnis durch Synergieeffekte*, *Bekanntheitsgrad als Vertrauenskapital* und *Multiplikation* eines bestimmten *gastronomischen Konzepts* als *Profilierungsleistung*. Während Ersteres auf die Gruppen- und Markengastronomie allgemein zutrifft, gilt das Zweite für alle Restaurants mit erkennbarer Zugehörigkeit zu einem bestimmten Unternehmen und das Letztere nur für die Gastronomiemarken. Wie fügen sich nun Bioprodukte in diese Wettbewerbsfaktoren ein?
Zum ersten Aspekt: In der GMG werden verschiedene Leistungsprozesse zentral erbracht, um Synergieeffekte zu nutzen und Kosten zu sparen. Die Preise der jeweiligen Restaurants hängen zwar hauptsächlich von der Positionierung im Markt ab, doch differenzieren sie sich gegenüber ihren jeweiligen Konzept-Wettbewerbern u.a. über den Preis. So sind Mr. Wong oder die Spaghetti Factory tendenziell günstiger als ein gewerbliches asiatisches oder italienisches Einzelrestaurant.

---

[121] Tel. Auskunft Christian Keller-Hoehl, Leiter Stab Qualitätsmanagement, SV-Service, vom 05.06.2001.

[122] Vgl. Eggli 2000, 16f.

[123] Hier wird das generelle Wettbewerbsprinzip der Gastronomie deutlich: „All business is local", der Wettbewerb spielt sich in der Regel zwischen den Anbietern in Standortnähe ab, da nur wenige Restaurants derart „ausstrahlen", dass die Gäste eine weite Anreise dorthin in Erwägung ziehen würden.

[124] Wobei die Entscheidung über ein Bioangebot von den jeweiligen Geschäftsführern der lokalen Standorte abhängt. Die detaillierte Diskussion folgt in der Mövenpick-Fallstudie.

Werden in diesen Unternehmen Bioprodukte eingeführt, so haben sie mit höheren Beschaffungspreisen und Verarbeitungsaufwand zu rechnen, die ihnen die Kostenvorteile durch Synergieeffekte ein stückweit aufzehren würden. Die zentralisierte strategische Beschaffung mag einerseits die Einzelbetriebe von Aufwand entlasten, sie erfordert aber andererseits die Beschaffung grösserer Mengen. Wo ein Einzelrestaurant sich bei einem Biolandwirt eindecken und durch den Direktbezug Kosten sparen könnte, benötigt eine Gruppe den Ertrag vieler Landwirte und muss daher mit dem Grosshandel zusammenarbeiten. Hier wäre also eine sorgfältige Sortimentsgestaltung notwendig, um das etablierte Preisniveau nicht zu überschreiten,[125] ein möglicher Grund, warum GMG-Unternehmen bislang vor einer Biooffensive zurückgeschreckt sind.

Zum zweiten Aspekt: Die Gastronomiemarken und Restaurants mit erkennbarer Zugehörigkeit zu einer Gruppe zielen über die standardisierte Leistungserbringung darauf, ein Vertrauenskapital aufzubauen, das besonders bei Personen in ungewohnter Umgebung seine Wirkung erzielt. Ist die Bernerin zum ersten Mal auf Geschäftsreise in St. Gallen unterwegs, so weiss sie nicht, welche lokalen Restaurants gut sind und welche sie besser meiden sollte. Das Mövenpick-Restaurant kennt sie aber aus Bern und kann sein Preis-Leistungs-Verhältnis daher einschätzen.[126] Und wenn die Zürcherin weiss, dass die Kramergruppe daheim gute Restaurants führt, daher kehrt sie gerne im „Bistro – un Etablissement de la Groupe Kramer" in Genf ein.

Bioprodukte sind aufgrund des Verbots von künstlichen Hilfsstoffen tendenziell weniger einheitlich in Aussehen und Geschmack. Durch den Kochvorgang wird dies aber grösstenteils relativiert. Den Restaurantgästen müssten etwaige Schwankungen in Aussehen und Geschmack als spezifisches Charakteristikum der Bioprodukte vermittelt werden, damit sie keinen Anstoss daran nehmen.

Zum dritten Aspekt: Die Multiplikation eines gastronomischen Konzeptes zielt auf Profilierung gegenüber den Gästen. Es werden bestimmte Aspekte der Produktgestaltung und Leistungserbringung definiert, die an jedem Standort gleich sein müssen. Dies reicht von der Aussenwerbung und Dekoration des Lokals über die Kleidung des Personals bis zum Speiseangebot und den Preisen. Das Angebot von Bioprodukten müsste prinzipiell in das Grundkonzept einer Gastronomiemarke hineinpassen. Es ist also zu fragen, welche Aspekte der Produktgestaltung durch ein Markenkonzept betroffen sind und ob hier Konflikte mit Bioprodukten in der Wahrnehmung der Gäste entstehen könnten. Dies wird je nach Markenkonzept unterschiedlich sein, doch ein Aspekt sollte für alle Markenkonzepte gelten. Die Differenz, die Bioprodukte im Vergleich zu konventionellen auszeichnet, liegt in ihrer Herstellungsweise, welche die sogenannte „innere Qualität" der Rohstoffe beeinflusst und sich nur teilweise in der Anmutungsqualität auch von aussen erkennen lässt. Diese spezifische Differenz lässt sich mit Qualitätsaspekten wie Frische oder einer bestimmten Zubereitungsart prinzipiell

[125] Diese Aspekte werden in der SV-Service-Fallstudie vertieft dargestellt und analysiert.

[126] Aufgrund dieses Mechanismus macht McDonald's weltweit an den exotischsten Plätzen Umsatz nicht nur mit Fastfood-Liebhabern unter den Einwohnern, sondern auch mit verunsicherten Touristen, die an einer bekannten Nahrungsquelle eine Pause vom Fremdheitserlebnis suchen.

kombinieren. Probleme können dort entstehen, wo sich bestimmte gastronomische Konzepte wenig für die Vermittlung von Bioprodukten eignen, weil Hamburger und Pommes frites ein anderes Image haben, oder sich die Gäste zwar für den Geschmack des „Chili con Carne", aber weniger für die Rohstoffqualität der Zutaten interessieren. In diesen Fällen wäre „Bio" als Bestandteil des Konzepts entweder schlecht vermittelbar oder als Positionierungsargument gegenüber der Zielgruppe relativ ungeeignet.
Bei allen drei spezifischen Wettbewerbsfaktoren der GMG lassen sich also potenzielle Hürden gegenüber Bioprodukten finden. Ihre Ausprägung ist aber sehr vom konkreten Konzept abhängig, sodass es keinen prinzipiellen Hinderungsgrund gegenüber einem Bioangebot in der GMG gibt.
Unter der *Handelsgastronomie,* die einen Marktanteil von 7% hat, werden die Restaurants und Verpflegungsangebote von Detailhandelsunternehmen zusammen gefasst. In diesem Segment war die Gastronomie ursprünglich eine Zusatzdienstleistung, um die Kunden länger in der Verkaufsstätte zu halten. Die Handelsgastronomie der meisten Anbieter hat sich aber mittlerweile auch mit unabhängigen Standorten in den Schweizer Innenstädten etabliert. Damit machen sie vor allem den einfacheren Konzepten zur schnellen und günstigen Verpflegung aus der GMG, aber auch den innerstädtischen Standorten der Gemeinschaftsgastronomie Konkurrenz. In der Handelsgastronomie bietet Coop als konsequente Erweiterung des Coop Naturaplans Bioprodukte bzw. Fleisch aus dem CNP-Programm auch in den Restaurants an. Auch die Migros bietet zeitweise Bioprodukte in ihren Restaurants an. Bioangebote in der Handelsgastronomie können aber als Folge der Einzelhandelsstrategie angesehen werden und nicht als eigenständige Differenzierungsstrategie im Gastronomiesegment.
Die *Verkehrsgastronomie,* Marktanteil 4%, bedient Kunden an Verkehrswegen, wie in Bahnhöfen oder Autobahnraststätten, oder in Verkehrsmitteln, wie Flugzeug oder Eisenbahn. Sie ist daher für diese Arbeit nur am Rande relevant, weil sie keine direkte Konkurrenz zu Gemeinschaftsgastronomie und GMG darstellt. Das Airline- und das Bahn-Catering werden aber vorgestellt, weil dort einzelne Anbieter Bioprodukte erfolgreich eingeführt haben und dies auf die spezifischen Rahmenbedingungen in diesem Segment zurückführbar ist.
Als Besonderheit der *Airline-Verpflegung* sticht hervor, dass die *Verpflegung nicht gesondert bezahlt* wird, sondern im Flugpreis enthalten ist.[127] Dies hat für die Anbieter sowohl Vor- als auch Nachteile. Als Vorteil zeigt sich, dass keine Preiserwägungen in die Konsumentscheidung einfliesst, daher lag beispielsweise der Anteil des Bioangebots bei der Swissair relativ konstant bei 10%.[128] Diese konstante Nachfrage erleichterte die Planung erheblich. Der Nachteil liegt darin, dass die Mehrkosten des Bioangebots nicht auf den Preis überwälzt werden können, weil die Verpflegung eine untergeordnete Leistungskomponente ist,[129] die

---

[127] Es gibt wenige Ausnahmen, Billig-Fluglinien wie EasyJet, die keine bzw. kostenpflichtige Verpflegung anbieten.

[128] Tel. Auskunft Stefan DiGallo, Swissair Inflight Department, 14.03.2001.

[129] Vgl. Hanslik/Kernstock 1999, 40.

einen Mehrpreis nicht rechtfertigt. Daher müssen die Mehrkosten des Bioangebots intern getragen werden, wie sich in der Gestaltung des naturalgourmet™-Angebots der Swissair[130] deutlich zeigen lässt, das den am wenigsten aufwändige Bionachweis nach der staatlichen Schweizer bzw. Europäischen Bioverordnung und nur einzelne Biokomponenten einsetzte.[131]

Im Bereich der *Verpflegung im Zug* gibt es in der Schweiz zwei Anbieter, Passagio[132] und Mitropa Suisse[133]. Durch die verschiedenen Eisenbahngesellschaften gibt es in der Schweiz überhaupt einen Wettbewerb in diesem Segment, anders als in Ländern mit staatlichen Monopolen, in denen die Verpflegung in der Regel durch die Eisenbahngesellschaften oder deren Tochterunternehmen bereitgestellt wird. Auch in der Bahn gibt es nur eingeschränkte Verpflegungswahlmöglichkeiten. Neben dem Speisewagen gibt es eine mobile Minibar, die aber vom gleichen Unternehmen bereitgestellt wird. Wollen die Fahrgäste dieses Angebot nicht wahrnehmen, bleibt nur der Rückgriff auf vorher eingekaufte Lebensmittel oder der Konsumverzicht. Durch dieses *Quasimonopol* und den hohen Bereitstellungsaufwand *können höhere Preise durchgesetzt werden* als in der stationären Gastronomie, was das Angebot von Bioprodukten tendenziell begünstigt. Dennoch dürfen sich die Preise von konventionellem und Bioangebot nicht zu stark unterscheiden, sonst wird das Bioangebot nicht angenommen.[134] Die Mitropa Suisse bietet, ursprünglich auf Anregung von Demeter, ein vegetarisches Biogericht an.[135] Hier wurden gegenseitige Synergien geschaffen: Die Mitropa kann sich mit dem Bioangebot vom Mitbewerber Passagio differenzieren, die Glaubwürdigkeit wird durch das Demeter-Label hergestellt und Demeter steigert durch das Angebot im Zug seinen Bekanntheitsgrad.[136] Die folgende Tabelle 4 führt die wichtigsten Anbieter der Schweizer Gastronomie in den genannten Segmenten mit ihren Umsätzen des Jahres 1998 auf.

---

130 GateGourmet wird nach dem Konkurs der Swissair voraussichtlich an eine Private Equity Gesellschaft verkauft. Ob das naturalgourmet™-Programm, das exklusiv für die Swissair betrieben wurde, weitergeführt wird, ist unklar (vgl. Pressemitteilung vom 04.02.02 auf http://www.gategourmet.ch).

131 Dies ist die kostengünstigste Variante, weil gezielt die Komponenten mit den geringsten Preisdifferenzen zu konventionellen Produkten herausgegriffen werden können.

132 Passagio ist die frühere SSG (Schweizerische Speisewagen-Gesellschaft), die nach einem kurzen Zwischenspiel in der eher einzelhandelsorientierten Bon appétit-Gruppe des Schweizer Unternehmers Beat Curti nun mehrheitlich zum weltweit marktführenden Verkehrsgastronomieunternehmen Autogrill SpA (Italien) gehört (vgl. NZZ 20.12.2000).

133 Die Mitropa Suisse SA ist eine 100%ige Tochter der Deutschen Mitropa AG.

134 Interview Andere 6.

135 Zunächst wurden nur einmonatige Sonderaktionen durchgeführt, seit 2000 ist ein vegetarisches Currygericht in Demeter-Qualität fest auf der Speisekarte etabliert, vgl. Interview Andere 6.

136 Eine ähnliche Situation liegt bei der Kooperation von Bio Suisse und Coop vor (Villiger 2000, 107).

Tabelle 4: Umsätze ausgewählter Gastronomiesegmente in der Schweiz 1998 (Quelle: food service 09/2000a) (*= Bioangebot)

Unternehmen	Gastronomie-segment	Umsatz in Mio. sFr.
SV-Group, Zürich*	Catering	349.0
DSR Le Restaurateur, Morges	Catering	116.1
Compass Group Suisse SA, Montreux	Catering	87.0
Restorama (SairRelations-Gruppe), Zürich	Catering	74.0
ZFV-Unternehmungen (Catering), Zürich	Catering	40.8
Culinarium AG, Zürich (heute SV-Group)	Catering	37.9
Summe Catering		704.8
McDonald's Suisse Holding SA, Crissier	GMG	400.2
Mövenpick Gastronomy Int'l, Adliswil(*)	GMG	270.7
Bindella Gastronomia italiana, Zürich	GMG	74.6
Gastrag AG, Basel	GMG	51.0
Kramer Gastronomie, Zürich	GMG	28.0
Gamag Management AG, Luzern	GMG	28.0
Confiserie Feller AG, Rüti	GMG	26.1
ZFV-Unternehmungen (Restaurants), Zürich	GMG	18.9
Summe Gruppen- und Markengastronomie		897.5
Migros Genossenschaftsbund, Zürich(*)	Handelsgastronomie	676.0
Coop Schweiz, Basel*	Handelsgastronomie	197.8
Merkur AG, Bern	Handelsgastronomie	103.7
Manor AG, Basel	Handelsgastronomie	101.0
Jelmoli AG, Zürich	Handelsgastronomie	35.4
EPA AG, Zürich	Handelsgastronomie	29.8
Summe Handelsgastronomie		1'143.7
GateGourmet (Swissair Group), ZH*	Verkehrsgastronomie	312.0
Passagio Holding, Zürich (vormals SSG)	Verkehrsgastronomie	245.6
Candrian Catering AG, Zürich	Verkehrsgastronomie	93.7
FRAG Flughafen Restaurant AG, Zürich	Verkehrsgastronomie	60.0
Mitropa Suisse SA, Bern*	Verkehrsgastronomie	29.0
Summe Verkehrsgastronomie		740.3
Summe gesamt		**3'486.3**

3.3.2. Lieferanten: Hersteller von TK-Convenienceprodukten für die Gastronomie

Im Jahr 1995 umfasste die Schweizer Lebensmittel verarbeitende Industrie[137] 2'853 Unternehmen,[138] davon 93% Kleinunternehmen mit bis zu 49 Mitarbeitern. Diese Unternehmen sind grösstenteils auf den Einzelhandel ausgerichtet und daher auch in der Summe als Wettbewerber für die Mövenpick Produktions AG (ProdAG), die auf Grossabnehmer der Gastronomie fokussiert, wenig relevant. Auch aufgrund der sehr unterschiedlichen Produktausprägungen ist es nicht sinnvoll, jedes Lebensmittel verarbeitende Unternehmen als Wettbewerber der ProdAG zu betrachten. Vielmehr werden in der weiteren Analyse nur diejenigen Unternehmen einbezogen, welche ebenfalls TK-Convenienceprodukte für Grossabnehmer in der Gastronomie herstellen und daher als aktuelle oder potenzielle Wettbewerber der ProdAG einzuschätzen sind.

Die ProdAG stellt in folgenden Produktgruppen biologische TK-Convenienceprodukte für die Gastronomie her: *Backwaren, Patisserie und Gratins*. Sie ist das einzige Schweizer Unternehmen, das mit all diesen Produktgruppen auf dem Markt präsent ist, sodass die Wettbewerbssituation für die Produktgruppen einzeln diskutiert wird. Bei den *Backwaren* sind eine ganze *Reihe von Wettbewerbern* zu nennen, wobei hier nicht nur grosse Unternehmen antreten, sondern auch verschiedene, regional agierende mittlere Unternehmen. Hier sind die Hiestand AG, Schlieren, die Bertschi Bäckerei „Zum Brotkorb AG“, Zürich, sowie die Holzofenbäckerei Jakober AG, Haslen, zu nennen. Weitere Bäckereiunternehmen könnten ohne grosse Probleme die Bioproduktion aufnehmen, allerdings hat sich vor allem die Hiestand AG als Kompetenzträger für TK-Biobackwaren bereits etabliert und akquiriert laufend weitere Kunden,[139] sodass der Markteintritt bereits schwieriger geworden sein dürfte. Im Bereich der Patisserie konnte kein Wettbewerber gefunden werden, allerdings liefert die Feinbäckerei Guggenloch Biogebäck. Für Gratins können als aktuelle Wettbewerber die Cool Food AG, Rothenburg, die Hilcona AG, Schaan, und die Frigemo AG, Cressier, genannt werden. Diese Unternehmen haben sich Grossabnehmer sichern können, so liefert Cool Food an die Mitropa Suisse SA und an die Coop Gastronomie und auch Hilcona und Frigemo beliefern die Coop Gastronomie.

Weitere Unternehmen können als *potenzielle Wettbewerber* gelten, weil sie bereits ein kleines Biosortiment mit anderen Produkten haben und ähnliche TK-Convenienceprodukte in konventioneller Qualität herstellen. Sie könnten ihr Bioangebot also ohne grosse Probleme auf die von der ProdAG hergestellten Produkte ausdehnen. Zu dieser Kategorie von Wettbewerbern gehören u.a. Unter-

---

137 Die 12 Tabak verarbeitenden Unternehmen, die in der Nomenklatur des Bundesamts für Statistik mit einbezogen sind, wurden von dieser Zahl abgezogen.

138 Die Zahlen stammen aus der Betriebsstättenzählung des Bundesamts für Statistik, Tabelle T6.1. Aktuellere Zahlen liegen nicht vor.

139 Ursprünglich waren die ProdAG und Hiestand beinahe gleichzeitig mit dem Bio-Croissant auf dem Markt. Während Hiestand eine aggressive Marktaufbaupolitik betrieben und damit ihre Marktstellung auf- und ausgebaut hat, hat die ProdAG ihre frühe Marktpräsenz nicht genutzt.

nehmen der Orior Food AG Gruppe[140], Zürich, die Louis Ditzler AG, Möhlin, und die Gastro Star AG, Dällikon. Darüber hinaus könnten auch die grossen industriellen Hersteller von TK-Convenienceprodukten, wie Frisco Findus (Nestlé), Pierrot Lusso (Unilever) oder Bischofszell (Migros) Biosortimente einführen. Beispielsweise bei Frisco Findus existiert bereits ein spezielles Sortiment aus IP-Produkten, mit dem das Bedürfnis nach gesunden und umweltgerechten Produkten bedient werden soll.[141] Die Schwelle liegt für diese grossen Verarbeitungsunternehmen im geringen Marktvolumen, das für die rentable Einführung von Bioprodukten als noch nicht ausreichend angesehen wird.[142]
Die Mövenpick ProdAG ist daher derzeit das einzige der grossen industriellen Verarbeitungsunternehmen, das ein Biosortiment im Angebot hat. Der Bioumsatz liegt aber bei allen Unternehmen auf einem so niedrigen Niveau, dass Grösseneffekte in diesem Stadium noch nicht ausschlaggebend für die Wettbewerbsposition sind. Viel wichtiger wird es für die Entwicklung des Umsatzes mit Bioprodukten vermutlich sein, welche Unternehmen den Gastronomen die besten Dienstleistungen hinsichtlich der Vermarktung eines Bioangebots zur Verfügung stellen, da die wenigsten bislang eigene Konzepte entwickelt haben.
Da den wenigen, überwiegend grossen Nachfragern von TK-Bioconvenienceprodukten eine ganze Reihe von Bioanbietern gegenübersteht, kann man davon ausgehen, dass die Lieferanten eine schwache Verhandlungsposition haben. Darüber hinaus ist die Gastronomie der *Gatekeeper*, von deren Verkaufsgeschick gegenüber den Gästen der Umsatz mit den Bioprodukten abhängt. Darum ist es wichtig für die Lebensmittelverarbeiter, *nicht nur die Produkte liefern* zu können, sondern auch mit *Konzeptideen für ihre Vermarktung* den Verkaufserfolg der Gastronomen zu unterstützen. Gelingt es einem Unternehmen, sich in diesem Bereich Kompetenz anzueignen, so erhöht es damit gleichzeitig seinen *Wert als Geschäftspartner* für die Gastronomen.

3.3.3. Abnehmer: Die Restaurantgäste

Als aggregierte Masse haben die Restaurantgäste einen hohen Einfluss auf die Gastronomie. Werden einzelne Gerichte nicht angenommen, verschwinden sie umgehend von der Speisekarte. Die wenigsten Gäste sind sich dieses Ausleseeffekts bewusst oder nehmen durch Nachfragen oder Beschwerden aktiv Einfluss auf die Gestaltung der Speisekarte. Daher ist die Verhandlungsmacht im Sinne einer aktiven Einflussnahme auf das Angebot in Restaurants gering. Allerdings versuchen NGOs, wie Konsumenten- oder Naturschutzorganisationen, über Informationsmassnahmen Einfluss auf das Konsumverhalten auszuüben und damit indirekt auch die Anbieter zu beeinflussen.

---

[140] Ein Tochterunternehmen der Orior Gruppe, die Fredag AG, Root, stellt bereits biologische TK-Gemüse-Bratlinge her.

[141] Der Begriff „ökologisch" bleibt nach der Bioverordnung allein Produkten aus Biolandwirtschaft vorbehalten, in der Broschüre des „Naturessa"-Sortiments wird dann auch von umweltgerechten, schonenden Anbaumethoden geschrieben (vgl. Frisco-Findus o.J.).

[142] Tel. Auskunft Markus Hofer, Leiter Verkauf Innendienst Frisco Findus, 18.10.2000.

So haben beispielsweise WWF und SKS gemeinsam eine Broschüre zur Aufklärung über Bioprodukte herausgegeben, um die Verbraucher zu bewussten Konsumentscheidungen anzuregen.[143] Allerdings sind diese Massnahmen in der Regel auf den Einzelhandel und den Heimkonsum und nicht auf die Gastronomie und den Ausser-Haus-Konsum fokussiert.[144]
Anders verhält es sich mit dem Einfluss von Auftraggebern auf die Angebotsgestaltung in Personalrestaurants. Hier kann über die Subventionsbereitschaft Kostendruck aufgebaut werden und die hohe Standardisierung der Dienstleistung Personalverpflegung und die geringen Umstellungskosten verleihen den Auftraggebern eine starke Verhandlungsmacht.[145] Allerdings wird diese Verhandlungsmacht nur selten zur Förderung eines Bioangebots oder anderen Anliegen der Angebotsgestaltung eingesetzt, in der Regel geht es eher um Kostenreduktionen.[146]

3.3.4. Ersatzprodukte

Im Gegensatz zum Einzelhandel spielen Ersatzprodukte aus dem Bereich der lebensmitteltechnischen Neuentwicklungen wie Functional Food in der Gastronomie kaum eine Rolle, da es sich hierbei um Fertigprodukte handelt, die in der Gastronomie hauptsächlich als Handelsware eingesetzt werden könnten. Als Komponente in zubereiteten Mahlzeiten wird Functional Food bislang kaum verwendet.[147]
Da in dieser Arbeit bereits von Bio-*Convenienceprodukten* die Rede ist, kommt die Konkurrenz in diesem Fall unter anderem von der Biorohware.[148] Das *grösste Konkurrenzprodukt* zum Bio-Convenienceprodukt ist in der Gastronomie allerdings das *konventionelle Convenienceprodukt.* Aufgrund des sehr intensiven Wettbewerbs kaufen die meisten Gastronomen sehr *kostenorientiert* ein und entscheiden sich für das konventionelle Produkt, wenn sie sich nicht explizit mit einem Bioangebot positionieren wollen.
Als Fazit der Wettbewerbssituation in der Gastronomiebranche kann festgehalten werden:

- Der Wettbewerb unter den Gastronomieunternehmen ist insbesondere im Bereich der Mittagsverpflegung, die den grössten Umsatzanteil ausmacht, sehr intensiv. Es gibt in jedem Gastronomiesegment Unternehmen, die Bioprodukte anbieten, doch die Umsätze sind noch gering.

---

143 WWF Schweiz & SKS 1996, WWF Schweiz & SKS 2000.

144 Mit der geplanten Kampagne „Goûtmieux“ will der WWF erstmals gezielt die Aufmerksamkeit der Konsumenten auf ökologische Produkte im Ausser-Haus-Konsum lenken (Tel. Mitteilung Jennifer Zimmermann, Leiterin Konsum & Umwelt, WWF Schweiz, 09.01.2001).

145 Vgl. Wüstenhagen 1997, 13.

146 Interview SV 11.

147 Ausgenommen hiervon ist das Care Catering-Segment, für das Functional Food zunehmend von traditionellen Pharmaunternehmen, wie z.B. Novartis, angeboten wird.

148 Vgl. die Überlegungen zur Akzeptanz von Convenienceprodukten in der Gastronomie unter 3.4.3.

- In der Lebensmittelverarbeitung haben einige Unternehmen Bio-Convenienceprodukte ins Sortiment aufgenommen, allerdings eher als Zukunftsinvestition, falls der noch geringe Umsatz anziehen sollte. Die bestehenden Anbieter konnten sich zum Teil bereits als Kompetenzträger für Bioprodukte etablieren, sodass der Markteintritt für neue Konkurrenten schwieriger wird.
- Die Restaurantgäste haben kaum individuelle Verhandlungsmacht, beeinflussen aber durch ihr aggregiertes Nachfrageverhalten das Angebot auf den Speisekarten. Im Gegensatz zum Einzelhandel ist die Nachfrage nach Bioprodukten aber noch gering.
- In der Gastronomie ist das konventionelle Convenienceprodukt das wichtigste Konkurrenzprodukt für Bio-Convenience. Im Gegensatz zum Einzelhandel spielt Functional Food kaum eine Rolle.

3.4. Bio-Convenienceprodukte in der Schweizer Gastronomiebranche

➔ Convenienceprodukte sind vorverarbeitete Lebensmittelprodukte. Der ökologische Effekt der Vorverarbeitung fällt deutlich kleiner aus als andere Aspekte der Auswahl von Rohstoffen in der Restaurantküche. In der Gastronomie werden Convenienceprodukte zur Zeit- und Kostenersparnis eingesetzt, wobei die Küchenorganisation auf ihren Einsatz abgestimmt werden muss. Da sie vorverarbeitet sind, wird die Qualität von Convenienceprodukten von Köchen häufig misstrauisch beurteilt. Biologische Convenienceprodukte betrachten sie z.T. als einen Widerspruch in sich.

3.4.1. Was sind Convenienceprodukte?

Convenienceprodukte sind Lebensmittel, die einzelne Verarbeitungsschritte in der Küche bereits durchlaufen haben. Es gibt sie in verschiedenen Conveniencestufen, von gerüstet bis verzehrfertig (vgl. Tabelle 5 auf der nächsten Seite). Sie haben den Vorteil, dass sie haltbar gemacht und gelagert werden. Daher können sie bei Bedarf portionsweise eingesetzt werden. Der Verlust bei unvorhergesehenen Tiefs im Tagesumsatz ist dadurch deutlich geringer als bei vorbereiteten und begrenzt haltbaren Eigenproduktionen. Ausserdem werden bei systematischem Einsatz weniger Mitarbeiter für Rüst- und andere Vorbereitungsarbeiten benötigt. Daher werden Convenienceprodukte in der Gastronomie eingesetzt, um Personalaufwand und Warenkosten, die sogenannten Prime Costs, zu reduzieren (vgl. Abbildung 9).

Abbildung 9: Reduktion der Prime Costs durch Convenienceprodukte (Quelle: auf der Basis von SV-Service 1997b, 7)

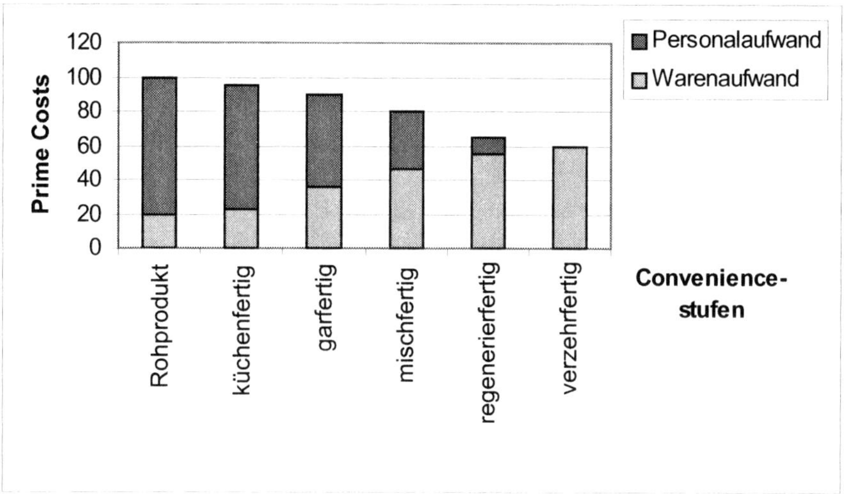

Tabelle 5: Conveniencestufen (Quelle: SV-Service 1997b, 5)

Convenience-stufe	Definition	Erforderliche Bearbeitungs-schritte	Produkte
0 Roh-produkt	Produkte in unbearbeitetem Rohzustand	Putzen – Waschen Dimensionieren Rezeptur Garen Portionieren	• ungeschälte Kartoffeln • unausgelöste Fleischstücke
1 küchen-fertig	Produkte, die vor dem Garprozess noch küchenmässig vorbereitet werden müssen	Dimensionieren Rezeptur Garen Portionieren	• geschälte Kartoffeln • dressiertes[149], zerlegtes Fleisch
2 garfertig	Produkte, die ohne weitere Vorbereitungsschritte zubereitet werden können	Rezeptur Garen Portionieren	• geschnittene Kartoffeln, TK-Pommes frites • portioniertes Fleisch
3 misch-fertig	Produkte, die mit anderen mischfertigen Komponenten gemischt und evtl. regeneriert werden müssen	Rezeptur evtl. Regenerieren Portionieren	• Kartoffelpürree • Rohes, gewürztes, evtl. gefülltes Fleisch (z.B. Cordon Bleu)
4 regene-rierfertig	Menüs oder Menükomponenten, die für die Aufbereitung durch Wärmezufuhr abrufbereit sind	Regenerieren Portionieren	• Kalte, gegarte Kartoffeln (z.B. Kartoffelgratin) • Kaltes, gegartes Fleisch (z.B. Gulasch)
5 verzehr-fertig	Produkte, die zum sofortigen Verzehr geeignet sind	Portionieren	• Pommes chips • Fertig gegartes Fleisch (z.B. warme Geflügelteile)

[149] Dressiertes Fleisch ist von Sehnen und unerwünschtem Fett gereinigt und ggf. von Knochen gelöst.

3.4.2. Ökologische Beurteilung von Convenienceprodukten

Wie sind Convenienceprodukte ökologisch einzuschätzen? Und ist der Ersatz von Convenienceprodukten aus konventioneller Gewächshausproduktion durch solche aus Integrierter Produktion oder Biolandwirtschaft ein relevanter ökologischer Beitrag? Diese Fragen werden mit Hilfe von modularen Ökobilanzen[150] unter Verwendung des Eco-indicator99[151] beantwortet, die Jungbluth (2000, 2001a und 2001b) durchgeführt hat. Die ökologischen Auswirkungen von Lebensmitteln können sinnvoll nur für einzelne Lebensmittelarten untersucht werden. Für diese Arbeit werden Gemüse und Fleisch herausgegriffen. Von Rohprodukten unterscheiden sich Convenienceprodukte dadurch, dass Arbeitsschritte von vielen Einzelküchen in eine Küche beim Verarbeiter verlegt werden und die Produkte durch Pasteurisieren oder Tiefkühlen konserviert werden. Für die weitere Betrachtung wird angenommen, dass, erstens, die verlegten Arbeitsschritte unabhängig von dem Ort ihrer Ausführung mit der gleichen Energieintensität verbunden und, zweitens, die Transportintensität gleich sei. In diesem Fall unterscheiden die Convenienceprodukte sich hauptsächlich durch den Schritt der Konservierung.[152]

Zunächst wird das *Gemüse* betrachtet. Wenn man die Stufen *Konservierung und Konsum* zusammenfasst, ist die ökologische Auswirkung von TK-Gemüse zwar beinahe doppelt so hoch, wie die von Frischgemüse, aber die Werte liegen auf sehr niedrigem Niveau (Frischgemüse bei ca. 0,0195 Eco-indicator99-Punkten und TK-Gemüse bei ca. 0,0369). Betrachtet man nun den ökologischen Effekt, den man erzielt, wenn man *integriert oder biologisch produziertes* Gemüse *anstelle von konventionellem Gewächshausgemüse* einsetzt,[153] so ergibt sich eine *deutlich höhere ökologische Entlastung*, weil die landwirtschaftliche Produktion

---

[150] Die modulare Ökobilanz beurteilt fünf Verarbeitungsschritte separat: 1. Landwirtschaftliche Produktion, 2. Herkunft / Transportart, 3. Konservierungsart, 4. Verpackung und 5. Konsumart. Um den spezifischen Unterschied der TK-Convenienceprodukte herauszuarbeiten, sind nur die Schritte Konservierungsart und Konsumart relevant, da in beiden die Tiefkühlung einen Unterschied macht (vgl. Jungbluth 2000).

[151] Die Bewertung mit der Methode des Eco-indicator99 geht so vor, dass zunächst verschiedene Umweltwirkungen bei der Herstellung eines Produktes in Form der Emissionen (z.B. FCKW, CO_2, SO_2) erfasst werden. Diese Emissionen werden dann verschiedenen Wirkungskategorien zugerechnet, z.B. Schädigung der Ozonschicht, Treibhauseffekt oder Versauerung von Böden. Im nächsten Schritt werden die Wirkungskategorien drei Schutzgütern zugerechnet, d.h. ermittelt, welche Schädigung menschlicher Gesundheit (disability adjusted life years DALY), welchen Verbrauch nichterneuerbarer Ressourcen und welche Belastung des Ökosystems sie hervorrufen. Diese Auswirkung wird in Punkten ausgedrückt, den Eco-indicator99-Punkten. Je weniger Punkte einem bestimmten Produkt zugeordnet werden, desto höher ist seine relative Umweltverträglichkeit. (Relativ deshalb, weil die Herstellung jeden Produktes Umweltbeeinträchtigungen hervorruft.) Vgl. Jungbluth/Frischknecht 2001b.

[152] Dies wird auch für den Konsum von Convenienceprodukten im privaten Haushalt angenommen, vgl. Jungbluth 2000, 194.

[153] Man muss allerdings berücksichtigen, dass für die industrielle Herstellung von Convenienceprodukten in der Regel Freiland- und nicht Gewächshausgemüse eingesetzt wird. Dies bedeutet, dass die ökologische Belastung des konventionellen Gemüses voraussichtlich niedriger liegt, als in dem von Jungbluth gerechneten Beispiel. (Telefonische Auskunft Niels Jungbluth, 24.04.2001)

einen grösseren ökologischen Effekt hat als die Konservierungsart und die Differenzen zwischen den Produktionsarten grösser sind. So hat die konventionelle Gewächshausproduktion von Gemüse einen ökologischen Effekt von ca. 0,13 Eco-indicator99-Punkten, die biologische und die integrierte einen annähernd gleichen von ca. 0,026 Eco-indicator99-Punkten.[154] Mit Abstand den höchsten ökologischen Effekt hat der Flugtransport von Gemüse mit 0,83 Eco-indicator99-Punkten. Als Entscheidungsregel sollte also gelten: Einheimisches Gemüse vor flugimportiertem, biologisches und integriertes Freiland- vor konventionellem Gewächshausgemüse und frisches Gemüse vor TK-Convenience (vgl. Abbildung 10).

Abbildung 10: Modulare Produktökobilanz für Gemüse, ausgedrückt in Eco-indicator99-Punkten pro kg (Quelle: Jungbluth/Frischknecht 2001a)

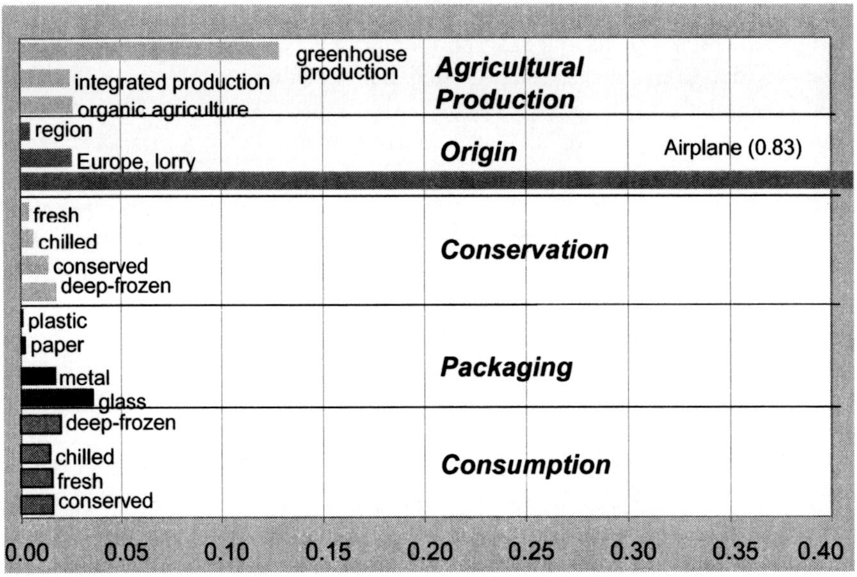

Betrachtet man nun Fleischprodukte, so ergeben sich folgende Effekte: Die *Konservierungsarten Kühlung und TK*[155] *unterscheiden sich* in ihrem ökologischen Effekt *nur wenig* voneinander und liegen auch auf relativ niedrigem Niveau. (Gekühltes Fleisch in Konservierung und Konsum: 0,02 Eco-indicator99-Punkte; TK-Fleisch in Konservierung und Konsum: 0,05 Eco-indicator99-Punkte). Wird Fleisch aus integrierter Produktion durch Biofleisch ersetzt, so ergibt sich ein merklicher Effekt (Integrierte Produktion: ca. 1,56 Eco-indicator99-Punkte; Bioproduktion: ca. 1,49 Eco-indicator99-Punkte). Allerdings löst die Fleischproduktion auf der Stufe Landwirtschaft bei weitem die höchste ökologische Belastung

[154] Differenzen von bis zu 10% der Eco-indicator99-Punkte liegen im Bereich von Datenungenauigkeiten, die auf die Aggregation der Bilanzen verschiedener Gemüsesorten zu einem Gesamtwert zurückführbar sind und daher nicht gewertet werden sollten (Jungbluth 2000).

[155] Fleisch wird nicht ungekühlt aufbewahrt.

über den Lebenszyklus aus, sodass die *ökologisch wirksamste Variante* die *Reduktion* bzw. der *Verzicht auf Fleischkonsum* wäre. Will man bei Fleisch bleiben, so gelten hier die Regeln: regionale Produkte vor Flugimporten, Bio vor IP, und Frisch- vor Convenienceprodukten (vgl. Abbildung 11).

Abbildung 11: Modulare Produktökobilanz für Fleisch, ausgedrückt in Ecoindicator99-Punkten pro kg (Quelle: Jungbluth/Frischknecht 2001b)

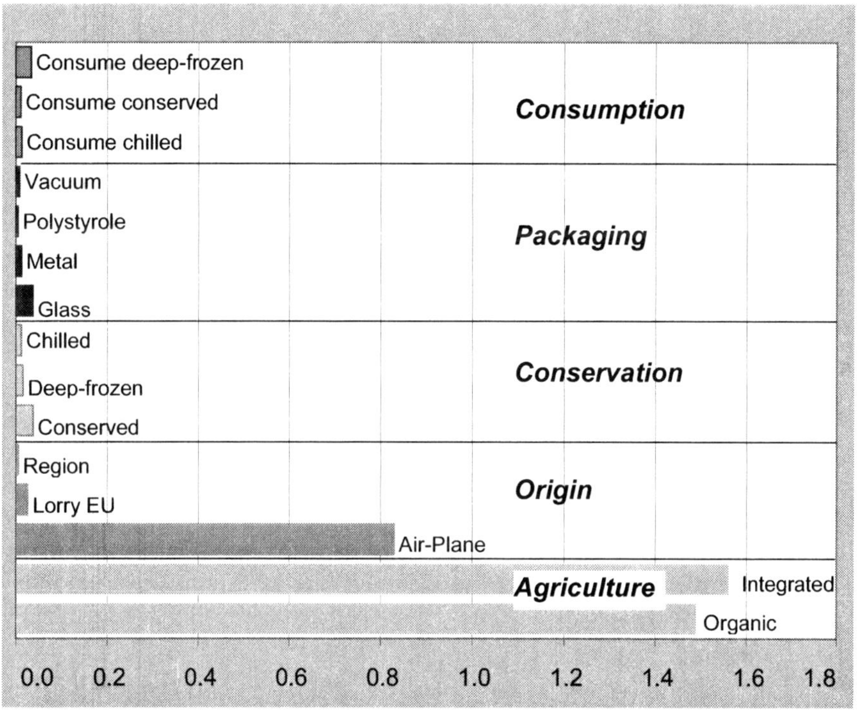

Letztlich ist also *die Frage „Frisch oder Convenience?" in ökologischer Hinsicht eine untergeordnete*. Wenn aber Convenienceprodukte eingesetzt werden, so ist der Austausch von konventionellen durch biologische Rohstoffe zu begrüssen. Wesentlich wirksamer in ökologischer Hinsicht wäre allerdings der Ersatz von Fleischgerichten durch vegetarische Angebote und der Einsatz von einheimischen anstatt flugimportierten Rohstoffen. Da diese Entscheidungen die Ernährungsweise betreffen, sind vor allem die Restaurants gefragt, ihr Angebot entsprechend zu gestalten und ihre Gäste durch geeignete Kommunikationsmassnahmen davon zu überzeugen.

3.4.3. Akzeptanz von Convenienceprodukten in der Gastronomie

Convenienceprodukte ersetzen Arbeitsschritte des Kochvorgangs, damit sparen sie Zeit, dort wo Arbeitszeit monetär bewertet wird, auch Geld, und ersetzen unter Umständen Kochfertigkeiten. Im *Privatleben* setzen viele Personen gerüstete Salate, Konservengemüse oder Tiefkühlgerichte ein, weil sie keine Zeit

für eigene Küchenarbeit haben, oder sie dienen als Vorräte für Notfälle, wenn z.B. die Zeit für den Einkauf nicht gereicht hat. In selteneren Fällen greifen Personen auch auf Fertiggerichte zurück, weil sie das Zubereiten von Rohprodukten nie gelernt haben. Während Convenienceprodukte lange ein schlechtes Image hatten und nur als Notration akzeptiert waren, weil sie mit fehlenden Kochkünsten in Verbindung gebracht wurden, sind sie zunehmend als zeitsparende Alternative akzeptiert. Dies mag zum einen an der zunehmenden Auflösung der Hausfrauenrolle liegen, wodurch viele Frauen für eine tägliche zeitintensive Essenszubereitung immer weniger Zeit haben und zum anderen an den dadurch angetriebenen Entwicklungen in der Lebensmittelverarbeitung, welche die Nachfrage nach hochwertiger, zeitsparender Verpflegung bedienen und fördern.[156]
Bei *Küchenchefs* haben Convenienceprodukte häufig kein gutes Image, ihr Einsatz gilt als unprofessionell und teuer. Viele Köche interpretieren den Einsatz von Vollconvenienceprodukten als Verlust an Kochkultur, der ihnen zur schnöden Kosteneinsparung aufgezwungen wird.

> D. Eggli: „Die Cuisine d'Assemblage, das systematische Zusammentragen von vorgefertigten und frischen Nahrungsmitteln zu einem Gericht, das verletzt kochkulturelle Tabus in mir. Aufgewärmtes ist nicht gleich gut wie frischgekochtes."[157]

Auch existieren unter Köchen Befürchtungen, dass der persönliche Gestaltungsspielraum durch die „fertigen" Produkte eingeschränkt wird und sie möglicherweise sogar durch weniger qualifiziertes Personal ersetzbar werden. Werden Convenienceprodukte nicht systematisch genutzt, um Arbeitskräfte für das Rüsten und Vorbereiten von Rohprodukten zu ersetzen, so ist ihr Einsatz in der Tat teurer, da die Warenkosten steigen, während die Personalkosten konstant bleiben. Geht ihr Einsatz mit einer Reorganisation der Küche und entsprechendem Personalabbau einher, werden sie als Personalkiller verurteilt. Daher ist die Managemententscheidung für den Einsatz von Convenienceprodukten nicht nur eine Frage der organisatorischen Vorbereitung, sondern auch eine des Feingefühls in der Personalführung. Denn werden die Ziele, Begründungen und Folgen des Einsatzes von Convenienceprodukten nicht transparent gemacht, besteht die Gefahr, dass die Mitarbeiterinnen und Mitarbeiter in der Küche sich bevormundet und unter Druck gesetzt fühlen, was sich negativ auf die Realisierung der dahinter stehenden Strategie auswirken dürfte.

---

[156] Vgl. hierzu auch Rigendinger 1997 und Tappeser et al. 1999.

[157] Vgl. Eggli 1992, 114.

3.5. Einflussfaktoren auf die Konsumentscheidung bzgl. Bioprodukten im Personalrestaurant

➔ Dieser Abschnitt baut auf der These auf, dass die Restaurantgäste bei ihrer Entscheidung für oder gegen Bioprodukte stark von der spezifischen Konsumsituation beeinflusst werden und entsprechend Marketingmassnahmen unterschiedlich zugänglich sind. Zunächst wird analysiert, wie die Konsumsituation die Gäste beeinflusst. Dann wird untersucht, welche Kosten, in einem weiten Sinne interpretiert, und welchen Nutzen die Gäste mit den Bioprodukten verbinden können.158 Daraus werden erste Gestaltungshinweise für ein Bioangebot in der Zweckverpflegung abgeleitet.

Gäste erwarten nicht bei jedem Restaurantbesuch dasselbe Erlebnis, sondern die *unterschiedlichsten Erwartungen* können einen *Restaurantbesuch motivieren.* Das Essen befindet sich nicht unbedingt im Mittelpunkt des Interesses. Bei einem Geschäftsessen steht möglicherweise der Vertragsabschluss im Vordergrund, beim Diner à Deux von Verliebten das anschliessende Tête à Tête, selbst der Besuch im Gourmetrestaurant zielt nicht allein auf das kulinarische Erlebnis ab, sondern auch auf die Aneignung eines Statussymbols.[159]
Die Dienstleistung eines Personalrestaurants besteht darin, die Gäste an ihrem Arbeitsplatz mit einer Mahlzeit zu versorgen, ihnen also das Einkaufen der Rohprodukte und die *Zubereitung abzunehmen* und *innerhalb kurzer Zeit* ihre Produktivitätskraft wieder herzustellen;[160] dies ist ihr Zweck, daher der Begriff der *Zweckverpflegung.*
Die Aufmerksamkeit wird in der Gastronomie allgemein von der bewussten Auseinandersetzung mit den Produktzutaten *abgelenkt*, da die Gäste nur das zubereitete Gericht auf dem Teller wahrnehmen. Bioprodukte lassen sich bereits im Rohzustand nur bedingt von konventionellen unterscheiden. Gekochte Gerichte durch die direkte Wahrnehmung als biologische zu identifizieren, ist in der Regel nicht möglich. Die *Differenzierung* muss also entweder über die *Kommunikation* durch Biolabel, Bild und Schrift stattfinden, oder über die *Produktgestaltung*, durch eine spezifische Zubereitungsart.
Ausserdem ist der Kantinenbesuch aufgrund der hohen Nutzungshäufigkeit durch eine *starke Routinisierung* geprägt. Viele Kantinenbesucher wollen in ihrer Mittagspause ausruhen, sich also *gerade nicht* mit Informationen auseinan-

---

[158] Hier wird die neuere ökonomische Verhaltenstheorie angewandt, die Konsumentscheidungen mit Kosten-Nutzen-Kalkülen erklärt (vgl. Belz 2001 m.w.N.).

[159] Eggli 1992, 107.

[160] Campiche 1992, 119. Aus der Untersuchung des Einkaufsverhaltens von Konsumentinnen im Lebensmitteleinzelhandel ist bekannt, dass unter Zeitdruck ökologische Erwägungen bei der Kaufentscheidung weniger stark berücksichtigt werden, als wenn keine Zeitrestriktion besteht. Die Wahl des Bioangebots aus ökologischen Gründen wird durch Zeitknappheit also vermutlich auch in der Kantine behindert (vgl. Tanner et al. 1998).

dersetzen. Von allen Verpflegungsformen stellt die Kantinenverpflegung daher vermutlich am meisten eine *Low-involvement-Situation* dar, in der die funktionale Komponente der Handlung (Sättigung) viel mehr angesprochen wird als das Aktivierungserlebnis (Genuss), das zu einer bewussten Wahrnehmung des Produktes führt.[161] In Low-involvement-Situationen können Konsumentinnen nur sehr schwer aktiviert werden, um ein Produkt besonders wahrzunehmen, geschweige denn, sich damit bewusst auseinanderzusetzen.[162] Die Gäste sind unter diesen Bedingungen *Kommunikationsmassnahmen nur schwer zugänglich.*

Die Zweckverpflegung hat im *Erleben* und in der *Wertschätzung* der Gäste einen *anderen Stellenwert* als Restaurantbesuche in der Freizeit. Die, üblicherweise regelmässigen, Gäste eines Personalrestaurants erwarten auch aus diesem Grund keine kulinarischen Spitzenleistungen, sondern ein *angemessenes Preis-Leistungs-Verhältnis.*[163] Die Ausgaben für die Zweckverpflegung stellen einen festen Posten im monatlichen Budget dar. Diese regelmässigen monatlichen Budgetposten, zu denen auch die Ausgaben für den privaten Lebensmitteleinkauf gehören, können durch das tägliche Konsumverhalten beeinflusst werden und sind daher beispielsweise bei pessimistischen Konjunkturaussichten die ersten Ausgaben, welche Konsumenten reduzieren.[164]

Auf ein Zweckverpflegungsangebot reagieren die Gäste also *deutlich preissensibler* als auf eines der Freizeitverpflegung. Hinzu kommt, dass viele Unternehmen ihre Personalrestaurants subventionieren, die Preise also sehr niedrig sind. In der Wahrnehmung der Gäste werden Preiserhöhungen dann schnell als Angriff auf den *Besitzstand* wahrgenommen. Darüber hinaus wirken sie in relativen Zahlen hoch, auch wenn die Steigerung in absoluten Zahlen recht gering ausfällt. Wird beispielsweise ein Menüpreis von fünf auf sechs Franken erhöht, so ist dies eine Erhöhung um 20%, macht aber nur einen Franken, bzw. auf eine Konsumperiode von vier Wochen à fünf Arbeitstagen 20 Franken aus, die in einem Monatsbudget nur bei sehr niedrigem Einkommen spürbar fehlen. Die direkten Kosten spielen bei der Zweckverpflegung also eine grosse Rolle, auch wenn sie in absoluten Zahlen nur einen geringen Teil der monatlichen Ausgaben verursachen. Dies spielt bei der Einführung von Bioprodukten in der Zweckverpflegung eine grosse Rolle, da die Herstellkosten in der Regel höher sind als bei konventionellen Produkten.

Bei den Bioprodukten kommen indirekte Kosten hinzu, die nach *Beschaffungs-*, *Verwendungs-* und *Postverwendungskosten* unterschieden werden können.[165] Unter die Beschaffungskosten werden *Informations-*, *Such-*, *Kontroll-* und *Weg-*

---

161 Im Konsumentenverhalten werden zwei Komponenten unterschieden, die funktionale Komponente, die z.B. bei einem Hungergefühl den Wunsch nach Sättigung also nach einem Nahrungsmittel auslöst, und die Aktivierungskomponente, die die Aufmerksamkeit des Konsumenten auf den Genuss, das Geschmackserlebnis beim Essen lenkt (vgl. Kroeber-Riel 1992).

162 Kroeber-Riel 1992, 89.

163 Matiaske 1992, 19.

164 Dies führt beispielsweise dazu, dass Mitarbeiter nicht mehr im Personalrestaurant essen, sondern ihre Pausenverpflegung von daheim mitbringen.

165 Vgl. Belz 2001, 76f.

kosten gerechnet. Die indirekten Kosten von Bioprodukten in der Gastronomie sind teilweise niedriger als die im Lebensmitteleinzelhandel. Während dort erhebliche Such- und Wegkosten anfallen können, fallen diese bei einem Bioangebot im Personalrestaurant weg. Die Gäste finden das Bioangebot am gleichen Platz vor wie das konventionelle,[166] ihnen entstehen *keine zusätzlichen Weg- und Suchkosten.*[167] Die *Kontrollkosten*, die bei Bioprodukten prohibitiv hoch sind, entfallen sowohl in der Gastronomie als auch im LEH durch den Einsatz eines Bionachweises. Da sich die biologische Produktion nicht anhand der Anmutungsqualität der Gerichte überprüfen lässt, wird die Qualitätsprüfung an eine möglichst unabhängige Stelle delegiert, die dann den Bionachweis verleiht und damit die geprüfte Qualität signalisiert. Die Höhe der *Informationskosten* hängt davon ab, wie bekannt der eingesetzte Bionachweis ist. Der Betreiber des Verkaufspunktes, also der Lebensmittelhandel bzw. der Betreiber des Personalrestaurants, kann einen Teil der Informationskosten tragen, indem er seinen Kunden leicht zugängliche Informationen über den Bionachweis zur Verfügung stellt. Inwiefern diese Informationen genutzt werden, hängt aber von der Konsumsituation ab. So sind z.B. Personen im Personalrestaurant in der Regel nicht sehr offen für Informationsmassnahmen, weil sie sich in ihrer Arbeitspause häufig gerade nicht mit Informationen auseinandersetzen wollen. Dies muss bei der Kommunikationsgestaltung beachtet werden.

Unter *Verwendungskosten* rechnet man die Kosten der Zubereitung und des Konsums. Allgemein sind sie beim Heimkonsum höher als bei einem Restaurantbesuch, weil der Herstellungsprozess im Restaurant zum Küchenpersonal verlegt wird und daher für die Gäste nicht relevant ist. Nach gleicher Rezeptur zubereitete Gerichte aus Bioprodukten unterscheiden sich in der Regel nicht von denen, die aus konventioneller Ware produziert wurden. Das Rezept, die Präsentation auf dem Teller und die Erwartung der Gäste aufgrund der Speisekarte und des Restaurantambiente beeinflussen also viel stärker, wie ein Produkt wahrgenommen wird als die bereits im Rohzustand nicht unbedingt merklichen Qualitätsunterschiede der Rohstoffe.[168] Ohnehin haben immer weniger Menschen die Fähigkeit, Qualitätsunterschiede bei ähnlichen gekochten Gerichten wahrzunehmen.[169] Die *Verwendungskosten* von konventionellen und Bioprodukten *unterscheiden sich* daher für Restaurantgäste *allenfalls marginal.*

Die *Postverwendungskosten* bestehen in den Kosten des Sammelns, Lagerns und Entsorgens der Abfälle. Mit diesem Vorgang kommen Restaurantgäste nicht in

---

[166] Das Bioangebot im Personalrestaurant bietet damit die Entsprechung zum „One-Stop-Shopping" im Supermarkt.

[167] Dies gilt, wenn man davon ausgeht, dass die Besucherin eines Personalrestaurants sich zwischen Bio- und anderen Angeboten entscheidet. Nimmt man an, dass ein Konsument gezielt nach einem Restaurant mit Bioangebot sucht, so fallen voraussichtlich sogar höhere Suchkosten an, als beim Lebensmitteleinzelhandel, weil Restaurants i.d.R. weniger werben als der Einzelhandel (vgl. Belz 2001, 172).

[168] Scharf/Volkmer 1997.

[169] Restaurantbetreiber beklagen sich z.B. darüber, dass die wenigsten Gäste in der Lage seien, gleichen Gerichten anzumerken, ob sie aus Convenience- oder Rohprodukten hergestellt sind (food service 09/97b, 43).

Berührung, sie sind daher für die Betrachtung in dieser Arbeit nicht relevant: etwaige Differenzen zwischen konventionellen und Bioprodukten können sich allenfalls auf den Verkaufspreis auswirken.

Die direkten und indirekten Kosten für den Konsum von Bioprodukten im Personalrestaurant setzen sich also wie folgt zusammen (vgl. Abbildung 12): Bei den *direkten Kosten* schlagen die *hohen relativen Preisdifferenzen* zu Buche, die Kosten werden als Teil der *Alltagsausgaben* empfunden und die Subventionierung durch die Arbeitgeber führt zu einer starken *Anspruchshaltung*. Alle drei Faktoren bewirken eine *starke Preissensibilität* gegenüber einem biologischen Angebot. Die *indirekten Kosten* für Bioprodukte *unterscheiden sich kaum* von denen für konventionelle Produkte. Bei den Beschaffungskosten fallen *keine zusätzlichen Weg- und Suchkosten* an, weil das Bioangebot am gleichen Ort angeboten wird wie das konventionelle. Die *Kontrollkosten* können über den Einsatz eines wohlbekannten Bionachweises *gesenkt* werden, auch die *Informationskosten reduzieren sich* bei geeigneten Informationsmassnahmen auf ein Minimum. *Verwendungs- und Postverwendungskosten fallen* aufgrund der „Fremdproduktion" *nicht an*, allerdings werden auch die Unterschiede zwischen Bio- und konventionellen Gerichten dadurch verwischt, dass die Gäste nur das fertige Gericht wahrnehmen können.

Abbildung 12: Wahrgenommene direkte und indirekte Kosten für die Verpflegung mit Bioprodukten im Personalrestaurant (Quelle: eigene auf Basis von Belz 2001)

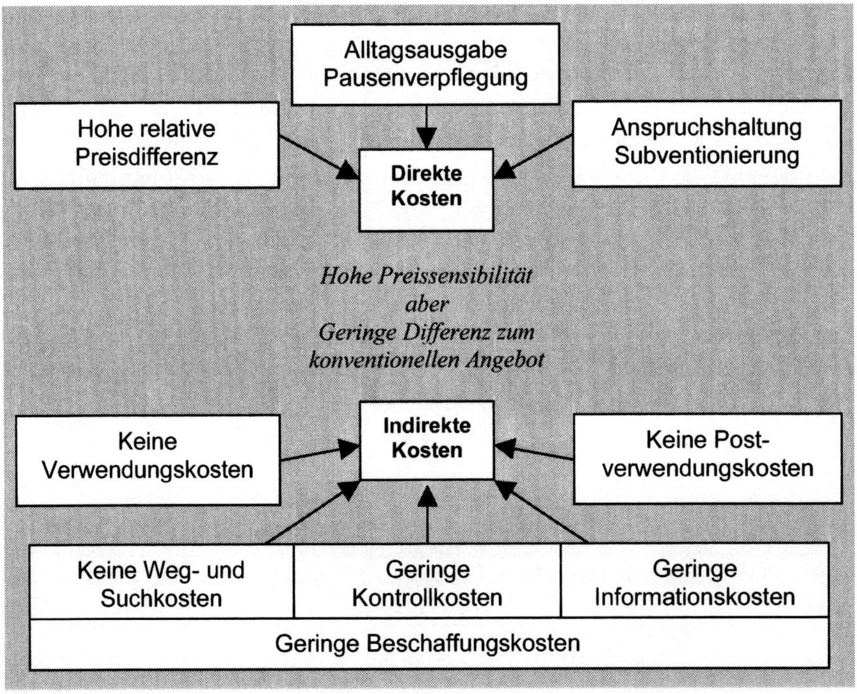

Die Konsumenten *nehmen Nutzen und Kosten individuell unterschiedlich wahr.* Daher müssen die Massnahmen zur Differenzierung des Bioangebots auf die jeweils vorgefundenen Konsumenten abgestimmt werden. Wie bereits erwähnt, können Konsumentinnen und Konsumenten in Bezug auf ihre Aufgeschlossenheit gegenüber ökologischen Produkten grundsätzlich drei Typen zugeordnet werden: den Umweltaktiven, den Umweltaktivierbaren und den Umweltpassiven.[170] Diese Typologie ist jedoch *für die Gastronomie zu wenig aussagekräftig*, da sie der *spezifischen Konsumsituation nicht Rechnung trägt.*[171] Auch die für den Heimkonsum gebildeten Typologien, welche die Konsumenten nach unterschiedlicher Zugänglichkeit für Bioprodukte differenzieren, lassen sich *nur bedingt* auf den Ausser-Haus-Konsum übertragen, weil sie z.B. nach Einkaufsstätten des Lebensmitteleinzelhandels und Kaufkriterien für ökologische Produkte[172] bzw. nach Präferenzen des Heimkonsums[173] unterscheiden. Durch begründete Analogieschlüsse werden jedoch mögliche Massnahmen identifiziert, mit denen die verschiedenen Typen im Personalrestaurant zum Konsum von Bioprodukten angeregt werden könnten.[174]

Hierbei ist zu beachten, dass diese Typen in den einzelnen Personalrestaurants in unterschiedlichen Ausprägungen und Zusammensetzungen auftreten können, sodass nur eine Auswahl an typenspezifischen Massnahmen bzw. Botschaften mit vertretbarem Aufwand realisierbar ist. Darüber hinaus wird die Preissensibilität der Konsumenten nur bei einer Gruppe als Unterscheidungskriterium eingesetzt. Wie bereits gezeigt wurde, ist der Preis in der Zweckverpflegung aber ein wichtiges Entscheidungskriterium. Auch aus diesem Grund können die Gruppierungen nur mit Einschränkungen auf die Zweckverpflegung zutreffen. Es wäre zu erwarten, dass in der Zweckverpflegung die Kosten zu einem allgemeinen, typenübergreifenden Entscheidungskriterium werden. Eine quantitative Untersuchung und Typisierung von Restaurantgästen – insbesondere in der Zweckverpflegung – hinsichtlich ihrer Akzeptanz von Bioprodukten steht noch aus.[175]

---

170 Meffert/Kirchgeorg 1998, 121f., vgl. auch Kapitel 2.2.

171 Aus verschiedenen psychologischen Untersuchungen zum Verhalten von Konsumentinnen und Konsumenten geht hervor, dass nicht allein die prinzipielle Einstellung, sondern auch situative Faktoren die Konsumentscheidung beeinflussen (vgl. Tanner et al. 1998 und 1999 sowie Kroeber-Riel 1992).

172 Vgl. Tanner et al. 1999. Diese Typisierung wurde nicht berücksichtigt, da sie sehr stark auf die Angebotsgestaltung im Einzelhandel als Einflussfaktor für die Kaufentscheidung ausgelegt ist.

173 Empacher/Götz 1999, zitiert in Belz 2001, 144ff.

174 Dies sollte möglich sein, weil situative Faktoren und dauerhafte Einstellungen bei einer Konsumentscheidung zusammen wirken. Dort, wo sich der Konsum im Personalrestaurant vom Heimkonsum bzw. dem Einkauf im Einzelhandel unterscheidet, werden die Differenzen offengelegt und ihre Wirkung diskutiert.

175 Es gibt bislang nur allgemeine Untersuchungen zu Einflussfaktoren auf die Zufriedenheit mit Kantinenverpflegung (vgl. z.B. Braun/Franke1992) oder einzelne Stichprobenuntersuchungen zur Beurteilung von Bioangeboten in Kantinen (vgl. Laberenz/Naatz 2000). Die Untersuchungen über Bioprodukte in Betriebskantinen sind noch nicht als statistisch repräsentativ anzusehen, weil die Datenbasis bislang zu schmal ist und die Angebote sich zu stark hinsichtlich Angebotsbreite, Preisgestaltung und Kommunikationsmassnahmen unterscheiden.

Empacher und Götz (1999) unterscheiden sechs Gruppen mit unterschiedlicher Ernährungsorientierung. Dabei kann nur eine Gruppe, *„Gesund und natürlich"*, als unmittelbar für Bioprodukte zugänglich eingeschätzt werden. Bei diesen Personen steht die ausgewogene Ernährung mit gesunden und naturbelassenen Lebensmitteln im Vordergrund. Daher sollten sie mit der normalen Auslobung eines Bioangebots erreichbar sein, obwohl sie ihre Wahl nicht nur am Kriterium „Bio", sondern auch an ihrem Appetit auf ein bestimmtes Gericht ausrichten werden.[176]

Bereits bei der zweiten Gruppe *„Gesund und fit"* werden Hindernisse gegenüber dem Biokonsum deutlich, weil diese Gruppe zwar gesunde Nahrungsmittel schätzt, aber ein reduktionistisches und funktionales Verständnis von Gesundheit im Sinne von körperlicher Leistungsfähigkeit hat, das die ökologische Anbauweise in der Regel nicht einbezieht. Während sie Biolebensmittel als Rohprodukte im Einzelhandel daher vermutlich nicht besonders beachten, könnte man ihnen mit auf Fitness ausgerichteten Menüangeboten im Personalrestaurant ein Bioangebot vermutlich nahebringen.

Die dritte Gruppe *„Genussvoll und exklusiv"* ist auf das kulinarische Erlebnis eingestellt. Während sie die traditionelle Verbindung von Bioprodukten mit Vollwertkost vermutlich abschreckt, wären auf Exklusivität und hohe Qualität ausgerichtete Menüangebote und entsprechende Botschaften hier angemessen. Allerdings bedient die Personalverpflegung dieses Bedürfnis im Allgemeinen nur sehr eingeschränkt, sodass man solche Personen am ehesten mit einem Bioangebot auf den „Sonderlinien" und nicht mit dem Standardmenü ansprechen könnte.

Die vierte Gruppe *„Traditionell und gut"* ist auf die eher rustikale Küche ausgerichtet. Sie wären vermutlich am ehesten mit bodenständigen Rezepten, aber auch mit den Argumenten regionaler Beschaffung, einheimischer Artenvielfalt und saisonaler Küche von Bioprodukten zu überzeugen.

Einkaufen und Essen empfindet die fünfte Gruppe, *„Schnell und bequem"*, als lästige Notwendigkeit, Fast Food ist dort Trumpf. Das Konsummuster dieser Gruppe entspricht hinsichtlich der Nebensächlichkeit und Schnelligkeit des Essens der typischen Zweckverpflegungssituation. Da es vor allem schnell gehen muss und der Geschmack relativ unwichtig ist, sollte bei Überwiegen dieser Klientel das Bioangebot vermutlich auf den Austausch von Komponenten fokussieren und mit möglichst geringen Kosten realisiert werden, weil Bioprodukte nicht als Verkaufsargument dienen können. Wenn ein Bioangebot unter diesen Rahmenbedingungen überhaupt zur Diskussion steht, dann eher als Differenzierungsmerkmal gegenüber den Auftraggebern oder als konsequente Umsetzung einer unternehmerischen Selbstverpflichtung.

„Schnell und billig" charakterisiert die sechste Gruppe. Sie achtet stark auf den Preis und auf den zeitlichen Aufwand für die Zubereitung der Lebensmittel.

---

[176] Dies wird in der Fallstudie SV-Service weiter ausgeführt.

Tabelle 6: An die Ernährungsorientierung angepasste Massnahmen zur Förderung von Bioangeboten in Personalrestaurants (Quelle: eigene, auf der Basis von Belz 2001, 146 und Empacher/Götz 1999)

	I. Gesund und natürlich	II. Gesund und fit	III. Genussvoll und exklusiv	IV. Traditionell und gut	V. Schnell und bequem	VI. Schnell und billig
Ernährungsorientierung	Gesunde und naturbelassene Lebensmittel	Gesundes Essen als Mittel zur Fitness Reduktionistisches Gesundheitsverständnis	Genuss und Exklusivität Essen als Erlebnis	Traditionelle, rustikale Küche	Ernährung ist eine lästige Notwendigkeit Viel Fast Food	Preis darf nicht zu hoch sein Geschmack ist weniger wichtig
Massnahmen zur Förderung des Bioangebots	Informationen über das Bioangebot	Bio-Fitnessmenüs	Aufwändiges Bioangebot auf teureren Sonderlinien	Bodenständige, saisonale Küche Regionale Bioprodukte	Komponentenaustausch	Komponentenaustausch
Art der Massnahme	**Information**	**Produktgestaltung**	**Produktgestaltung**	**Produktgestaltung**	**Kostenminimierung**	**Kostenminimierung**
Sozio-ökonomische Merkmale	Breit verteilt, aber eher in höheren Bildungsschichten Viele Familien mit jüngeren Kindern	Eher Jüngere Mehr Männer als Frauen	Finanziell besser Gestellte Mehr Männer als Frauen Eher Ältere, aber auch Jüngere mit hohem Einkommen	Personen über 45 Viele aus ländlicher Gegend In Deutschland viele Ostdeutsche	Viele Jüngere, die das Elternhaus noch nicht verlassen haben Auch Ältere, die beruflich stark belastet sind	Finanziell schlechter Gestellte Eher untere Bildungsschichten Viele Alleinerziehende oder doppelt belastete Mütter

Während das Zeitargument im Personalrestaurant nicht greift, wird der Preis zum Hauptkriterium. Daher wird auch hier der Austausch von Komponenten unter möglichst geringen Mehrkosten der erfolgreichste Weg sein, um auch dieser Gruppe ein Bioangebot nahezubringen. (Für einen Überblick vgl. Tabelle 6).

Die *Massnahmen*, die sich aus der Nutzenabwägung für die einzelnen Gruppen ableiten lassen, *setzen an unterschiedlichen Punkten an.* Während die Gruppe I bereits für Bioprodukte aufgeschlossen ist und *Informationen über das Vorhandensein des Bioangebots* (unter der Nebenbedingung einer ansprechenden Produktgestaltung) ausreichen sollten, müssen die weiteren Gruppen erst für die Bioprodukte erschlossen werden. Bei den Gruppen II, III und IV sollte dazu die *Produktgestaltung* auf die *kulinarischen Vorlieben* ausgerichtet werden. Die Gruppen V und VI sind über diesen Aspekt kaum anzusprechen, bei ihnen wirkt voraussichtlich nur die *möglichst kostengünstige Realisierung* des Bioangebots, z.B. über den *Austausch von Komponenten.*[177] Die vorhergegangene Diskussion der Kostenwahrnehmung im Personalrestaurant legt allerdings nahe, dass die Preissensibilität in der Zweckverpflegung eine allgemeine Nebenbedingung darstellt und daher für alle Ernährungstypen ähnlich gilt. Zur Entwicklung eines Bioangebots für die Personalverpflegung könnte daher das *Target-costing-Verfahren*[178] dienen, um mit dem Verkaufspreis den akzeptablen Rahmen nicht zu überschreiten. Die Orientierung der Produktgestaltung an kulinarischen Vorlieben der Gäste dient als zusätzliche Leitlinie.

Gerade im Personalrestaurant sollten darüber hinaus die Gäste nicht nur als Einzelpersonen berücksichtigt werden, sondern auch die *soziale Dynamik* unter Kollegen. Denn nach dem Erstkonsum wird das Bioangebot am ehesten dann erneut gewählt, wenn die Konsumenten eine positive Wirkung erfahren haben, und das kann nicht nur heissen, dass es geschmeckt hat sondern auch, dass die Kollegen positiv reagiert haben.[179] Daher könnten Massnahmen darauf zielen, besonders exponierte Meinungsführer unter den Gästen zu identifizieren und diese von den Bioprodukten zu überzeugen, was allerdings eher in kleineren als in Grossbetrieben möglich sein dürfte.

---

177 Vgl. Hermanowski et al. 1997, 193.

178 Es handelt sich um ein Verfahren der Kostenkontrolle bei Produktentwicklungsprojekten, bei dem der für die Zielgruppe maximal akzeptable Verkaufspreis als Ausgangspunkt der Entwicklungsarbeit genommen wird. Darauf aufbauend werden Rohstoffe und Produktionsverfahren ausgewählt, mit denen die gewünschten Produkte erstellt werden können (vgl. z.B. Horvath 1993).

179 Wie sich die Beurteilung eines Produktes entwickelt, hängt nicht nur von den eigenen unmittelbaren Erfahrungen mit dem Produkt ab, sondern auch von der Reaktion der Peer-Group, also z.B. der Kollegen. Der Einfluss von Peer-Groups ist situativ unterschiedlich stark, häufig aber sogar stärker, als die individuelle Präferenz (Kroeber-Riel 1992, 494).

3.6. Die Position der Bio Suisse im Schweizer Biomarkt

➔ In der Erstanalyse der Daten wurde deutlich, dass die Auseinandersetzung mit dem Bionachweis einen hohen Stellenwert bei der Einführung der Bioprodukte in den untersuchten Unternehmen einnahm. Zunächst werden die Faktoren aufgezeigt, die bei der Entscheidung über einen Bionachweis für Gastronomieprodukte eine Rolle spielen. In den beiden nachfolgenden Abschnitten werden zwei Herausforderungen für die weitere Entwicklung der Bio Suisse diskutiert, die einen mittelbaren Einfluss auf die Entscheidung für oder gegen die Knospe als Biolabel der Wahl haben.

3.6.1. Zur Auswahl des Bionachweises in der Gastronomie

Allgemein hat der Bionachweis für die Endverbraucher eine Garantie- und Symbolfunktion. Wie im Einzelhandel ist auch in der Gastronomie der von einer unabhängigen Institution[180] verliehene Bionachweis ein wichtiges Signalling-Instrument, um die Glaubwürdigkeit der Bioprodukte bei den Gästen herzustellen.[181] Die privaten Bionachweise werden durch das Marketing der Labelorganisationen und der Verwender gleichzeitig mit verschiedenen symbolischen Werten aufgeladen.

Für die Akteure der Wertschöpfungskette hat ein Bionachweis hingegen ausschliesslich die Garantiefunktion, dass die eingesetzten Zutaten die zugesicherte Bioqualität haben. Die Unternehmen müssen sich professionell damit auseinandersetzen, welche Implikationen die Vorschriften des Bionachweises für ihren Produktionsprozess und ihre Absatzchancen haben. Die Symbolkraft betrifft vorrangig die Marketingstrategie des Gatekeepers, dessen Entscheidung für einen Bionachweis dann über die Kette auf die vorgelagerten Akteure zurückwirkt.

Während die Schweizer Bioverordnung ausser den Vorkehrungen gegen die Verwechslung mit konventionellen Produkten keine speziellen Regelungen für die Verwendung von Bioprodukten in der Gastronomie vorsieht, gibt es bei der Bio Suisse spezifische Kriterien für die Verarbeitung in der Restaurantküche, die z.B. das Verbot der Mikrowellenerwärmung vorsieht. Darüber hinaus dürfen die Restaurants knospezertifizierte Bioprodukte in ihrer Speisekarte nur dann mit der Knospe auszeichnen, wenn sie ihren Betrieb bei der Bio Suisse lizensiert haben. Dies haben aber bislang nur eine Handvoll Schweizer Gastronomiebetriebe getan, darunter allerdings zwei Grossunternehmen, die Coop Gastronomie und der SV-Service.

---

180 Wie im folgenden Abschnitt herausgestellt wird, ist die Bio Suisse keine völlig unabhängige Institution im Schweizer Biomarkt.

181 Vgl. hierzu allgemein Welford 1995, 167; für Bioprodukte Villiger et al. 2000, 129.

Für Lebensmittelverarbeiter besteht ein hoher Trade-off zwischen den strengen privaten Biolabeln, insbesondere der Knospe, und dem staatlichen Bionachweis gemäss Bioverordnung. Einerseits stellt die Bio Suisse hohe Anforderungen an die zu lizensierenden Produkte, die unter Umständen wesentliche Kostenfolgen nach sich ziehen können.[182] Dies mag im Extremfall dazu führen, dass ein Bioprodukt zwar die Knospe-Lizenz erhalten könnte, aber nicht mehr zu einem vertretbaren Preis auf den Markt zu bringen wäre und daher zurückgezogen werden müsste.[183] Andererseits haben bislang nur wenige Gastronomieunternehmen eine Knospe-Lizenz erworben, sodass der Absatzmarkt beschränkt ist. Daher ist die Knospe-Zertifizierung von Bioprodukten für Lebensmittelverarbeiter vor allem dann sinnvoll, wenn potenzielle und aktuelle Kunden sie explizit verlangen. Denn ohne die Knospe bleibt der Eintritt zu den knospelizensierten Gastronomieunternehmen dann verschlossen, wenn diese aufgrund ihrer spezifischen Investitionen in die Lizensierung Knospe-Produkten den Vorzug geben. Und da Knospe-Produkte durch den hohen Aufwand zur Lizensierung tendenziell teurer sind als andere Bioprodukte, so lohnt es sich nur, die Lizenz zu lösen, wenn die Absatzkanäle auch knospelizensiert sind. Falls ein Verkaufsunternehmen keine Knospe-Lizenz hat, darf es die Knospe in der eigenen Werbung nicht ausloben und hat somit keinen spezifischen Anreiz, Knospe-Produkte zu kaufen.

Solange sich also bei der Verfügbarkeit der Rohstoffe, den Einkaufspreisen, den internen Verarbeitungskosten und den Absatzkanälen für die Lebensmittelverarbeiter noch Nachteile durch die Verwendung der Knospe ergeben, ist der Trade-off bei der Wahl des Bionachweises sorgfältig abzuwägen.[184] Weitere Entscheidungsfaktoren ergeben sich aus der Position der Bio Suisse im Schweizer Biomarkt.

3.6.2. Die Doppelrolle der Bio Suisse

Die Bio Suisse spielt in der Entwicklung des Schweizer Biomarktes bislang eine *Doppelrolle*, deren jeweilige Implikationen sich nur schlecht miteinander vereinbaren lassen. Einerseits hat sie als *Dachverband der Biolandwirtschaft* die Aufgabe der Interessenvertretung gegenüber der Politik und anderen Marktpartnern. Andererseits ist sie die *Eigentümerin des bedeutendsten privaten Bionachweises der Schweiz, der Knospe*; eine Rolle, die eigentlich Unabhängigkeit von Interessen verlangt. In dieser Konstellation läuft die Bio Suisse langfristig *Gefahr*, ihre *Glaubwürdigkeit* als unabhängige Labelorganisation *zu verlieren*, wenn sie nicht sorgfältig darauf achtet, die Interessen der Biobauern bei der Labelvergabe gleichmässig zu den Interessen anderer Stakeholder zu gewichten.

Die Mitglieder der Bio Suisse und die Angestellten der Geschäftsstelle sind sich der Machtposition des Verbands, die sich aus der Verbindung mit Coop ergibt,

---

182 Vgl. Oehninger 2000. Sie schildert den Fall, dass ein zur Lizensierung vorgestelltes Milchprodukt ursprünglich mit Magermilchpulver und Sonnenblumenöl produziert werden sollte und die Bio Suisse auf Vollmilch und Butter bestand, ein Austausch von Rohstoffen, der erhebliche Kostenfolgen nach sich gezogen haben dürfte.

183 Vgl. Baer 2000.

184 Vgl. hierzu auch Maier (in Druck).

durchaus bewusst und darum bemüht, in den Willensbildungsprozessen der Organisation den weiteren Stakeholdern, wie z.B. den Lizenznehmern, Gehör zu geben.[185] Dennoch lässt sich in Einzelfällen immer wieder herausspüren, dass die Interessen der Biolandwirtschaft in den Lizensierungsverfahren gegenüber den Antragstellern anderer Wertschöpfungsstufen durchgesetzt werden.[186]
Es sollte also in Frage gestellt werden, ob die Bio Suisse auf lange Sicht gleichzeitig Eigentümerin des Knospe-Labels und der Dachverband der Schweizer Biolandbauorganisationen bleiben kann oder ob das Eigentum des Knospe-Labels nicht vielmehr auf eine Organisation übergehen sollte, in der *alle am Wertschöpfungsprozess der Knospe-Produkte Beteiligten gleichberechtigt vertreten* sind. Denn solange die Neutralität der Labelvergabe nicht einwandfrei gewährleistet ist, wird jedes Unternehmen, das eine Wahlmöglichkeit hat, die Verbindung mit der Knospe skeptisch beurteilen und sich ggf. für einen anderen Bionachweis entscheiden.[187]

3.6.3. Die Durchsetzung der Kriterien „guter Bioqualität"

Historisch wurden die Kriterien der Knospe-Lizensierung zunächst ausschliesslich für die Landwirtschaft entwickelt. Erst mit dem Bedürfnis, auch für verarbeitete Produkte Kriterien zur Bewahrung der Glaubwürdigkeit aufzustellen, wurden Kriterien für die weiteren Wertschöpfungsstufen aufgestellt. Alle Kriterien folgen *vier übergreifenden Richtlinien,*[188] die auf die Entwicklung einer homogenen Sortimentspolitik und damit auch eines „Markenprofils" der Bio Suisse zielen:

- Prinzip der Wahrhaftigkeit (Die Produkte müssen den Erwartungen der Konsumenten an Bionahrung entsprechen. So muss z.B. ein Birchermüsli[189] aus frischen Zutaten zubereitet sein, die Herstellung aus tiefgekühlten Komponenten ist nicht zulässig.)
- Verbot „unnötiger" Verarbeitung (z.B. keine Rückverdünnung von Fruchtsaftkonzentraten)
- Strenge Beschränkung von künstlichen Zusatzstoffen (z.B. Verbot von künstlichen Aromastoffen, Konservierungsmitteln und Stabilisatoren)
- Verbot von Flugtransporten

---

185 Vgl. Interview Andere 1 und Bio Suisse 1997a.

186 So wird auf den Einsatz höherwertiger, teurerer Rohstoffe und auch bei Rezeptbestandteilen unter dem 5%-Limit auf den Einsatz von Bioprodukten gedrungen, um die Marktentwicklung und damit die Absatzchancen der Biolandwirte zu fördern. (Vgl. Oehninger 2000, Interview MP 2).

187 So hat Nestlé das Baby-Bionahrungssortiment bewusst nicht mit der Knospe lizensiert, obwohl damit die Auslistung bei Coop erfolgte, weil man sich nicht der Verhandlungsmacht der Bio Suisse aussetzen wollte und das Label aufgrund der internationalen Positionierung der Marke nicht unabdingbar war. (Interview Andere 11).

188 Vgl. Interview Andere 1.

189 In dieser Arbeit wird die Schriftdeutsche Schreibweise „Müsli" verwendet, nicht die Schweizerdeutsche Variante „Müesli".

Mit der fortlaufenden Verbreitung der Knospe-Produkte über die ursprüngliche, streng ökologisch ausgerichtete Zielgruppe hinaus, wird es immer schwieriger, das Profil des Labels zu wahren und gleichzeitig den Anforderungen der neu hinzukommenden Stakeholder gerecht zu werden. So wirft das Prinzip der Wahrhaftigkeit die Frage auf, ob es Erwartungen an Bioprodukte gibt, die alle Konsumententypen[190] teilen und denen jeder Anbieter gerecht werden muss oder ob nicht vielmehr verschiedene Anbieter unterschiedliche Konsumententypen mit jeweils anderen Erwartungen an Bioprodukte ansprechen.

Bei Bioprodukten, die für die Gastronomie bestimmt sind, ist die Grenzziehung hinsichtlich der Konsumentenerwartungen noch schwieriger als bei Produkten für den Einzelhandel. Eine Person, die im Einzelhandel eine verschweisste Plastiktüte mit knospezertifzierter Sauce Bolognese aus dem Regal nimmt, kann auf dem Etikett die Zutaten nachlesen und weiss um die Conveniencestufe des Produkts. Im Restaurant erhält die gleiche Person eine Portion „Spaghetti Bolognese mit der Knospe“ und weiss i.d.R. nicht, ob die Sauce Bolognese aus frischen Zutaten tagesfrisch gekocht oder aus der Tüte erhitzt und über die Spaghetti gegeben wurde. Die Transparenz der Produktqualität ist also im Restaurant deutlich geringer als im Einzelhandel. Ist nun die Erwartung eines Gastes, eine frische Sauce Bolognese zu erhalten, mit der Bioqualität der Zutaten gekoppelt oder davon getrennt zu sehen? Eine Frage, die wohl kaum eindeutig beantwortet werden kann. Doch wird sich die Bio Suisse auf längere Sicht gerade vor dem Hintergrund ihrer beherrschenden Stellung im Schweizer Markt und den widerstreitenden Interessen ihrer zunehmend heterogenen Stakeholder wohl vermehrt damit auseinandersetzen müssen, wo die Grenzen ihrer Definitionsmacht für Bioqualität zu ziehen sind.

Die Kriterien des Knospe-Labels richten sich tendenziell an Kunden mit einem relativ umfassenden Verständnis von Bioqualität.[191] Wenn Anbieter annehmen können, dass ihre Zielgruppe zugunsten eines bestimmten Nutzens[192] Verarbeitungsverfahren akzeptiert, die nach dem Verständnis der Knospe verboten wären, so läge es derzeit nahe, ein anderes, weniger striktes Biolabel zu wählen, wenn dies in den angestrebten Absatzkanälen überhaupt zur Wahl steht.

Der mit dem Label erreichbare Markt wird durch die weite oder enge Auslegung der Richtlinien segmentiert. Die Bio Suisse steht damit hinsichtlich der Entwicklung ihrer Lizensierungspraxis in einem Spannungsfeld. Auf der einen Seite gibt es gute Gründe dafür, die tendenziell fundamentalistische Auslegung von Bioqualität beizubehalten, um das „Markenprofil“ der strengen Anforderungen nicht zu verwässern. Damit könnte die Bio Suisse aber auf lange Sicht ihre beherrschende Stellung auf dem Schweizer Biomarkt gefährden, wenn sich Verarbeiter zunehmend für die Bioverordnung als Bionachweis entscheiden, weil ihnen die Knospe-Kriterien zu aufwändig und kostenintensiv sind. Dies setzt aber voraus,

---

190 Vgl. Kapitel 3.5.

191 Dies wird in der Mövenpick-Fallstudie an einem Beispiel ausführlich erläutert.

192 So wäre an bestimmte Convenienceprodukte (Bsp. TK-Birchermüsli) zu denken, die derzeit nach dem Verständnis der Bio Suisse nicht mit der Knospe lizensiert werden.

dass die Absatzchancen für Bioprodukte ohne Knospe-Label noch wachsen. Sollte sich beispielsweise ein grosses Gastronomieunternehmen für eine offensive Biostrategie mit einem anderen Bionachweis entscheiden, wäre ein erster Schritt dazu getan.
Auf der anderen Seite bestünde die Option, die Knospe in verschiedene Anforderungsprofile zu differenzieren,[193] also den Bedürfnissen der Lebensmittel verarbeitenden Industrie entgegenzukommen. Hier bestünde allerdings die Gefahr, dass die Konsumenten die Abstufungen nicht nachvollziehen können und das Label insgesamt an Glaubwürdigkeit verliert.
Die Differenzierungsstrategie würde bedeuten, den sich zunehmend ausdifferenzierenden Biomarkt mit dem eigenen Label abdecken zu wollen, während die „scharfe" Profilierung darauf hinausläuft, bestimmte Marktsegmente bewusst anderen Bionachweisen zu überlassen und darauf zu vertrauen, dass der stetig wachsende Umsatz des CNP und anderer Absatzkanäle auch weiterhin genügend Nachfrage nach der Knospe als Bionachweis und damit auch Absatzchancen für Knospe-Landwirte generiert. Sollte Coop allerdings den CNP jemals von der Knospe entkoppeln und kein neuer Grosskanal hinzugewonnen werden, könnte die Bindung der Lizenznehmer innerhalb kurzer Zeit zugunsten eines einfacher zu erlangenden Bionachweises zusammenbrechen.
In beiden Entwicklungsrichtungen würde sich die Bio Suisse auch weiterhin der Kritik aussetzen. Derzeit wird die Organisation immer wieder dafür kritisiert, dass sie ihre Quasi-Monopolstellung als „Torhüterin" des Coopkanals ausnutzt, um übertrieben strenge Kriterien durchzusetzen. Sollte sie eine Differenzierungsstrategie einschlagen, kann einerseits auch hierin eine Monopolisierungsabsicht unterstellt werden, während sie andererseits den Bedürfnissen ihrer Lizenznehmer entgegenkommt und sich damit von Kritik entlastet. Sollte sie bei der strengen Profilierung bleiben, wird ihr einerseits Arroganz unterstellt werden, während sie andererseits auch anderen Bionachweisen eine Profilierungsmöglichkeit einräumt.
In jedem Fall wird die Haltung von Coop eine Rolle in der weiteren Entwicklung spielen. Denn solange Coop der stärkste Einzelabsatzkanal für Bioprodukte in der Schweiz ist und die Listung von der Knospe-Lizenz abhängig macht, bleibt der Bio Suisse die Verhandlungsmacht gegenüber den Lizenznehmern und die Entwicklung der Lizensierungskriterien wird von den Interessen von Coop nicht ganz unabhängig sein können. Es ist wenig wahrscheinlich, dass die Bio Suisse eine Ausdifferenzierung des Knospe-Labels ohne die Zustimmung von Coop durchführen kann. Beide Strategien haben also ihre Risiken und keine kann eindeutig empfohlen werden.

---

[193] „Bronze-, Silber- und Goldknospe", vgl. Villiger 2000, 274.

4. Fallstudie 1: Mövenpick Produktions AG

In diesem Kapitel wird die Einführung der Bioprodukte bei der Mövenpick Produktions AG untersucht. Zunächst wird das Unternehmen kurz vorgestellt (4.1.). Danach wird der Einführungsprozess gegliedert nach den Wertschöpfungsstufen rekonstruiert und analysiert (4.2.). Anschliessend wird der Prozess der Strategieentwicklung diskutiert (4.3.). Im Fazit werden die Erkenntnisse zusammengefasst und Handlungsempfehlungen für das weitere Vorgehen im Unternehmen formuliert (4.4.).

4.1. Unternehmensportrait

Die Mövenpick Produktions AG (im weiteren ProdAG) ist im Untersuchungszeitraum 1996–98 die kleinste von drei Tochterunternehmungen der „Food"-Sparte des Mövenpick Konzerns,[194] dessen Kerngeschäft in der Gastronomie und Hotellerie besteht. Seit 1999 ist die ProdAG eine direkte Tochterunternehmung der Mövenpick Holding. Der Anteil der Produktion für Mövenpickbetriebe wird für 1999 mit 60% angegeben.[195] Die ProdAG stellt Convenienceprodukte für die Schweizer Gastronomie her, in diesem Markt hat sie sich im gehobenen Produktsegment positioniert. Ihre Hauptzielgruppe sind Grossgastronomieunternehmen.[196] Viele ihrer Convenienceprodukte entwickelt die ProdAG für die Mövenpick Gastronomie, in enger Zusammenarbeit mit deren Angebotsplanern. Für die Vergabe der Entwicklungsaufträge steht die ProdAG aber im Wettbewerb mit anderen Herstellern.
Bei den Bioprodukten wurden bis Ende 2000 drei Produktgruppen aufgebaut: Gratins, Backwaren und Patisserie.[197] Alle drei stellten ursprünglich eine USP[198] dar. Mittlerweile haben Mitbewerber aber ähnliche biologische Produkte heraus

[194] Mövenpick 1996.

[195] Mövenpick 1999.

[196] Zur Abgrenzung der Gastronomiesegmente, vgl. Kapitel 3.3.1.

[197] Die genauen Umsatzanteile wurden nicht genannt. In einzelnen Warengruppen wird zwar bis zu einem Viertel des Umsatzes mit Bioprodukten gemacht, aber der Anteil am Gesamtumsatz ist immer noch gering. Schriftliche Information der Mövenpick ProdAG vom 20.12.2000

[198] Eine „Unique Selling Proposition", deutsch: „Alleinstellungsvorteil", ist ein Produkt, eine Dienstleistung oder eine unternehmenseigene Kompetenz, die das Unternehmen auf dem relevanten Markt einzigartig macht und ihm einen Wettbewerbsvorteil verschafft. Meffert/Kirchgeorg (1998, 25) argumentieren, dass Umweltverbesserungen nur dann zu einer USP entwickelt werden können, wenn es gelingt, den Kunden einen mit dem ökologischen Produkt verbundenen Nutzenvorteil zu vermitteln. (Zu den Nutzen und Kosten eines gastronomischen Bioangebots aus Konsumentenperspektive, vgl. Kapitel 3.5.) Ggf. muss der Markt für dieses ökologische Produkt aktiv entwickelt werden, sprich, die Kunden erst auf den Nutzen aufmerksam gemacht werden. (Zur ökologischen Marktentwicklungsstrategie, vgl. Dyllick et al. 1997, 75ff.) Da die ProdAG das erste Unternehmen war, das TK-Convenience-Bioprodukte für die Gastronomie herstellte, ist es gerechtfertigt, hier von einer USP zu sprechen. Allerdings ist es dem Unternehmen nicht gelungen, diese USP dauerhaft zu sichern.

gebracht. Verschiedene Bäckereiunternehmen bieten Bio-Backwaren an und einige Lebensmittelverarbeiter produzieren Bio-Gratins oder ähnliche biologische Gemüse-Kartoffel- bzw. Gemüse-Nudel-Gerichte.[199] Im Gegensatz zu diesen Mitbewerbern hat die ProdAG aber einen Vorteil im Markt, weil sie mit der Mövenpick Gastronomie die konzerninterne Verbindung zu einem Absatzkanal hat.

4.2. Rekonstruktion des Einführungsprozesses über die Wertschöpfungsstufen

Dieser Abschnitt rekonstruiert den Einführungsprozess der Bioprodukte bei der ProdAG. Dabei werden die wichtigsten Probleme aufgezeigt, die im Einführungsprozess auftraten. Die Rekonstruktion ist nach den Wertschöpfungsstufen Produktentwicklung, Beschaffung, Produktion und Marketing gegliedert. Zunächst werden die Probleme auf den einzelnen Wertschöpfungsstufen herausgearbeitet und im Zwischenfazit nach operativen und strategischen Problemen zusammengefasst (vgl. Abbildung 13).

Abbildung 13: Gliederung des Abschnitts

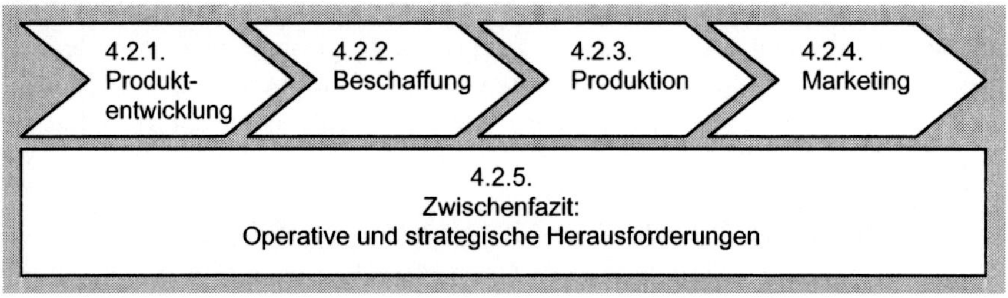

4.2.1. Produktentwicklung: Bio-Fundis vs. Bio-Realos

➔ Mit einem besonders wichtiges Problem, das sowohl eine operative als auch eine strategische Dimension hat, wurden die Mitarbeiter der ProdAG gleich bei der Produktentwicklung konfrontiert. Sie mussten einen *neuen Qualitätsstandard* für die Bioprodukte definieren, welcher ihren etablierten Vorstellungen von Qualität standhielt und gleichzeitig mit den Vorgaben der Bio Suisse konform ging. Dieser Prozess entwickelte sich zu einer Auseinandersetzung zwischen unterschiedlichen Produktverständnissen, in der die Bio Suisse eine *fundamentalistische* Interpretation von Bioprodukten vertrat, während die ProdAG-Mitarbeiter eine *pragmatische* Haltung einnahmen[200].

[199] Zur detaillierten Diskussion der Wettbewerbssituation für die Bioprodukte der ProdAG, vgl. Kapitel 3.3.1.

[200] In der deutschen Partei der Grünen haben sich die Begriffe „Fundis“ und „Realos“ für die Gruppen der Fundamentalisten und der Realpolitiker eingebürgert. Die Unterscheidung beruht auf verschiedenen Strategien im politischen Prozess. Während die Fundis mit einem Maximum an ökologischen und pazifistischen Forderungen in politische Verhandlungen gehen, orientieren

Das erste Bioprodukt, ein Kartoffelgratin, wurde bei der Mövenpick ProdAG aufgrund der Anfrage eines wichtigen Kunden aus der Handelsgastronomie eingeführt. Die ProdAG stellte bereits ein konventionelles Kartoffelgratin für diesen Kunden her, sodass das Produkt im Unternehmen nicht völlig neu war,[201] jedoch hatte sich im Unternehmen bis dahin noch niemand mit Bioprodukten auseinander gesetzt. Der Produktmanager sagte die Produktion zu, weil er einen wichtigen Kunden nicht verlieren wollte; die Komplexität und den Aufwand der Entwicklungsarbeit hatte er aber unterschätzt.

> Produktmanager: „Also, das ist zustande gekommen, weil [der Kunde, S.M.] an uns herangetreten ist (...) und gesagt hat, sie möchten neben dem Standardsortiment einen Bio-Gratin haben. Ob wir das können. Und zwar sollte es ein knospezertifizierter Bio-Gratin sein. Wir wussten noch nicht, was damit auf uns zukommt. (...) Wir sind vom Zeitlichen her einfach vor Tatsachen gestellt worden: Bis dahin müsst ihr das haben, sonst wird jemand anders ausgesucht."[202]

Das Bio-Kartoffelgratin musste zunächst entwickelt werden. Davon waren Mitarbeiter aus verschiedenen Funktionsbereichen betroffen. In der Entwicklungsgruppe arbeiteten der Produktmanager, der Einkaufsleiter, der Produktionsleiter und ein Mitarbeiter aus der Produktentwicklung zusammen.
Das wichtigste Thema der Produktentwicklung war die Qualität der Bioprodukte. Dies bezog sich sowohl auf die Rohstoffe als auch auf das herzustellende Bioprodukt der ProdAG. Die Entwicklung vollzog sich über mehrere Stufen. Zunächst mussten die Beteiligten die Vorschriften der Bio Suisse über die zulässigen Rezepturen kennenlernen und daraus ihr gemeinsames Verständnis von Bioprodukten entwickeln.

> Produktentwickler: „Jeder hatte eine persönliche Theorie darüber, was Bio ist und wir hatten noch keine gemeinsame Linie."[203]

Mit der Einführung der Bioprodukte mussten neben den etablierten Qualitätsstandards der ProdAG zusätzlich die Qualitätsstandards der Bio Suisse berücksichtigt werden. Dabei kam es zu Konflikten über die *Vereinbarkeit der beiden*

sich die Realos mit ihren Forderungen pragmatisch an dem, was sie in den Verhandlungen für durchsetzbar halten. Dies soll hier analog für zwei verschiedene Strategien zur Verbreitung von Bioprodukten im Markt verwendet werden. Die Fundi-Position orientiert sich an einem Ideal von Bioprodukten, das die Produktionsweise der biologischen Landwirtschaft und ernährungsphysiologische Ideale mit einer starken Skepsis gegenüber der lebensmitteltechnologischen Verarbeitung verknüpft und daher viele Ver- und Bearbeitungsmethoden ablehnt. Den Eigenschaften der Produkte wird der Vorrang vor ihrer Verbreitung im Massenmarkt gegeben. Die Realo-Position verknüpft ökologische und gesundheitliche Anforderungen an Bioprodukte mit Pragmatismus, um auch Massenmarkt-Zielgruppen dafür zu begeistern. Zu diesem Zweck nehmen sie Kompromisse wie z.B. die Herstellung von Tiefkühl- und Convenienceprodukten aus biologischen Rohstoffen in Kauf. Fundis sind solchen Produkten gegenüber sehr skeptisch und lehnen sie häufig ab.

201 Zur Einordnung der Bioprodukte als Innovation, vgl. Kapitel 2.1.

202 Interview MP 1. Im Schriftdeutschen wird das französische „le gratin" mit „das Gratin" übersetzt, während es im Schweizerdeutschen „der Gratin" heisst. Im Text wird die schriftdeutsche Variante verwendet, im Gegensatz zu den Zitaten, die eine Übertragung aus dem Schweizerdeutschen sind.

203 Interview MP 2.

Anforderungssysteme. Die etablierten Qualitätsstandards der ProdAG beruhen auf zwei Säulen. Einerseits sind sie aus den Erfahrungen der Arbeit mit konventionellen Rohstoffen und Verarbeitungsverfahren entstanden, also aufgrund dessen, was mit diesen Einsatzmitteln machbar ist.[204] Andererseits basieren die Qualitätsstandards auf der Produktpolitik der ProdAG. Diese *leitet sich aus der strategischen Positionierung ab* und ist daher *nicht ohne Weiteres und beliebig veränderbar*. Die ProdAG-Qualitätsstandards verlangen *konstante Eigenschaften* der Produkte, insbesondere einen konstanten Geschmack. Die Bio Suisse-Richtlinien sind aber, wie jeder Bio-Nachweis, beim Einsatz von künstlichen Zusatzstoffen sehr restriktiv: Stabilisatoren, Farbstoffe und Geschmacksverstärker sind verboten.

Beide Standards mussten nun bei der Produktentwicklung beachtet werden. Daher gingen die Mitarbeiter von den konventionellen Rezepturen aus und liessen zunächst die verbotenen Inhaltsstoffe weg. Die ersten biologischen Kartoffelgratins waren deshalb nach dem Aufwärmen nicht sehr ansehnlich und ihre Sauce geriet zu dünn. Erst über das Experimentieren mit „Haushaltsrezepten" konnte das Produkt an die etablierten Qualitätsstandards für konventionelle Produkte angenähert werden.[205] Der Preis dafür war eine *höhere Arbeitsintensität* in der Produktion.[206]

Als Nebenbedingung mussten die Beschaffungskosten so niedrig sein, dass der erzielbare Verkaufspreis am Markt noch durchsetzbar erschien. Manche Rezeptvarianten entsprachen zwar den Bioanforderungen, waren aber zu teuer.[207] Hohe Arbeitsintensität, hohe Beschaffungskosten und die Probleme, den gewohnten Produktstandard zu halten, lösten Skepsis unter den Mitarbeitern aus, ob die Bioprodukte für die ProdAG tragbar sein könnten.

> Produktentwickler: „Bei Bioprodukten haben wir festgestellt: Die Qualität ist schon gut, aber sie ist unregelmässig. (...) Käse, das war ein grosses Vakuum, der Käse. Einmal war er reif, einmal war er milder. Aber das sind Bioprodukte. Und unsere Frage, unsere Sorge war: Kann Mövenpick das akzeptieren? Denn ein Mövenpick-Produkt muss immer gleich schmecken. Ob Kartoffelgratin oder Glacé, der Geschmack muss immer konstant sein. Da haben wir ein Problem gehabt. Wir haben die Rezeptur angepasst und wir haben gespielt."[208]

---

204 Die Produkteigenschaften hängen immer von den verfügbaren Rohstoffen und Verarbeitungsverfahren ab. Die Co-Evolution von Landwirtschaftstechnik, weltweitem Handel mit Rohprodukten und Lebensmitteltechnik hat zu einer Fülle von „machbaren" Nahrungsmitteln geführt. Die Philosophie der Bioprodukte beruht letztlich auf der bewussten Ausgrenzung von Teilen dieser Errungenschaften, wobei die Grenzziehung je nach Anwender recht unterschiedlich ausfallen kann. Zum grundsätzlichen Gedanken der Co-Evolution, vgl. Norgaard 1994; zur Anwendung auf die Lebensmittelbranche, vgl. Wüstenhagen 1998. Zu den Folgen der Co-Evolution im Lebensmittelsektor für eine nachhaltige Entwicklung, siehe Tappeser et al. 1999.

205 Die Entwickler mussten beispielsweise das konventionelle Bindemittel durch eine selbstgemachte Mehlschwitze ersetzen, die aber zeitaufwändiger in der Herstellung war. Vgl. Interview MP 2.

206 Interview MP 2.

207 Interview MP 2.

208 Interview MP 2.

In dieser Experimentierphase mussten die etablierten internen *Erwartungen* an ein ProdAG-Produkt überwunden werden, die von den gewachsenen Annahmen über die Erwartungen des Endkunden an das Produkt geprägt waren. Die Frage war letztlich, ob die „typischen Bioeigenschaften" mit den eingeführten ProdAG-Standards harmonieren könnten. Obwohl der bewährte ProdAG-Standard der immer gleichen Konsistenz und des immer gleichen Geschmacks nur noch bedingt zu realisieren war, gelang es, eine interne Akzeptanz für die Bioprodukte zu schaffen.[209] Dabei veränderten sich die gewohnten Geschmacksvorstellungen für die Produktion, aber auch im persönlichen Bereich, und passten sich im Sinne eines „Entlernens"[210] an die Erfahrungen mit den Bioprodukten an.

> Produktionsleiter: „Man isst das Produkt im Standard, oder wie er gesagt hat, mit den normalen Gewürzstoffen, und beim Bio ist es schon so, dass man den Geschmack vom Gemüse selber übernimmt und nicht so viele Gewürzstoffe dazugibt. Und das ist eigentlich das, was wir alle verlernt haben, den Geschmack zu akzeptieren von der Natur. Und heute bin ich persönlich schon so weit, dass ich nicht mehr überwürze, oder dass ich schon wieder den Geschmack selber vom Produkt geniessen kann. Das haben wir wieder gelernt mit den Bioartikeln."[211]

Die Mitarbeiter entwickelten Akzeptanz für die Bioprodukte und die Veränderung der Qualitätsstandards entsprechend ihrer Aufgaben im Unternehmen. Während diejenigen, die unmittelbar mit dem Produkt umgingen, von einem Umdenken berichteten, war der Einkäufer, der unter einem starken Kostendruck arbeitete, weniger beeindruckt:

> „... weil ich innerhalb der Beschaffung gar keine grosse Zeit habe, mein Verhältnis zum Produkt zu wechseln. Sondern es heisst einfach: Take it! Wir mussten das nehmen, was wir hatten. Und da ... ich habe da nicht noch Zeit, eine Beziehung zu einem Bio-Knospen-Tomatenpürrée aufzubauen. Ich bin echt froh, wenn ich's dann habe. Das ist vielleicht der Unterschied zwischen dem Beschaffen, den Preisverhandlungen und wenn Sie dieses Produkt in der Hand haben und fertigstellen."[212]

In der Produktentwicklung liefen also *individuelle Lern- und organisationale Veränderungsprozesse* ab. Zunächst wird die Ebene der individuellen Lernprozesse geschildert, dann die der organisationalen Veränderungsprozesse und die Rückkopplungen zwischen den beiden Ebenen.

Die *individuellen* Lernprozesse wurden durch den Konflikt zwischen den etablierten ProdAG- und den neu zu beachtenden Bio Suisse-Qualitätsstandards ausgelöst. Die etablierten Anforderungen hinsichtlich der konstanten Produkteigenschaften waren mit den Biorohstoffen und ohne die normalerweise eingesetzten Hilfsstoffe nicht mehr zu erreichen. Bei den anschliessenden Rezeptexperimenten erwarben die Personen, die materiell mit den Bioprodukten arbeiteten, Wissen über die Eigenschaften der Bioprodukte. Ausserdem lernten sie, ihre *von*

---

[209] Hierbei wirkte unterstützend, dass der Bereichsleiter eines Kundenunternehmens die Bioprodukte sehr lobte. Es ist vielleicht nicht ganz zufällig, dass dieses Unternehmen ein „funktionierendes" Biokonzept hatte, d.h. gute Umsätze mit den Bioprodukten erzielte.

[210] Vgl. Hedberg 1981.

[211] Interview MP 2.

[212] Interview MP 2.

den konventionellen Produkten geprägten Geschmacksgewohnheiten zu relativieren und den Geschmack der Bioprodukte zu schätzen.

> Produktionsleiter: „Bis wir gesagt haben: Wenn wir Bio machen, müssen wir das akzeptieren. Wir sind dann schon so weit, dass wir eigentlich sehr biomässig denken."[213]

Der Einkäufer, der funktionsbedingt eine kostenorientierte Perspektive einnahm, behielt seine kritische Sicht der Bioprodukte aber bei. Von der individuellen Ebene flossen daher sowohl Akzeptanz wie auch Skepsis in die organisationale Diskussion ein. Der Geschäftsführer eines grossen Kundenunternehmens lobte die Bioprodukte. Dies wirkte förderlich auf die individuelle Akzeptanz der Bioprodukte bei den Mitarbeitern, aber auch als Indiz, dass das Produkt bei Kunden ankam, eine Anpassung der organisationalen Standards also gerechtfertigt wäre.
Folgende Faktoren beeinflussten den *organisationalen Veränderungsprozess*: Einerseits konnten aufgrund der Marktsituation die konventionellen Qualitätsstandards für Biorohstoffe nicht vollends durchgesetzt werden, d.h. Zugeständnisse waren unumgänglich. Andererseits gab es Zweifel, ob die Konsumenten die Qualität der Bioprodukte akzeptieren würden. Die ProdAG war auf dem Markt mit „konstanter Qualität" positioniert und man befürchtete, dass Abweichungen nicht toleriert würden. Diese Zweifel wurden dadurch unterstützt, dass unklar war, welche Produkteigenschaften die Konsumenten bei ihren Kaufentscheidungen beeinflussten. Diese Überlegungen sprachen gegen Zugeständnisse an die Bioprodukte.
Die widerstreitenden Einflüsse sowohl auf der individuellen also auch auf der organisationalen Ebene bewirkten, dass der Biostandard *nicht offiziell als neue Regel kodifiziert* und in das ISO-zertifizierte QMS aufgenommen wurde. Vielmehr bildeten sich im Aushandlungsprozess *fallweise Zugeständnisse* an die Bioprodukte heraus. Die Rückwirkungen der Erfahrungen mit den neuen Regeln auf die individuellen Lernprozesse konnten nicht im Detail untersucht werden. Man kann aber annehmen, dass die geringen Umsätze mit den Bioprodukten eher die Skepsis als die Akzeptanz stärkten. Daher scheint plausibel, dass der Status der Biostandards als „inoffizielle Ausnahmen von der konventionellen Regel" unterstrichen wurde und es keinen Impuls zu einer offiziellen Kodifizierung gab. Die analytischen Zusammenhänge sind in Abbildung 16 im Überblick dargestellt.

---

[213] Interview MP 2.

Abbildung 14: Lern- und Veränderungsprozesse bei der Ausdifferenzierung des ProdAG-Biostandards (Quelle: eigene)

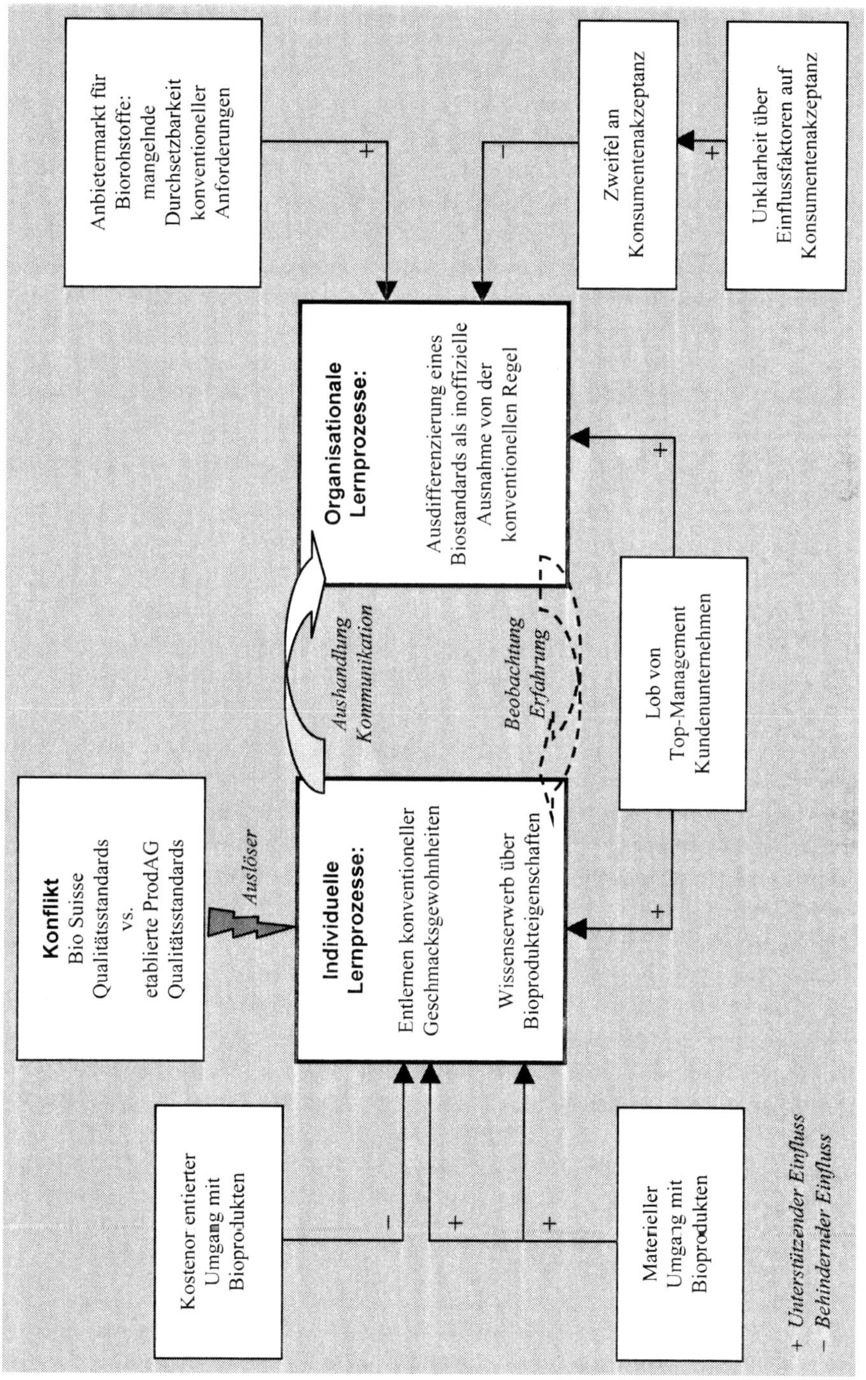

Das strategische Grundproblem in der Produktentwicklung bestand also im Konflikt der Bio-Verständnisse „Bio-Fundi vs. Bio-Realo". Damit wurde der „Fit" zwischen der allgemeinen Positionierung der Mövenpick ProdAG und dem Bio-Verständnis, das die Bio Suisse mit ihrem Knospe-Label vertrat, zum strategischen Thema. Das Problem entstand, weil die ersten Bioprodukte mit der Knospe ausgezeichnet werden mussten. Die ProdAG-Mitarbeiter gerieten in eine *Auseinandersetzung* mit der Besitzerin des Knospe-Labels, der Bio Suisse, über die Auslegung der Qualitätsvorstellungen. *Fundamentalismus und Pragmatismus* prallten aufeinander, doch aufgrund der grossen *Verhandlungsmacht* mussten die ProdAG-Mitarbeiter sich den Vorschriften der Bio Suisse unterordnen.
Auf operativer Ebene wurden mit der Ausdifferenzierung des internen Bio-Qualitätsstandards Regeln für die Verarbeitung der Bioprodukte bereitgestellt. Dabei wurden die Bioprodukte den konventionellen Qualitätsstandards aber so weit wie möglich unterworfen, sie wurden nur dort modifiziert, wo es aufgrund der Bio Suisse-Standards bzw. der mangelnden Durchsetzbarkeit von Qualitätsanforderungen in der Beschaffung nicht anders möglich war. Hier waren die Gewöhnung der Mitarbeiterinnen und Mitarbeiter an die neuen Qualitätskriterien sowie die Entwicklung von neuen Rezepturen als Ersatz für die konventionellen Einsatzstoffe relevant.

4.2.2. Beschaffung: Plötzlich ist der Lieferant König

➔ Auf dem Schweizer Markt für Biorohstoffe herrschte *Nachfrageüberhang.* Aufgrund von Absatzproblemen waren die zu beschaffenden Produktvolumina klein und der Bestellrhythmus unregelmässig. Diese Faktoren führen zu einem Verlust an *gewohnter Verhandlungsmacht* gegenüber den Lieferanten der ProdAG.

Die Problemlösungen für die Beschaffung waren in den Prozess der Produktentwicklung integriert, da sowohl die Rezepturen umsetzbar sein mussten als auch die darin eingesetzten Rohstoffe verfügbar und ihre Preise vertretbar. Es ging zum einen darum, geeignete Lieferanten zu finden. Zum anderen mussten die Mitarbeiterinnen und Mitarbeiter die Bedingungen auf dem Schweizer Markt für Bioprodukte kennenlernen und herausfinden, welche Anforderungen sie an die Verfügbarkeit und Preise von Bioprodukten stellen konnten.
Die meisten eingeführten Lieferanten der ProdAG boten keine Bioprodukte an und äusserten sich auf Anfrage eher abwartend. Zum Zeitpunkt der Einführung, im Herbst 1995, boten beinahe ausschliesslich Pioniere Bioprodukte an. Für die Beschaffung war es wichtig, dass die neuen Lieferanten für das bei der ProdAG etablierte, ISO-zertifizierte Qualitätsmanagementsystem mit seinen Anforderungen an die Dokumentation sowie deklarationsgemässe Lieferungen geschult wurden.

> Einkäufer: „Da steht das ganze System ISO [9001: Qualitätsmanagementsystem, S.M.]. (...) Jetzt gehen Sie zu einem Neuen, das ist vielleicht ein kleiner bis mittlerer Betrieb, der hat von ISO noch nie was gehört, noch nie von Spezifikationen. Bis Sie den soweit haben. Und unsere Qualitätssicherung sagt dann nicht: Aha, ich lass die Aprikosen durchgehen, weil

> Bioknospe und da hat es ein bisschen braun. Nein, es wird genau so seziert, wie bei einer konventionellen Aprikose.“[214]

Die Mitarbeiterinnen und Mitarbeiter mussten die Erfahrung machen, dass sie nicht alle etablierten Qualitätsmassstäbe durchsetzen konnten. Dies lag zum einen an der *biologischen Produktionsweise,*[215] zum anderen hatten die Biolieferanten aufgrund der eingeschränkten Verfügbarkeit vieler Produkte eine *stärkere Verhandlungsmacht* als dies die Einkäufer der ProdAG gewohnt waren. Die Qualitätsanforderungen an die zu beschaffenden Rohstoffe im Hinblick auf Frische und Übereinstimmung der Lieferung mit den in der Bestellung definierten Produktspezifikationen[216] wurden aber nicht grundsätzlich verändert. Vielmehr wurden fallweise Zugeständnisse gemacht.

> Einkäufer: „Bei konventionellen Rohstoffen ist es zum Teil möglich, wenn wir grosse Mengen haben, dass wir den Partner ein bisschen einschliessen können und sagen: Du weisst doch, wie wir das wollen ... Aber bei Bioartikeln müssen wir froh sein, wenn wir die Mengen bekommen, die die produzieren. Und da müssen wir nehmen, was es gibt.“[217]

Die *Verfügbarkeit* der Biorohstoffe war zu Beginn ein besonderes Problem, weil die ProdAG für die Einführung des Bio-Kartoffelgratins nur kurze Zeit vom Kunden zugestanden bekam. Die angefragten Bio-Grosshändler hatten aufgrund der Marktbedingungen Schwierigkeiten, kurzfristig die benötigte Menge Kartoffeln zu liefern. Die Beschaffungsmitarbeiterinnen und -mitarbeiter erkannten in der Folge, wie wichtig die *frühzeitige Klärung der Verfügbarkeit* und die Vorbestellung von Biorohstoffen war. Aufgrund der *stark schwankenden Absatzmengen* konnten sie dies aber nur eingeschränkt realisieren. Besonders problematisch war die Beschaffung von Convenienceprodukten. Verschiedene Convenienceprodukte, z.B. biologische Bouillon-Mischung, deren Einsatz den Herstellungsprozess vereinfacht hätten, waren am Markt überhaupt nicht verfügbar und mussten durch „Handarbeit“ ersetzt werden. Auch waren die zunächst von den Lieferanten angebotenen Gebindegrössen nicht unbedingt auf Industriebedürfnisse ausgelegt.

> Einkäufer: „Da sag ich: He, Jungs, ich brauche zwanzig Tonnen. Und dann hören sie zum ersten Mal überhaupt das Wort Tonnen.“[218]

Die von der Beschaffung erzielbaren Einkaufspreise wurden durch zwei Faktoren beeinflusst. Erstens waren viele Rohstoffe aufgrund des Nachfrageüberhangs für Bioprodukte nur schwierig erhältlich. Erschwerend kam dazu, dass der Kunde das „Bio *Suisse*“-Label[219] gefordert hatte. Die ProdAG war also abhängig

---

214 Interview MP 2.

215 Vgl. hierzu die Ausführungen in Kapitel 3.1.

216 Hierzu zählt z.B. die Abmessung von geschnittenem Gemüse. Der Grund für eine Abweichung von der Spezifikation wäre in diesem Fall nicht in der Bioqualität zu suchen, sondern in einer nachlässigen Verarbeitung durch den Lieferanten.

217 Interview MP 2.

218 Interview MP 2.

219 Mit dem „Bio *Suisse*“-Label dürfen nur Produkte gekennzeichnet werden, die zu mindestens 90% aus Rohstoffen Schweizer Herkunft bestehen. Wird dieser Anteil unterschritten, entfällt auf

von Verfügbarkeit und Preisgefüge auf dem Schweizer Beschaffungsmarkt. Nur in Ausnahmefällen, die von der Bio Suisse genehmigt werden mussten, durfte ausländische Ware importiert werden. Die Schweizer Grosshändler hatten daher in Bezug auf die Preise eine wesentlich stärkere Verhandlungsmacht als bei konventionellen Rohstoffen. Zweitens schwankten die abgesetzten Mengen und waren auch kumuliert noch relativ klein. So konnte kein Mindestumsatz erreicht werden, auf dessen Basis der Einkauf Preisreduktionen hätte aushandeln können. Darüber hinaus verhinderten die kleinen und unregelmässigen Umsätze eine engere Zusammenarbeit mit den Lieferanten zum Aufbau eines regelrechten Supply Chain Managements[220]. Solche Kooperationen mit Lieferanten hätten helfen können, benötigte Produkte längerfristig im voraus zu sichern. Auf diesem Wege wäre auch die Entwicklung fehlender Convenienceprodukte möglich geworden.

Die Beschaffungsprobleme waren weniger gravierend als die ProdAG 1999 die Herstellung von Bioprodukten für ein Unternehmen der Verkehrsgastronomie[221] aufnahm. Diese Produkte wurden nicht nach den Bio Suisse-Kriterien, sondern auf Basis der Schweizer Bioverordnung hergestellt. Die Bandbreite der von der Bioverordnung erlaubten Rohstoffe war höher und die Beschaffung nicht mehr auf den Schweizer Markt eingeschränkt, dadurch konnten vorteilhaftere Einkaufspreise erzielt werden. Ausserdem waren auch auf dem Schweizer Markt 1999 bedeutend grössere Mengen an Biorohstoffen verfügbar als vier Jahre zuvor. Zusätzlich konnten hier höhere und kontinuierlichere Umsätze realisiert werden, der ganze Beschaffungsprozess wurde damit weiter im Voraus planbar.

Die Mitarbeiterinnen und Mitarbeiter der Beschaffung mussten also zunächst lernen, dass viele Voraussetzungen, von denen sie für die Beschaffung konventioneller Ware erfahrungsgemäss ausgehen konnten, im Biobereich keine Geltung hatten, weil die Bedingungen auf dem Schweizer Biomarkt sich von denen des Marktes für konventionelle Rohstoffe unterschieden.

> S.M.: „Das heisst, die Bioprodukte widersprechen eigentlich einer ganzen Menge von Punkten, nach denen Sie sonst arbeiten ... wollen?"
>
> Einkäufer: „Sagen wir so: nicht widersprechen, sonst hätte ich ja jeden Tag Ärger. Nicht widersprechen; aber es lässt sich nicht verbinden."[222]

Hierzu zählte die eingeschränkte Verfügbarkeit der benötigten Rohstoffe und Convenienceprodukte, die hohen Marktpreise und eine ungewohnt schwache Verhandlungsmacht gegenüber den Lieferanten.[223] Auf diese Bedingungen mussten sie sich in ihrer täglichen Arbeit einstellen und sie bei Planungsprozessen

dem Label unter dem Knospesignet das Wort „Suisse" (vgl. Bio Suisse 1997b, Artikel 6.1.2 und 6.1.3).

220 Für Grundlagen zum Supply Chain Management vgl. Christopher 1998.

221 Vgl. die Erläuterungen zu den verschiedenen Gastronomiesegmenten in Kapitel 3.3.1.

222 Interview MP 2.

223 Die hier genannten Beschaffungsprobleme: hohe Preise, mangelnde Verfügbarkeit sowie Lücken in der Logistik und mangelnder Verarbeitungsgrad werden auch von Hermanowski et al. (1997, 13) als Grundprobleme von Grossverbrauchern mit Bioprodukten genannt.

berücksichtigen. Im Bereich Beschaffung blieb aber zunächst ein Problem bestehen, welches ursächlich dem Marketing und nicht der Beschaffung zuzuordnen war: die Verhandlungsschwäche gegenüber den Lieferanten aufgrund der geringen und schwankenden Bestell- bzw. Absatzmengen.
Das strategische Grundproblem bei der Beschaffung kann mit „Fehlende Verhandlungsmacht: Plötzlich ist der Lieferant König" umschrieben werden. Der *Nachfrageüberhang* auf dem Schweizer Markt für Biorohstoffe einerseits und die *mangelnden Umsätze* mit den Bioprodukten andererseits führten dazu, dass die Mitarbeiter im strategischen Einkauf eine *ungewohnt geringe Verhandlungsmacht* gegenüber den Lieferanten hatten. Sie konnten ihre Qualitätsanforderungen nur zum Teil durchsetzen und keine Preisreduktionen erwirken. Die mangelnden Umsätze verhinderten auch den Aufbau eines Supply Chain Managements, das die Verfügbarkeitsproblematik hätte lindern können. Die hohen Beschaffungspreise trugen darüber hinaus zu einem *internen Kostendruck* bei.
Auf operativer Ebene mussten die Mitarbeiterinnen und Mitarbeiter die ungewohnten *Bedingungen auf dem Beschaffungsmarkt*, insbesondere die saisonale Verfügbarkeit von Biorohstoffen und den Mangel an biologischen Convenienceprodukten, zunächst kennenlernen und dann mit neuen Routinen, u.a. einer längerfristigen Beschaffungsplanung, bewältigen.

4.2.3. Produktion mit halber Kraft

➔ Die Produktion konnte mit den Bioprodukten *keine Economies of Scale* realisieren, weil der schleppende Umsatz nur kleine und unregelmässige Produktions-Chargen zuliess.

Auf Ebene der Produktion können zwei Entwicklungsstufen unterschieden werden. Zum einen war der Produktionsleiter in die Produktentwicklung involviert. Zum anderen mussten vor Produktionsaufnahme der Ablauf geklärt und die Einrichtung der Räumlichkeiten und Maschinennutzung den Bio Suisse-Regeln entsprechend organisiert werden. Daran waren der Produktionsleiter und Produktmanager beteiligt.
In der Produktion mussten erstens *Probleme im Produktionsprozess* und zweitens *Kostenprobleme* überwunden werden. Über die Prozessprobleme ist bereits berichtet worden. Hier ging es primär darum, die üblichen Fabrikationsmittel durch eigenproduzierte „Hausmittel" (Beispiel: Bindemittel Mehlschwitze) zu ersetzen. Dies hatte aber auch Kostenfolgen, weil die Eigenproduktionen einen *höheren Arbeitsaufwand* als bei konventionellen Produkten verursachten[224] und die Stückzeiten im Vergleich zum konventionellen Produkt erhöhten. Eine Anpassung der Kalkulationsgrundlagen an diese Bedingungen war aber kaum möglich, da man keine Informationen darüber hatte, wie weit die Kosten mit höheren Produktionsmengen sinken würden. Ausserdem wurden die Produktionskosten durch die *kleineren Produktions-Chargen* erhöht, weil der Fixkostenblock (z.B.

[224] Dies deckt sich mit Erfahrungen bei der Lufthansa Service Gesellschaft (Cateringunternehmen, das u.a. die Lufthansa für die Bordverpflegung beliefert). Vgl. Hermanowski et al. 1997, 174.

Rüst- und Reinigungskosten) hier grösseres Gewicht hatte,[225] es konnten also keine Economies of Scale erreicht werden. Während die Prozessprobleme durch die Differenz zwischen konventionellen und Bioprodukten verursacht wurden, waren die operativen Kostenprobleme auf die Absatzschwierigkeiten zurückführbar.

> Produktmanager: „Also, es gibt natürlich eine Vorkalkulation und dann gehen wir mal davon aus. Und sollte es dann irgendwann mal voll laufen und wenn es dann voll läuft, dann muss eigentlich eine definitive Kalkulation gemacht werden. Jetzt, wenn es aber nie richtig läuft und man nur so tröpfchenweise Chargen macht, dann kann er [der Produktionsleiter, S.M.] natürlich mit den Kosten nicht runterkommen.“ [226]

Auf operativer Ebene musste zu Beginn die *Trennung* zwischen konventionellen und biologischen Produkten im Produktionsablauf organisiert werden. Der Produktionsleiter informierte die Mitarbeiterinnen und Mitarbeiter über Vorgehensweise und Rezepturen für die Bioproduktion und sie durften die biologischen Rohprodukte probieren. Die Lagerstätten von konventionellen und Biorohstoffen wurden getrennt und gekennzeichnet. Organisatorisch sicherte man die Trennung zwischen konventionellen und biologischen Produkten dadurch ab, dass die Bioprodukte immer zu Produktionsbeginn hergestellt wurden. Als durch eine Verwechslung einmal konventioneller anstatt biologischer Käse verwendet wurde, entschied der Produktionsleiter, die gesamte Charge in den Personalverkauf zu geben.

> Produktionsleiter: „Da mussten wir zweitausend Portionen nicht fortwerfen, aber wir mussten sie kennzeichnen und als normales Produkt an das Personal verkaufen. (...) Das hat dann bei den Kollegen geläutet: Aha, wir müssen doch aufpassen.“[227]

Insgesamt waren die Mitarbeiterinnen und Mitarbeiter in der Produktion aber wesentlich weniger durch die Einführung der Bioprodukte betroffen als die Entwicklungsgruppe, weil dort alle wesentlichen Probleme bereits ausgeräumt wurden. Bei der Produktion ging es hauptsächlich um die Umsetzung aller Vorgaben, die in der Entwicklungsgruppe, bzw. in bilateralen Gesprächen zwischen Produktionsleiter und Produktmanager ausgearbeitet worden waren. Der Produktionsleiter konnte die notwendigen Vorgaben hauptsächlich per Arbeitsanweisung verbreiten. Die *geringe Einbindung* der Produktionsmitarbeiterinnen und -mitarbeiter ist vermutlich darauf zurückführbar, dass der *Produktionsprozess stark routinisiert* ist und wenig Eigeninitiative der dort arbeitenden Personen voraussetzt.
Strategisch gesehen waren primär die mangelnden Economies of Scale problematisch, die auf den geringen Absatz der Bioprodukte zurückführbar waren. Im operativen Bereich mussten Produktion und Lagerstätten gemäss der Bio Suisse-Vorschriften eingerichtet und die Mitarbeiterinnen und Mitarbeiter entsprechend geschult werden.

---

[225] Leider wurden von den Gesprächspartnern keine genaueren Angaben über absolute Zahlen oder prozentuale Differenzen zur Verfügung gestellt.

[226] Interview MP 2.

[227] Interview MP 2.

4.2.4. Marketing

➔ Die Kernprobleme bei der Einführung der Bioprodukte lagen in der Konzeption des strategischen und operativen Marketings. Die strategische Dimension des Marketings wurde vernachlässigt, in der Folge konnte kein kohärenter Marketingmix entwickelt werden.

Das erste Bioprodukt wurde von aussen mit konkreten Vorgaben an die Mövenpick ProdAG herangetragen. Daher musste zunächst weder eine Marketingstrategie noch ein Marketingmix entwickelt werden. Danach wurden verschiedene Schritte unternommen, um den Biobereich bei der ProdAG auszuweiten und hier setzten die Marketingaktivitäten erst ein. An diesem Prozess waren der Produktmanager und der Key-account-Manager für die Gastronomie beteiligt. Da der Einstieg in die Bioprodukte *völlig unvorbereitet* kam und die Beteiligten *keine Erfahrung mit Bioprodukten* hatten, war es für sie sehr schwierig, im Voraus erste Erwartungen zu bilden, um darauf basierend eine Marketingstrategie zu entwickeln. Doch die Marketingverantwortlichen setzten sich zu Beginn der Einführungsaktivitäten gar nicht mit der strategischen Dimension der Bioprodukte auseinander. Das gesamte Vorgehen kann eher als ein *Trial-and-Error-Prozess* interpretiert werden, in dem schrittweise die gemachten Erfahrungen interpretiert wurden, um die Bioprodukte strategisch und operativ einzuordnen.[228] Dieser Trial-and-Error-Prozess wird separat für die strategischen und die operativen Herausforderungen dargestellt.

4.2.4.1. Strategisches Marketing

Zum strategischen Marketing können folgende Entscheidungen gezählt werden: Positionierung, Timing, Kundensegmentierung und Sortimentspolitik. Im Folgenden werden die Aktivitäten bei der ProdAG für diese vier strategischen Marketingaspekte dargelegt und analysiert.

Positionierung

Die Produktpositionierung ist die „Ausrichtung eines Produktes auf eine Stellung/Einschätzung, die es bei der Zielgruppe zu möglichst erstrangiger Präferenz führt.“ [229] Der Mövenpick Konzern verfolgt eine *Dachmarkenstrategie*[230]. Es stand daher zu keinem Zeitpunkt zur Debatte, die Bioprodukte unter einer anderen Marke herauszubringen, obwohl durchaus Zweifel bestanden, ob die Bioprodukte hinsichtlich der Positionierung mit der Marke Mövenpick harmonieren könnten.[231] Die Zweifel entzündeten sich daran, dass Bioprodukte gemeinhin mit Vollwerternährung und Verzicht in Verbindung gebracht werden, während die Marke Mövenpick unter den Begriffen „Genuss“ und „Premiumprodukte“ posi-

---

[228] Vgl. Mintzberg/Waters 1985 und Rüegg-Stürm 2001a, 133ff.

[229] Bänsch 1998, 310.

[230] Zur Unterscheidung einer Dach- bzw. Sortimentsmarke von anderen Markenstrukturkonzepten vgl. Kotler/Bliemel 1999, 704ff.

[231] Interview MP 2.

tioniert ist. Verschiedene Personen der Vorbereitungsgruppe waren dann auch skeptisch, ob die Bioprodukte mit dem Markenimage von Mövenpick harmonieren könnten.

> Einkäufer: „Und man kann sich auch fragen, und das ist noch nicht entschieden, ob eigentlich Mövenpick Premium sich mit Bio verträgt. Ist das etwas, das klappt bei den Brands?“[232]

Wie steht es also mit dem strategischen „Fit“ zwischen der Marke Mövenpick und einem Bioangebot? Welche Gründe führten dazu, dass die Bioprodukte als unpassend zur Positionierung von Mövenpick interpretiert wurden?
An dieser Stelle kommt der bereits bei der Produktentwicklung konstatierte „Bio-Fundi vs. Bio-Realo“-Konflikt wieder in den Blick und damit eine Problematik, die unter das Stichwort *„Erklärungswettbewerb“* zu fassen ist. Hiermit ist eine „Schlacht um die Köpfe der Kunden“ gemeint, in der Unternehmen zunächst die *Aufmerksamkeit* der Kunden für ein neues Produkt gegen viele, annähernd gleichwertige Produkte gewinnen und mittels möglichst einfacher und prägnanter Botschaften dessen *spezifische Qualitäten in den Köpfen der Kunden verankern* müssen, um sie in der akuten Kaufsituation zur Wahl genau dieses Produkts zu bewegen.[233] Bei Bioprodukten ist die Begründung der spezifischen Qualitäten bzw. ihre Verknüpfung mit positiven Nutzendimensionen eine besondere Herausforderung, da sie traditionell mit bestimmten Eigenschaften und Werten verknüpft sind.
Oberflächlich betrachtet könnte man zum Schluss kommen, dass sich das kulinarische Mövenpick-Konzept von gehobenem Genuss und der Vermittlung exotischer Geschmackserlebnisse[234] nur schwerlich mit Bioprodukten vereinbaren lässt. Hier spielen zwei *traditionelle Interpretationen* von Bioprodukten eine Rolle: die Verbindung von Bioprodukten erstens mit der Zubereitungsform „Vollwertküche“ und zweitens mit der Beschaffungsform „regionale Herkunft“.
Die Vollwertküche hat nicht das Image besonders genussbezogen zu sein, vielmehr wird damit oft der Vorrang der gesundheitsfördernden Zubereitung vor der geschmacklichen Spitzenleistung assoziiert.[235] Diese Interpretation war auch bei den Mövenpick-Mitarbeitern präsent: „viel Korn, viel gesund und so“[236]. Geht man davon aus, dass ein Angebot mit Bioprodukten auf diese Art konzipiert wäre, so läge der Widerspruch zum Image „Mövenpick hat die Genuss-Mission“[237] auf der Hand. Doch während in einer konsequenten Vollwertküche sinn-

---

232 Interview MP 2.

233 Vgl. Tomczak/Müller 1993.

234 Interview MP 5, Interview MP 4. Die Komponente der asiatischen Küche ist erst 1998 in das kulinarische Konzept der Mövenpick Restaurants aufgenommen worden. Sie wird dennoch ebenfalls an dieser Stelle diskutiert, da sie erstens nichts am Argument ändert und zweitens in dieser Fallstudie auch die aktuelle Perspektive für Bioprodukte bei Mövenpick berücksichtigt werden soll.

235 Vgl. auch Hermanowski 1997, 177 und 184.

236 Interview MP 3.

237 Interview MP 5.

vollerweise Biozutaten verarbeitet werden,[238] lassen sich Biozutaten prinzipiell nach allen Rezepten zubereiten.
Auch könnte vermutet werden, dass sich die Herstellung exotischer Gerichte unter Einsatz von Bioprodukten den Vorwurf der Inkonsequenz einhandeln könnte. Auch hier ist wieder eine bestimmte, aus dem gewachsenen Umfeld der Bioprodukte stammende Interpretation im Spiel, dass eine Bioküche nur regionale Produkte einsetzen darf und exotische Spezialitäten, deren spezifische Gewürze oder andere Bestandteile oft weit transportiert sind, zwingend ausschliessen muss.

> Direktor der ProdAG: „Ist das dann glaubwürdig, wenn Sie irgendwelche japanischen Terriyaki-Saucen und thailändischen Currysaucen brauchen?"[239]

Beide Interpretationen ignorieren, dass man die Bioqualität nicht nur in Einheit mit einem bestimmten kulinarischen und beschaffungswirtschaftlichen Konzept, sondern auch als eine ergänzende, davon weitestgehend *losgelöste Nutzenkomponente* betrachten kann. Berücksichtigt man, dass die Bioqualität für die meisten Restaurantgäste weder das einzige noch das wichtigste Entscheidungskriterium sein wird, sollten die Nutzendimensionen Gesundheit und Umweltfreundlichkeit ohnehin eher als *flankierende* und nicht als dominante Aspekte herausgestellt werden.[240] Genuss und Geschmackseindrücke können dann, wie bisher, im Vordergrund stehen.
Eine Positionierung des Mövenpick Angebots als köstlich und exotisch „und dann auch noch Bio" würde auch mit dem Konzept des hybriden Konsumenten harmonieren.[241] So angelegt könnte man die Verwendung von Bioprodukten als *ergänzenden* Beitrag zu Wohlbefinden und Gesundheit[242] der Restaurantgäste (Stichwort „wellness") interpretieren. Vor dem Hintergrund der immer wieder aufflammenden Lebensmittelskandale[243] kann die strategische Nutzung der Zusatzleistung Bio auch als Hybrid zwischen einer Positivpositionierung (Diffe-

---

238 Vgl. Ausführungen zur Vollwertküche in Hirsch 1988, 364.

239 Interview MP 5.

240 Vgl. Kapitel 2.2.

241 Zum Konzept des hybriden Konsumenten und den Folgerungen daraus für die Kommunikationspolitik vgl. Villiger 2000, 232 f; für eine Heuristik zur ökologischen Positionierungsentscheidung vgl. Meffert/Kirchgeorg 1998, 281; zu den Einflussfaktoren auf den Konsum von Bioprodukten im Restaurant vgl. Kapitel 3.5.

242 Auch wenn die Validität von Tests zum Teil aufgrund von Vorbehalten gegenüber den angewandten Versuchsanordnungen sehr zurückhaltend beurteilt wird, so geht die FAO (2000) doch davon aus, dass Produkte aus biologischem Anbau als „gesund" anzusehen sind, weil sie weniger oder keine Rückstände von Chemikalien aufweisen, als Produkte aus konventioneller Landwirtschaft. Für eine ökologische Beurteilung von Bio-Convenienceprodukten vgl. Kapitel 3.4.2.

243 Sowohl zum Zeitpunkt der Einführung der Bioprodukte bei der ProdAG als auch zur Zeit der Niederschrift stand und steht BSE in der öffentlichen Aufmerksamkeit. Es ist bezeichnend, dass anlässlich der „Bewältigung" des BSE-Problems das deutsche Bundesministerium für Landwirtschaft in Bundesministerium für *Verbraucherschutz* und Landwirtschaft umbenannt wurde.

renzierungsstrategie) und einer Marktabsicherungsstrategie gegen Umsatzeinbrüche einordnet werden.[244]
Allerdings ist verständlich, dass die ProdAG-Mitarbeiter nicht auf die Idee kamen, eine solche „Realo"-Umdeutung der Bioqualität zu versuchen. In den Verhandlungen über die Produktlizensierung mit der Bio Suisse wurden sie immer wieder mit deren „Fundi"-Interpretation konfrontiert.[245] Darüber hinaus war bis 1998 in der Schweiz kaum eine Alternative zur Knospe als Bionachweis verfügbar. Erst durch die Einführung der Bioverordnung wurde ein von kulinarischen oder ernährungsphysiologischen Vorstellungen weitestgehend unabhängiger Bionachweis geschaffen. Damit wurde es erstmals möglich, ein glaubwürdiges, weil von Dritten geprüftes, Bioangebot mit einem anderen als dem traditionellen „Bio Fundi"-Verständnis zu lancieren.

Timing
Die Marktentwicklung im Detailhandel hatte gerade erst die Take-off-Phase erreicht als die Bioprodukte bei der ProdAG eingeführt wurden. In der Gastronomie waren Bioprodukte nur in Feinschmeckerlokalen und alternativen Genossenschaftsrestaurants zu finden. Daher hatten die Marketingverantwortlichen der ProdAG keine Anhaltspunkte, was realistische Erwartungen an die Bioprodukte und, daraus abgeleitet, eine geeignete Marketingstrategie und adäquate operative Marketingmassnahmen sein könnten. In der allgemeinen Aufbruchsstimmung beschlossen sie, es mit einem eigenen Biosortiment zu versuchen.
Als die ProdAG im Herbst 1995 die Herstellung des ersten Bioprodukts aufnahm, war noch völlig offen, wie sich die Akzeptanz für Bioprodukte bei den Konsumenten entwic??keln würde. Nur Coop hatte mit dem Naturaplan bereits ein biologisches Sortiment auf dem Markt, die anderen Einzelhandelsunternehmen bereiteten ihre Bioangebote noch vor. Aus heutiger Sicht war der Bio-Wettbewerb im Lebensmitteleinzelhandel bereits in vollem Gange. Zum damaligen Zeitpunkt konnte aber *noch nicht abgeschätzt* werden, wie sich die Nachfrage entwickeln würde, auch wenn die allgemeine Haltung der Bevölkerung gegenüber den Bioprodukten als positiv angenommen werden konnte. In der Gastronomie waren Bioprodukte hauptsächlich eine Sache weniger *Gourmet- und Alternativ-Restaurants.*[246]
Die *Entwicklungsperspektive* für Bioprodukte auf dem Gastronomiemarkt kann also für den Zeitpunkt der Einführung der Bioprodukte bei der ProdAG im Jahr 1995 als *sehr offen* interpretiert werden. Gerade für die ProdAG als Herstellerin von Convenienceprodukten, deren Zielgruppe eher die Gruppen- und Markengastronomie und weniger die Einzelgastronomie ist, waren sehr wenige Möglichkeiten vorhanden, die Marktentwicklung einzuschätzen, weil sie kaum Marktaktivitäten in ihrem Segment beobachten konnten. Dies führte bei den

---

[244] Zu den verschiedenen Typen ökologischer Wettbewerbsstrategien vgl. die Ausführungen in Kapitel 2.2 sowie Dyllick et al. 1997, 76.

[245] Interview MP 2.

[246] Vgl. Kapitel 3.2.

Marketingverantwortlichen zu einer grossen Unsicherheit, welche Erwartungen sie überhaupt an die Bioprodukte stellen könnten:

> Produktmanager: „Jetzt mal schauen, wie sich das entwickelt. (...) Es ist nicht absehbar, was da abgeht. Das ist wirklich noch ... Ja, man wird sehen, und hofft, es könnte in die Richtung gehen, in die man findet, dass es gehen könnte."[247]

Dennoch entschieden sie aufgrund der allgemeinen Aufbruchsstimmung, die durch die Agrarpolitik 2002 und die Lancierung des Coop Naturaplan hervorgerufen wurde, es nicht bei dem einen Bioprodukt für den einen Kunden zu belassen, sondern eine eigene Bioproduktlinie zu entwickeln. Sie wurden aber in der Folge mit vielen Problemen konfrontiert, die auf die mit dem frühen Markteinstieg verbundene Pionierrolle zurück zu führen sind.[248] So waren die Unklarheiten hinsichtlich Kundensegmentierung und Sortimentspolitik, aber auch die Schwierigkeiten bei der Gestaltung des Marketingmixes u.a. dadurch bedingt, dass noch keine Erfahrungen im Markt mit Bioprodukten existierten und die vorhandenen Erfahrungen mit konventionellen Produkten nicht auf die Bioprodukte übertragen werden konnten. Dies wird im Folgenden vertieft.

Kundensegmentierung
Die ProdAG-Produkte werden an zwei Zielgruppen ausgerichtet, den Gastronomieunternehmen als *primärer* und deren Gästen als *sekundärer Zielgruppe.* Im Allgemeinen sollten die ProdAG-Produkte zum gastronomischen Gesamtkonzept und der Gäste-Zielgruppe des Gastronomieunternehmens der Gastronomieunternehmen passen. Ausserdem müssen sie sich preislich in den betriebswirtschaftlichen Rahmen einfügen. Aus dem Gründungszusammenhang der ProdAG als Lieferantin der Mövenpick Gastronomie ergibt sich, dass die Produkte zunächst vor allem auf deren Bedürfnisse ausgerichtet waren. Jedoch gehören zunehmend auch andere grosse Gastronomieunternehmen zur Zielgruppe der ProdAG.
Bei der Einführung der Bioprodukte war völlig unklar, welche Kunden dafür aufgeschlossen sein könnten, darum musste bei der Kundensegmentierung experimentiert werden. Zunächst wurde die Erschliessung der Einzelgastronomie für die Bioprodukte ins Auge gefasst.[249] Eine breitgestreute Mailingaktion stellte die Knospe-Bioprodukte der ProdAG vor und informierte die Gastronomen über die Bedingungen der Knospe-Lizensierung in der Gastronomie. Die Reaktionen waren „praktisch Null"[250]. Der Key-account-Manager musste erkennen, dass die Einzelgastronomie, auf deren Erschliessung er sich und seine Verkäufer zunächst vorbereitet hatte, für die Tiefkühl-Convenience-Bioprodukte der ProdAG nicht

---

247 Interview MP 3.

248 Es handelt sich hierbei um primäre, nachfragebezogene Marktwiderstände, vgl. Meffert/Kirchgeorg 1998, 231f. Vgl. auch Böttger 1996, 86 und Villiger 2000, 201.

249 Warum dieses Kundensegment entgegen der grundsätzlichen Positionierung der ProdAG ins Auge gefasst wurde, konnte leider nicht rekonstruiert werden. Zum Zeitpunkt des Interviews standen andere Fragen im Fokus des Gesprächs und als die Frage in der Untersuchung aufkam, arbeiteten die betreffenden Personen nicht mehr im Unternehmen.

250 Interview MP 3.

offen war. Die Einzelgastronomen wurden nicht über die Gründe der Ablehnung befragt. Sowohl Produktmanager als auch Key-account-Manager nahmen an, dass sie mit den Informationen überfordert waren und eine persönliche Ansprache zu ihrer Überzeugung notwendig gewesen wäre.[251]
Eine so intensive Akquisitionskampagne konnte der Key-Account-Manager aber nicht rechtfertigen, da der zu erwartende Umsatz in keinem sinnvollen Verhältnis zu den Akquisitionskosten gestanden hätte.[252]
Nach dieser Erfahrung wurde die Kundensegmentierung revidiert und die Akquisitionsbemühungen auf die eigene und fremde Gruppen- und Markengastronomie beschränkt, bei der grundsätzlich ein höheres Umsatzpotenzial pro Akquisitionskontakt angenommen werden konnte.[253] Das Sortiment der Biogratins konnte teilweise in den Mövenpick Restaurants platziert werden. Allerdings wurden die Produkte nicht verpflichtend in die Speisekarte integriert, sondern jeder Geschäftsführer konnte die Aufnahme eigenständig entscheiden.[254] Einzelne Mövenpick Hotels bezogen die Frühstücksprodukte. Insgesamt konnte jedoch mit dem Vertrieb der Bioprodukte über die eigenen Kanäle nicht viel Umsatz generiert werden, denn die meisten Mövenpick Hotels und Restaurants gaben den Bezug der Bioprodukte schnell wieder auf.
Darüber hinaus wurden verschiedene Unternehmen der Gruppen- und Markengastronomie als Kunden gewonnen. Bei diesen fremden Gastronomieunternehmen brachten die Bioprodukte, deren Entwicklung sie nicht selbst angeregt hatten, auch keinen nennenswerten Umsatz. Die Akquisitionsbemühungen wurden nach den erfolglosen Testverkäufen eingestellt.
Ein neuer, wichtiger Kunde für Bioprodukte konnte 1999 durch die Zusammenarbeit des Mövenpick Konzerns mit einem Unternehmen der Verkehrsgastronomie in einer strategischen Einkaufskooperation gewonnen werden. Die ProdAG erhielt den Zuschlag für die Herstellung von Backwaren und Patisserie, die das Unternehmen selbst aus Kostengründen nicht mehr im eigenen Haus produzieren wollte. Die Entwicklung von Bioprodukten war ein Teil dieses „Pakets". Die Bioprodukte waren für dieses Unternehmen der Verkehrsgastronomie einer von vielen verschiedenen Bestandteilen einer Marketingpolitik, die dem Wohlbefinden seiner Passagiere hohe Bedeutung beimisst.

---

251 Die in Kapitel 3.4.3. aufgeführten Überlegungen lassen den Schluss zu, dass der Misserfolg dieser Akquisitionskampagne in der Einzelgastronomie nicht nur auf eine Informationsüberflutung oder eine pauschale mangelnde Offenheit gegenüber Bioprodukten zurückführbar war, sondern auch darauf, dass grundsätzliche Vorbehalte gegenüber Tiefkühl-Convenienceprodukten aufgrund von Kosten und Kochtraditionen bei Küchenchefs bestanden, die durch einen wahrgenommenen „Widerspruch" zwischen Bio und TK-Convenience ergänzt wurden.

252 Interview MP 3.

253 Die ProdAG-Bioprodukte erreichten also keine andere Zielgruppe als die konventionellen Produkte. Es wurde keine ökologische Nischenklientel angesprochen, sondern mit der eigenen und fremden Grossgastronomie auf ein Segment des *Massenmarktes* abgezielt Zum Konzept von ökologischer Nische und Massenmarkt siehe Villiger et al. 2000.

254 Die Speisekarten der Mövenpick Restaurants enthalten einen Pflichtteil mit Gerichten, die überall angeboten werden müssen, und einen Wahlteil, den die Restaurantleitung nach eigenen Vorstellungen standortabhängig gestalten kann. Interview MP 4.

Die geeignete Kundensegmentierung musste also im Trial-and-Error-Verfahren herausgefunden werden. Man ging zunächst von der, bei konventionellen Produkten gewohnten, *Segmentierung nach Unternehmensgrösse* aus. Erst wurden Einzelgastronomen angesprochen, dann die Gruppen- und Markengastronomie. Dabei stellte sich heraus, dass nur jene Gastronomieunternehmen genügend Umsatz mit den Bioprodukten generierten, die bereits ein *Marketingkonzept vorbereitet* und die angefragten *Bioprodukte auf die Zielgruppe der eigenen Gäste abgestimmt* hatten. Umgekehrt wurden andere Gastronomieunternehmen von dem Angebot „Bioprodukte" vermutlich oftmals überrascht und ein unvorbereiteter Testverkauf der Bioprodukte brachte in der Regel so wenig Umsatz, dass das Angebot nicht dauerhaft aufgenommen wurde. Dies kann als ein Auslöser für die letztlich herausgebildete rein passive Strategie interpretiert werden, der zufolge nur noch für anfragende Unternehmen Bioprodukte produziert und die eigene Kundenakquisition eingefroren wurde. Damit wurde also eine Segmentierung eingeführt, die auf der *Erfahrung der primären Kunden im Biomarkt* basierte. Die Umstellung markiert gleichzeitig den *Wechsel von Push- zu Pullstrategie.*

Sortimentspolitik

Die Sortimentspolitik folgte zunächst dem aufgrund der Nachfrage des ersten Kunden eingeschlagenen Produktpfad. Nach dem Misserfolg der Eigenentwicklungen wurde schliesslich eine strikte Pullstrategie, mit Sortiment nach Kundenwunsch, eingeschlagen.

Nach der Lancierung des Bio-Kartoffelgratins versuchte der Produktmanager, die gemachten Erfahrungen weiter zu verwerten und stiess die Entwicklung von drei weiteren Gratinprodukten an. Der Ausbau des Biosortiments mit diesen Gratinvarianten kann als eine Auswirkung von Pfadabhängigkeit[255] interpretiert werden. Da bereits Investitionen in die Entwicklung eines Bio-Gratins geflossen waren, wollte der Produktmanager darauf aufbauen.

Dann nahm er aufgrund der Nachfrage des ersten Kunden an, dass ggf. weitere Gastronomieunternehmen Gratinprodukte nachfragen würden. Darüber hinaus wurden Gratins zu diesem Zeitpunkt in verschiedenen Fachzeitschriften als ein Trendprodukt mit steigendem Umsatzpotenzial ausgewiesen.[256]

Später wurden ein Bio-Croissant, ein Bio-Brötchen und ein Bio-Birchermüsli entwic??kelt, mit denen im Bereich der Frühstücksprodukte eine Grundlage geschaffen werden sollte. Das Bio-Birchermüsli konnte aber aufgrund von Meinungsverschiedenheiten über die *Produktgestaltung* zwischen ProdAG und Bio

[255] Entwicklungen zeigen die Tendenz einem bestimmten Pfad zu folgen, wenn durch die Anfangsinvestitionen z.B. technologische Strukturen festgelegt oder Erfahrungswissen aufgebaut wurde. Die Aufgabe der Technologie würde einen Totalverlust dieser Investitionen nach sich ziehen. Je mehr Akteure sich auf die Technologie eingelassen haben, desto stärker wird ihre Beharrungstendenz. Ein Beispiel dafür ist die Entwicklung der Schreibmaschinentastatur-Ordnung, die zwar ergonomisch nicht optimal ist, in deren Beherrschung aber so viele Menschen investiert haben, dass ihre Veränderung mit der Zeit nahezu unmöglich geworden ist. Vgl. David 1986.

[256] Vgl. z.B. Food Service 09/1997, 46.

Suisse nicht mit der Knospe gekennzeichnet werden.[257] Dieser Umstand war für die Marketingverantwortlichen besonders ärgerlich, weil das Bio-Birchermüsli von allen selbst entwic??kelten Produkten in den Testverkäufen die besten Ergebnisse gebracht hatte, nun aber nicht mit der Knospe auf den Markt gebracht werden durfte. Es wurde nicht dauerhaft ins Sortiment genommen, weil Produktmanager und Key-account-Manager nur die Knospe als „premiumwürdig“ und damit zur Mövenpick-Positionierung passend ansahen.[258] Nachdem sich die ersten Erweiterungsversuche mit den Gratins und Frühstücksprodukten als nicht tragfähig erwiesen hatten, wurde der Sortimentsausbau eingestellt. Erst mit der Akquisition eines Verkehrsgastronomieunternehmens wurde das Sortiment um Patisserieprodukte erweitert und folgte dabei der Logik der strikten Kundenorientierung, es wurden nur Produkte ins Sortiment genommen, welche dieser Kunde verlangte.

Die Sortimentspolitik war also zunächst nicht an den Kundenbedürfnissen orientiert, die man in Bezug auf Bioprodukte weder kannte, noch kennen zu lernen suchte. Vielmehr folgte die Sortimentsausweitung mit weiteren Gratinvarianten der Logik der Pfadabhängigkeit und damit einer Kostenlogik. Mit dem Einstieg des Verkehrsgastronomieunternehmens wurde dann eine strikt kundenorientierte Sortimentspolitik aufgenommen.

Die herausgebildete Marketingstrategie

Die Marketingaufwendungen wurden wegen der auf niedrigem Niveau stagnierenden Umsätze schliesslich auf das absolute Minimum beschränkt. Die Bioprodukte standen in der Preisliste und wurden an die in der Anfangsphase akquirierten Kunden geliefert. Neuentwicklungen auf Anfrage wurden nur dann aufgenommen, wenn die voraussichtlichen Umsätze und erzielbaren Preise die Rentabilität der Produktion sicherzustellen versprachen. Ein Grossteil dieser neuen Bioprodukte war jedoch kundenexklusiv, konnte also von Dritten gar nicht wahrgenommen werden. Dadurch trat die ProdAG auf dem Markt nur sehr eingeschränkt als Anbieter von Bioprodukten in Erscheinung.

---

257 Letztlich scheiterte es daran, dass das Bio-Birchermüsli als Tiefkühlprodukt konzipiert war und die Bio Suisse davon ausging, dass die Restaurantgäste ein Frischprodukt erwarten. Der von einem TK-Produkt angenommenen „Enttäuschung der Kundenerwartung“ wollte die Bio Suisse nicht Vorschub leisten (Interview MP 3). Bei der Bio Suisse orientieren sich die Lizensierungsentscheidungen u.a. am sogenannten „Prinzip der Wahrhaftigkeit“, welches verlangt, dass angenommene Kundenerwartungen an Bioprodukte nicht enttäuscht werden dürfen. Diese Auseinandersetzung war der Kulminationspunkt der Meinungsverschiedenheiten zwischen der Bio Suisse und der ProdAG über die Lizensierungsbedingungen, wobei die Bio Suisse als Eigentümerin des weitestverbreiteten privaten Schweizer Bionachweises und damit Quasimonopol-Torwächterin für den Eintritt in verschiedene Vertriebskanäle durchweg die grössere Verhandlungsmacht hatte. Vgl. Kapitel 3.6. sowie Maier (in Druck).

258 Interview MP 2. Zur Differenzierung verschiedener Bionachweise in Bezug auf die Positionierung von Bioprodukten im Markt vgl. auch Villiger 2000, 123 und 263.

> Ein Branchenkenner: „Ich nehme die ProdAG als ein Unternehmen wahr, das versucht, im Biomarkt Fuss zu fassen. Aber ich sehe sehr wenig von ihnen, also Produkte oder Marketingaktivitäten. (...) Ein relativ Unbekannter.“[259]

Die nach den verschiedenen Versuchen herausgebildete Strategie war somit eine *rein passive Marktabsicherungsstrategie.* Es ging nur noch darum, das einmal erreichte Know-how nicht aufzugeben und die winzige Position im Biomarkt zu halten. In einen Ausbau der Position wurde nicht investiert.[260]

Lässt man die Erfahrungen mit den Bioprodukten noch einmal kurz Revue passieren, so ist diese Strategie als Resultat der durchgeführten Massnahmen und damit gemachten Erfahrungen durchaus plausibel. Die Bioprodukte waren nur bei denjenigen Kunden erfolgreich, die *aus eigenem Antrieb* nach Bioprodukten fragten, weil sie bereits eine Biostrategie entwickelt hatten. Die Versuche der ProdAG zu eigenen Bioproduktentwicklungen oder der Akquisition weiterer Kunden blieben erfolglos. Alle Erfahrungen deuteten also darauf hin, dass es sinnvoller wäre, sich auf die *Kompetenz und Wünsche der Kunden* zu verlassen als weitere eigene Anstrengungen zu unternehmen. Nach vielen Versuchen mit vereinzelten, produktorientierten Massnahmen bildete sich schliesslich eine passive, streng kundenorientierte Marketingstrategie (Pullstrategie) heraus.

Betrachtet man den Einführungsprozess aus einer *kritischen Perspektive,* dann muss man hinterfragen, ob der de facto herausgebildete Ansatz einer Marktabsicherungsstrategie auf niedrigem Niveau sinnvoll war und alle geeigneten Massnahmen unternommen wurden, um die Bioprodukte adäquat zu fördern. Aus diesem Blickwinkel geraten andere Handlungsoptionen in den Blick, die letztlich in einer Marktentwicklungsstrategie mit *aktiven, kundenorientierten* Marketingmassnahmen (Pushstrategie) hätten resultieren können.

Bei der Rekonstruktion des Prozesses zeigte sich, dass *nie ein systematisches Gesamtkonzept* für die Vermarktung von Bioprodukten entwickelt wurde. Ob Positionierung, Timing, Kundensegmentierung oder Sortimentspolitik, alle strategischen Elemente bildeten sich in einem kaum gesteuerten Trial-and-Error-Prozess heraus. Dies gilt auch für die Gestaltung des operativen Marketings.

Wenn man die Aussagen in den Interviews als Hinweise auf nicht wahrgenommene Chancen zum Aufbau einer Marktentwicklungsstrategie interpretiert, lassen sich einige Schlüsse ziehen. So scheint der Kern der gesamten Marketingproblematik für die Bioprodukte darin zu liegen, dass die ProdAG als *Zwischenglied* in der Produktkette nicht mit dem Endkonsumenten in Kontakt kam. Hier wird deutlich, dass der Erfolg der Bioprodukte vom *Zusammenspiel der Akteure in der Angebotskette* abhängt. Zum einen kann man davon ausgehen, dass die

---

259 Interview Andere 7. Der Interviewpartner ist geschäftsführender Eigentümer eines Lebensmittel verarbeitenden Unternehmens, das seit Beginn der 1990er-Jahre Bioprodukte anbietet.

260 Dennoch kann man hier nicht von einem gezielten Stand-by- oder Minimalmarketing sprechen, wie es Belz et al. (2000, 101ff.) vorstellen. Denn bei diesem Konzept werden kleine Aufwendungen gezielt eingesetzt, um Lernprozesse in einem neuen Markt zu ermöglichen und die Entwicklung des Marktes schrittweise vorzubereiten. Dies setzt aber eine systematische Auswertung und Hinterfragung der Erfahrungen voraus, was bei der ProdAG nur eingeschränkt durchgeführt wurde.

Gastronomieunternehmen Bioprodukte nur dann aufnehmen, wenn diese so gestaltet sind, dass sie annehmen können, dass ihre Gäste sie auch *nachfragen.*[261] Zum anderen basiert die Akzeptanz der Gäste nicht nur auf den Eigenschaften der Bioprodukte an sich, sondern auch darauf, dass die Gastronomieunternehmen die Bioprodukte in ein *glaubwürdiges und konsumstimulierendes Gesamtkonzept* einbetten.[262] Man kann also ein gewisses Potenzial für eine *Kooperation* zwischen ProdAG und Gastronomieunternehmen unterstellen, da der Erfolg der Bioprodukte von den Handlungen beider Akteure abhängt. Aufgrund der unternehmensinternen Verbindung zur Mövenpick Gastronomie hat die ProdAG einen potenziellen Vorteil gegenüber anderen Wettbewerbern.
Die Möglichkeit, diese Schwäche des fehlenden Endkundenkontakts durch die *Kooperation* zwischen der ProdAG und den als Zielgruppe ausgemachten Gastronomieunternehmen in eine Stärke zu verwandeln, wurde aber von den ProdAG-Mitarbeitern nicht wahrgenommen. Es fand kein Austausch mit den Kunden über ein *gemeinsames* strategisches Vorgehen zur Entwicklung des Gastronomiemarktes für die Bioprodukte statt, auch nicht im eigenen Unternehmen. Vielmehr blieb die ProdAG davon *abhängig*, dass die Gastronomen wussten, welche Faktoren die Entscheidung ihrer Gäste für oder gegen Bioprodukte beeinflussten und ein entsprechend abgestimmtes Marketingkonzept hatten.

4.2.4.2. Operatives Marketing

Das operative Marketing befasst sich mit der Gestaltung des Marketingmixes, der aus Produkt-, Preis-, Distributions- und Kommunikationspolitik besteht. Die Distributionspolitik für die Bioprodukte wurde nicht von derjenigen für die konventionellen Produkte unterschieden. Daher wird sie im Folgenden auch nicht separat diskutiert.

Produktpolitik

In den angesprochenen Unternehmen der Gruppen- und Markengastronomie bestand zunächst durchaus Interesse an den Bioprodukten. Man nahm aufgrund der positiven Grundstimmung gegenüber Bioprodukten in Öffentlichkeit und Politik[263] an, dass eine Nachfrage vorhanden sei. Jedoch konnten mit den Bioprodukten, mit Ausnahme des aufgrund der Divergenzen mit der Bio Suisse nicht dauerhaft ins Sortiment aufgenommenen Bio-Birchermüslis, nur niedrige Umsätze erzielt werden. Der Key-account-Manager bewertete die Situation als ernüchternd.

> Key-account-Manager: „Die Haltung ist immer positiv am Anfang. Das ist was neues, es ist interessant, das könnte uns diesen sogenannten USP in den Betrieb bringen, ganz klar. Dann kommt natürlich irgendwo auch das Dollarzeichen, weil irgendwie müssen wir ja alle rentie-

---

261 Die Gastronomie agiert hier, wie der Lebensmitteleinzelhandel, als Gatekeeper für die Bioprodukte. Zum Gatekeeper-Konzept allgemein vgl. Hansen 1988, zur Anwendung auf Bioprodukte im Lebensmitteleinzelhandel vgl. Villiger 2000, 195.

262 Zu den Einflussfaktoren auf die Akzeptanz von Bioprodukten durch Restaurantgäste vgl. Kapitel 3.5.

263 Vgl. hierzu die Ausführungen in Kapitel 3.2.

> ren. Diese erste Euphorie lässt dann etwas nach, wenn man sieht, wie der Konsument reagiert."[264]

Es wurde schnell deutlich, dass die Bioprodukte für die Gastronomie noch *sehr ungewohnt* waren. Ihr Wissen über Erfolgsfaktoren von konventionellen Produkten half den Gastronomen bei der Einführung der Bioprodukte nicht weiter.[265] Dennoch versuchte der Key-account-Manager weder bei den Restaurantbetreibern noch unmittelbar bei den Restaurantgästen herauszufinden, warum die Bioprodukte nur wenig konsumiert wurden.

> S.M.: „Sie können jetzt auch nicht genauer sagen, was für die Gäste Gründe oder Hinderungsgründe sind, Bio zu konsumieren oder nicht?"
>
> Key-account-Manager: „Nein, wir haben keinen direkten Kontakt zu den Konsumenten. Da müssen Sie zum Mövenpick Hotel Zürich Airport gehen und mit dem Küchenchef und dem Chef de Service zusammensitzen, da wären für Sie vielleicht interessante Informationen zu holen. (...) Die Informationen erreichen mich so, dass von der Geschäftsleitung ein Feedback kommt, wie das überhaupt angekommen ist ... Aber die direkten Ergebnisse, nein. Wir haben auch noch nie eine professionelle Umfrage gestellt beim Konsumenten."[266]

Vielmehr wurde angenommen, dass die Gäste „noch nicht soweit seien"[267]. In diesem Zusammenhang nannte der Key-account-Manager die Assoziation von Bio mit „viel Korn, viel gesund und so"[268]. Die Erfahrung, dass das Bio-Birchermüsli als einziges eigenentwickeltes Produkt im Testverkauf gut abschnitt, verstärkte diese Interpretation. Sie legte nahe, dass die Restaurantgäste v.a. solche Bioprodukte akzeptierten, die dem „Bio=Körner=gesund-Image" entsprachen. Ausserdem war mit der zitierten Äusserung die Andeutung verbunden, dass die Gäste vermutlich Bioprodukte aufgrund der impliziten Verbindung mit der *Vollwertküche* nicht unbedingt mit gutem Geschmack in Verbindung brachten und sie deshalb im Restaurant nicht bestellten.[269] Darüber hinaus wurde angenommen, dass die *Einstellungen* der erreichten Gästegruppen zu Bioprodukten eine Rolle spielen könne.[270] Diese Annahmen wurden aber nicht zum Anlass genom-

---

264 Interview MP 3.

265 Die Verantwortlichen gingen mit der Einführung der Biogratins das Risiko des Marktpioniers ein, weil die ProdAG die erste Anbieterin mit einem TK-Convenienceprodukt für die Gastronomie war. Daher konnten sie die Kundenakzeptanz für die neuen Produkte nur schwer im Voraus abschätzen (vgl. Böttger 1996, 86; Villiger 2000, 201).

266 Interview MP 3.

267 Interview MP 3.

268 Interview MP 3.

269 Die etablierte Assoziation von Bioprodukten mit Vollwertküche wird für eine Ansprache des Massenmarktpublikums eher als verkaufshinderlich angesehen, weil dieses auf die damit verbundenen Produkteigenschaften nicht bzw. ablehnend reagiert. (Zur theoretischen Herleitung dieses „Öko-Nischen-Marketings" für den Lebensmitteleinzelhandel vgl. Villiger 2000, 217. Für eine empirische Bestätigung dieses Konzeptes im Bereich der Gastronomie vgl. das Beispiel bei Hermanowski et al. 1997, 177 und Interview SV 9.) Wie zwangsläufig diese Verbindung ist und wie man sie für Bioprodukte in der Gastronomie überwinden kann, wird im Abschnitt zur Kritik der Strategieentwicklung thematisiert.

270 Aus empirischen Studien, welche die Einflussfaktoren auf die Akzeptanz von Bioprodukten durch Restaurantgäste untersucht haben, geht hervor, dass die Entscheidung der Gäste für oder

men, das eingesetzte Segmentierungskriterium oder die Produktgestaltung auf Basis des von der Bio Suisse vertretenen traditionellen Bio-Verständnisses zu hinterfragen.
Erst 1999 wurden, wiederum auf Kundenanfrage, weitere Bioprodukte im Bereich der Patisserie entwickelt. Die Rohstoffe wurden nach *„klassischen" Rezepten* unter Berücksichtigung der Bio-Vorgaben verarbeitet, nicht nach besonderen ernährungsphysiologischen oder anderen Gesichtspunkten der Gesundheitsküche. Es handelte sich nun um *kundenexklusive* Produkte, d.h. solche, die nur für einen Kunden produziert und nicht ins allgemein angebotene Sortiment aufgenommen werden durften. Für diese neuen Bioprodukte wurde als Bionachweis allerdings nicht die Knospe eingesetzt, sondern sie wurden auf Basis der 1998 eingeführten Schweizer Bioverordnung hergestellt.[271] Bei diesen Produkte traten auch wesentlich geringere Beschaffungsprobleme auf, denn die Verfügbarkeit von Bio-Rohstoffen, die gemäss Schweizer Bioverordnung deklariert sind, war wesentlich grösser als das verfügbare Sortiment von Knospe-Rohstoffen. Insbesondere die Importmöglichkeiten waren grösser.[272] Darüber hinaus hatte der Kunde, ein Unternehmen der Verkehrsgastronomie, eine *funktionierende Strategie für den Einsatz der Bioprodukte* entwickelt. Mit diesen Produkten wurden gute Umsätze erzielt.

Preispolitik
Der Preis nahm eine sehr prominente Stellung in der Zuschreibung der Gründe für die niedrigen Umsätze ein. Diese Zuschreibung hat jedoch etwas Paradoxes an sich: In einer Testverkaufsaktion wurden Bio-Croissants und konventionelle Croissants zum gleichen Preis angeboten. Die konventionellen Croissants waren deutlich früher ausverkauft als die Bio-Croissants. Die Auswahl der Gäste konnte also *nicht* nur vom Preis gesteuert sein. Dennoch ging die Zuschreibung der Verkaufsschwierigkeiten immer wieder auf den Preis zurück.

> Key-account-Manager: „Es ist der Preis, ich bin fest überzeugt, dass es der Preis ist."[273]

Diese verschobene Wahrnehmung könnte darauf zurückzuführen sein, dass die Preispolitik in den Verhandlungen mit den direkten Kunden, d.h. den Abnehmern in der Gastronomie, durchaus eine wichtige Rolle spielte. Die Einkäufer der Gruppen- und Markengastronomie waren nicht bereit, grosse Preisdifferenzen zu den konventionellen Produkten zu zahlen. Ihre *Preisbereitschaft* hing vermutlich von zwei Faktoren ab. Zum einen kann eine interne Kostenoptimie-

gegen ein bestimmtes Gericht von vielen verschiedenen Faktoren beeinflusst wird, unter anderem von der allgemeinen Einstellung zu Bioprodukten und der Vorliebe für bestimmte Gerichte, aber auch von der Warenpräsentation, dem Preis und dem Konsumort (vgl. Kapitel 3.5.). Daraus wird deutlich, wie wichtig die Kombination der einzelnen Marketingmassnahmen zu einem koordinierten Marketingmix ist.

271 Interview MP 5.

272 Für Importprodukte gilt dann die EU-Bioverordnung. Interview MP 5.

273 Interview MP 3.

rungsstrategie[274] angenommen werden. Zum anderen kann man davon ausgehen, dass die Restaurantbetreiber ihren Gästen unterstellten, ebenfalls nur einen kleinen Aufpreis für biologische Gerichte zahlen zu wollen, bzw. die geringe Preisbereitschaft tatsächlich bei den Testverkäufen von Gästen geäussert wurde.

> Key-account-Manager: „[Der Kunde, S.M.] hat gesagt, sie würden sofort, sofort auf das Knospen-Birchermüsli umsteigen, wenn wir uns nochmals über den Preis unterhalten können. (...) Weil der Konsument den Preis noch nicht zahlt, das ist ihr Problem."[275]

Jedoch wurden weder die Gastronomen befragt, noch eigene Überlegungen angestellt, welche Faktoren gegebenenfalls die Preisbereitschaft der Restaurantgäste beeinflussen könnten.[276] Die Preisbereitschaft wurde nicht in *Wechselbeziehungen* zu anderen Einflüssen untersucht, sondern man unterstellte den Preis als unabhängige Variable. Hinzu kommt, dass eine Preisänderung vermeintlich einfacher zu bewerkstelligen ist als die Veränderung anderer Marketingmassnahmen. So wurden die Deckungsbeiträge in Absprache zwischen dem Produktmanager und dem Key-account-Manager gesenkt, um den Kunden Preisreduktionen anbieten zu können.[277] Dies erhöhte den internen Kostendruck, der bereits durch die hohen Beschaffungskosten und die fehlenden Economies of Scale bestand. Der von zwei Seiten her aufgebaute Kostendruck führte zu *internen Verteilungskämpfen,* der Umsatz der Bioprodukte erhöhte sich jedoch nicht.

> Produktmanager: „Ja, das ist schon eine Gratwanderung zum Teil. (...) Das betrifft ihn [den Produktionsleiter, S.M.] aber nicht mehr. Das ist nur noch zwischen den Key-account-Managern und mir: Gehen wir ein bisschen mit dem Deckungsbeitrag runter ..."
>
> Produktionsleiter [geht dazwischen]: „Das betrifft uns doch. (...) Der Druck kommt dann rein, die Produktion sei zu teuer." [Und an den Einkäufer gerichtet:] „Vielleicht seid ihr zu teuer beim Einkauf. Vielleicht wollen wir den Deckungsbeitrag nicht senken."[278]

---

[274] Die gesamte Gastronomiebranche befand sich in der zweiten Hälfte der 1990er-Jahre in einem zunehmend harten Wettbewerb. In Branchenzeitschriften wurde ein starker Trend zur Kosteneinsparung ausgemacht. Im Segment der Gemeinschaftsgastronomie führte die allgemeine Rezession zu einer sinkenden Bereitschaft der Auftraggeber, die Personalverpflegung zu subventionieren (vgl. food service 09/97b, Interview SV 8).

[275] Interview MP 3. Die Einführung des Bio-Birchermüslis wurde dann wegen der Lizenzprobleme zurückgezogen, sodass keine Erfahrungen über die Akzeptanz der Kunden im Dauerverkauf gesammelt werden konnten.

[276] Wie in Kapitel 3.5. gezeigt werden konnte, ist der Preis nur eine von drei Variablen, welche auf die Wahl von Bioprodukten Einfluss nimmt, die anderen sind die Abstimmung des Speisenangebots auf die kulinarischen Vorlieben der Gäste und das konkurrierende sonstige Speisenangebot. Ausserdem wird die Preisbereitschaft vom Konsumort beeinflusst, wobei in Betriebskantinen und einfachen Restaurants generell eine geringere Preisbereitschaft angenommen werden kann als in der gehobenen Gastronomie.

[277] Die verringerten Deckungsbeiträge verstärkten, wie im vorigen Abschnitt bereits dargestellt, den internen Kostendruck und führten zu internen Verteilungskonflikten.

[278] Interview MP 2.

Kommunikationspolitik

Eine grundlegende Herausforderung für das Marketing der ProdAG, nicht nur bei Bioprodukten, besteht darin, dass sie als Verarbeitungsunternehmen nur mit den Gastronomiebetrieben (primäre Kunden) in Kontakt kommt. Doch der Absatz ihrer Produkte hängt letztlich davon ab, dass die Restaurantgäste (sekundäre Kunden) sie konsumieren. Die Herkunft aus Mövenpick-Produktion ist in der Regel für die Gäste nicht ersichtlich,[279] sie können sie daher nicht gezielt im Restaurant verlangen.

> Produktmanager: „Der Konsument sieht die Gastronomieprodukte ja nicht. Sieht ja nicht, dass das Mövenpick-Produkte sind. Er bekommt sie ja einfach vorgesetzt."[280]

Dies wurde bei der Kommunikationspolitik[281] für die Bioprodukte zu einem besonderen Problem. Denn der Absatz der ProdAG-Bioprodukte war nicht nur davon abhängig, dass die Küchenchefinnen, Entwickler der kulinarischen Konzepte oder Einkaufsmitarbeiterinnen von ihnen überzeugt waren, sondern auch davon, dass das jeweilige Gastronomieunternehmen ein *adäquates Bio-Vermarktungskonzept* hatte. Die ProdAG-Verkäufer mussten jedoch die Erfahrung machen, dass die Bioprodukte für die angesprochenen Gastronomiebetriebe genauso „Neuland" waren, wie für sie selbst auch. Bald kam den Marketingverantwortlichen die Erkenntnis, dass den Kunden nicht nur das Produkt angedient, sondern auch die *Ideen* vermittelt werden müssten, wie sie die Bioprodukte ihren Gästen verkaufen könnten. Und ein solches Konzept wäre ein integriertes *Bioprodukt-und-Dienstleistungspaket* (Biopaket), das weit über den einfachen Verkauf eines Produktes hinausginge.[282]

> Key-account-Manager: „Der Gastronom ist noch gar nicht bereit. Wir können nie ein Bioprodukt allein verkaufen, das zehn Prozent teurer ist, das können wir gar nicht. Wir müssen das Konzept anbieten: Du hast das Produkt und jetzt musst Du das und das und das machen und dann kauft es Dein Kunde. Aber der kauft kein Produkt, das sein Kunde nicht kauft. Und so weit sind wir noch lange nicht."[283]

---

279 Eine Ausnahme stellt die Mövenpick-Eiscreme dar, welche aufgrund des grossen Erfolgs in der Mövenpick Gastronomie später auch in anderen Restaurants unter dem Markennamen eingeführt wurde.

280 Interview MP 3.

281 Die Kommunikationspolitik dient zur Übermittlung von Informationen und Bedeutungsinhalten, um Meinungen, Einstellungen, Erwartungen und Verhaltensweisen ihrer primären und sekundären Kunden, in unserem Falle gegenüber den Bioprodukten, zu beeinflussen (vgl. Meffert/Kirchgeorg 1998, 316). Die beiden Autoren nennen keine Zielgruppen der Kommunikation. In Kotler/Bliemel (1999, 931) werden als Adressatenkreis je nach Anliegen von den potenziellen Käufern bis zur breiten Öffentlichkeit unterschiedlich abgegrenzte Zielgruppen benannt. Da es im untersuchten Fall um konkrete Absatzmassnahmen ging, wurden für die vorliegende Arbeit die primären und sekundären Kunden als Adressaten der Kommunikationspolitik eingesetzt.

282 Die hier angesprochene Idee eines umfassenden Marketingkonzeptes, das in Kooperation über die Produktkette mit dem Endkunden als Adressaten erstellt wird, ist unter dem Stichwort des kooperativen Leistungssystems bekannt (vgl. Belz C. 1999 zum Konzept, für eine Anwendung auf ökologische Produkte, vgl. Belz 1995 F. m.w.N.).

283 Interview MP 3.

Doch die Ideen zur Führung dieses *Erklärungswettbewerbs*, die Botschaften und Kommunikationsmittel zur Vermittlung der Bioprodukte, die ein Biopaket für Gastronomen hätte enthalten müssen, fehlten auch den ProdAG-Mitarbeitern. Obwohl der Key-account-Manager sehr anschaulich beschrieb, wie er versuchte, seinen Kunden die Bioprodukte mittels Projektionen und Interpretationen zu vermitteln, scheint ihm die Bedeutung der (Re-)Interpretationsmöglichkeiten von Bioprodukten für den Aufbau eines solchen Biopakets nicht explizit bewusst gewesen zu sein.

> Key-account-Manager: „Ich habe da einige Degustationen durchgeführt und habe jedes Mal gesagt: Also für mich schmeckt das jetzt nach Bio. Merkt Ihr den Unterschied? Und dann hatte ich ein paar erfahrene Küchenchefs, die sagten: Schmeckt nach Bio? Schmeckt gut, aber schmeckt nicht nach Bio! Wer schmeckt Bio?“[284]

Die Idee, die Kommunikation auf der *(Re-)Interpretation* der Bioprodukte – eben nicht „Bio-Fundi“ sondern „Bio-Realo“ – aufzubauen, war ihm wohl nur im Ansatz und als implizites Wissen präsent. Seine Erfahrungen mit den Kommunikationsmassnahmen wurden nie systematisch aufbereitet, was eine Gelegenheit gewesen wäre, dieses implizite Wissen explizit zu machen[285] und gezielt beim Aufbau eines Biopakets nutzen.
Folglich bestanden die Kommunikationsmassnahmen in Produktdegustationen für Küchenchefs und einem Salesfolder, der sich an die Einkäufer der Gastronomieunternehmen richtete und Informationen zur Produktqualität und zu den betriebswirtschaftlichen Vorteilen von Convenienceprodukten enthielt.[286] Für den Einsatz beim Restaurantgast wurde ein Einlegeblatt mit einem grossen Hintergrundfoto von Frischprodukten erstellt. Dieses Einlegeblatt konnten die Gastronomen mit eigenem Text versehen und in ihre Speisekarte einlegen. Den Restaurantbetreibern wurde also bei einem der *Schlüsselfaktoren* für die dringend benötigte Umsatzsteigerung, die Kommunikation der Bioprodukte gegenüber den Gästen, sprich: den Erklärungswettbewerb, keine professionelle Unterstützung angeboten.

Der herausgebildete Marketingmix

Zuletzt soll noch die *Integration* der vier operativen Marketingaspekte Produkt-, Preis-, Distributions- und Kommunikationspolitik zu einem *kohärenten Marketingmix* untersucht werden. Die bereits durchgeführten Analysen haben gezeigt, dass die Grundproblematik im Marketing in der fehlenden strategischen Perspektive bestand. Daher blieben auch die Marketingmassnahmen inkohärent. Das Vorgehen bei der ProdAG war am ehesten von einem *Primat der Produktpolitik* geleitet. Erst entwickelte man die Produkte, dann wurde versucht, dafür Kunden zu gewinnen und als die Umsätze nicht anzogen, setzte man die Preispolitik als letztes Hilfsinstrument ein. Die dabei gemachten Erfahrungen weisen aber darauf

---

[284] Interview MP 3.

[285] Zur Unterscheidung zwischen implizitem und explizitem Wissen und den Verfahren implizites in explizites Wissen zu überführen, vgl. Nonaka/Takeuchi 1997.

[286] Mövenpick Salesfolder Bio-Gratin, o.J.

hin, dass das wahrscheinlich erfolgreichere Vorgehen *kundenorientiert* hätte ansetzen müssen. Man hätte zunächst aufgeschlossene Kunden in der Gastronomie suchen müssen, um dann alle weiteren Massnahmen mit ihnen gemeinsam bzw. auf sie abgestimmt zu gestalten.

Ausgangspunkt des kundenorientierten Marketingmixes ist also die *Kundensegmentierung*, und daran anschliessend die *Kundenakquisition*. Zunächst müssen Gastronomieunternehmen gefunden werden, die an Dienstleistungen zum Aufbau eines Bioangebots mit ProdAG-Produkten interessiert sind. Sie sollten daher nicht nur für Bioprodukte, sondern auch gegenüber Tiefkühl-Convenienceprodukten aufgeschlossen sein. Insbesondere die Implikationen der Convenienceprodukte für die Küchenorganisation, die Kalkulation der Arbeitsleistung und die Kochkultur müssen von den Kunden akzeptiert werden. Darüber hinaus muss geprüft werden, ob das Gastronomiekonzept der potenziellen Kunden für ein Bioangebot geeignet ist. Dies soll jedoch die Auslegung eines Bioangebots nicht vorschnell einengen. Vielmehr kann das Bioangebot auf die unterschiedlichsten Konsumanlässe oder Zielgruppen *angepasst* werden. Die *Konsumanlässe* und *Zielgruppen* des Gastronomieunternehmens sollten gleichermassen in die Betrachtung einbezogen werden, weil dieselben Personen in verschiedenen Konsumsituationen unterschiedlich auf ein Bioangebot reagieren können.[287] Darüber hinaus sollte das gastronomische Konzept der potenziellen Kunden auf Qualität ausgerichtet sein. Restaurants mit einer klaren Positionierung als Preisführer werden sich mit einem Bioangebot schwer tun, weil es aus verschiedenen Gründen höhere Kosten verursacht als ein konventionelles. Auch verlangt das Handling der Bioprodukte vom Personal immer eine gewisse Sorgfalt, die in Betrieben mit einem bereits ausgeprägten *Qualitätsbewusstsein* leichter erreichbar ist.

Der eigentliche Marketingmix ist also aus der Perspektive der Restaurants zu gestalten, weil als aussichtsreichste Strategie die Kooperation und Verkaufsunterstützung herausgearbeitet wurde. Daher sind zunächst die *Produktpolitik* und der *Interpretationsrahmen des Bioangebots* zu bestimmen. Die angebotenen Produkte und die Botschaften und Mittel, mit denen sie den Gästen vermittelt werden, stehen in einer *engen Wechselbeziehung*. Hinsichtlich des Produktangebots muss entschieden werden, welches Bio-Verständnis die Bioprodukte ansprechen. Werden sie à la Bio-Fundi an der Vollwertküche ausgerichtet oder à la Bio-Realo als „ganz normale“ Speisen aus biologischen Rohstoffen konzipiert? Werden nur vegetarische oder auch Fleischgerichte angeboten? Wie grenzt sich das Bioangebot vom konventionellen ab; werden einzelne Komponenten nur noch in Bioqualität angeboten oder gibt es ein komplettes Sortiment von Biogerichten? Diese Fragen können nicht pauschal beantwortet werden, sondern die Gestaltung des Angebots orientiert sich am gastronomischen Gesamtkonzept,

---

[287] Dies entspricht der Auffassung des hybriden Konsumenten, der in verschiedenen Konsumsituationen unterschiedliche Verhaltensweisen zeigt. So wird z.B. die Managerin wahrscheinlich in unterschiedliche Restaurants gehen und aus einer Speisekarte unterschiedliche Angebote auswählen, nachdem ob sie mit ihren Geschäftspartnern über Mittag, der Familie am Samstagabend oder ihrem Partner an einem raren Abend zu zweit ins Restaurant geht.

insbesondere an den Konsumanlässen und Zielgruppen. Ausserdem müssen die Bioprodukte zum Interpretationsrahmen passen.
Den Gästen muss ein Interpretations- und Beurteilungsrahmen vermittelt werden, in dem sie das Bioangebot *wahrnehmen und wertschätzen lernen* können. Es muss mit dem allgemeinen Gastronomiekonzept und auf die angebotenen Bioprodukte abgestimmt sein. Der Kern des Interpretationsrahmens ist die Präsentation des Angebots in der Speisekarte (im Bedienungsrestaurant), in der Wärmetheke (beim Self-Service) und auf dem Teller.
Hinzu kommen unterstützende Massnahmen, wie persönliche Beratung, Dekorationen, Werbetafeln, Fotos und geschriebene Informationen. Die Massnahmen sollten Emotionen und Intellekt gleichermassen ansprechen,[288] wobei die Mischung sehr von den Konsumanlässen und Zielgruppen abhängig ist. Den Gästen soll ein positiver und glaubwürdiger *Erlebnisrahmen* für die Bioprodukte angeboten werden. Der Interpretationsrahmen ist abhängig vom gastronomischen Konzept. So werden Speisenangebot und Informationsmassnahmen in einem Feinschmec??kerrestaurant anders wahrgenommen als in einer Betriebskantine und müssen entsprechend angepasst sein.
Zuletzt kommt die Nebenbedingung eines jeglichen Warenangebots ins Spiel, die Preispolitik. Entgegen einer weit verbreiteten Ansicht ist der *Preis nur eine abhängige Variable.* Die Preisbereitschaft von Restaurantgästen wird insbesondere durch das Gastronomiekonzept, den Konsumanlass, die Massnahmen zur Gestaltung des Interpretationsrahmens und die angebotenen Produkte beeinflusst.[289] Die Preisgestaltung sollte dies also berücksichtigen, darüber hinaus müssen natürlich die betriebswirtschaftlichen Rahmenbedingungen der langfristigen Rentabilität beachtet werden. In Abbildung 15 werden die Einflussfaktoren und die Wechselwirkungen zwischen Marketingstrategie und Marketingmix im Überblick dargestellt.

---

[288] Während die ältere Auffassung von Kommunikation für ökologische Produkte betont, dass den Konsumentinnen und Konsumenten die Vernunftgründe vermittelt werden müssen (Meffert/Kirchgeorg 1998, 318), hat sich mittlerweile erwiesen, dass auch die Emotionen angesprochen werden müssen, wenn man nicht nur die ohnehin aufgeschlossenen Umweltkonsumenten erreichen, sondern weitere Kundensegmente aktivieren will (Villiger 2000, 232). Dies ist insbesondere für die Bioprodukte im Restaurant anzuraten, um sie von ihrem Bio-Fundi-Image mit Moral und Sinnenfeindlichkeit abzulösen.

[289] Vgl. die Ausführungen in Kapitel 3.5.

Abbildung 15: Einflussfaktoren und Wechselwirkungen zwischen Marketingstrategie und Marketingmix bei der Mövenpick Produktions AG (Quelle: eigene)

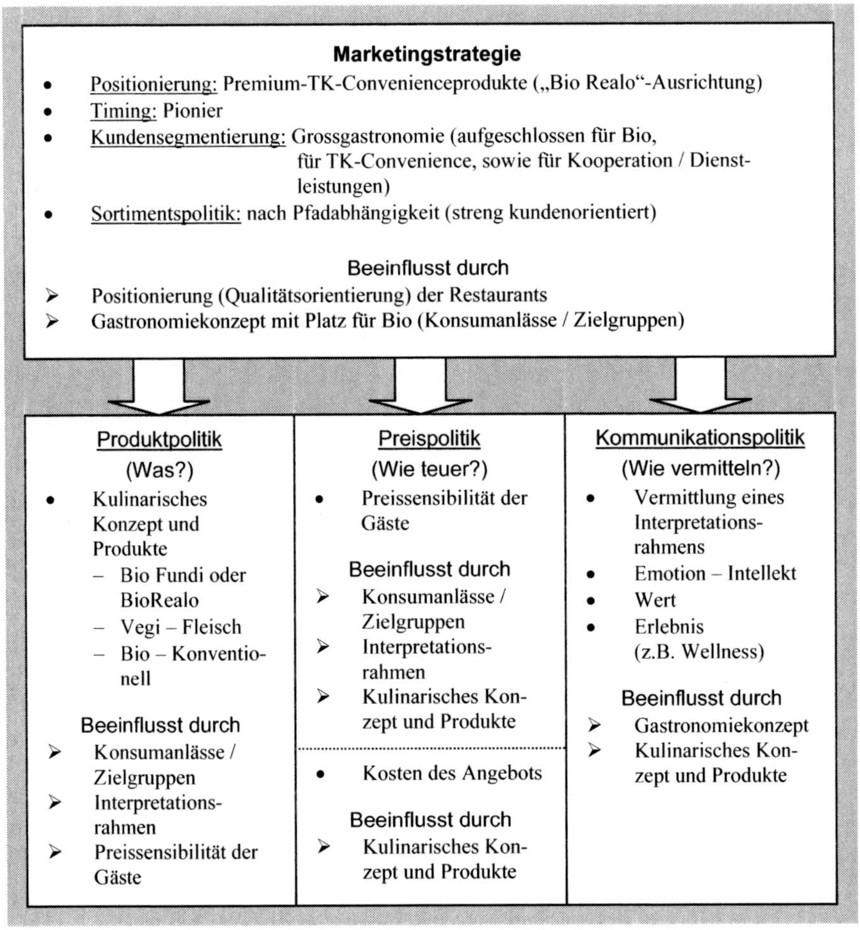

Wo hätten die ProdAG-Mitarbeiter ansetzen können, um die Bioprodukte bei und mit ihren Kunden zu fördern? Die obigen Überlegungen zu den Einflussfaktoren und ihrer Vernetzung wurden von den Verantwortlichen nur *sehr eingeschränkt* gemacht. Es wurde zwar vieles unternommen aber nur wenig reflektiert, daher konnte kein schlüssiger Marketingmix entwickelt werden, weil die *systematische Auswertung* der Erfahrungen fehlte. So blieben die verschiedenen Marketingmassnahmen Stückwerk und wurden weder auf die Kunden noch aufeinander abgestimmt. Die Vermutung liegt nahe, dass die Verantwortlichen die Resultate ihrer verschiedenen Marketingaktivitäten jeweils sukzessive so interpretierten, dass alles Mögliche getan wurde, aber nichts zum Erfolg führte, worauf sie ihre Bemühungen schliesslich auf das Minimum reduzierten. Man kann die abgelaufene Entwicklung daher als „supersticious learning"[290] einordnen, einen Prozess in dem vordergründig einleuchtende, aber nicht unbedingt zutreffende Erklärungen dem Misserfolg der Marketingmassnahmen zugerechnet und deshalb nur bedingt zutreffende Schlussfolgerungen über die möglichen Ursachen und Gestaltungsoptionen gezogen wurden. Damit steht die Frage im Raum, welche *Einflüsse* die Marketingverantwortlichen daran gehindert haben, ihre Erfahrungen systematischer zu evaluieren, um eine kohärente Marketingstrategie und darauf aufbauende, geeignete Marketingmassnahmen zu entwickeln.

4.2.5. Zwischenfazit: Operative und strategische Herausforderungen

4.2.5.1. Operative Herausforderungen

Die *operativen Probleme* bei der Einführung der Bioprodukte unterscheiden sich in vielen Punkten nicht wesentlich von denen bei anderen Produktinnovationen.[291] Auch dort müssen in der Regel neues Wissen und neue Erfahrungswerte über Beschaffungsquellen, bislang nicht genutzte Rohstoffe, neue Rezepturen und Produktionsverfahren erarbeitet und implementiert werden. Die betreffenden Mitarbeiter müssen eng zusammenarbeiten, um zu gewährleisten, dass ein entwickeltes Produkt letztlich auch im Alltagsbetrieb realisierbar ist.[292] Die Zusammenarbeit im betrachteten Fall wurde von den Beteiligten aber als besonders wichtig empfunden, weil so viele *Unsicherheiten* zu bewältigen waren.

> Einkäufer: „Dies alles auf der Bahn zu halten, das hat diese Absprachen benötigt. Entweder war er [der Produktentwickler] zu schnell mit den Rezepturen und ich noch nicht parat mit den Zertifikaten [der Lieferanten über die Produktlizensierung bei der Bio Suisse, S.M.], oder ich hatte die Zertifikate und bei ihm war noch irgendwas faul. Und dieser Prozess, das ist immer ein Gas geben und Bremsen zugleich. (...) Es ist extrem chaotisch, weil Sie keine Leitplanken haben."[293]

In der *Produktentwicklung* erschwerten die Bio Suisse-Anforderungen die *Erreichung der gewohnten Produktqualitätsstandards*. Zur Lösung dieses Problems wurde mit „Haushaltsrezepten" experimentiert, um durch den Ersatz der gewohnten konventionellen Inhaltsstoffe dem etablierten Standard möglichst nahe zu kommen. Die *Skepsis* der Mitarbeiterinnen und Mitarbeiter gegenüber dem Bio Suisse-Qualitätsstandard konnte letztlich dadurch überwunden werden, dass sich ein interner Biostandard ausdifferenzierte, der jedoch nicht offiziell kodifiziert wurde.

Im Bereich der *Beschaffung* waren mehrere operative Probleme zu lösen. Die *Qualität der Biorohstoffe* entsprach nicht den etablierten ProdAG-Anforderungen. Daher machte man fallweise Zugeständnisse, änderte die Qualitätsanforde-

---

290 Vgl. Levitt/March 1990, 21 und Kapitel 2.3.4.

291 Zu den Problemen im Verlauf einer Produktinnovation vgl. z.B. Hauschildt 1997.

292 Daher hat sich für die Produktentwicklung das Verfahren des „Simultaneous Engineering" herausgebildet, bei welchem alle betroffenen Funktionsbereiche zusammenarbeiten, um zu gewährleisten, dass entwickelte Produkte umsetzbar sind. Das Verfahren verringert darüber hinaus die Zeit bis zur Marktreife. Vgl. Lincke 1995.

293 Interview MP 2.

rungen aber nicht grundsätzlich ab. Auch die Lieferantenakquisition gestaltete sich schwierig. Die *Biolieferanten* mussten zunächst *gefunden* und gemäss ISO-9000-Qualitätsmanagementsystem *geschult* werden. Darüber hinaus war die *eingeschränkte Verfügbarkeit von Biorohstoffen und Bioconvenienceprodukten* für die Einkäufer zunächst ungewohnt. Die *Beschaffungsroutinen* mussten insofern *umgestellt* werden als eine längerfristige Beschaffungsplanung notwendig wurde.

Die *Produktion* musste gemäss der Bio Suisse-Vorschriften eingerichtet werden. Die Biorohstoffe und Lagerstätten wurden gekennzeichnet, die Produktionsprozesse konsequent zu Tagesbeginn eingeplant, um Verwechselungen zu vermeiden. Ausserdem wurde die Einhaltung der Vorschriften bei den Produktionsmitarbeiterinnen und -mitarbeitern konsequent geschult und durchgesetzt.

Im operativen Marketing ging es primär um die Gestaltung eines *kohärenten Marketingmixes*. Da die *grundlegende Marketingstrategie fehlte*, mangelte es auch an grundlegenden *Orientierungspunkten* zur Gestaltung des Marketingmixes. So wurde er nie als Ganzes bearbeitet, sondern es wurden immer nur Einzelmassnahmen variiert. Auch wurde der Marketingmix nicht an der Kooperation mit den primären Kunden zur Bearbeitung des Endkundenmarktes ausgerichtet.

Hinsichtlich der *Leistungserstellung* konnten die *operativen Probleme* also rasch gelöst werden, indem die Mitarbeiterinnen und Mitarbeiter *neues Wissen erwarben* und *neue Arbeitsroutinen entwic??kelten*. Bezüglich der *Leistungsverwertung*, d.h. im Marketing, waren die operativen Probleme dauerhafter Natur, da sie *durch die fehlende Marketingstrategie verursacht* wurden.

4.2.5.2. Strategische Herausforderungen

In der *Produktentwicklung* bestand die strategische Herausforderung darin, zu erkennen, dass die *Entscheidung für einen Bionachweis* gleichzeitig auch *Folgen für die Positionierung* des Bioangebots im Markt hat. Dies betraf einerseits die unterschiedlichen Bio-Verständnisse „Bio Fundi“ und „Bio Realo“, aber auch die Kostenfolgen in Produktentwicklung, Beschaffung und Produktion, welche durch die Entscheidung verursacht wurden.

Bei der *Beschaffung* lag die strategische Herausforderung in der *eingeschränkten Verhandlungsmacht* gegenüber den Lieferanten. Plötzlich konnten nicht mehr die eigenen Bedingungen durchgesetzt werden, sondern diejenigen der Lieferanten mussten weitgehend akzeptiert werden. Auch wurde deutlich, dass mit der Aufnahme der Bioprodukte *Kooperationsfähigkeit* gefragt war. Einerseits hätte der Aufbau eines Supply Chain Management – wäre er nicht durch die schwankende und geringe Nachfrage verhindert worden – rückwärts gerichtete Kooperationen verlangt, andererseits zeichnete sich aufgrund der notwendigen Kundenorientierung ein Bedarf an vorwärts gerichteten Kooperationen ab.

In der *Produktion* bedeuteten die nicht realisierbaren Economies of Scale eine strategische Herausforderung, die wiederum von der schwankenden Nachfrage und damit von der Marketingstrategie abhing.

Im *Marketing* waren drei strategische Herausforderungen zu verzeichnen. Zum ersten musste der strategische Fit der Bioprodukte mit der allgemeinen Positionierung hergestellt werden. Dazu war die Festlegung auf ein Bio-Verständnis zwischen „Bio Fundi“ und „Bio Realo“ notwendig. Zum zweiten mussten hohe Markterschliessungskosten aufgrund der Pionierposition getragen werden. Zum dritten mussten Kundensegmentierung und Sortimentspolitik definiert werden, was aufgrund des Trial-and-Error-Vorgehens des mittleren Managements in einer passiven, kundenorientierten Pullstrategie mündete. In Abbildung 16 sind die operativen und strategischen Herausforderungen noch einmal im Überblick zu sehen.

Insgesamt blieb die Strategieentwicklung inkremental und ungesteuert, das Resultat inkohärent. Im nächsten Kapitel sollen daher die Faktoren herausgearbeitet werden, welche den Prozess der Strategieentwicklung beeinflusst haben.

Abbildung 16: Operative und strategische Herausforderungen bei der Mövenpick Produktions AG (Quelle: eigene)

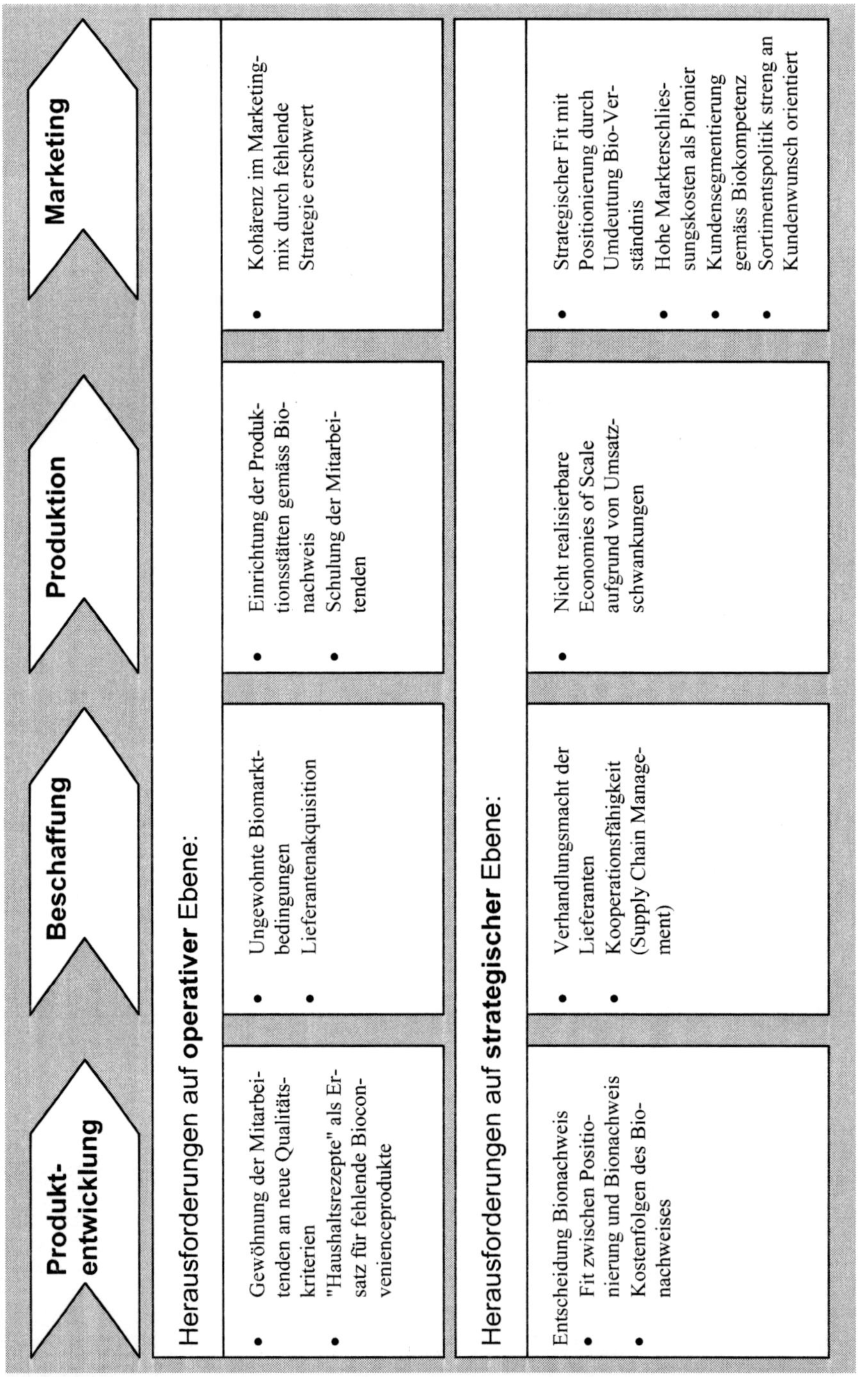

4.3. Kritik der Strategieentwicklung

➔ Dieser Abschnitt arbeitet die Faktoren heraus, welche die Strategieentwicklung beeinflusst haben. Dabei wird zunächst die Bottom-up-Perspektive des mittleren Managements und danach die Top-down-Perspektive des Top-Managements analysiert.

Die Strategieentwicklung kann als ein Prozess aufgefasst werden, der sich in einer mehr oder minder intensiven *Interaktion* zwischen dem mittleren Management und dem vor allem mit Koordinations- und Prozesssteuerungsaufgaben befassten Top-Management entfaltet.[294] Die Interaktion zwischen mittlerem und Top-Management wird in diesem Abschnitt zunächst aus der Bottom-up-Perspektive und danach aus der Top-down-Perspektive untersucht. Die Analyse folgt mit dieser Struktur der Wirkung des strategischen Impulses, der sich durch die von aussen kommende Anfrage zunächst im mittleren und dann erst im Top-Management auswirkte.

4.3.1. Bottom-up-Perspektive

Aus der Bottom-up-Perspektive wird zunächst nach den *Instrumenten* gefragt, welche die Organisation dem mittleren Management bereitstellte, um die Umsatzprobleme zu lösen. Dann werden die *Kontextfaktoren* analysiert, die auf das mittlere Management Einfluss nahmen.
Welche Problemlösungsinstrumente hatte das mittlere Management zur Verfügung, um eine schlüssige Marketingstrategie zu erarbeiten? Die ProdAG hat ein nach ISO 9001 zertifiziertes Qualitätsmanagementsystem. Dieses System ist zur Unterstützung der operativen Arbeiten bestimmt. Es gibt die Arbeitsschritte vor, welche die Mitarbeiter bei einer Produktneuentwicklung durchgehen müssen. Der Innovationsvorgang muss auch dokumentiert werden.

> Produktmanager: „Das Ganze ist bereits in die ganze ISO-Zertifizierung reingelaufen, d.h. dass das alles dokumentiert ist, ja dokumentiert sein muss. Wir haben auch noch separate Projekt-Ordner, wo jedes einzelne Projekt vom Ideenfindungsformular über die Machbarkeitsanalyse, über die Entwicklung, über Project Review, Kalkulation, ... Es ist alles schriftlich vorhanden. (...) Das muss alles nachvollziehbar sein, mit Projektnummer."[295]

In der Anfangsphase der Produktentwicklung unterstützt das Instrumentarium[296] systematisch die inhaltliche Ideenfindung. Die Wettbewerbsprodukte werden analysiert und die Kundenwünsche erhoben. In der Nachbereitung liegt der Schwerpunkt auf der *betriebswirtschaftlichen* Dimension. Die Umsätze mit den neuen Produkten werden beobachtet und durch eine Nachkalkulation soll sicher-

---

[294] Zur Konzeption der Strategieentwicklung und der Rolle des Top-Managements darin, vgl. Kapitel 3.3.4.

[295] Interview MP 1.

[296] Zu den folgenden Aussagen über das Instrumentarium vgl. tel. Mitteilung Rolf Kaiser, Product Manager, Mövenpick Produktions AG, 18.08.2000.

gestellt werden, dass die Kosten nicht zu hoch liegen und die Rentabilität der Produkte gewährleistet ist.

Das Qualitätsmanagementsystem sieht jedoch keine Instrumente zur Erarbeitung einer strategischen Perspektive auf die Innovation vor, da sein Einsatz den strategischen Entscheidungen nachgelagert ist; das Instrument thematisiert die strategische Ebene nicht. Im Fall der Bioprodukte lag das Problem jedoch genau in der mangelnden Behandlung der strategischen Ausrichtung, für das die Umsatzschwäche nur der Indikator war. Da das Instrument die Aufmerksamkeit gezielt auf die betriebswirtschaftliche Evaluation des neuen Produktes lenkte, leuchtet auch ein, dass die Marketingverantwortlichen sich im Rahmen des Marketingmixes auf die Preispolitik konzentrierten. Sie verfehlten die strategische Dimension der Bioprodukte, da ihnen mit dem QMS nur ein Instrument zur Überprüfung der operativen Dimension zur Verfügung stand.[297]

Welche Faktoren aus dem Konzernkontext nahmen Einfluss auf das mittlere Management? Die Bioprodukte waren bis zum Beginn der Bioproduktion bei der ProdAG noch nie strategisch bewertet worden. In der Vorstellungswelt des gesamten Mövenpick Konzerns existierten sie quasi gar nicht: „Der Approach ist ein völlig anderer"[298]. Die im Rahmen der Positionierungsentscheidung bereits diskutierte *Umdeutungsmöglicheit* der Bioqualität, weg vom Verzichts-, hin zum Wellness-Image, wurde erst durch die Auseinandersetzung mit dem „Bio-Realo"-Konzept des Kunden aus der Verkehrsgastronomie in die Vorstellungswelt der ProdAG eingeführt.[299] Dieser Kunde bestellt beliebte, d.h. schmackhafte Gerichte in Bioqualität. Dabei wird keiner bestimmten kulinarischen Schule oder Ausrichtung der Vorzug gegeben, „erlaubt ist, was schmeckt". Dieser Kunde *verzichtet* konsequenterweise auch auf die Kennzeichnung mit der Knospe und lässt die Produkte nach der Schweizer Bio-Verordnung zertifizieren.

Die Marketingverantwortlichen haben also die von der Bio Suisse vertretene „Fundi"-Interpretation nicht hinterfragt, um die Bioprodukte für ihre Zielgruppe der Gruppen- und Markengastronomie attraktiv zu machen. Die ihnen zur Verfügung stehenden Evaluationsinstrumente lenkten ihre Aufmerksamkeit nicht auf

---

297 Zu den Instrumenten befragt, welche sie für die Entwicklung der Bioprodukte eingesetzt haben, kam seitens der Interviewpartner bei der ProdAG nur der ISO-9001-zertifizierte QMS-Ablauf zur Sprache. Es konnte nicht geklärt werden, ob den Beteiligten Instrumente zur Erarbeitung einer Strategie für die Bioprodukte zur Verfügung gestanden hätten, wenn sie diese Dimension hätten thematisieren wollen.

298 Interview MP 5.

299 Allerdings verharrt derzeit die alte Deutung von Bio = Ernährungskonzept = Knospe (= inkompatibel-mit-Mövenpick) neben der neuen von Bio = Erzeugungsart = BioVerordnung. Dies wird auch im Interview mit dem Direktor der ProdAG deutlich, der sowohl die Argumente für eine Lösung der landwirtschaftlichen Erzeugungsart von einem kulinarischen Konzept bringt und andererseits genau die Verbindung dieser zwei Bereiche in seinen Einwänden gegen eine Verwendung von Bioprodukten in den Mövenpick Restaurants wieder einführt. Die „Realo"-Deutung der Bioprodukte wurde noch nicht konsequent auf ihr Potenzial für einen Relaunch von Bio bei Mövenpick überprüft. Dies beruht auf der organisationalen „Ruhigstellung" des Biothemas; die Organisation hat sich des ursprünglichen Störfaktors entledigt und sich damit einen blinden Fleck für das mögliche strategische Potenzial geschaffen. Zur Funktionsweise von Entscheidungen aus systemtheoretischer Sicht und damit entstehenden blinden Flecken vgl. Luhmann 2000, insbesondere Kapitel 6, „Unsicherheitsabsorption".

die strategische Dimension des Marketingproblems. Mangels alternativer Interpretationen konnten die Marketingverantwortlichen der ProdAG die Zweifel über die Vereinbarkeit von Bioprodukten mit der Marke Mövenpick nicht ausräumen. Somit hatten sie *keine Argumente* in der Hand, um die Leitung der Mövenpick Restaurants von den Bioprodukten zu überzeugen. Hinzu kommt, dass die konkret vorhandenen Bioprodukte, die Gratins, auch nicht notwendigerweise optimal zur Positionierung der Mövenpick Restaurants passten. Alle genannten Faktoren führten dazu, dass die Bio-Gratins von der Konzernleitung kaum unterstützt wurden. Der Bezug war den Restaurants freigestellt und es wurden keine besonderen Verkaufsförderungsmassnahmen lanciert. So wurde der Vorteil verschenkt, den die ProdAG mit dem konzerninternen Distributionskanal für die strategische Positionierung mit einer „Biokompetenz" gehabt hätte.

4.3.2. Top-down-Perspektive

> Produktmanager: „Mövenpick selber steht lustigerweise gegenüber der Knospe ... Wie kann ich sagen? ... ein bisschen im Hintertreffen, muss ich da ganz ehrlich zugeben."
>
> S.M.: „Inwiefern?"
>
> Produktmanager: „Ich bin damals mit dem Marketingleiter und mit dem zuständigen Angebotsplaner [der Mövenpick Restaurants] zur VSBLO gegangen (...), gerade weil wir die Gratins haben zertifizieren lassen im Zusammenhang mit der Gastronomie. Und lustigerweise ist das nicht so richtig rübergekommen: Es ist zu kompliziert, und die Sache mit dem Preis, und so weiter. Ich weiss nicht, ob das politische Gründe hat, dass es dann nicht so rausgekommen ist, wie es z.B. die Coop macht, die das voll kommuniziert. Wir haben sie einfach und sie sind zum Teil ja auch auf den Karten ... Ich wollte das dick und fett auf den Karten: Knospenzertifizierter Bio-Gratin. Aber sie haben das nicht gewollt."[300]

Die fehlende Unterstützung enttäuschte auch den Key-account-Manager:

> „Ich kann es absolut nicht verstehen, dass Mövenpick da nicht aufgesprungen ist und als erste öffentliche Gastronomiekette in der Schweiz sich ihre Bio-Knospen-Ecke eingerichtet hat. Weil, das ist absolut Trend. Ich bin überzeugt, dass wir auch das Kundensegment haben, die die Produkte beziehen werden."[301]

Die beiden Zitate zeigen, dass sowohl der Produktmanager als auch der Key-account-Manager die Unterstützung der Konzernleitung erwartet hätten und ihr Ausbleiben wenig ermutigend fanden. Vielmehr mussten sie die fehlende Unterstützung als ein *Signal* interpretieren, für die Bioprodukte nicht zuviel Aufwand zu treiben, weil diese nach wie vor als strategisch irrelevant eingeschätzt wurden. Zusätzlich muss berücksichtigt werden, dass beide Führungskräfte in ihrer *Leistungsbeurteilung* an den von ihnen erzielten Umsätzen und Deckungsbeiträgen gemessen wurden. Daher hatten sie keinen Anreiz, weiterhin viel Arbeitszeit in die Bioprodukte zu investieren, nachdem sie zu dem Urteil gelangt waren, dass

---

[300] Interview MP 1.

[301] Interview MP 3.

eine Förderung der Bioprodukte die für sie gültigen Leistungskriterien eher negativ beeinflussen würde.[302]
Darüber hinaus war die wirtschaftliche Situation der ProdAG zum Zeitpunkt der Einführung der Bioprodukte *angespannt*: Die Produktion war nicht ausgelastet und die Kosten wurden als zu hoch angesehen.[303] Hier lag ein weiterer interner Anreiz, die Marketingaufwendungen klein zu halten und keine Schritte zur offensiven Förderung der Bioprodukte zu unternehmen. Kombiniert mit der generellen Unsicherheit über die Marktaussichten erklären diese internen Einflüsse, warum die Erfahrungen mit den Bioprodukten nicht systematischer zur Entwicklung eines schlüssigen Marketingkonzeptes ausgewertet wurden. Da die Bioprodukte aufgrund des externen Kunden aber auch nicht abgestossen werden konnten, musste ein Weg gefunden werden, mit der Paradoxie umzugehen, dass die ProdAG nun Bioprodukte im Sortiment hatte, sie aber eigentlich als nicht zum Unternehmen passend angesehen wurden. Sie wurden darum quasi „eingekapselt“[304], d.h. auf einem möglichst niedrigen Kostenniveau beibehalten, aber nicht weiter gefördert.
Fragt man nun aus der Perspektive des Top-Managements nach Argumenten, um die Bioprodukte verbindlich in die Speisekarte der Mövenpick Restaurants aufzunehmen, so müssen einerseits die internen Voraussetzungen für die Förderung der Bioprodukte berücksichtigt werden und andererseits stellt sich die Frage nach ihrem Potenzial für eine strategische Besserstellung gegenüber den Wettbewerbern.
Zur Beantwortung dieser Frage muss man zwischen zwei Phasen unterscheiden, von denen die erste von 1995 bis Anfang 1998 dauerte und die zweite Anfang 1998 begann. Der Übergang von der einen zur anderen Phase wurde durch den Austausch der gesamten Mövenpick Konzernleitung markiert. Mit diesem Führungswechsel ging eine Restrukturierung der Konzerngesellschaften einher, in deren Zuge die verschiedenen Gastronomieaktivitäten in einer einzigen Unternehmung gebündelt wurden und die ProdAG als selbständiges Unternehmen aus der neuformierten Food-Sparte (vorher Konsumgüter-Division) ausgegliedert wurde.[305] Vor dem Führungswechsel machten sich bei den Restaurants Ermüdungserscheinungen bemerkbar: Das aus den 1980er-Jahren stammenden „Erlebnisgastronomie“-Design[306] wirkte langsam überholt.[307]

---

302 Zur Bedeutung der Leistungsbeurteilung für die Unterstützung von Veränderungsprozessen vgl. Schreyögg 1998, 38 und Kapitel 2.3.3.

303 Interview MP 2.

304 Das Phänomen der Einkapselung tritt in der Natur auf, wenn ein Fremdkörper in einen Organismus eindringt. Unter Umständen würde eine Abstossreaktion zu viel Energie verbrauchen oder der Fremdkörper wird vom Organismus zwar als fremd aber nicht hochschädlich erkannt. In diesem Fall wird eine Hülle um den Fremdkörper gebildet, der das Objekt vom Organismus abschliesst. Es bleibt zwar erhalten, wird aber unschädlich gemacht und nicht weiter „beachtet“.

305 Mövenpick 1999.

306 Mövenpick 1996, 11.

307 Interview MP 4.

Die für alle Restaurants verbindlichen Mövenpick Klassiker: Riz Casimir, Zürcher Geschnetzeltes und Beef Tatare allein waren nicht mehr geeignet, das Publikum anzuziehen. Das kulinarische Konzept wurde mit den Leitsätzen „Spezielle Gerichte rund um ein kulinarisches Leitmotiv" und „Täglich wechselnde, frische Saisonangebote"[308] sehr allgemein charakterisiert und war nicht unbedingt geeignet, die Mövenpick Restaurants aus dem Wettbewerbsumfeld der Gruppen- und Markengastronomie sowie den jeweils am Standort vorhandenen Einzelgastronomen herauszuheben. Die Umsätze der Restaurants hatten seit 1992 stetig nachgelassen,[309] das Verhältnis von Betriebsergebnis zu Umsatz lag mit 0,1 : 346,8 Mio. sFr. auf einem äusserst bescheidenen Niveau.[310] Die *betriebswirtschaftliche Situation* der Restaurants war also zum Zeitpunkt der Einführung der Bioprodukte bei der ProdAG deutlich *angespannt*. Es erscheint plausibel, dass die Leitung der Restaurant-Division in dieser Situation nicht auf Bioprodukte setzen wollte, zumal die Reaktion der Gäste, wie herausgearbeitet, zu diesem Zeitpunkt noch sehr unsicher war. Darüber hinaus sprachen die Ergebnisse der rudimentären Auswertungen der bisherigen Erfahrungen eher gegen eine strategische Einbindung der Bioprodukte.

Nach dem Wechsel der Konzernleitung, 1998, waren die Bioprodukte bereits strategisch eingeordnet, zur Routine geworden und daher aus dem aktiven Bewusstsein der ProdAG-Mitarbeiter verbannt. Ausserdem hatten die Hauptakteure der Einführungsphase, der Produktmanager und der Key-account-Manager, das Unternehmen in der Zwischenzeit verlassen. Nach den Erfahrungen und der einmal eingeschlagenen Passivstrategie hätten sie vermutlich ohnehin kein Interesse an einer Neulancierung gehabt. So konnte auch der Start mit der neuen Konzernleitung nicht genutzt werden, um das Thema Bioprodukte seitens der ProdAG in die strategische Neuausrichtung einzubringen.

Hier zeigt sich ein typisches Beispiel für das Phänomen der „Sich selbst erfüllenden Erwartung"[311], bei dem *negative Erwartungen* an Bioprodukte dazu führen, dass diese nicht systematisch bzw. systematisch nicht gefördert werden. In der Folge entfalten sie nicht das in ihnen liegende Umsatzpotenzial, sondern werden durch die den Misserfolg bereits vorwegnehmenden Massnahmen eher behindert.

Das Top-Management der Restaurant Division war den Bioprodukten gegenüber zunächst gleichgültig eingestellt, weil es sie noch nie nach strategischen Gesichtspunkten bewertet hatte. Die strategische Entwicklung startete aufgrund eines externen Impulses im mittleren Management der Tochterunternehmung

308 Beide Zitate aus Mövenpick 1996, 11.

309 Mövenpick 1996, 49.

310 Mövenpick 1996, 41.

311 Das Konzept der „Sich selbst erfüllenden Erwartung" bzw. „Prophezeiung" wurde von Villiger et al. 2000 auf den Zusammenhang zwischen Nischen-Marketing und dem Verharren von Bioprodukten in der Marktnische angewandt. Villiger et al. zeigten die Abläufe, die auf dem Markt, also unternehmensextern zum Misserfolg der Bioprodukt führen können. In dieser Arbeit wird der interne Funktionsmechanismus aufgezeigt, wie es zur systematischen Unterschätzung und damit auch „Unter-Förderung" der Bioprodukte kommen kann.

ProdAG. Die beteiligten Personen waren zunächst auf sich allein gestellt und erhielten überhaupt keine Signale aus dem Top-Management, weil dort nichts über die Bioprodukte „da unten" bekannt war. Angesichts der Marktsituation hatten sie Schwierigkeiten, überhaupt Erwartungen an die neuen Produkte zu formulieren. Die entsprechend vorsichtigen Marketingmassnahmen führten zu schwachen Ergebnissen. Die Ergebnisse wurden von den Mitgliedern des mittleren Managements nur oberflächlich analysiert. Aufgrund der *fehlenden Signale* von oben, der *von ihren Kollegen geäusserten Zweifel* an den Bioprodukten und der *schwachen Ergebnisse* glaubten sie selbst nicht daran, dass es sich lohnen könnte, Ressourcen in eine Analyse zu investieren. Die rudimentäre Analyse brachte weder Erkenntnisse über angemessene Erwartungen an die Bioprodukte noch Aufschluss über wirksamere Marketingmassnahmen. Folglich konnte das mittlere Management seine Bitte um eine strategische Unterstützung der Bioprodukte an die Restaurant Division *nicht* mit Erfolgsaussichten *belegen.* Das Top-Management, durch mangelnde Rentabilität gegenüber den Aktionären unter Erfolgsdruck stehend, hatte Zweifel am strategischen „Fit" zwischen der Marke Mövenpick und Bioprodukten. Die ProdAG Manager konnten keine analytisch abgesicherten Argumente vorweisen, aufgrund derer im Top-Management das bestehende Urteil „Bio ist für unser Unternehmen nicht strategisch relevant" hätte revidiert werden müssen. Folglich lehnt die Restaurant Division eine offensive Unterstützung ab und stellt lediglich den einzelnen Mövenpick Restaurants die Aufnahme der Biogratins frei. Damit wurde das *Muster* der Einführung in der Fremdgastronomie – vorsichtiger Test ohne grosse Werbung – *wiederholt* und ebenso wiederholte sich das schwache Resultat. Die Bioprodukte verschwanden im organisationalen „Mülleimer" (garbage can)[312] (vgl. Abbildung 17).

---

312 Vgl. Cohen et al. 1972.

Abbildung 17: Interne Funktionsweise einer „Sich selbst erfüllenden Erwartung“ (Quelle: eigene, auf Basis Villiger 2000).

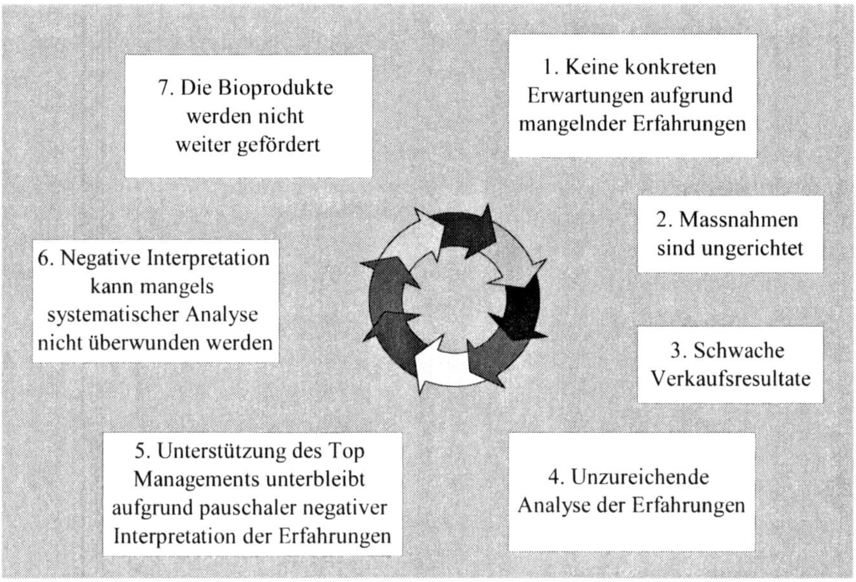

4.4. Fazit: Managementfehler in unvorteilhaftem Handlungsumfeld

4.4.1. Wie die Bioprodukte in die „organisational garbage can“ gerieten ...

Lässt man den Prozess der Strategieentwicklung Revue passieren, so fällt auf, dass mehrere Faktoren zusammen kamen, welche für die Entwicklung einer konsistenten Marketingstrategie für die Bioprodukte bei der ProdAG hinderlich waren.

Zum ersten war das Marktumfeld noch sehr *unstrukturiert*. Es gab keine Vorbilder, an deren Vorgehen sich die Verantwortlichen hätten orientieren können. Es war völlig unklar erstens, wie die Gastronomieunternehmen auf ein Angebot von Bio-Tiefkühl-Convenienceprodukten reagieren würden; zweitens, ob sie in der Lage wären, ein erfolgreiches Vermarktungskonzept für Bioprodukte in ihren Restaurants aufzubauen und drittens – damit verbunden –, ob die Restaurantgäste überhaupt in ausreichender Zahl positiv auf ein Bioangebot reagieren würden.

Zum zweiten haben die Marketingverantwortlichen der ProdAG die *Lernchancen*, die ihnen ihre ersten Aktivitäten zur Verfügung stellten, *unzureichend genutzt*. Sie haben die Ergebnisse, die sie mit ihren Marketingmassnahmen gegenüber den Gastronomieunternehmen und diese gegenüber den Gästen erzielt haben, nur sehr fragmentarisch und zum Teil auch oberflächlich ausgewertet. Daher kamen sie zu Folgerungen über die Marktchancen der Bioprodukte bzw.

die notwendigen Massnahmen zu ihrer Förderung, welche in der Analyse dieses Textes zum Teil widerlegt, zum Teil wesentlich detaillierter ausgearbeitet werden konnten. Erstens ist ihnen die Umdeutungsmöglichkeit der Bioqualität von „Bio-Fundi" zu „Bio-Realo" entgangen. Zweitens haben sie keine fundierte Marketingstrategie aufbauen können. Aufgrund mangelnder Analyse und fehlenden Handlungsvorschlägen hatten sie keine Argumente, um die Restaurant Division von einer Förderung der Bioprodukte zu überzeugen.

Zum dritten stand die Leitung der Restaurant Division unter starkem *Erfolgsdruck*. In dieser Situation suchte das Top-Management nach Wegen mit hoher Erfolgsaussicht. Angesichts der sehr offenen Marktperspektive einerseits und den vagen Argumenten für die Förderung der Bioprodukte andererseits, war es kaum wahrscheinlich, dass die Bioprodukte bei einer strategischen Neubewertung mit einem positiveren Ergebnis abschneiden würden.

Die Folgen dieses Strategieentwicklungsprozesses sind bekannt: Die ProdAG beschränkte ihre Bioaktivitäten auf eine ausschliesslich kundenorientierte Produktion. Es ist bereits dargestellt worden, dass die Kundenorientierung für die ProdAG durchaus Vorteile hat. Wird das Unternehmen doch nur dort aktiv, wo der Markt schon von einem direkt mit dem Endkunden in Kontakt stehenden Akteur bereitet ist. Doch handelt es sich dabei um eine *rein passive* Strategie. Die ProdAG agiert in dieser Form als Hersteller nach Vorgaben. Damit kann kein *dauerhafter Alleinstellungsvorteil* verbunden werden, weil das notwendige Wissen über die Produktherstellung relativ leicht zu erwerben ist, wie für die Lösung der operativen Probleme gezeigt werden konnte. Der Kunde kann seine Produktvorgaben ohne Weiteres einem anderen Lebensmittelverarbeiter vorlegen, welcher sich das Wissen über den Bio-Beschaffungsmarkt und -Produktionsverfahren nur einmal erarbeiten muss, wenn er es nicht bereits besitzt. Der *kritische Erfolgsfaktor*, das Wissen über erfolgversprechende Marketingstrategien gegenüber den Restaurantgästen, bleibt beim Kunden und ist für den Verarbeiter nicht unmittelbar ersichtlich.

Erst eine *aktive* Strategie, die nicht das Produkt, sondern ein Paket von Marketing-Dienstleistungen in den Mittelpunkt stellt, könnte als Alleinstellungsvorteil gewertet werden. Denn in diesem Fall wären die Produkte in eine umfassende Marketingdienstleistung eingebettet, welche nicht mehr ohne Weiteres imitiert oder an einen anderen Lieferanten übertragen werden könnte. Das Wissen bliebe beim Lieferanten, bzw. würde im Zuge *gegenseitiger spezifischer Investitionen* gemeinsam erarbeitet, sodass der Kunde eher an den Lieferanten gebunden würde.

4.4.2. ... und wie sie wieder herauskommen könnten

An dieser Stelle sind zwei verschiedene Fragen zu klären. Zunächst geht es um die Perspektive der Bioprodukte bei der ProdAG. In einem zweiten Schritt wird dann nach der Perspektive der Bioprodukte in den Mövenpick Restaurants gefragt, weil ja bereits herausgearbeitet wurde, dass eine strategische Nutzung des konzerneigenen Absatzkanals die Erreichung der benötigten Mengeneffekte und

die Gewinnung des Wissens um eine geeignete Marketingstrategie voraussichtlich ermöglicht.
Wichtige Probleme der Bioprodukte in der ProdAG waren die unklare Positionierung (Bio-Fundi vs. Bio-Realo) und der Rentabilitätsdruck. Wenn man annimmt, dass ein Relaunch nur auf der Basis einer Bio-Realo-Positionierung überhaupt Chancen hat, so bleibt der Rentabilitätsdruck, der im Wesentlichen aufgrund der kleinen Produktions-Chargen besteht. Zur Lösung dieses Problems bietet sich die Einrichtung eines „Biofonds" an, mit dessen Mitteln die Bioprodukte bis zur Erreichung von Absatzzahlen, die eine rentable Produktion erlauben, intern subventioniert würden.[313] Diese Ausstattung mit Ressourcen setzt aber voraus, dass die Bioprodukte als ein strategisch wichtiges Sortiment eingestuft werden. Und dazu müsste mindestens ein Abnehmer in der Gastronomie mit entsprechend grossem Nachfragepotenzial in Aussicht stehen, der an einer Zusammenarbeit zur Entwicklung eines Biosortiments interessiert ist.
Am einfachsten könnte eine Förderung der Bioprodukte bei der ProdAG durch eine Biooffensive der Mövenpick Restaurants erreicht werden. Dies würde eine kombinierte Push-/Pull-Strategie voraussetzen, wie sie Coop im Einzelhandel gewählt hat, womit die zweite Frage nach der Perspektive der Bioprodukte in den Mövenpick Restaurants erreicht ist.
Fragt man, ob es in der aktuellen Situation eine Chance gibt und für die Mövenpick Restaurants sinnvoll wäre, sich mit Bioprodukten auf dem Markt zu positionieren, so muss zunächst das Segment der Gruppen- und Markengastronomie auf die Ausrichtung der Wettbewerber hin analysiert werden.[314] Das kulinarische Konzept der Mövenpick Restaurants wurde nach dem Führungswechsel modernisiert. Die Mövenpick Classics wurden in der Warenpräsentation modernisiert und als zusätzliche Ausrichtung das Thema der asiatischen Küche in Form eines „East-meets-West"-Konzeptes[315] aufgenommen. Letzteres lässt sich aufgrund der kulinarischen Prägung der Führungsmannschaft durch ihr vorheriges Tätigkeitsfeld[316] und den, durch zunehmende Urlaubsreisen nach Asien unterstützten, Trend zur asiatischen Küche erklären.
Betrachtet man die gastronomischen Konzepte der Wettbewerber aus der Gruppen- und Markengastronomie, so hat McDonald's als Fastfood-Anbieter eine komplett andere Ausrichtung. Bindella setzt auf italienische Küche, hat allerdings 1999 mit der Eröffnung des Kornhauskellers in Bern zum ersten Mal einen „Designer"-Standort im Angebot, der die neue Aufmachung der Mövenpick Restaurants konkurrenzieren und damit eine ähnliche Zielgruppe (jung, weltoffen,

---

313 Dieses Vorgehen wurde z.B. von Coop zum Anschub des hauseigenen Öko-Textil-Sortiments gewählt (Hummel 1997, 218).

314 In Kapitel 3.3.1. wurde gezeigt, dass es keine grundsätzlichen Argumente gegen eine offensive Biostrategie eines GMG-Unternehmens gibt.

315 Dies ist der kalifornischen „Fusion-Küche" entlehnt, die Esstraditionen verschiedener Kontinente zusammenbringt (Interview MP 4).

316 Sowohl der CEO Bruno Schöpfer, als auch der Culinary Director Oliver Altherr und der Culinary Coordinator (Produktentwickler) Thomas Hollenstein haben einige Jahre in Asien gearbeitet (Interview MP 4).

beruflich erfolgreich) anziehen könnte. Die Gastrag setzt mit einem ihrer Konzepte, „Mister Wong", zwar auch auf die asiatische Küche, positioniert sich allerdings bezüglich Produkten, Service (Selbstbedienung) und Preispolitik eher im unteren Mittelfeld. Die Kramer Gastronomie kann als derzeit dynamischste Konkurrentin gelten, die 1999 stark gewachsen ist und dies auch 2000 fortgesetzt hat. Allerdings reicht das Unternehmen von Umsatzvolumen und Standortstreuung her bei weitem (noch) nicht an Mövenpick heran. Hinsichtlich des gastronomischen Konzeptes wird jedoch eine ähnliche „Weltküche" mit asiatischen und mediterranen Tönen angeboten, wie sie bei Mövenpick kultiviert wird und das Raumdesign orientiert sich an den gleichen Eckpfeilern von klaren Linien, hellem Holz und gezielter Halogenbeleuchtung.[317] Zumindest am Platz Zürich ist hier also ein Wettbewerber auszumachen. Für eine zusammenfassende Übersicht vgl. Tabelle 7.

Tabelle 7: Rangfolge der Schweizer Unternehmen der Gruppen- und Markengastronomie nach Umsatz (Quelle: food service 9/1997, 40 und food service 9/2000, 46)

Rang 1995	Rang 1999	Unternehmen (Rechtsform 1999)	Umsatz in Mio. sFr. 1995	Umsatz in Mio. sFr. 1999	Entwicklung in %
2	1	McDonald's Suisse Holding SA, Crissier	285,0 (geschätzt)	437,5	+ 53,5 %
1	2	Mövenpick Gastronomy International, Adliswil	322,0	250,7	– 22,1 %
3	3	Bindella Gastronomia italiana, Zürich	65,9	82,2	+ 24,7 %
4	4	Gastrag AG, Basel	54,6	50,0	– 8,4 %
8	5	Kramer Gastronomie, Zürich	16,8	30,5	+ 81,5 %

Unternehmen der Einzelgastronomie sind für die einzelnen Mövenpick Restaurants an ihren jeweiligen Standorten auch Wettbewerber. Gerade bei den Einzelrestaurants, die sich mit einem Bioangebot profilieren, hat in den letzten Jahren die asiatische Küche Einzug gehalten und auch die gehobene konventionelle Gastronomie hat häufig mindestens ein bis zwei, oft vegetarische, asiatische Spezialitäten im Angebot.[318] Man kann also davon ausgehen, dass die Mövenpick Restaurants mit ihren Konzepten *keinen uneingeschränkten Alleinstellungsvor-*

[317] Vgl. Eggli 2000, zu Mövenpick: 56–59, zur Kramer Gastronomie: 77–79.

[318] Vgl. food service 09/2000b, 49. Diese Aussage ist auch plausibel, wenn man sich den zunehmenden Massentourismus zu asiatischen Destinationen vergegenwärtigt. Die Touristen lernen die asiatische Küche im Urlaub schätzen und sind daher auch zu Hause dafür aufgeschlossen.

teil mehr haben. Der Aufbau eines biologischen Programms in den Speisekarten würde dem Unternehmen im Bereich der Marken- und Gruppengastronomie noch einen Alleinstellungsvorteil bringen. In Abgrenzung zur Einzelgastronomie müsste er bereits unter dem Aspekt der Marktabsicherung betrachtet werden.[319] Die Einzelgastronomie greift in der Regel nur wenig auf Convenienceprodukte von dem Verarbeitungsgrad zurück, wie sie bei der ProdAG hergestellt werden. Daher wäre die Aufnahme eines Bioangebots bei den Mövenpick Restaurants nach wie vor eine gute Chance für die ProdAG, Erfahrungen zu sammeln, um diese dann bei der weiteren Kundenakquisition zu verwerten. Allerdings haben sich, wie zu Anfang erwähnt, mittlerweile Wettbewerber auf dem Markt für Bio-Convenienceprodukte etabliert, sodass die Chance zur dauerhaften Profilierung der ProdAG mit einer Biokompetenz vor allem in der *Konzeptentwicklung* eines „Biopakets", also den *Dienstleistungen* zur Vermarktung der Bioprodukte, liegt.

[319] Hier zeigt sich einmal mehr die Co-Evolutionsdynamik zwischen innovativen Davids und Goliaths, vgl. Wüstenhagen 1998.

5. Fallstudie 2: SV-Service

Dieses Kapitel diskutiert die Einführung des Programms „Bio logisch“ beim SV-Service. In Kapitel 5.1. wird das Unternehmen vorgestellt. Kapitel 5.2. rekonstruiert und analysiert den Einführungsprozess entlang der Wertschöpfungskette. In Kapitel 5.3. wird der Prozess der Strategieentwicklung untersucht. Kapitel 5.4. zieht ein Fazit und formuliert Empfehlungen für das weitere Vorgehen im Unternehmen.

5.1. Unternehmensportrait

Der SV-Service[320] ist das grösste Cateringunternehmen[321] der Schweiz. Im Untersuchungszeitraum 1996–1998 hat das Unternehmen die Rechtsform des Vereins.[322] Der SV-Service betreibt Personalrestaurants, Schul- und Universitätsmensen und stellt die Verpflegung in Alteneinrichtungen sowie bei Gross-Events wie Sportveranstaltungen oder Messen bereit. Ausser dem Schweizer Markt werden über Tochterunternehmen auch die Märkte in Deutschland und Österreich bearbeitet.[323] Im Jahr 1997 führte der SV-Service insgesamt 371 Betriebe und in 93 weiteren Unternehmen wurden Mahlzeiten geliefert. Es wurden 20,8 Mio. Hauptmahlzeiten und 66,6 Mio. weitere Konsumationen gezählt, was 365‘300 Konsumationen pro Betriebstag entspricht. Der konsolidierte Jahresumsatz betrug sFr. 427 Mio.[324] Damit hat der SV-Service einen Anteil von über 50% am Schweizer Markt der fremdbewirtschafteten[325] Personalverpflegung. In der folgenden Abbildung 18 sind die Marktanteile der führenden Cateringanbieter der Schweiz für das Jahr 1996 dargestellt.

---

320 Die Abkürzung SV geht auf den ursprünglichen Namen Schweizer Verband Soldatenwohl zurück, unter dem Dr. h.c. Else Züblin Spiller die Organisation zur Verpflegung von Soldaten gründete. 1918 wurden die Aktivitäten auf die Arbeiterverpflegung ausgedehnt und der Name in Schweizer Verband Volksdienst verändert. 1973 wurde die Rechtsform zum Verein nach Art. 60 ZGB verändert. (Büchel 1996, 6).

321 Zur Abgrenzung des Begriffs Catering bzw. Gemeinschaftsgastronmie vgl. Kapitel 3.3.1.

322 1999 erfolgte der Rechtskleidwechsel zur Aktiengesellschaft. (Geschäftsbericht SV-Group 1999, 6).

323 In der vorliegenden Arbeit wird ausschliesslich der Bereich der Schweizer Personalrestaurants, Schul- und Universitätsmensen betrachtet, in dem das Programm „Bio logisch“ realisiert wurde.

324 Vgl. Geschäftsbericht SV-Service 1997. Im konsolidierten Jahresumsatz sind die Umsätze der Tochtergesellschaften im Ausland sowie der betrieblichen Sozialberatung enthalten. Der Umsatz der Personalverpflegung in der Schweiz wird im Geschäftsbericht nicht gesondert ausgewiesen.

325 Nach Schätzung der KATAG (1999) beträgt der Anteil der eigenbewirtschafteten Personalrestaurants ca. 50%, Angaben über ihren Umsatz sind nicht verfügbar.

Abbildung 18: Umsatzanteile im Cateringmarkt Schweiz 1996 (Quellen: food service 09/1997, Wüstenhagen 1997)

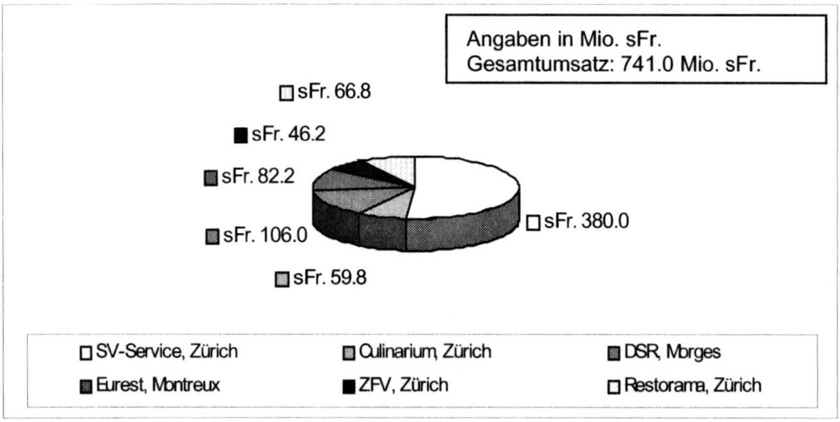

Der SV-Service bewegt sich, wie alle Unternehmen der Gemeinschaftsgastronomie, in einem *doppelten Markt.* Kunden der Dienstleistung Personalverpflegung sind die Unternehmen, in deren Auftrag der SV-Service die Personalrestaurants führt und Kunden der angebotenen Verpflegung sind die Restaurantgäste, die in den SV-geführten Betrieben essen. Gewöhnlich finanzierte der Auftraggeber die Infrastruktur und Betriebskosten des Personalrestaurants. Man fixierte ein Budget zur Betriebsführung anhand der Grösse der Belegschaft und den durchschnittlich zu erwartenden Konsumationen. Der berechnete Waren- und Personalaufwand wurde den erwarteten Einnahmen gegenübergestellt. Das Cateringunternehmen erhielt einen ausgehandelten Prozentsatz der Waren- und Personalaufwendungen als Honorar. Der Auftraggeber bestimmte die Menüpreise ganz oder teilweise und aus der erwarteten (Unter-)Deckung der Kosten durch die damit zu erzielenden Einnahmen ergab sich die Höhe der Subvention.

Die Erwartungen der Auftraggeber an die Personalverpflegung hat sich in den 1990er-Jahren verändert. Stand für lange Zeit der Beitrag der Personalverpflegung zum Wohlbefinden der Belegschaft und damit der Nutzenaspekt im Vordergrund, hat sich die Aufmerksamkeit in der Rezession Anfang bis Mitte der 1990er-Jahre zunehmend *auf den Kostenaspekt verschoben,*[326] wodurch die Bereitschaft zur *Subventionierung deutlich gesunken* ist. Dieser Perspektivenverschiebung trugen die Cateringunternehmen durch ein verändertes Vertragsmodell Rechnung. Sie übernahmen bei der Betriebsführung zunehmend *eigenes Risiko,* indem sie Gewinne wie auch Verluste hälftig mit den Auftraggebern teilten oder ganz auf eigene Rechnung wirtschafteten.[327] Im Gegenzug nahm der Einfluss der

---

[326] Neben der gewachsenen Kostensensibilität bedeutete die Rezession auch eine Gefährdung von Cateringstandorten durch Personalabbau und Unternehmensschliessungen (vgl. Büchel 1996, Wüstenhagen 1997).

[327] Vgl. Büchel 1996, 15; Interview SV 8, Geschäftsbericht SV-Group 1999, 11.

Auftraggeber auf die Preisgestaltung ab. Sie gingen teils dazu über, ihren Mitarbeiterinnen und Mitarbeitern eine Verpflegungspauschale zu zahlen, die diese nicht unbedingt im Personalrestaurant ausgeben mussten. Dies erhöhte die *Wettbewerbsintensität* v.a. für solche Betriebsstandorte, in deren Umgebung die Gäste andere Verpflegungsmöglichkeiten wie öffentliche Restaurants, Take-Aways, Detailhändler oder auch Automaten im Haus vorfanden.[328] Der Druck auf Cateringunternehmen, ihren Gästen ein attraktives Verpflegungsangebot bereitzustellen, ist also in den letzten Jahren deutlich gewachsen.
Der SV-Service positioniert sich im Markt der Cateringunternehmen als kulinarische und ökologische Avantgarde. Bereits 1987 wurde das Ernährungsprogramm „Vollwerternährung E2000“ lanciert, das die gesunde Verpflegung mit naturbelassenen Produkten propagierte.[329] Mit dem 1992 aufgelegten Nachfolgeprogramm „Ernährung 2000plus vegetarisch-kulinarisch“ wurde gezielt die vegetarische Ernährung gefördert und die Kampagne „Voilà – die leichte Linie am Arbeitsplatz“ setzte den Akzent bei der kalorienarmen und leicht verdaulichen Nahrung. Während mit dem vegetarischen Programm „Ernährung 2000plus“ vor allem die gesundheitliche Komponente der vegetarischen Ernährung kommuniziert wurde, brachte das Programm „Bio logisch“ nun zum ersten Mal die ökologische Komponente in den Vordergrund. Alle Ernährungsprogramme verfolgten zwei Ziele: erstens, den Gästen eine gesunde und umweltverträgliche Ernährung nahezubringen und zweitens, den SV-Service über die kulinarische und ökologische Vorreiterrolle von den Wettbewerbern abzuheben.[330]
Der SV-Service verfolgt eine explizite ökologische Unternehmenspolitik, die neben den unmittelbaren Auswirkungen der Unternehmenstätigkeit auch die gesellschaftliche Wirkung berücksichtigt.[331] Neben der Kostenwirksamkeit von Ressourceneinsparungen wurde immer der Anspruch betont, Gästen und Mitarbeitern ökologische Werte nahezubringen. Seit 1993 existieren explizite Grundsätze zur „Ökologie in der Gemeinschaftsgastronomie“[332], mit denen der SV-Service sich nicht nur einer umweltbewussten Betriebs- und Unternehmensführung verpflichtet, sondern darüber hinaus explizit die Ökologisierung des Beschaffungsmarkts durch das Ausspielen seiner Nachfragemacht[333] anstrebt. Be-

[328] Auch Heimkonsum und von zu Hause mitgebrachte Verpflegung sind „Konkurrenten“ der Personalrestaurants. Beim Heimkonsum beeinflusst die Distanz zwischen Arbeits- und Wohnort neben dem Speiseangebot an der Arbeitsstelle die Opportunitätskosten, die ins Entscheidungskalkül einfliessen.

[329] Pressemitteilung SV-Service 1996.

[330] Vgl. SV-Service (o.J.)a und Interview SV 11.

[331] Der SV-Service wurde für diese gemeinnützige Ausrichtung bereits zweimal prämiert: 1993 mit dem Jahrespreis für ökologische Betriebsführung durch die Foodservice Consultants Society International und 1994 mit der Auszeichnung der „Konzeption Ernährung 2000plus vegetarisch-kulinarisch“ durch den Schweizerischen Umweltrat, vgl. SV-Service (o.J.)a.

[332] SV-Service (o.J.)a.

[333] Wenn man berücksichtigt, dass der SV-Service 1996 das zweitgrösste Unternehmen der Schweizer Grossgastronomie ist, so kann diese Nachfragemacht als signifikant eingestuft werden (food service 09/97a).

reits mit dem Programm „Ernährung 2000plus“ im Jahr 1992 war den Betrieben nahegelegt worden, nach Möglichkeit biologische Rohstoffe zu verarbeiten.[334] Die Ernährungsprogramme wurden durch die Food&Beverage-Manager[335] entw??ickelt, die eine Stabsfunktion haben. Es gibt einen F&B-Manager Schweiz, der beim Marketingleiter angesiedelt ist und regionale F&B-Manager, die den Regionalleitern zugeordnet sind. Die F&B haben gegenüber der Linie *beratende* Funktion und sie tragen *keine betriebswirtschaftliche Verantwortung* wie die Linienmanager, denen sie zugeordnet sind. Der F&B-Manager Schweiz hat keine Weisungsbefugnis gegenüber den regionalen F&B, sondern sie sind unterschiedlichen Linienebenen zugeordnet und arbeiten bei Bedarf gleichberechtigt zusammen. Die regionalen F&B-Manager haben die *zentrale Kommunikationsfunktion* im Unternehmen zwischen Zentrale und Betrieben. Sie unterstützen und beraten die Betriebe bei der Umsetzung der kulinarischen Leitlinien und Programme aus der Zentrale und bei der Entwicklung eigener Werbeaktionen. Wenn die Betriebe Probleme mit Lieferanten oder Schwierigkeiten bei der Umsetzung von kulinarischen Vorgaben aus der Zentrale haben, sind die regionalen F&B-Manager erste Ansprechpartner. Sie müssen die zuständigen Mitarbeiter in der Zentrale informieren, falls ähnliche Probleme in mehreren Betrieben auftreten, es sich also um eine systematische Schwierigkeit handeln könnte, zu deren Lösung die Zentrale gebraucht wird. Die Betriebe haben gegenüber den regionalen F&B eine *Bringschuld*, was Informationen über Probleme angeht und eine *Holschuld* für Unterstützungsmassnahmen. Die folgende Abbildung 19 zeigt das Organigramm des SV-Service im Untersuchungszeitraum.

---

[334] Vgl. Büchel 1996, 30.

[335] Im Folgenden als F&B-Manager oder F&B abgekürzt.

Abbildung 19: Organigramm SV-Service, Stand 1. März 1997 (Quelle: auf Basis SV-Service 1997, an der Fallstudie beteiligte Organisationseinheiten fett)

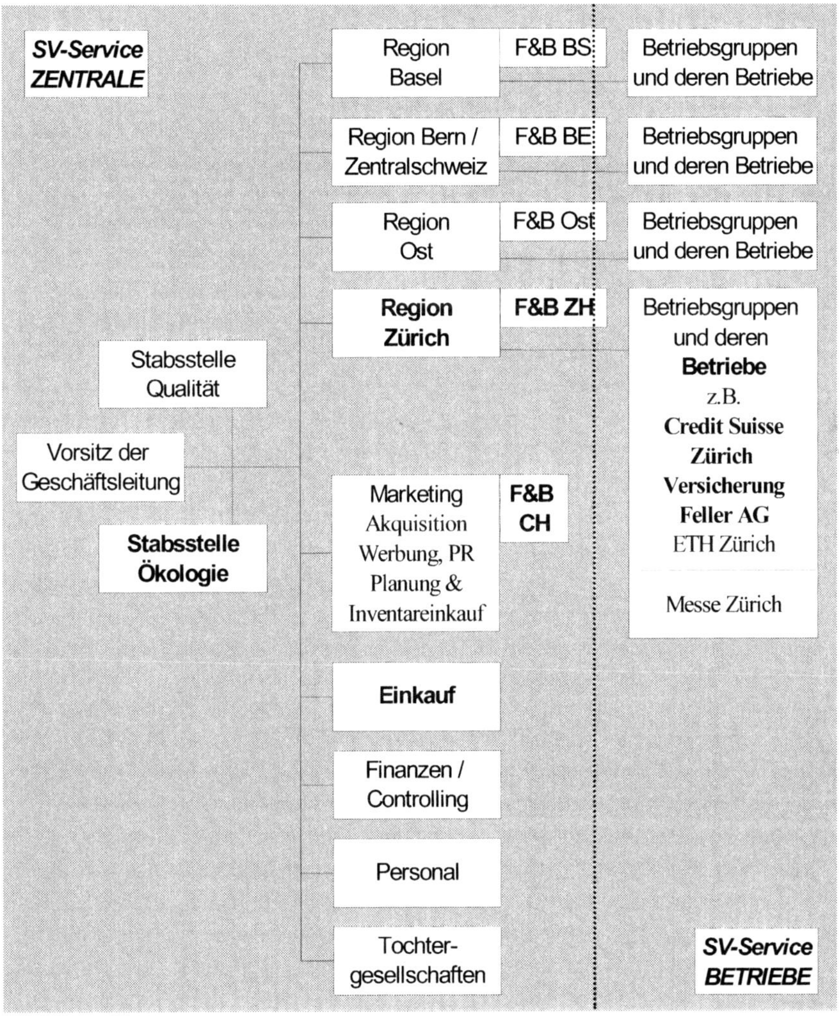

5.2. Rekonstruktion des Einführungsprozesses über die Wertschöpfungsstufen

Dieser Abschnitt rekonstruiert den Einführungsprozess des Programms „Bio logisch" im SV-Service. Dabei werden die wichtigsten Probleme aufgezeigt, die dort auftraten. Die Rekonstruktion ist nach den Wertschöpfungsstufen Produktentwicklung, Beschaffung, Produktion und Marketing gegliedert und arbeitet die operativen und strategischen Probleme heraus (vgl. Abbildung 22).

Abbildung 20: Gliederung des Abschnitts

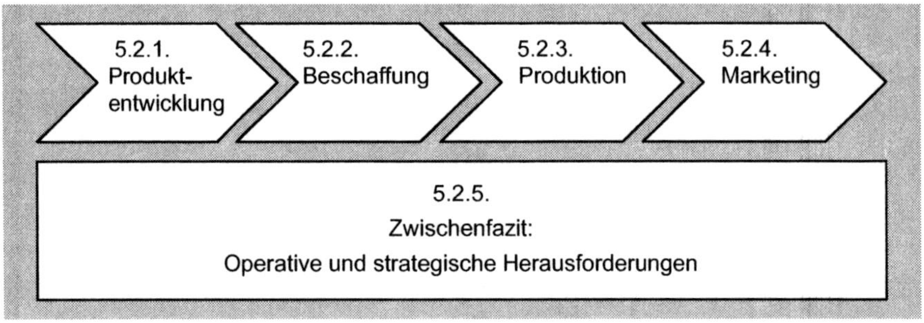

Die Entwicklung des Programms „Bio logisch" bestand aus einer Planungs- und einer Realisierungsphase. In der Planungsphase waren vor allem Mitarbeiterinnen und Mitarbeiter der Zentrale involviert, die Realisierungsphase und die Weiterentwicklung des Programms erfasste dann das ganze Unternehmen über die regionalen F&B bis zu den einzelnen Betrieben. Die Mitarbeiterinnen und Mitarbeiter in der Zentrale hatten eine andere Perspektive auf das Programm „Bio logisch" als die regionalen F&B oder die Betriebe und jede „Community of Practice" entwickelte das Programm entsprechend ihrer Funktion im Unternehmen und ihren jeweiligen Kontextfaktoren in der Realisierungsphase weiter.[336] Auch brachte „Bio logisch" für die Beteiligten je nach Funktion im Unternehmen sehr unterschiedliche Herausforderungen mit sich. Die Entwicklung des Programms „Bio logisch" wird daher für die einzelnen Wertschöpfungsstufen aus den jeweils relevanten Perspektiven dargestellt.

5.2.1. Produktentwicklung: Fokus auf Operatives

→ Bei der Entwicklung des Programms „Bio logisch" lag der Schwerpunkt darauf, das Angebot durch eindeutige Regelungen in Zusammenarbeit mit der Bio Suisse glaubwürdig zu machen und die operativen Abläufe aufzubauen. Die bereits vorhandenen Erfahrungen mit Bioprodukten im Unternehmen wurden nicht in die Planungsarbeit einbezogen, auch die Evaluation und Weiterentwicklung des Programms wurde nicht geplant. Die Planungsgruppe setzte dafür einerseits auf die ideelle Motivation der betrieblichen Mitarbeitenden und andererseits auf die etablierten Feedbackmechanismen im Unternehmen.

An dieser Stelle wird die Planungsphase des Programms „Bio logisch" behandelt, d.h. der Entwurf des Konzeptes in der Zentrale dargestellt und analysiert. Die Entwicklung des konkreten Speiseangebots wird im Abschnitt über die Produktpolitik abgehandelt. Damit folgt die Gliederung dem tatsächlichen Ablauf

[336] Dies erklärt sich nicht nur durch die verschiedenen Zuständigkeitsbereiche, sondern auch durch die unterschiedlichen Problemwahrnehmungen und Interessen der beteiligten Gruppen (vgl. Kapitel 2.3.).

des Entwicklungsprozesses, bei dem von der zentralen Planungsgruppe allgemeine Grundlagen zur Grobsteuerung[337] von Beschaffung und Marketing geschaffen wurden, während die Entscheidungen über das konkrete biologische Produktangebot in die Realisierungsphase verlegt und an die Betriebe delegiert wurden.
Ursprünglich war das Programm „Bio logisch" als zeitlich begrenzte regionale Aktion in der Region Zürich konzipiert und wurde sukzessive auf eine dauerhafte Geltung und auf die anderen Regionen ausgeweitet. An der Planungsphase des Programms „Bio logisch", die im Frühjahr 1996 begann, waren der F&B-Manager Zürich[338] und der Regionalleiter Zürich[339], die Mitarbeiterinnen und Mitarbeiter des strategischen Einkaufs und der Umweltbeauftragte des SV-Service beteiligt. Ausserdem wurde in Kooperation mit der Bio Suisse und der ETH Zürich ein Reglement für die Verarbeitung von Bioprodukten in Gastronomiebetrieben entwickelt.
Das Programm „Bio logisch" sollte den normativen, ökologischen Anspruch des SV-Service mit einem ökologischen Produktangebot einlösen.

> Regionalleiter Zürich: „Wir haben gesehen, unser Unternehmen profiliert sich als umweltverantwortliches Unternehmen mit dem ökologischen Leitbild und den acht Grundsätzen. Und dort haben wir gesagt, wir dürfen nicht nur reden, sondern wir müssen auch etwas machen."[340]

In den vorangegangenen Ernährungsprogrammen hatte die Zusammensetzung der Mahlzeiten im Hinblick auf eine *gesunde Ernährungsweise* im Vordergrund gestanden. Die Produktionsart der Rohstoffe wurde schon lange als ergänzende Facette einbezogen. Bereits 1992 bei der Durchführung des Vollwertprogramms „E2000 plus" wurde den Küchenchefs nahegelegt, biologische Rohstoffe einzusetzen. Die Umsetzung dieses Anspruchs war aber bis dahin immer gescheitert.[341]

---

337 Die Idee der Grobsteuerung ist es, auf einer übergeordneten Planungsebene Rahmenbedingungen zu setzen, die erwünschte Prozessrichtungen bzw. -gestaltungen ermöglichen und unerwünschte möglichst verhindern. Die Akteure auf der Handlungsebene müssen diese Rahmenbedingungen mit ihrem, z.B. kundenorientierten, Detailwissen ausfüllen. Anders als bei einem „Management by objectives" werden nicht nur die Methoden zur Zielerreichung offengelassen, sondern teilweise auch die Zielsetzungen der Handlungsebene überlassen (vgl. Kapitel 2.3. und Minsch et al. 1996, Kap. 5. für ein Beispiel der Grobsteuerung in der Umweltpolitik).

338 Die Funktion des F&B Managers der Region Zürich wurde während der Planung des Programms „Bio logisch" von einer Person wahrgenommen, die Anfang 1997 zum F&B für die gesamte Schweiz befördert wurde. Der neue F&B Zürich wirkte an der Überarbeitung des Konzeptes im Laufe des Jahres 1997 mit. Zur besseren Unterscheidung werden die Aussagen der ersten Person durchgehend mit F&B Schweiz gekennzeichnet, die der zweiten Person mit F&B Zürich.

339 Die Funktion des Regionalleiters Zürich wurde im Untersuchungszeitraum von einer Person wahrgenommen, die seit 1999 Leiter des Bereichs Business Development ist. Da für die Analyse die Funktion im Untersuchungszeitraum relevant ist, wurde diese zur Kennzeichnung eingesetzt.

340 Interview SV 11.

341 Büchel 1996, 30, und Interview SV 2. Während bei Büchel, der als externer Beobachter Küchenchefs interviewt hat, die drei Faktoren *Verfügbarkeit*, *hohe Preise* und *schwierige Handhabung* im Betrieb auftauchen, nennt der F&B Schweiz aus seiner internen Zentrale-Perspektive nur die Probleme auf dem Beschaffungsmarkt, nicht aber die des betrieblichen Handlings. Diese Auslassung weist auf eine systematische Problematik hin.

Mit „Bio logisch" sollte nun die Frage der Rohstoffqualität in die bestehenden Ernährungsprogramme integriert werden:

> F&B-Manager Schweiz: „Dazu sind wir beim nächsten Schritt gekommen, dass der Betrieb die Programme jetzt auch mit Bio-Produkten realisieren kann. Dass er seine vegetarische Küche mit Bio-Produkten machen kann, dass er sein Voilà-Angebot mit Bio-Produkten machen kann. Also nicht ausschliesslich die Bio-Produkte dafür verwenden, aber in das Programm integrieren."[342]

Um die Glaubwürdigkeit gegenüber den Gästen herzustellen, sollten die Produkte mit einem Biolabel gekennzeichnet werden. Die Verantwortlichen mussten sich zunächst das *Wissen* über die Bedingungen der bestehenden Biolabel *erarbeiten*, die ausschliesslich von privaten Organisationen vergeben wurden, weil noch keine staatliche Regelung bestand. Die Entscheidung fiel zugunsten der Knospe, weil die Regeln für landwirtschaftliche Produktion und Verarbeitung eine verlässliche Qualitätssicherung versprachen und aufgrund der Annahme, dass das Knospe-Label bereits einen hohen Bekanntheitsgrad in der Bevölkerung erreicht hatte.[343] Allerdings existierten bei der Bio Suisse noch keine Reglemente für die Verarbeitung von Bioprodukten in der Gastronomie. Diese mussten in Kooperation erst einmal erstellt werden, wobei SV-Service und Bio Suisse von dritter Seite unverhoffte Unterstützung erhielten. Studierendenvertreter brachten im Mai 1996 den Vorschlag in die Mensakommission der ETH Zürich ein, biologische Produkte in das Mensaangebot aufzunehmen.[344] Die Mensa der ETH wird vom SV-Service bewirtschaftet, sodass das Unternehmen nicht nur einen bereitwilligen Auftraggeber sondern auch an Bioprodukten explizit interessierte Gäste hatte.[345] Bereits vor den Entwicklungen an der ETH hatten einzelne Küchenchefs des SV-Service in ihren Betrieben aus eigenem Antrieb ein biologisches Angebot gemacht. Obwohl diese Aktivitäten in der Zentrale bekannt waren, wurden die *Erfahrungen* der SV-internen Akteure in die Entwicklung des Programms „Bio logisch" *nicht einbezogen.*

> S.M.: „Sind Sie bei der Entwicklung des Programm „Bio logisch" einbezogen worden? Wussten die F&B-Manager überhaupt, dass Sie mit einem biologischen Angebot angefangen hatten?"
>
> Küchenchef I: „Das ist jetzt lange her ... Ja, der [F&B Zürich] wusste es bestimmt. (...) Ich denke es, weil ich auch davon gesprochen hab. Aber ich wurde nicht einbezogen."[346]

---

[342] Interview SV 7.

[343] Letztere Annahme erwies sich allerdings als Fehlschluss. Letztlich mussten SV-Service und Bio Suisse gemeinsame Informationsaktivitäten durchführen, um die Knospe bei den Gästen bekannt zu machen (vgl. SV-Service 1997a).

[344] Zur Dokumentation und Analyse des Entwicklungsprozesses bei der ETH Zürich vgl. Eyhorn et al. 1997.

[345] Die Studierenden arbeiteten aktiv bei der Entwicklung des Programms „Bio logisch" mit. So war ein Student als Praktikant bei der Bio Suisse an der Entwicklung der Lizensierungsregeln für die Gastronomie beteiligt. Die Bio Suisse profitierte ebenfalls enorm von der Kooperation, weil sie bis dahin noch keine Gastronomieregeln hatte. Vgl. Interview Andere 2.

[346] Interview SV 9.

Bei der Entwicklung der Bio Suisse-Richtlinien für den SV-Service traten keine Konflikte über die Labelbedingungen auf. Hierfür gibt es mehrere Gründe: Zum ersten werden in der Küche, im Gegensatz zur Lebensmittel verarbeitenden Industrie, kaum Verarbeitungsmethoden eingesetzt, die aus Sicht der Bio Suisse problematisch sind. Zum zweiten legten die Reglemente den Schwerpunkt darauf, die Vermischung von biologischen mit konventionellen Zutaten zu verhindern und grösstmögliche Transparenz über das Bioangebot bei den Gästen zu schaffen. Die eigentlichen Zubereitungsprozesse mussten nicht angepasst werden, den Köchen wurde also nicht „ins Handwerk hineingeredet". Zum dritten lag der SV-Service mit seinen Ernährungsprogrammen hinsichtlich der kulinarischen Ausrichtung ohnehin schon weitgehend auf der „Fundi-Linie"[347] der Bio Suisse, es gab also keine Konflikte zwischen der Ausrichtung des Bionachweises und der Positionierung des SV-Service.
Auf der Basis des Vertrags mit der Bio Suisse wurde ein Handbuch „Bio logisch" für die Betriebe erstellt. Es umfasst

- die Geschichte des biologischen Landbaus,
- den Lizenzvertrag mit der Bio Suisse,
- die Richtlinien zur Umsetzung der Warentrennung,
- Beispielangebote für Frühstück, Kaffeepausen, Mittagessen und Zusatzverkauf,
- eine Liste der Lieferanten für Bioprodukte,
- eine Anleitung zur Schulung der betrieblichen Mitarbeiter,
- einen Ankündigungstext für „Bio logisch" in der Hauszeitung des Auftraggebers,
- Vorschläge für die Bewerbung des Bioangebots und
- eine Bestellliste für Verkaufsförderungsmaterial.[348]

Ein weiterer Vorbereitungsschritt führte die Mitarbeiterinnen und Gäste an die Bioprodukte heran. In den Betrieben wurden tageweise Stände aufgebaut, an denen Personal und Gäste Bioobst und -gemüse degustieren und mit Biolandwirten sprechen konnten. Ausserdem wurden am Freitag in den Betrieben biologische Hefezöpfe verkauft. Im Anschluss an diese Aktionen in den Betrieben lud man die Betriebsleiterinnen und Küchenchefs gemeinsam mit den ersten Biolieferanten zum Besuch auf einem Biohof ein. Dort standen die ideologischen Hintergründe des Biolandbaus und die Produktqualität im Mittelpunkt der Vorträge und Gespräche. Die unmittelbare sinnliche Erfahrung des Hofgeschehens sollte die Mitarbeiterinnen und Mitarbeiter vom Sinn des Programms „Bio logisch"

[347] Vgl. Kapitel 6.2.1.

[348] Die Liste bietet Werbe- und Dekorationsmaterial an, das der Betrieb bezahlen muss.

überzeugen. Es ging vor allem darum, Vorurteile gegenüber den Produkten und der Produktionsweise abzubauen.[349]

Die Planungsphase des Programms „Bio logisch" konzentrierte sich also auf zwei Schwerpunkte: zum einen wurden gemeinsam mit der Bio Suisse *Richtlinien für den betrieblichen Produktionsprozess* entwickelt, welche die *Glaubwürdigkeit* des Bioangebots gegenüber den Gästen sicherstellen sollten. Zum anderen wurden Schulungs- und Informationsveranstaltungen durchgeführt, die die Mitarbeitenden der Betriebe *mental* auf die Bioprodukte vorbereiten, Vorurteile ausräumen und ihnen ein Verständnis für die *normative* Dimension des Programms „Bio logisch" vermitteln sollte. Den Mitarbeiterinnen und Mitarbeitern des Vorbereitungsteams in der Zentrale war bewusst, dass die Betriebe im Alltag einige operative Probleme zu lösen hätten. Sie waren aber der Meinung, dass sie diese Probleme nicht antizipieren könnten.[350] Die Vorbereitungsmassnahmen sollten den Betriebsmitarbeitern daher eine primär *ideelle Motivation* vermitteln. Die Planungsgruppe setzte darauf, dass die Schulungsmassnahmen die betrieblichen Mitarbeiter motivieren würden, ihre operativen Probleme zu lösen, um das Programm, dessen Sinn sie verstanden und unterstützten, nicht scheitern zu lassen. Ausserdem erwarteten sie, dass die Mitarbeiter die Probleme mit dem Programm „Bio logisch" als eine Herausforderung im positiven Sinne aufnehmen würden.

> Leiterin Einkauf: „Ich denke, das ist ja auch das Schöne daran, dass man beim „Bio logisch" mit verschiedenen Themen in Berührung kommt. Das sollte Freude machen können. Ich denke, das ist eine Mitarbeitermotivation, die das Unternehmen dem einzelnen Betriebsleiter zur Verfügung stellt und ihn so auch ein bisschen herausfordert. Es entsteht vor allem im Kopf."[351]

Es wurden aber *keine speziellen Evaluationsmassnahmen eingeplant.* Die Planungsgruppe vertraute darauf, dass der etablierte Feedbackmechanismus zwischen Betrieben und Zentrale über den regionalen F&B ausreichend sei und die Betriebe ihm ihre Probleme mitteilen würden. Auch *Erfolgskriterien* wurden *nicht definiert,* weil die Planungsgruppe das Programm nicht als unmittelbar marktwirksam ansah, sondern ein noch sehr kleines Bedürfnis der Kunden frühzeitig abdecken und das entsprechend der Entwicklung ausbauen wollte.

> S.M.: „Haben Sie irgendeine quantitative Zielsetzung, wie weit Sie kommen wollen mit dem Bio-Menü?"

---

[349] Interview SV 2. Während die Mitglieder der zentralen Planungsgruppe davon überzeugt waren, dass diese Methode zum Abbau von Vorurteilen funktionierte, äusserten sich einzelne Küchenchefs skeptisch über die Bioprodukte und beurteilten die Situation auf dem Biohof als konstruiert „Ich hab noch nie so schönes biologisches Gemüse gesehen. Die mussten wahrscheinlich sehr lange suchen, bis sie so grosse Stände voll mit so schönem biologischen Gemüse bekamen." (Interview SV 10).

[350] Interview SV 2, Interview SV 7. Das Problem der Informationsasymmetrie zwischen Zentrale und Betrieben für die Planung und Realisierung des Programms „Bio logisch" wird in Kapitel 5.3. ausführlich diskutiert.

[351] Interview SV 2.

> F&B Schweiz: „Also wir haben keine Zielsetzung in Zahlen. Wir sind gewachsen mit dem Markt. Wir sind überzeugt, dass das Bedürfnis da ist und dass das Bedürfnis grösser wird. Und wir wollen auch jetzt ein Fundament setzen, um damit weitermachen zu können."[352]

Die bisherigen Ernährungsprogramme hatten wenig Mehrkosten verursacht, daher wurden die Kosten des Programms „Bio logisch" für die Betriebe nicht geschätzt. Die in den Betrieben vorhandene Erfahrung, dass der Einsatz von Bioprodukten bisher unter anderem an den Kosten gescheitert war, gelangte nicht bis zur zentralen Planungsgruppe. Daher wurden keine Vorkehrungen getroffen, um diese Mehrkosten zu tragen.
In der Pilotphase, die im August 1996 startete, musste sich die Planung dann zunächst in 70 Zürcher Betrieben bewähren. Die Betriebe starteten jeweils gruppenweise mit Wochenabstand, um die Lieferanten zunächst nicht mit einem zu grossen Beschaffungsvolumen zu überfordern, da man aus den vorangegangenen Aktionen wusste, dass bestimmte Bioprodukte nicht in grosser Menge verfügbar waren. Den Betrieben wurde vorgeschrieben, zwei Wochen lang ein komplettes Biomenü, abwechselnd mit und ohne Fleisch, anzubieten. Ausserdem sollten sie das Interesse ihrer Gäste an einem biologischen Zusatzangebot wie Gebäck, Croissants, Obst und ähnlichen Produkten testen. Nach diesen zwei Wochen mussten die Betriebe dann entscheiden, welches Bioangebot sie dauerhaft machen wollten. Die Planungsgruppe in der Zentrale hatte die Hoffnung, dass die Betriebe die Pilotphase aktiv nutzen würden, um ihre „Nische" für Bioprodukte zu erkunden, also das Interesse der Gäste auszuloten und ein entsprechendes Bioangebot zu entwickeln.[353]
Bei der Entwicklung des Programms „Bio logisch" standen die operativen Abläufe im Vordergrund. Die Planungsgruppe erarbeitete sich Wissen über die Bedingungen der verschiedenen Biolabel und die Entscheidung wurde zugunsten der Bio Suisse und des Knospe-Labels getroffen. Dann erarbeitete die Planungsgruppe gemeinsam mit der Bio Suisse und einigen ETH-Studierenden Regeln für die Durchführung des Programms in den Betrieben. Hier musste Wissen nicht nur transferiert, sondern auch generiert werden; Wissen darüber, mit welchen Massnahmen die Betriebe beim Produktionsprozess in der Küche und im Verkauf die Glaubwürdigkeit des Bioangebots sichern konnten. Dieses Wissen wurde den betrieblichen Mitarbeitern in Form des Handbuchs „Bio logisch" zur Verfügung gestellt und bei den innerbetrieblichen Schulung auf die konkreten Bedingungen angewandt.
Mit den Besuchen auf dem Biohof und den Ständen in den Betrieben wurden ausserdem Gelegenheiten für Mitarbeiter und Gäste geschaffen, die Bioprodukte *unmittelbar zu erleben* und damit Berührungsängste oder Vorurteile abzubauen. Die Mitarbeiterschulung zielte primär auf die ideelle Motivation, um Eigenantrieb für die Lösung von betrieblichen Problemen hervorzurufen. Ein spezieller Feedbackmechanismus oder Kriterien zur Evaluation des Programms „Bio lo-

---

352 Interview SV 2.

353 Wie sich dieser Prozess entwickelte, wird im Abschnitt 5.2.3. über die Produktion dargestellt.

gisch“ wurde nicht geschaffen, weil man das bestehende Kommunikationssystem über die regionalen F&B für ausreichend erachtete.

Die strategische Dimension der Produktentwicklung, welche das Marketing betraf, wurde deutlich weniger intensiv behandelt. Die Einführung des Programms „Bio logisch“ führte die *Positionierung* des SV-Service als *Pionier gesunder und ökologischer Gemeinschaftsgastronomie* weiter. Es ergaben sich keine Probleme mit dem Bionachweis, denn der SV-Service lag mit der Verbindung von gesunder Ernährung und Rohstoffherkunft aus Biolandwirtschaft auf einer ähnlich fundamentalistischen Linie wie die Bio Suisse. Die *Sortimentsgestaltung* wurde zunächst so angelegt, dass alle Betriebe ein *komplettes Biomenü plus Zusatzangebot* an Handelsware führen mussten, um die Aufgeschlossenheit der Gäste zu testen.

5.2.2. Beschaffung: Es gibt immer etwas, aber es gibt nicht immer alles!

➔ Hohe Preise und mangelnde Verfügbarkeit der Bioprodukte waren die beiden Hauptprobleme in der Beschaffung. Die Zentrale hatte bei der Lieferantenakquisition Schwierigkeiten, zutreffende Schätzungen über die Abnahmemengen der Betriebe zu nennen. Die Küchenchefs mussten sich darauf einstellen, dass es zwar immer Bioprodukte gab, aber nicht in der konventionell gewohnten Vielfalt. Die Beschaffungsengpässe und hohen Preise führten dazu, dass einige Betriebe das Bioangebot radikal kürzten und andere sich ihre eigenen Bezugsquellen organisierten.

Die Beschaffung ist beim SV-Service in zwei Zuständigkeitsbereiche gegliedert, den *strategischen* Einkauf, der in der Zentrale angesiedelt ist und den *operativen* Einkauf, den die Betriebe durchführen. Die Zentrale akquiriert im Rahmen der strategischen Beschaffung die Lieferanten für alle SV-Betriebe. Damit wird das Beschaffungsvolumen der Betriebe gebündelt und eine entsprechende Nachfragemacht aufgebaut. Die Mitarbeiter des strategischen Einkaufs beurteilen Angebot und Dienstleistungen der Lieferanten und *referenzieren* die attraktivsten zwei oder drei Lieferanten für eine Warengruppe. Sie teilen den Betrieben die referenzierten Lieferanten mit und diese können in der Hauszeitung des SV-Service – kostenpflichtig – ihre Produkte bewerben. Die Küchenchefs der SV-Betriebe dürfen ihren Warenbedarf nur bei den referenzierten Lieferanten bestellen. Zunächst werden die Probleme der strategischen Beschaffung für das Programm „Bio logisch“ diskutiert, danach die der operativen Beschaffung.

5.2.2.1. Strategische Beschaffung

Für das Programm „Bio logisch“ musste der strategische Einkauf zunächst Biolieferanten akquirieren.[354] Vor der Pilotphase verhandelte man mit den Biopionieren im Obst- und Gemüsegrosshandel. Eines der angefragten Unternehmen, die

[354] Hier soll vor allem die Beschaffung von Gemüse und Obst behandelt werden, weil in den Interviews die Probleme in dieser Warengruppe aufgrund der stärkeren Anfälligkeit für Verfügbarkeitsschwankungen im Vordergrund standen und sie auch in den Betrieben am meisten benötigt werden.

Eichberger AG, Lenzburg, lehnte die Zusammenarbeit mit dem SV-Service ab, weil sie befürchteten, zu stark unter Preisdruck zu geraten und ihre Bioprämie nicht mehr realisieren zu können.[355] Ein anderes Pionier-Unternehmen, die Via Verde AG, Pfaffnau, konnte für die Zusammenarbeit gewonnen werden. Das Unternehmen musste sich den Anforderungen des SV-Service anpassen. So waren z.B. die Gebindegrössen zunächst eher an den Bedürfnissen des Detailhandels orientiert. Auch verlangte der SV-Service umfangreiche Lieferstatistiken.[356] Die Zusammenarbeit wurde aber während der Pilotphase aufgrund von operativen Problemen aufgekündigt. Statt dessen überzeugte der strategische Einkauf die langjährigen „konventionellen" Lieferanten davon, Bioprodukte in ihr Sortiment aufzunehmen. Die nachfolgend beschriebenen Probleme der strategischen Beschaffung trafen daher primär diese langjährigen Partner des SV-Service.

Die Mengenschätzungen erwiesen sich als erstes Problem. Die *voraussichtlichen Bestellmengen*, auf deren Basis die Preisverhandlungen mit den Lieferanten geführt wurden, waren sehr *schwierig einzuschätzen*, denn die Umsatzentwicklung der Biomenüs nach der Pilotphase konnte nur geschätzt werden.

> S.M.: „Sie reservieren also eine bestimmte Menge von Produkten?"
>
> F&B-Manager Schweiz: „Nein. Also dazu sind wir gar nicht in der Lage, das können wir gar nicht garantieren. Also wir können eine Schätzung machen, wenn 30 oder 100 Betriebe umstellen und die in der Warengruppe einen Umsatz von Franken X machen und da 10% Bioprodukte sind. Aber Produktionsmengen im Frischproduktebereich nennen, also gewisse Volumenabnahmegarantien können wir nicht machen."[357]

Die Grosshändler trugen somit ein *grosses Risiko*, denn sie mussten Bioprodukte an Lager nehmen, obwohl sie keine fixen Abnahmeverträge mit dem SV-Service hatten:

> S.M.: Welche Vereinbarungen haben Sie denn zur Zeit [über Abnahmemengen]?
>
> Grosshändler I: „Keine. Sie kriegen nirgends [fixe Verträge]. Das ist ja unser Problem, das wir immer haben. (...) Der Kunde sagt zwar, das ist gut, macht das. Aber mir sagt kein einziger Küchenchef, was er nächste Woche bei mir sicher kaufen wird. Das ist immer das Risiko des Lieferanten. Sie sind zwar wunderbare Partner, aber sie tragen nie Risiko."[358]

Warenreservierungen ohne feste Abnahmeverträge sind in der Grossgastronomie gängige Praxis.[359] Bei konventioneller Ware ist dies weniger problematisch, weil langjährige Erfahrungswerte verfügbar sind, aufgrund derer die Bedarfsschät-

---

355 Interview SV 2.

356 Der SV-Service hatte einen besonderen Bedarf an statistischen Aufstellungen, weil das Unternehmen zu diesem Zeitpunkt noch kein internes Controllingsystem hatte, mit dem die Bestellungen der Betriebe zeitnah ausgewertet werden konnten. Das dafür notwendige EDV-System und die Vernetzung von Zentrale und allen Betrieben wurde erst in den Jahren 1998 bis 2000 aufgebaut, davor waren sie auf Angaben ihrer Lieferanten angewiesen (Interview SV 2, Interview SV 11).

357 Interview SV 7.

358 Interview Andere 4.

359 Interview Andere 4.

zungen relativ nahe bei den tatsächlichen Abnahmemengen liegen. Zum Zeitpunkt der Akquisitionsverhandlungen waren jedoch nur Erfahrungen mit den Umsätzen aus der Pilotphase vorhanden, und die konnten nicht auf die weitere Umsetzung des Programms extrapoliert werden, weil die Betriebe ihr Bioangebot nach der Pilotphase reduzieren durften. Auch nach der Pilotphase blieb längere Zeit unklar, wie viele Betriebe welches Bioangebot machten und wie sich der Umsatz entwickelte, weil *keine Controllinginstrumente* verfügbar waren, mit denen der strategische Einkauf die tatsächlichen Umsätze hätte feststellen können. Das *Risiko* war daher bei den Bioprodukten für die Lieferanten *wesentlich höher* als bei den konventionellen. Es gab aber wenig Widerstand, da der SV-Service einer der grössten Nachfrager für konventionelle Produkte ist und eine entsprechende Verhandlungsmacht hat.[360]
Nach der Pilotphase mussten die Grosshändler feststellen, dass die Bedarfsschätzungen mit den tatsächlichen Bestellungen durchgängig unterschritten wurden.

> Grosshändler I: „Für unsere Firma ist es so, dass der Marktanteil nicht wächst, schlicht und einfach immer wieder zurückfällt. Da treten leichte Höhen auf, wie beim SV-Service mit dieser ganzen Promotion. (...) Da wird wahnsinnig viel Geld in eine Werbekampagne gebuttert und wenn man sich dann den effektiven Bioumsatz ansieht, merkt man, dass er keineswegs dem Aufwand entspricht."[361]

Sie konnten aber aufgrund der ansonsten attraktiven Geschäftsbeziehung mit dem SV-Service nicht von einem Bioangebot absehen. Besonders problematisch war die Situation bei TK-Convenienceprodukten, weil die in grösseren Chargen produziert und auf Lager genommen wurden, während die Grosshändler die Höhe ihrer Lagerbestände an Frischprodukten schneller korrigieren konnten. Der strategische Einkauf klärte den Bedarf der Betriebe nach TK-Convenienceprodukten zu Beginn nicht sorgfältig ab. Obwohl der F&B Zürich in einem Fall explizit gewarnt hatte, dass die Produkte für die Betriebe zu teuer seien, wurde eine „Bestellung" platziert und die Produkte blieben bei den Lieferanten liegen. Der allgemeine Optimismus bei der Einschätzung des Programms „Bio logisch" verleitete die Zentralemitarbeiter zur Fehleinschätzung über die Attraktivität der Convenienceprodukte für die Betriebe und die Lieferanten hatten die Folgen zu tragen.[362]
Als sich abzeichnete, dass das Programm „Bio logisch" in den Betrieben immer weniger umgesetzt wurde, verstärkte die Zentrale ihre Bemühungen in der Inputsteuerung. Der strategische Einkauf akquirierte zur Unterstützung der Betriebe Lieferanten für biologische Convenienceprodukte, die voraussichtlich kostengünstig und wenig arbeitsintensiv waren. Darüber hinaus gab die Zentrale den Küchenchefs Hinweise, welche Rezepte kostengünstig zu realisieren seien.[363]

---

[360] Die Mitarbeiterinnen und Mitarbeiter der strategischen Beschaffung sprachen in den Interviews immer davon, dass sie „starke Partner" als Lieferanten brauchten. Dieser Ausdruck weist darauf hin, dass sie sich der Machtproblematik durchaus bewusst waren (Interview SV 2, Interview SV 7).

[361] Interview Andere 4.

[362] Interview SV 6, Interview Andere 4, Interview MP 3.

[363] Interview SV 6, Interview SV 11.

Als letzte Massnahme wurden in Zusammenarbeit mit den Lieferanten sogenannte Leaderprodukte geschaffen, die monatlich wechselten. Es handelte sich um Biorohstoffe, die jeder Betrieb mindestens einmal im Monat einsetzen musste. Die Auswahl dieser Rohstoffe orientierte sich aber hauptsächlich an Verfügbarkeit und Preis, weniger an der Attraktivität der damit herstellbaren Gerichte. Darüber hinaus war mit einem pflichtgemässen einmaligen Einsatz pro Monat pro Betrieb auch das Problem der mangelnden Economies of Scale für die Lieferanten, und damit das Preisproblem, nicht unbedingt zu lösen.
Mit diesen, in der strategischen Beschaffung zentral erarbeiteten, Hilfestellungen auf der Input-Seite konnte zwar die Kostenbelastung der Betriebe vermindert, nicht aber die Umsatzproblematik gelöst werden, denn die entstand auf der Output-Seite, bei der Angebotsgestaltung.

5.2.2.2. Operative Beschaffung

Die Via Verde AG erwies sich während der Pilotphase als *unzuverlässig.*[364] Lieferungen kamen Stunden zu spät bei den Betrieben an und gefährdeten die pünktliche Fertigstellung der Mahlzeiten.[365] Es kam auch vor, dass bestellte Produkte ohne Vorwarnung nicht geliefert wurden.[366] Daher nahm der strategische Einkauf noch während der Pilotphase Verhandlungen mit den bewährten konventionellen Grosshändlern über die Lieferung von Bioprodukten auf und die Verträge mit Via Verde wurden gelöst. In den ersten Monaten mussten allerdings auch die „konventionellen" Grossisten von Via Verde beschaffen, weil sie selbst noch keine Bezugsquellen bei Bioproduzenten hatten. Dadurch verlagerte sich das Problem der Lieferausfälle zu den Grosshändlern, doch sie warnten die Betriebe jeweils rechtzeitig und schafften Ersatzangebote.[367] Sukzessiv konnten sie dann Biobauern unter Vertrag nehmen und die Situation stabilisierte sich. Doch auch die Grosshändler konnten die *generellen Verfügbarkeitsengpässe* von Biogemüse und -obst aufgrund ungünstiger Wetterbedingungen oder Schädlingsbefalls nicht ändern.
Die Betriebe beklagten sich beim strategischen Einkauf über die Schwierigkeiten, ein Menü zu planen, wenn die eingeplanten Gemüsesorten dann doch nicht erhältlich waren. Der strategische Einkauf vereinbarte daraufhin mit den Grosshändlern, den Betrieben wöchentliche Lieferbarkeitslisten zu schicken. Die Listen der Grosshändler sollten den Betrieben eine zeitnahe Menüplanung auf Basis der mit Sicherheit verfügbaren Produkte ermöglichen. Aber nicht alle Küchenchefs akzeptierten dieses Hilfsmittel sofort. Bei konventioneller Ware kannten sie keine Lieferengpässe. Sie konnten einfach die Menüs mehrere Wochen im Voraus planen und die benötigte Ware beim Lieferanten bestellen. Die einge-

[364] Interview SV 2, Interview SV 9, Interview SV 10.

[365] Die Produktion in der Gastronomie ist zeitsensibel, denn „gegessen wird um 12", dann müssen alle Menükomponenten parat sein. Wenn Rohprodukte zu spät eintreffen, reicht unter Umständen die Zeit zur pünktlichen Fertigstellung nicht mehr und Lücken im Angebot müssen kurzfristig mit teuren TK-Produkten gefüllt werden.

[366] Interview SV 9.

[367] Interview Andere 3, Interview Andere 4.

schränkte Erhältlichkeit der Biorohstoffe zwang die Küchenchefs dazu, ihre *Planungsroutine umzustellen.* Sie mussten erstens *kurzfristiger* planen und zweitens erst die *Verfügbarkeit* der Produkte *klären, bevor* sie die *Menüs zusammenstellen* konnten. Viele taten sich mit dieser Umstellung schwer und reduzierten lieber das Bioangebot und damit ihren persönlichen Arbeitsaufwand.

> Einkäufer Frischwaren: „Ich kann nur ein Beispiel bringen: Wir haben dieses Jahr im Frühling drei oder vier Wochen keinen Mischsalat mehr gehabt. Es gab einfach keinen Rohstoff, fertig. (...) Und das darf man nicht unterschätzen. *Es gibt immer etwas, aber es gibt nicht immer alles.* Da steckt ganz viel drin, in dem kleinen Satz. Das ist eine mentale Auseinandersetzung. Bis jetzt ist immer alles verfügbar gewesen. Daran war man beim [konventionellen] Warenangebot *gewöhnt.* Und das funktioniert beim Biologischen einfach nicht."[368]

Andere Küchenchefs, die von der Idee des Programms „Bio logisch" überzeugt waren, suchten sich aufgrund der anfänglichen Beschaffungsprobleme aus eigenem Antrieb neue Bezugsquellen und bestellten ihre Bioprodukte bei Biobauern in der unmittelbaren Umgebung ihres Betriebs.[369] Diese Lösung bot aus ihrer individuellen Perspektive mehrere Vorteile[370]: Der persönliche Kontakt mit den Landwirten sorgte für eine höhere Verbindlichkeit in der Geschäftsbeziehung, unangekündigte Minderlieferungen waren dadurch weitgehend ausgeschlossen. Die Glaubwürdigkeit des Bioangebots wurde durch den persönlichen Kontakt unterstützt, weil die Bioqualität den Restaurantgästen mit der Angabe der Bezugsquelle besser vermittelt werden konnte als über ein abstraktes Biolabel.[371] Der regionale Bezug erhöhte auch die ökologische Glaubwürdigkeit des Angebots.[372] Darüber hinaus übersprang der Direktbezug in der Regel mindestens eine Handelsstufe, die Preise lagen daher zumeist deutlich unter denjenigen, welche die referenzierten Lieferanten verrechneten.

Aus der strategischen Perspektive der Zentrale hatte der Direktbezug der Betriebe allerdings fatale Folgen. Die Bündelung des Beschaffungsvolumens wurde unterlaufen, und weil vorwiegend die engagierten Betriebe auf den Direktbezug umstellten, reduzierte dieses Vorgehen den Umsatz der referenzierten Lieferanten deutlich. Sie konnten daher ihr Sortiment an Bioprodukten nur unter Schwierigkeiten weiter ausbauen, weil sie nie Gewissheit hatten, dass sie ihre Ware auch wirklich absetzen würden. Dies hinderte die Betriebe wiederum daran, bei ihnen zu bestellen.

> F&B Schweiz: „Das sind genau die Betriebe, die Volumen haben, und die den Partnern [Lieferanten], die uns die Bereitschaft zeigen in unsere Idee zu investieren, das Volumen wegnehmen. Die kommen auf keinen grünen Zweig."[373]

---

368 Interview SV 2, Hervorhebungen durch die Autorin.

369 Interview SV 3.

370 Interview SV 3, Interview SV 5.

371 Auch die Köche selbst waren von der Bioqualität eher überzeugt (Interview SV 5).

372 Auch die Studierenden der ETH forderten ursprünglich, dass die Bioprodukte von nahegelegenen Biohöfen bezogen werden sollten.

373 Interview SV 2.

Das individuell optimale Vorgehen war also in der kumulierten Wirkung alles andere als optimal. Daher musste die individuelle Beschaffung aus Sicht des strategischen Einkaufs unterbunden werden. Dies erzeugte allerdings Unmut bei den Küchenchefs und die Akzeptanz des zentral gesteuerten Programms litt darunter.

> F&B-Manager Zürich: „Ich denke, das war eine grosse Schwierigkeit, weil die ihre Einkaufskanäle schon gefunden hatten. Zum Teil nicht referenziert und zum Teil unter anderen Biolabels. Und sie in das gleiche Boot zu bringen, das hat nicht überall geklappt. (...) Die einen Küchenchefs haben gefunden, sie möchten das nicht. Sie verstehen zwar schon, dass der SV das jetzt zentral organisiert, aber sie hätten ja ihren Bio-Bauern, Bio-Lieferanten, sie möchten das gerne so weitermachen."[374]

Die Biorohstoffe waren ausserdem *deutlich teurer* als die konventionellen, was die Küchenchefs unter Druck setzte. Auftraggeber und Betriebsleiter erwarteten, dass sie ihre Produktion rentabel führten, bzw. das vertraglich zugestandene Defizit nicht überschritten. Daher konnten sie die höheren Rohstoffkosten nur eingeschränkt intern tragen oder das Bioangebot mit den Erträgen der konventionellen Angebote quersubventionieren, ohne die Margen auszuzehren. Die Menüpreise konnten auch nicht ohne Weiteres erhöht werden, weil sie zum Teil vertraglich festgelegt waren und die Kostenstruktur des Angebots nicht beliebig veränderbar war.[375] Die Küchenchefs konnten also das Programm „Bio logisch" weder auf Kosten der Rentabilität umsetzen, noch die Mehrkosten problemlos an die Gäste weitergeben. Die einen nahmen dies als weiteren Anlass, ihr Bioangebot einzuschränken, die anderen sahen es als zusätzliches Argument für den Direktbezug von Biobauern.

Zentrale und Betriebe mussten sich auf operativer Ebene mit den *üblichen Bio-Beschaffungsmarktproblemen* – den *hohen Rohstoffpreisen* und der *mangelnden Verfügbarkeit* – auseinandersetzen. Die Probleme mit dem unzuverlässigen Biopionieren konnten schnell ausgeräumt werden, weil die Zentrale die etablierten Lieferanten vom Einstieg in den Handel mit Bioprodukten überzeugte. Allerdings war es aufgrund der *fehlenden Controllinginstrumente* in der Zentrale und der *hohen Planungsautonomie* der Betriebe schwierig, den *genauen Bedarf* an Bioprodukten *festzustellen.*

Diese Mankos bewirkten, dass eine *strategische Führungsschwäche* der Zentrale zu grossen Problemen bei der operativen Realisierung des Programms führte. Denn die Zentrale hatte den Betrieben weder Mehrkosten beziffert, noch gab es Zugeständnisse, dass die Betriebe bei der Realisierung des Programms „Bio logisch" Mehrkosten verursachen „durften"; die Erwartungen der Linienführung an die Rentabilität blieb unverändert. Daher standen die Küchenchefs unter hohem Druck, „Bio logisch" mit möglichst geringen Kosten zu realisieren. Dies führte dazu, dass das Programm entweder weitestgehend ignoriert oder aber der Zentraleinkauf umgangen wurde. In beiden Fällen sank das Beschaffungsvolumen bei den referenzierten Lieferanten und sie konnten keine Economies of Scale

---

[374] Interview SV 6.

[375] Die Preispolitik wird in Kapitel 5.2.4. ausführlich diskutiert.

realisieren, teilweise verloren sie sogar Lagerbestände, mit deren Absatz sie fest gerechnet hatten.
Auf strategischer Ebene bestand die Herausforderung darin, den Betrieben preisgünstige Biorohstoffe zur Verfügung zu stellen.

5.2.3. Produktion: Mehrarbeit und enttäuschte Erwartungen

➔ In den Betrieben musste die Warentrennung organisiert werden. Es zeigte sich ausserdem, dass die Bioprodukte deutliche Mehrarbeit verursachten. Die Gäste interessierten sich nur wenig für das Bioangebot und die Umsätze blieben gering. Dies war nicht geeignet, die Mitarbeiterinnen und Mitarbeiter für ihre Mehrbelastung zu kompensieren.

In diesem Abschnitt werden die Probleme behandelt, die bei der Produktion in den SV-Betrieben, d.h. während der alltäglichen Bereitstellung des Menüangebots für die Gäste auftraten. Der Produktionsvorgang und das jeweilige Angebot werden von den Küchenchefs der einzelnen Betriebe geplant und gesteuert.[376] Am Prozess sind die jeweiligen Küchenchefs sowie die Mitarbeiterinnen und Mitarbeiter in der Küche und an der Essenausgabe beteiligt. Küchenausstattung und Personalbestand sind relativ fix, sie können kaum kurzfristig verändert werden.
Zu Beginn musste die *Warentrennung* zwischen biologischen und konventionellen Produkten organisiert werden. Da die Mehrzahl der Betriebe auf engem Raum eingerichtet sind, verursachte die getrennte Lagerung häufig Platzprobleme. Nicht nur die Lagerplätze, sondern auch Töpfe, Pfannen und Wärmebehälter mussten für die Bioproduktion gekennzeichnet werden. Viele Küchenmitarbeiterinnen empfanden die *Regeln* als *umständlich* und so streng, dass sie geradezu die Absicht der Warenvermischung zu unterstellen schienen.

> Küchenchef I: „Der [Schulungsleiter] hat auf Panik gemacht. Im Stil, dass jeder gleich noch 'ne Tätowierung braucht, der „Bio logisch" kocht. Also, einen eigenen Wagen nehmen, um aus dem Keller im Biolager was nach oben zu holen. Dass sich das nicht auf dem Wagen vermischt beim Nach-Oben-Laufen. Also, wo ich dann für mich gelacht hab (...). Bei uns war's sehr schwierig, wir haben sehr enge Platzverhältnisse. (...) Mir kam's immer ein bisschen so vor, dass die Vorschriften so sind, weil uns jeder unterstellt, wir wollen schummeln und lieber die normalen Zwiebeln nehmen."

Die Bioprodukte verursachten auch in vielerlei Hinsicht *Mehrarbeit.* Zum einen waren in der Pilotphase noch sehr wenige küchenfertig gerüstete Bioprodukte verfügbar, sodass einige Schäl-, Putz- und Schneidearbeiten (wieder) im Betrieb ausgeführt wurden. Zum anderen kauften die Küchenchefs teilweise bewusst ungerüstetes Gemüse, um die Differenz der Beschaffungskosten zu den konventionellen Produkten so gering wie möglich zu halten. Die Warenkosten wurden dann durch Arbeitszeit ersetzt.

---

[376] Die Betriebsleiter sind für die Verbindung zum auftraggebenden Unternehmen und die Administration des Betriebes zuständig.

> Küchenchef I: „Wenn ich die Preise vergleiche, was geschälte Kartoffeln biologisch kosten und geschälte Kartoffeln normal, dann stimmt das Preis-Leistungs-Verhältnis für mich nicht. Und dann schälen wir sie halt selber und haben dann mehr Arbeit.“[377]

Insbesondere in solchen Betrieben, die vom Personalbestand bereits auf eine konsequente Nutzung von Convenienceprodukten eingestellt waren, erhöhte sich die Arbeitsbelastung der Mitarbeiter erheblich. Die Bioprodukte wiesen ausserdem zum Teil grössere Verschmutzung oder faule Stellen auf, was die Rüstarbeit zusätzlich intensivierte. In jedem Fall erhöhte das Programm „Bio logisch“ den Arbeitsaufwand des Küchenpersonals und gerade die zum Teil schlechtere äussere Qualität der Bioprodukte konnte die Mitarbeiterinnen und Mitarbeiter nicht vom Sinn des Programms „Bio logisch“ überzeugen.

> Küchenchef I: „Wenn sie sonst schon sehr viel Arbeit haben und sehen, es reicht einfach gerade, um mit der Arbeit fertig zu werden und dann müssen sie die zehn Kilo Kartoffeln noch selber schälen, dann braucht es sehr viel Überzeugungsarbeit zu sagen, sie sind halt biologisch, es ist viel besser. (...) wenn die Qualität mal nicht gestimmt hat, habe ich dann so Sprüche in der Küche gehört: Es ist schmutzig, es ist halt biologisch. Oder: Es ist nicht schön, es ist halt biologisch.“[378]

Die Reaktionen der Gäste auf das biologische Angebot waren nicht unbedingt geeignet, die Motivation der Mitarbeiter zu heben. Die meisten Gäste reagierten nicht auf die Informationsangebote, sie stellten keine Fragen und das biologische Angebot erzielte nur geringe Umsätze. Die auf die ideelle Motivation der Mitarbeiterinnen angelegte Informationsstrategie der Zentrale verpuffte angesichts des Desinteresses der Gäste; die durch die Schulung aufgebauten Erwartungen wurden enttäuscht. Die Hauptreaktionen kamen auf die Preisdifferenz. Die Begründung des Mehrpreises mit der höheren, biologischen Qualität des Produktes nahmen die Gäste meist negativ auf. Angesichts des hohen Arbeitsaufwands, der gleichgültigen bis negativen Reaktionen seitens der Gäste und der geringen Umsätze stellten die Betriebsmitarbeiter den *Sinn* des Programms „Bio logisch“ massiv *in Frage*. Entsprechend wurde die Umsetzung in vielen Betrieben auf das nötigste reduziert.[379]
Die Rückmeldungen der ernüchternden Erfahrungen in die Zentrale wurden dort jedoch zunächst nicht ganz ernst genommen. In der eigenen Euphorie unterstellten die Zentralemitarbeiter den Betrieben zunächst eher mangelnden Willen zur Realisierung des Programms, anstatt die Problemschilderungen als Indiz für strategische Schwierigkeiten anzusehen.

> F&B-Manager Schweiz: „Die Betriebe, die dem grundsätzlich ein bisschen kritisch gegenüber gestanden haben, es aber haben machen müssen, haben eher negative, schlechte Erfahrungen gemacht, was sie eigentlich erwartet haben. Klappt ja eh nicht! Will ja keiner! Ist ja zu teuer. Beschaffung klappt nicht, Qualität ist nicht gut. Da gab es unterschiedliche Haltun-

---

377 Interview SV 9.

378 Interview SV 9.

379 Interview SV 6.

> gen von Betriebsleitern. Und die, die dem eben sehr positiv gegenüber eingestellt waren, haben auch wirklich gute Erfahrungen gemacht.“[380]

Die Mehrarbeit in Kombination mit dem geringen Umsatz schufen eine *negative Feedbackschleife für die Mitarbeitermotivation* in den Betrieben. Die Mitarbeiterinnen und Mitarbeiter wurden in den durch die Schulung hervorgerufenen *Erwartungen enttäuscht* und die Eigenmotivation sank rapide.[381] Die Probleme wurden in den seltensten Fällen an die F&B gemeldet, vielmehr beschränkten die verantwortlichen Küchenchefs die Realisierung des Programms an vielen Orten stillschweigend auf das Minimum.

In der Produktion waren auf strategischer Ebene also keine Herausforderungen zu verzeichnen. Es ging darum, die operative Realisierung des Programms „Bio logisch“ möglichst gut abzuwickeln. Dabei mussten zum einen Küche und Lager gemäss der Biorichtlinien eingerichtet und das Personal geschult werden und zum anderen waren die schlechtere Rohstoffqualität und der geringere Conveniencegrad der Bioprodukte durch Mehrarbeit zu kompensieren. Die Mitarbeiterinnen und Mitarbeiter wurden durch die Schulung nur wenig auf die Bewältigung der alltäglichen Probleme vorbereitet, sondern ihnen wurde primär eine hohe Erwartungshaltung gegenüber den Gästen vermittelt. Da die Reaktion der Gäste jedoch gleichgültig bis negativ ausfiel, sank die Motivation des Personals rasch ab.

5.2.4. Marketing: Strategische Planungslücken

➔ Die Marketingstrategie wurde nur sehr lückenhaft geplant. So wurden weder Kundensegmentierung noch Sortimentspolitik gestaltet und auch keine iterative Ausarbeitung dieser Aspekte auf der Basis der betrieblichen Erfahrungen vorgesehen. Darüber hinaus basierte das gesamte Programm auf Voraussetzungen hinsichtlich der Konsumsituation und der Gästepräferenzen, die sich in der Realisierung als unzutreffend herausstellten.

5.2.4.1. Strategisches Marketing

Im strategischen Marketing werden die Positionierung, das Timing, die Kundensegmentierung sowie die Sortimentspolitik thematisiert. Insbesondere Kundensegmentierung und Sortimentspolitik sind eng miteinander verknüpft.

---

[380] Interview SV 7. Die Interviews mit dem F&B Zürich und den Küchenchefs legen aber eine differenziertere Interpretation nahe, weil auch die durchaus positiv eingestellten Küchenchefs mit Problemen konfrontiert wurden.

[381] Aus der Motivationsforschung ist bekannt, dass sich neue Verhaltensweisen dann gut verfestigen können und motivierend wirken, wenn ihre Ausübung bestätigendes Feedback auslöst. Im Fall der Einführung des Bioangebots trat genau das Gegenteil ein: Das unmittelbare Umfeld verhielt sich grösstenteils entweder gleichgültig oder explizit ablehnend, d.h. die Mitarbeiterinnen und Mitarbeiter erhielten negative Rückmeldungen auf ihre Arbeit und wurden dadurch demotiviert und darin bestärkt, das Bioangebot fallenzulassen (vgl. Gebert/von Rosenstiel 1996, 256).

Positionierung

Der SV-Service positioniert sich im Cateringmarkt hinsichtlich der Produktionsprozesse und des Speiseangebots als Vorreiter für ökologische und gesunde Ernährung. Das Programm „Bio logisch" ist Ausdruck einer langjährigen Strategie, die mit Ernährungsprogrammen zur gesunden und umweltverträglichen Ernährung und dem Einsatz von Umweltmanagementmassnahmen[382] immer wieder die Umsetzbarkeit von ökologischen Ansprüchen in der Cateringbranche unter Beweis gestellt hat.[383]

Mit dem Programm „Bio logisch" wurde die Absicht einer Marktentwicklungsstrategie für Bioprodukte in der Gastronomie, im Sinne eines rückwärts gerichteten Marktsogs (Pull) für Gastronomieprodukte und eines vorwärts gerichteten Stosses (Push) in den Endverbrauchermarkt hinein, verbunden.[384] Diese Absicht musste jedoch revidiert werden. da viele Gäste und Auftraggeber das Angebot biologischer Produkte zwar begrüssten, es aber nicht so weit als Zusatznutzen bewerteten, dass sie bereit gewesen wären, die Mehrkosten zu tragen. Dies mag u.a. daran gelegen haben, dass mit den vorangegangenen Ernährungsprogrammen „E2000plus" und „Voilà" bereits gesunde und auch ökologische Angebote bestanden, denen gegenüber der – nicht direkt wahrnehmbare – Zusatznutzen der biologischen Produktionsweise kaum noch profilierungsfähig war. Die nicht erreichten Umsatzziele vereitelten teilweise auch die Pull-Absicht, da die Förderung biologischer Produkte für die Gastronomie (spezielle Convenienceprodukte, Gebindegrössen) nur teilweise eingelöst werden konnte.

Timing

Als der SV-Service 1996 mit der Planung des Programms „Bio logisch" begann, waren die ersten wichtigen Etappen für die Bioprodukte in der Politik und im Einzelhandel bereits erreicht. Seit 1992 wurde die Biolandwirtschaft im Zuge der Agrarpolitik 2002 subventioniert und im Einzelhandel hatten die meisten grossen Lebensmittelketten bereits eigene biologische Handelsmarken geschaffen.[385] Die Konsumenten kamen also in den meisten Verkaufskanälen mit Bioprodukten in Kontakt, auch wenn zu diesem Zeitpunkt noch offen war, welchen Marktanteil die Bioangebote erreichen würden. Allgemein kann man jedoch eine positive Einstellung gegenüber Bioprodukten unterstellen, denn die Schweizer Bevölkerung hatte in der Eidgenössischen Abstimmung der Agrarreform 2002 und damit auch der staatlichen Förderung der Bioprodukte zugestimmt.

---

382 Da die Betriebe in unterschiedliche Unternehmen eingebettet sind, kann der SV-Service nur bei Interesse der Auftraggeber Umweltmanagementsysteme in den Betrieben implementieren. Wo dies gewünscht war, z.B. in den Betrieben der Credit Suisse, konnte eine Zertifizierung des Systems nach ISO 14001 durchgeführt werden.

383 Vgl. SV-Service (o.J.)a, die Geschäftsberichte 1997 und 1999 sowie die Umweltberichte 1997 und 1999.

384 Interview SV 1, Interview SV 2 und Interview SV 11.

385 Coop hatte 1993 den Coop Naturaplan gestartet, 1995 zogen die Migros mit M-Bio und Primo/visàvis, Waro, PickPay und volg mit Bio-Domaine nach (vgl. Zeittafel in Kapitel 3.2.).

In der Gastronomie existierten 1996 nur wenige biologische Anbieter. Es gab einige Einzelrestaurants mit Bioangebot, die im Segment der gehobenen Gourmetküche oder im alternativen Milieu anzusiedeln waren. Unter den grossen Gastronomieunternehmen hatte lediglich die Coop Gastronomie bereits einzelne biologische Komponenten im Angebot, allerdings eher zur Ergänzung des Coop Naturaplans im Einzelhandel. Daher konnte sich der SV-Service mit dem Programm „Bio logisch“ wiederum als ökologische Avantgarde im Catering agieren.
Das öffentliche und marktliche Umfeld war Bioprodukten gegenüber also positiv eingestellt, daher entschloss sich der SV-Service, die eigene ökologisch orientierte Unternehmenspolitik mit einem flächendeckenden Angebot von Bioprodukten erneut unter Beweis zu stellen. Mit dem Programm „Bio logisch“ war er das erste Unternehmen der Grossgastronomie, das ein komplettes Biomenü flächendeckend in allen Betrieben anbot. Daher existierten keine Vorbilder auf dem Markt, an deren Erfahrung man sich hätte orientieren können. Alle Prozesse und Angebote wurden von Grund auf selbst entwickelt, sogar die Richtlinien für die gewünschte Knospe-Lizensierung mussten in Kooperation mit der Bio Suisse erst geschaffen werden.[386] Auch bei der Lieferantenakquisition zeigte sich die Pioniersituation, weil die Grosshändler zunächst nicht auf gastronomische Grossabnehmer für Bioprodukte eingerichtet waren. Aufgrund der Nachfrage des SV-Service bauten sie aber ihr Bioangebot schnell auf und aus.

> Grosshändler II: „SV-Service war einer der Gründe, warum wir uns relativ schnell für eine eigene Bio-Linie entschlossen [Eröffnung eines eigenen, separaten Bio-Grosshandelsbetriebs]. Weil wir das Bioangebot nicht nur abhängig vom SV machen wollten; er ist ein sehr grosser Kunde von uns. Und wir wollten unseren Namen (...) nicht mit einem halbherzigen Service für Bioprodukte kaputt machen.“[387]

Zusätzlich zu den allgemeinen Herausforderungen der Pionierposition erschwerte die rezessive Konjunkturlage, welche zur Zeit der Einführung des Programms „Bio logisch“ herrschte, die Einführung des Programms „Bio logisch“. In dieser Situation fassten viele Auftraggeber die Personalverpflegung eher als Kostenfaktor, denn als Faktor zur Hebung der Arbeitszufriedenheit auf und waren entsprechend kostenempfindlich.[388] Daher waren die meisten von ihnen nicht bereit, zusätzliche Kosten für ein biologisches Angebot zu tolerieren, sondern forderten eine kostenneutrale Umsetzung.

---

386 Hier zeigen sich die Chancen und Risiken des Marktpioniers. Während der SV-Service einerseits die Chance hatte, gemeinsam mit der Bio Suisse einen Standard für Bioprodukte in der Gastronomie zu etablieren, musste er andererseits die Risiken der Markterschliessung mit hohen Kosten und grosser Unsicherheit über die Konsumentenreaktion in Kauf nehmen (vgl. Böttger 1996, 84ff.).

387 Interview Andere 3.

388 Interview SV 8.

> Regionalleiter Zürich: „Bei den Auftraggebern sind wir herbe enttäuscht worden, die haben gesagt, wir zahlen nicht, wir sind nicht bereit. Wir zahlen ohnehin schon so viel für die ganze Personalverpflegung und jetzt auch noch biologisch, das kommt nicht in Frage."[389]

Kundensegmentierung

Kundensegmentierung und Sortimentspolitik stehen in engem Zusammenhang, da unterschiedliche Kundensegmente ggf. auf unterschiedliche Sortimente ansprechen. In der Planung des Programms „Bio logisch" war jedoch zunächst keine Kundensegmentierung vorgesehen und alle Betriebe sollten das gleiche Sortiment anbieten. Letztlich lag diesem Vorgehen die Annahme zugrunde, dass die meisten Kunden sich durch Vernunftgründe von einem Bioangebot überzeugen lassen könnten.

Darüber hinaus ging die Vorbereitungsgruppe davon aus, dass die Klientel zu heterogen sei, um sie in Segmente einzuteilen. Auch wurde befürchtet, dass sich die Betriebe durch eine zentral vorgegebene Segmentierung bevormundet fühlen könnten. Nach den ersten Erfahrungen kam jedoch die Hypothese auf, dass das Programm „Bio logisch" tendenziell in solchen Betrieben besser ankam, in denen mehrheitlich *gut ausgebildete Personen* zu Gast waren.[390]

> Regionalleiter Zürich: „Am einen Ort wird es geschätzt, wie in der ETH, und am anderen Ort macht man faule Sprüche darüber und sagt, Ihr solltet lieber mal ein Bier servieren als mit biologischem Zeug zu kommen."[391]

Diese Hypothese wurde aber nicht systematisch anhand der betrieblichen Erfahrungen überprüft, um ggf. eine entsprechende Kundensegmentierung vorzunehmen. Auch eine Segmentierung entsprechend unterschiedlicher Branchen oder Unternehmenstypen, die eine unterschiedliche Zusammensetzung der Belegschaft nach Beruf oder Geschlecht – und damit ggf. auch der Gästepräferenzen – impliziert, wurde nicht geprüft. Vielmehr wurde eine pauschale Differenzierung des Sortiments vorgenommen, wonach sich die Betriebe sich jeweils ein zu ihrer Klientel passendes Teilsortiment aussuchen konnten.

Sortimentspolitik

Das Sortiment des Programms „Bio logisch" wurde zunächst so gestaltet, dass alle Betriebe während der Pilotphase ein komplettes Menü sowie ein biologisches Zusatzangebot machen mussten, um die Präferenzen der Gäste erfassen zu können. Über diese Definition des Sortimentsumfangs hinaus machte die zentrale Planungsgruppe jedoch keine Festlegungen und es wurde auch keine umfassende Evaluation der betrieblichen Erfahrungen mit der Sortimentsgestaltung eingeplant. Nach der Pilotphase fuhr der Grossteil der Betriebe das biologische Angebot radikal herunter. Dies wurde der Zentrale jedoch weder offen kommuniziert, noch – mangels Evaluationsmassnahmen – dort unmittelbar erkannt. Vielmehr zeigte sich diese Entwicklung erst aufgrund der Rückmeldungen der Lieferanten über die geringen Bestellmengen.

---

[389] Interview SV 11.

[390] Interview SV 11, Interview SV 9.

[391] Interview SV 11.

Nachdem sich herauskristallisierte, dass die wenigsten Betriebe de facto ein komplettes Biomenü anboten, wurde das Sortiment den faktischen Entwicklungen in den Betrieben angepasst. Das betriebliche Angebot von biologischen Produkten wurde in *drei Stufen* gegliedert. Auf *Stufe 1* wird nur Handelsware, also portionsweise verpackte, fertige Produkte, wie Joghurt, Beuteltee oder Gebäck angeboten. Auf *Stufe 2* werden zusätzlich fertige Produkte angeboten, die eine Portionierung im Betrieb notwendig machen, wie Brot, Obst, Salate oder Kaffee. Auf *Stufe 3* werden, wie vorher, biologische Rohprodukte im Betrieb verarbeitet, portioniert und angeboten.[392]
Zur Einführung des Drei-Stufen-Konzeptes ging die Zentrale nun genau anders herum vor als in der Pilotphase. Die Betriebe starteten mit dem Minimalangebot, das für alle Betriebe obligatorisch war und konnten je nach Kundenresonanz und Kostensituation das Angebot sukzessiv auf die Stufen 2 und 3 ausweiten. Allerdings blieben die meisten Betriebe bei Stufe 1. Im Jahr 2000 machten die wenigsten Betriebe noch ein Angebot auf Stufe 2 oder 3, darunter die ETH Zürich, wo die Studierenden nach wie vor ein biologisches Angebot verlangten.[393]
Mit dieser Einteilung fand eine indirekte Differenzierung nach Kundensegmenten statt, weil die Betriebe nun offiziell auf solche Angebote reduzieren konnten, mit denen sie bei ihren Gästen Umsatz erzielten. Dabei blieb aber unklar, inwiefern sie alle Möglichkeiten ausgeschöpft hatten, ihre Gäste eventuell auch für ein biologisches Angebot auf einer höheren Stufe zu gewinnen.
Darüber hinaus wurde für das Warmessenangebot mit der sehr allgemeinen Regelung auf Stufe 3 nach wie vor keine systematisch strukturierte Hilfe bei der Sortimentsgestaltung angeboten. Hier wären zwei Gestaltungsvarianten vorstellbar gewesen: Die Komplettumstellung bestimmter Einzelkomponenten oder die Evaluation und dann systematische Förderung umsatzträchtiger Biogerichte.
Mit einer *kompletten Umstellung bestimmter Einzelkomponenten auf biologische Herstellung* wäre dem ökologischen Anspruch genüge getan worden. Aufgrund des Mengeneffektes und vermiedener Logistikaufwendungen zur Warentrennung hätten sich auch die Preisdifferenzen und die Mehrarbeit für die Betriebe reduziert.[394] Darüber hinaus wären den Lieferanten Beschaffungsplanung und Sortimentsaufbau erleichtert worden, weil sie konstantere Bestellmengen von im Voraus bekannten Produkten zu bedienen gehabt hätten.[395] Doch die Planungsgruppe ging davon aus, dass die Gäste sich bei einem Komplettaustausch, z.B. von Kartoffeln, in ihrer Wahlfreiheit eingeschränkt fühlen könnten,[396] sodass

---

392 Drei-Stufen-Konzept nach Handbuch Bio logisch (SV-Service (o.J.)c, Stand 1.10.1997).

393 Interview SV 11.

394 Vgl. Hermanowski et al. 1997, 82 und 193.

395 Hermanowski et al. 1997, 82.

396 Interview SV 2. In einer nicht-repräsentativen Gästeumfrage gab es einzelne Statements, dass die Wahlmöglichkeit erhalten bleiben müsse (Zuccolin 1997, 80).

dieses Vorgehen nicht flächendec??kend eingesetzt, sondern nur von einzelnen Betrieben realisiert wurde.[397]
Eine weitere Variante wäre der Einsatz *erfahrungsgemäss erfolgreicher* Biogerichte in den Betrieben gewesen. Mit einer Erhebung über alle Betriebe hätte man herausfinden können, mit welchen Produkten oder Vorgehensweisen – zusätzlich gruppiert nach Betriebstypen – einzelne Küchenchefs das Bioangebot zum Erfolg führten. Eine derartige Analyse wurde aber nie durchgeführt. Angesichts der *Diversität* der betrieblichen Kontexte erschien es den Beteiligten unwahrscheinlich, dass man allgemeingültige Erkenntnisse gewinnen könnte. Man nahm darüber hinaus an, dass die an eine *hohe Autonomie* gewöhnten Küchenchefs sich von solchen Informationen bevormundet fühlen könnten. Da das Programm „Bio logisch" aber bereits in der Pilotphase von über 70 Betrieben durchgeführt worden war und später auf alle Betriebe ausgeweitet wurde, erscheint es plausibel, dass man durchaus verallgemeinerbare Erkenntnisse zur Sortimentsgestaltung hätten gewinnen können. Wären solche Informationen als *Praxiserfahrung unter Kollegen* kommuniziert worden, hätten sie vermutlich auch Beachtung gefunden. Ein weiterer Grund, warum auf eine solche Analyse verzichtet wurde, lag im Aufwand der Erhebung. Die Zentrale hatte *keine Instrumente*, um zentral z.B. über EDV, Einblick in die Menügestaltung oder auch nur die tatsächlichen Rohstoffbestellungen der Betriebe zu nehmen. Man hätte die Informationen per Fragebogen erheben und auswerten müssen und dazu fehlte den Beteiligten vermutlich die *Arbeitskapazität*.
Analysiert man die Aussagen aus den Interviews hinsichtlich der Bioprodukte bzw. Sortimente, mit denen Umsatz generiert werden konnte, so lassen sich durchaus Hinweise auf potenziell verallgemeinerbare Erfolgsfaktoren aus der Erfahrung der Küchenchefs herausfiltern.[398] Zum ersten waren solche Bioangebote erfolgreich, die bei den Gästen *geschmacklich beliebt* waren.

> Küchenchef II: „Wenn ich eine biologische Lasagne mache, dann läuft die. Nicht weil sie biologisch ist, sondern weil es Lasagne ist. Wenn ich Lasagne auf dem Menü 2 mache, dann habe ich so sechzig, siebzig Portionen und normalerweise kommen auf dem Menü 2 zwischen zwanzig und dreissig. Und da liegt's nicht dran, dass die biologisch ist, sondern da liegt's dran, dass das eine Lasagne ist. Die Leute wissen, ich mach die frisch."[399]

Diese Beobachtung der Küchenchefs wird auch durch eine Gästeumfrage gestützt, in der immerhin 5,7% der Befragten als freien Kommentar zum „Bio logisch" äusserten, dass sie sich nicht aufgrund der Bioqualität, sondern wegen ihres Appetits bzw. einer kulinarischen Vorliebe für ein bestimmtes Gericht entscheiden.[400] Im Extremfall wählten Gäste das Bioangebot nicht wegen, sondern

---

[397] Interview SV 6. Damit blieben die positiven Effekte aber auf die Abläufe des Einzelbetriebs beschränkt und konnten keine Economies of Scale in der Beschaffung bewirken.

[398] Da es sich um zwei SV-Betriebe in sehr unterschiedlichen Unternehmen handelt, den Hauptsitz einer Versicherung in der Zürcher Innenstadt und ein metallverarbeitendes Unternehmen in einem Dorf am Zürichsee, kann angenommen werden, dass es sich hierbei um verallgemeinerbare Erfahrungen handelt.

[399] Interview SV 10.

[400] Zuccolin 1997, 47 und 79.

trotz der Bioqualität, weil sie z.B. Appetit auf Bohnen als Beilage hatten, die zufällig nur in Bioqualität angeboten wurden.[401] Dies bestätigt die deduktiv in Kapitel 3.5. gewonnenen Hinweise auf Massnahmen zur Förderung des Konsums von Bioprodukten in der Gastronomie, bei denen für drei von sechs Ernährungstypen die Produktgestaltung als Ansatzpunkt herausgearbeitet wurde.
Die untergeordnete Bedeutung der Bioqualität taucht noch in einer zweiten Variante auf, bei der es allerdings nicht um den Appetit, sondern um das Bedürfnis nach einer bestimmten Ernährungsart geht. Die Küchenchefs stellten zwar ein Bedürfnis nach einem vegetarischen Angebot, aber nicht unbedingt eines nach der besonderen Rohstoffqualität fest.[402]

> Küchenchef I: „Der Gast sagt: ‚Ich möchte lieber vom Fenchel.' – Bei uns können Sie Komponenten frei tauschen, ohne Preisaufschlag – Und dann sagt die Frau zum Gast: ‚Aber der Fenchel ist nicht biologisch.' ‚Ich will Fenchel, ich will den doch nicht wegen biologisch.'."[403]

Die *Bioqualität* kann also nicht als ein dominantes, sondern nur als ein *untergeordnetes Entscheidungskriterium* für die Gäste angenommen werden. Da viele Gäste anscheinend keinen Zusatznutzen in der Bioqualität sahen, sondern sie nur „in Kauf nahmen", *stellte dies den Sinn des biologischen Angebots durchaus fundamental in Frage.*[404]
Die Schlussfolgerungen aus den Erfahrungen der Küchenchefs für die Sortimentspolitik:

- nur geschmacklich besonders beliebte Gerichte in Bioqualität anbieten und
- Bedürfnis der Gäste nach vegetarischen Gerichten stärker als nach biologischen

konnte die zentrale Planungsgruppe aber nicht ziehen, weil sie keine Erhebung von „Best Practices" durchführte.

Die herausgebildete Marketingstrategie
Die *strategischen Marketingkomponenten* wurden bei der Planung des Programms „Bio logisch" vernachlässigt. Hinsichtlich der *Positionierung* bewegte sich das Unternehmen weiter auf dem Pfad des Pioniers der ökologischen und gesunden Ernährung. Die Planenden hinterfragten daher wenig, inwiefern ggf.

---

401 Interview SV 9.

402 Vgl. auch Dziadek 1997, 49.

403 Interview SV 9.

404 Diese Bewertung kann sich natürlich über die Zeit immer wieder verändern. Dabei ist weniger an einen Gewöhnungseffekt zu denken, als an sich wandelnde Rahmenbedingungen, z.B. durch fortgesetzte Lebensmittelskandale, die aber bislang eher tierische als pflanzliche Produkte betrafen. Dass die eigentlich zu erwartende Nachfragesteigerung bei Rindfleisch durch den BSE-Skandal bislang nur begrenzt eingetreten ist, liegt jedoch eher an Organisationsschwierigkeiten auf der Angebotsseite. Nur wenige gewerbliche Metzgereien in der Schweiz bieten Biofleisch an (NZZ 30.03.2001).

aus der Realisierung des Programms *Zielkonflikte mit den allgemeinen betriebswirtschaftlichen Vorgaben* entstehen könnten, obwohl im Unternehmen deutliche Anzeichen dieser Problematik verfügbar waren.
Das *Timing* sah einerseits sehr vielversprechend aus, waren doch sowohl seitens der Politik als auch im Einzelhandel positive Signale für Bioprodukte gesetzt. Andererseits befand sich die Schweiz jedoch in einer rezessiven Lage, wodurch die auftraggebenden Unternehmen die potenziellen Mehrausgaben für das biologische Angebot beinahe durchwegs ablehnten. Die Erwartungen an die Akzeptanz des Programms „Bio logisch“, die sich in einer *erhöhten Zahlungsbereitschaft* sowohl bei den Auftraggebern wie auch den Kunden manifestieren sollte, konnten also *nicht erfüllt* werden.
Eine *Kundensegmentierung* wurde zunächst gar nicht und dann nur über den Umweg der Sortimentspolitik durchgeführt. Die Möglichkeiten, welche die *Branchenzugehörigkeiten* oder der *Unternehmenstyp* für eine Kundensegmentierung boten, wurden nicht systematisch überprüft. Die *Sortimentspolitik* wurde zunächst sehr offensiv mit einem Maximalangebot definiert, welches dann aufgrund der sehr schwachen Gästeakzeptanz stark reduziert wurde. Im wichtigsten Sortimentsbereich, bei den *Warmessen*, wurde aber keine *systematische Differenzierung* eingeführt, welche die einzelnen Betrieben bei der Produktgestaltung hätte unterstützten können. Es wurde keine Evaluation der betrieblichen Erfahrungen durchgeführt, welche Anhaltspunkte dazu geliefert hätte.
Das Programm „Bio logisch“ sollte ursprünglich mit einer *Push-/Pull-Strategie* verfolgt werden, um eine Marktentwicklung für Bioprodukte in der Gastronomiebranche auszulösen. Dies konnte aber aufgrund der schwachen Gästeresonanz *nicht durchgehalten* werden.

5.2.4.2. Operatives Marketing

Das operative Marketing befasst sich vor allem mit der Gestaltung des Marketingmixes: der Produkt-, Preis-, Distributions- und Kommunikationspolitik. Eine gesonderte Distributionspolitik, im Sinne der Akquisition neuer Absatzkanäle oder der Organisation der physischen Warenverteilung[405] war für das Programm „Bio logisch“ nicht notwendig, da seine Vertriebsstruktur mit den vorhandenen Betrieben gegeben war. Die Anpassung des Bioangebots an die Kontextfaktoren der Betriebe, d.h. die Variation des angebotenen Sortiments entsprechend der Verkaufspunkte, wird unter dem Punkt „Produktpolitik“ behandelt. Daher wird die Distributionspolitik im Folgenden nicht gesondert diskutiert.

Produktpolitik
Die strategischen Dienstleistungen der zentralen Planungsgruppe hinsichtlich der Produktpolitik beschränkten sich darauf, durch die Akquisition von Biolieferanten einen sehr weit gespannten Rahmen für den „Input“ zu setzen, den Betrieben Rohstoffe für ihr Bioangebot verfügbar zu machen. Es wurde aber expli-

[405] Vgl. Bänsch 1998, 137.

zit darauf verzichtet, den Betrieben ihren „Output" vorzuschreiben, also welche Speisen sie mit den Biorohstoffen produzieren sollten.

> F&B-Manager Zürich: „[das Programm ‚Bio logisch'] ist wie ein Rahmen oder wie ein Instrument. Und ob der Küchenchef jetzt auf dem Instrument Brahms spielt oder Bach, das ist seine Freiheit. Und ich denke, das ist auch ein Vorteil, weil dann kann er es an seine Gästebedürfnisse anpassen."[406]

Somit gab die Zentrale den Betrieben keine Unterstützung, um dem Programm „Bio logisch" *über die Produkte „ein Gesicht" zu verleihen.* Die besonderen Ernährungsprogramme mit Vollwert- bzw. vegetarischen oder „leichten" Angeboten waren bereits vorher lanciert worden, sodass sie nicht mehr als primäres Differenzierungsmerkmal für das Bioangebot eingesetzt werden konnten.[407]
Die Gestaltung des konkreten biologischen Angebots stand den einzelnen Betrieben also frei. Begründet wurde dies zum einen damit, dass die Küchenchefs eine hohe Autonomie gewöhnt waren und eine solche Vorgabe als Bevormundung empfunden hätten.

> Regionalleiter Zürich: „Wenn es noch mehr vorgekaut gewesen wäre, dann wäre es wahrscheinlich noch schlechter durchgegangen. Also, der Betrieb musste schon sehr viel selbst machen. Man hat ihm gesagt, wer die Lieferanten sind. Aber eben, wenn man es [das konkrete Bioangebot] dann vorgekaut hätte, dann hätte sich der ‚Unternehmer' in ihm angefangen zu wehren."[408]

Zum anderen war es auch sinnvoll, die Produktgestaltung an die Küchenchefs zu delegieren, da sie in unmittelbarem Kundenkontakt standen. Die Planungsgruppe ging davon aus, dass sie die Präferenzen ihrer Gäste kannten und entsprechend auch wussten, welches Bioangebot sie machen müssten, um Umsatz zu generieren. Es stellte sich aber heraus, dass viele Küchenchefs unsicher waren, ob sie ein attraktives Bioangebot machen könnten und sich durchaus Vorschläge für „gut funktionierende" Rezepte gewünscht hätten.[409] Hierzu gab es jedoch aus der Zentrale kaum Hilfestellung.
Über eine freiwillige Erfahrungsaustausch-Gruppe, das „Creativ-Team", konnten sich Küchenchefs zumindest bilateral austauschen. In dieser Gruppe, der auch der F&B Schweiz angehörte, wurde „Bio logisch" mehrmals thematisiert. Allerdings bestand in dieser Gruppe die Meinung, dass ein Erfahrungstransfer zwischen wenigen Einzelbetrieben nur sehr eingeschränkt Sinn hätte, weil das jeweilige Unternehmensumfeld und damit die Zielgruppen zu verschieden seien.

> Regionalleiter Zürich: „Wir haben in der Region Zürich das Creativ-Team gehabt, eine Vereinigung von Küchenchefs. Genau mit dem Ziel, dass dort ein eingefleischter Club ist, (...) der bestimmte Themen aufgreift und gemeinsam diskutiert. Und dort haben wir das

---

406 Interview SV 6.

407 Auch die Küchenchefs merkten an, dass die Gäste das Programm „Bio logisch" in der unmittelbaren zeitlichen Nähe zum vorhergegangen Programm „Voilà" kaum noch als Highlight wahrnehmen konnten (Dziadek 1997, 58).

408 Interview SV 11.

409 Hiermit sind solche Gerichte gemeint, deren Zutaten preisgünstig und (saisonal) sicher verfügbar sind und die sich gut verkaufen (vgl. Zuccolin 1997, 43).

> Thema „Bio logisch" immer wieder diskutiert. Ich habe dann auch gefördert, dass man erfolgreiche Bioanbieter in der Region besucht, z.B. bei [einem Bankbetrieb]. Und dann hiess es: ‚Ja, wenn ich bei meinen Gleisarbeitern mit dem „Bio logisch" komme, dann lachen die mich nur aus, das bringt nichts'."[410]

Die Zentrale stellte also nur zunehmend preisgünstige biologische Rohstoffe zur Verfügung, was die zentrale Planungsgruppe auch als Hilfsmittel für die Produktgestaltung auffasste.[411] Es handelte sich dabei jedoch nur um eine Unterstützung bei der Inputsteuerung, wohingegen die Problematik der geringen Umsätze durch die tatsächliche Produktgestaltung, also den Output, mit verursacht wurde. Die Inputsteuerung wurde als Problemlösungsinstrument immer wieder eingesetzt, obwohl die Probleme fortbestanden.[412] Die *fehlende Infrastruktur* erschwerte zentrale Hilfestellungen für die Produktpolitik der Betriebe, der *im Unternehmen herrschende* Respekt vor der Diversität und der Autonomie der Betriebe liessen ihre Wirksamkeit als fraglich erscheinen und die *Annahmen über die Wirksamkeit* der Inputsteuerung wurden anscheinend *nicht hinterfragt*. Es wurden also immer wieder Anpassungen innerhalb des bestehenden Denkrahmens (Kostenreduktion, Inputsteuerung) durchgeführt, dieser Bezugsrahmen aber nie hinterfragt, es fanden daher nur Lernprozesse erster, nicht aber zweiter Ordnung statt.[413]

Preispolitik

Die Situation des SV-Service, in einem doppelten Markt gegenüber Auftraggebern und Gästen zu agieren, war für die Preispolitik besonders relevant, weil die Auftraggeber hinsichtlich der Kostensituation und die Gäste mit der Preisgestaltung zufrieden gestellt werden mussten. Darüber hinaus konnten die SV-Betriebe die Preise in der Regeln nicht autonom festsetzen, sondern sie waren auf die Zustimmung der Auftraggeber angewiesen.

Die vorhergegangenen Ernährungsprogramme waren aus Perspektive der zentralen Planungsgruppe ohne massgebliche Kostenfolgen für die Betriebe geblieben.

> F&B-Manager Zürich: „Normal [bei den vorigen Ernährungsprogrammen] waren diese Kosten nicht so hoch. Die gab es immer, waren aber nicht so hoch und deshalb waren sie nie so ein grosses Thema."[414]

Ihre Mitglieder hatten nicht wahrgenommen, dass die Betriebe den freiwilligen Einsatz von Bioprodukten bereits bei den Vorläuferprogrammen explizit aus

---

410 Interview SV 11.

411 Interview SV 2.

412 Das gleiche vermeintliche Problemlösungsinstrument wird immer wieder eingesetzt, obwohl es die Probleme nicht löst. Im Extremfall ist das Instrument sogar Teil der Problemursachen, der Einsatz verschlimmert also die Probleme (vgl. Rüegg-Stürm 2001, 323f.). Die Ursachen für dieses Verhalten im Fall des Programms „Bio logisch" werden im Abschnitt 5.3. noch eingehend untersucht.

413 Zur Unterscheidung der Lernprozesse erster und zweiter Ordnung vgl. Argyris/Schön 1996, 20f. und Kapitel 2.3.4.

414 Interview SV 6.

Kostengründen vermieden hatten, weil sie die Betriebe nicht in die Planung des Programms „Bio logisch“ einbezogen hatten.[415] Daher traf die Planungsgruppe bei der Entwicklung des Programms „Bio logisch“ ausser den allgemeinen Bemühungen, die Beschaffungskosten über den Zentraleinkauf zu senken, zunächst keine Vorkehrungen, um die Betriebe von den höheren Kosten zu entlasten.
Die Küchenchefs waren gehalten, eine Vorkalkulation zu machen, welche Mehrkosten die Realisierung des Programms „Bio logisch“ für ihren Betrieb voraussichtlich bedeuten würde. Die Vorkalkulation diente als Verhandlungsgrundlage für ein Gespräch mit dem Auftraggeber, um seine Bereitschaft abzuklären, das biologische Angebot gegebenenfalls zusätzlich zu subventionieren. Die meisten Auftraggeber waren jedoch nicht bereit, zusätzliche Kosten für ein biologische Angebot zu tolerieren, sondern sie forderten eine kostenneutrale Umsetzung, was u.a. auch an der rezessiven Lage zur Zeit der Einführung von „Bio logisch“ gelegen haben mag.
Die zentrale Planungsgruppe sah auch vor, dass die Gäste mit einem Mehrpreis gezielt auf die hohe Qualität des Bioangebots aufmerksam gemacht werden sollten. Obwohl die Zweckverpflegung als das preissensibelste Segment der Gastronomie gilt, herrschte in der zentralen Planungsgruppe Optimismus über die Preisbereitschaft der Gäste.

> Regionalleiter Zürich: „Und wir haben gemeint, wir können dem Gast sagen: ‚Schau, Du bekommst ein Bioprodukt, da steckt ein Mehrwert dahinter im Vergleich zum konventionellen, Du zahlst dann aber auch den Mehrwert in Franken.‘ Der Mehrwert als Mehrpreis. (...) Ich bin damals davon überzeugt gewesen, der Konsument zahlt den Mehrpreis und die 50 Rappen pro Tag akzeptiert er.“[416]

Dieser Optimismus erwies sich aber umgehend als Fehlschluss. Die überwiegende Anzahl der Gäste war nicht bereit, einen Mehrpreis zu bezahlen. Entweder sie zahlten den Preis und äusserten ihren Unmut, oder sie wichen auf das konventionelle Angebot aus. Dies weist darauf hin, dass die Übertragung der am Heimkonsum orientierten Ernährungstypen auf den Ausser-Haus-Konsum mit nur zwei preissensiblen Gruppen für das Segment der Zweckverpflegung, wie bereits vermutet, eine zu optimistische Einschätzung ergibt. Die Erkenntnisse des SV-Service-Falls zeigen, dass in der Zweckverpflegung die Mehrheit der Gäste preissensibel reagiert.

> Küchenchef I: „Wenn ein Gast zum Fitnessmenü die biologischen Bohnen will, muss er achtzig Rappen mehr bezahlen. Das ist ein symbolischer Betrag, aber wir sagen, das biologische Gemüse kostet ein bisschen mehr. (...) Dann bleiben sie vielleicht doch beim [konventionellen] Fenchel oder zahlen die achtzig Rappen mit Murren.“[417]

---

[415] Die Mitglieder der Planungsgruppe waren entweder noch nicht so lange beim SV-Service beschäftigt, dass sie die Umsetzung der vorherigen Ernährungsprogramme miterlebt hatten, oder sie hatten die Information aus den Betrieben nicht erhalten, weil der Informationsfluss zwischen Betrieben und Zentrale nicht gegeben war. Die Information war aber bei den Betrieben durchaus noch präsent, wie die Interviews von Büchel (1996) mit Küchenchefs nachweisen.

[416] Interview SV 11.

[417] Interview SV 9.

Die Preisbereitschaft der Gäste wurde von zwei Faktoren beeinflusst. Sie waren an subventionierte Preise gewöhnt und hatten daher vermutlich eine gewisse Anspruchshaltung entwickelt. Preiserhöhungen konnten unter diesen Umständen als Gefährdung des Besitzstandes interpretiert und bekämpft werden. Hinzu kam, dass viele Gäste den Mehrwert des biologischen Angebots auch nicht als solchen wertschätzten, weil sie die Differenz zum konventionellen Produkt und damit den Nutzen nicht unmittelbar wahrnehmen konnten.[418]

> Küchenchef I: „Fisch z.B., da ist die Nachfrage in den letzten Jahren bei uns gestiegen. Ich lege sehr viel Wert auf die Zubereitung und wir machen immer wieder verschiedene Fische. (...) Aber da sieht der Gast: Fisch, das ist was anderes. Aber das andere sind ‚Rüebli' und das sind einfach ‚Rüebli', ob nun biologisch oder konventionell. Und da sieht er keinen Unterschied."[419]

Eine Möglichkeit, der Preissensibilität der Gäste Rechnung zu tragen, bot sich den Betrieben, die ihre Essenausgabe über ein „Free-Choice"-Büffet organisiert hatten. An einem Free-Choice-Büffet schöpfen die Gäste ihr Essen selbst auf den Teller und der Preis wird nach Gewicht berechnet. Die Gäste konnten dort also durch die Portionierung in einem gewissen Rahmen den Preis für ihr Bioessen selbst bestimmen und dies steigerte die Akzeptanz deutlich.[420]
Wenn die Küchenchefs trotz aller Hindernisse das Programm „Bio logisch" in ihrem Betrieb realisieren wollten, so hatten sie einige Probleme bei der operativen Umsetzung zu lösen. Sie mussten die Mehrkosten gering halten und das Bioangebot nach Möglichkeit über die Margen des konventionellen Angebots *quersubventionieren*. Doch dies war aufgrund der vertraglichen Regelung mit dem Auftraggeber nicht überall möglich. Und das biologische Angebot durfte auch nicht zu attraktiv sein, damit sein Umsatzanteil nicht zu hoch stieg, sonst hätte die *Gefahr der Margenauszehrung* bestanden.

> F&B-Manager Zürich: „Wenn ein Auftraggeber sagt, ich will die Kostentransparenz vom Menü haben, dann darf man nicht quersubventionieren. (...) Dort, wo man auf eigenes Risiko arbeitet, kann man sagen, gut, wir sehen mal, was drin liegt. Weil der SV-Service will sicher nicht mit dem Biomenü den Gewinn optimieren. Aber wir brauchen auch einen gewissen Gewinn. (...) Nur, langfristig heisst das natürlich, dass irgendein anderes Menü an Attraktivität verliert. Am Schluss gehen 90 % auf das biologische Menü, weil es dann preiswert ist und plötzlich wird das andere Menü nicht mehr tragbar. Denn wenn die Gäste es nur essen, weil es gleich teuer ist, dann ist es ein Problem."[421]

Ausserdem mussten sich die Preise des biologischen Angebots in die *etablierte Preisstruktur* einfügen. In den Betrieben, die auf Honorarbasis arbeiten, ist die Preisstruktur in der Regel so organisiert, dass der Preis des Menü 1 vom Auf-

[418] Die Beobachtungen in der Fallstudie decken sich also mit den in Kapitel 3.5. deduktiv hergeleiteten Einflussfaktoren.

[419] Interview SV 9.

[420] Interview SV 6. Allerdings wurde diese Erkenntnis weder systematisch in die Konzeption von „Bio logisch" aufgenommen, noch in das schriftliche Konzept für das „Free-Choice-Angebot". Aussage von Frau Brefin Weiss, F&B-Managerin Basel, anlässlich des Präsentations-Workshops in der SV-Service Zentrale, Zürich, am 23.03.1999 (vgl. Protokoll Workshop 1999).

[421] Interview SV 6.

traggeber festgelegt wird, es also jeden Tag gleich viel kostet. Der Preis eines zweiten Menüs darf vom Küchenchef täglich angepasst werden, wobei auch hier ein Preiskorridor vereinbart ist, der sich oberhalb des ersten Menüs und unterhalb eines vereinbarten Höchstpreises befindet.[422]
Neben diesen vertraglichen Rahmenbedingungen musste auch das *etablierte Preis-Leistungsverhältnis* beachtet werden. So durfte ein vegetarisches Nudelgericht nicht teurer als ein konventionelles Fleischgericht sein, auch wenn es biologisch war, weil Nudelgerichte allgemein als billiger gelten als Fleischgerichte. Gerade die kleineren Betriebe mussten experimentieren, um die richtige Sortimentszusammenstellung zur Wahrung der etablierten Preisstruktur herauszufinden.[423] Letztlich boten die meisten Betriebe ein vegetarisches Bio-Menü an. Damit vermieden sie nicht nur das Problem der hohen Biofleischpreise, sondern berücksichtigten ausserdem die Erfahrung, dass Gäste, die an vegetarischem Essen interessiert waren, in der Regel auch eher bereit waren, einen Mehrpreis für die Bioqualität zu zahlen.[424]
Bei der Preispolitik erwiesen sich somit folgende Faktoren als relevant:

- die Bereitschaft der Auftraggeber zur Subventionierung des biologischen Angebots,
- die Preisbereitschaft der Gäste, unter anderem ihre Anspruchshaltung in Bezug auf subventionierte Preise,
- die etablierten Vorstellungen der Gäste über ein angemessenes Preis-Leistungs-Verhältnis,
- die Preisstruktur im Sortiment, besonders für die Angebotsformen vegetarisch – Fleisch und biologisch – konventionell, und
- der Einfluss der Gäste auf den Endpreis und die damit verbundene erhöhte Preisbereitschaft durch eigenes Portionieren am Free-Choice-Büffet.

Da die zentrale Planungsgruppe die hohe Kostenbelastung und die beschränkten Möglichkeiten zur Weitergabe der Kosten an Auftraggeber und Gäste nicht vorhergesehen hatte, ergriff sie keine Massnahmen, um die Betriebe vom unmittelbaren Kostendruck zu entlasten. Es wurde kein Budget bereitgestellt, um damit zumindest die *Anfangsphase finanziell zu entlasten*, bis die Erfahrungen der Betriebe ausgewertet und Erkenntnisse über die optimale Preispolitik und wirksame Massnahmen der Kosteneinsparung gewonnen waren.[425] Letztlich wurden die

[422] Interview SV 6, Interview SV 8, Büchel 1996.

[423] Interview SV 6, Interview SV 9.

[424] Interview SV 11, Interview SV 6, Interview SV 9, Interview Andere 8.

[425] Für die ökologische Textillinie Coop Natura Line wurde z.B. ein sogenannter Öko-Fonds zur Subventionierung eingerichtet und den Bioprodukten eine Zeitspanne von drei Jahren zur Erreichung üblicher Margen eingeräumt. Allerdings muss ein Unternehmen die finanziellen Reserven für ein derartiges Vorgehen zur Verfügung haben (vgl. Hummel 1997, 218 und Meyer 2000, 211).

Betriebe mit den wirtschaftlichen Folgen des Programms „Bio logisch" zunächst allein gelassen.[426]

> F&B Zürich: „Wie man gesehen hat, man kann nicht eine Promotion für die Betriebe machen ohne vorher die Kosten zu berechnen. Das hat viel Ärger gegeben. Denn normal waren die Kosten [für ein Ernährungsprogramm] nicht so hoch. Die gab es immer, waren aber nicht so hoch und deshalb waren sie nie so ein grosses Thema. Aber diesmal war es recht hoch für die Betriebe. Wenn man in Zukunft solche Sachen macht, schaut man diese Kosten sicher genauer an, die solche Promotionen am Ende verursachen."[427]

Neben der Kostenwirksamkeit des Programms „Bio logisch" wurde auch die Frage der Umsatzwirksamkeit nur am Rande betrachtet. Bei den Vorläuferprogrammen war der Umsatz nie ein Problem gewesen, sondern die Gäste hatten sowohl die Vollwertkost als auch das vegetarische Angebot und die leichte Verpflegung gern angenommen.[428] Es gab daher kein Bewusstsein dafür, dass ein biologisches Angebot eventuell nicht auf Gegenliebe stossen könnte. Das Programm „Bio logisch" wurde auch nicht primär als ein Umsatzträger angesehen, sondern als eine programmatische Weiterentwicklung des Angebots. Aus diesem Grund legte die Planungsgruppe auch keine betriebswirtschaftlichen Kennzahlen, wie z.B. Mindestumsatz oder Mindestrentabilität, als Evaluationskriterien fest, aufgrund derer man das Programm hätte bewerten und gegebenenfalls auch stoppen müssen.

> S.M.: „Ist es denn beim SV-Service üblich, wenn Sie diese Ernährungsprogramme einführen, dass Sie da ein Limit setzen und sagen: ‚Na gut, wenn wir bis dahin nicht einen gewissen Break-Even-Punkt erreicht haben, dann brechen wir es ab'?"
>
> F&B-Manager Schweiz: „Nein. (...) All das, was wir gemacht haben, sei es im Bereich der Vollwerternährung oder im Bereich der vegetarischen Ernährung... Dies sind ja keine Konzepte, wo wir gesagt haben, die müssen einen gewissen Erfolg bringen (...). Sondern wir haben uns im Angebot weiterentwickelt. Und bis jetzt hat uns die Nachfrage und die Veränderung im Markt immer bestätigt."[429]

Kommunikationspolitik

Die Planungsgruppe legte bei der Strategieentwicklung den Schwerpunkt ihrer Marketingmassnahmen auf die Kommunikation des Programms „Bio logisch". Welche Rahmenbedingungen waren für die Kommunikation gegenüber den Gästen relevant? Wie in Kapitel 3.5. dargelegt, handelt es sich beim Besuch des Personalrestaurants um eine „Low-involvement-Situation": Der Ablauf ist durch eine hohe Routine geprägt und die Gäste wollen sich ausruhen, daher sind sie Kommunikationsmassnahmen, insbesondere intellektueller Ansprache, nur sehr eingeschränkt zugänglich.

Die Kommunikationsmassnahmen, die zur Vermittlung des Programms „Bio logisch" ergriffen wurden, sollten bei den Gästen einerseits eine sinnliche und

---

426 Interview SV 6.

427 Interview SV 6.

428 Interview SV 6.

429 Interview SV 7.

andererseits eine intellektuelle Auseinandersetzung mit den Bioprodukten hervorrufen. Der Schwerpunkt der Massnahmen lag auf der intellektuellen Ansprache der Gäste. Mit Broschüren und Plakaten sollte ihnen der nicht direkt wahrnehmbare *Mehrwert* der Bioprodukte *vermittelt* werden.

> F&B-Manager Schweiz: „Ein Prozess muss stattfinden. Die Leute müssen sich eindenken können, die müssen verstehen, worum es geht. Und der Prozess hat eben so stattgefunden, dass wir angefangen haben mit dem [Bio-]Zopfverkauf, mit dem ersten Kontakt mit Bio[rohprodukten], mit der Knospe und mit der Reaktion der Gäste."
>
> S.M.: „Sie meinen also mit ‚Prozess', dass die Leute sich an die Bioprodukte erst mal gewöhnen müssen, da auch gewisse Sachen neu lernen müssen usw. Also hauptsächlich Bewusstseins- und Wissensänderung und -aufbau."
>
> F&B-Manager Schweiz: „Ja. Sie müssen hinter die Kulissen schauen. Es ist ja nicht nur rein was Technisches. Sowohl für die Gäste wie für die Mitarbeiter."[430]

Der Name des Programms „Bio *logisch*" sprach primär die Vernunft der Gäste an. Die erste Broschüre[431], die in den Betrieben zur Information der Gäste auslag, trug den Titel „Richtig geniessen, logisch. Gesundheit inbegriffen. Bio-logisch.". Hinsichtlich der Form überwogen in der Broschüre die Schriftkomponenten deutlich die Bildelemente, die nur als „bunte Auflockerungselemente" ohne Symbolkraft wirkten. Das Deckblatt zeigte nur Text und das „Bio logisch"-Logo (siehe Abbildung 21). Mit dieser Gestaltungsentscheidung wurde die Chance gefährdet, die Gäste zu erreichen, da Textelemente den Bildelementen für die Informationsvermittlung in einer Low-involvement-Situation *unterlegen* sind, weil sie Inhalte weniger schneller und nicht so unmittelbar transportieren. Ein Bild kann die Betrachter auch in den voraussichtlich wenigen Sekunden erreichen, in denen sie z.B. das Deckblatt einer Broschüre betrachten, bis sie sich entscheiden, sie nicht durchzulesen.[432]

---

430 Interview SV 7.

431 Alle nachfolgenden Zitate stammen aus der ersten Informationsbroschüre zum Programm „Bio logisch", SV-Service (o.J.)b.

432 Kroeber-Riel 1992, 249.

Abbildung 21: Auszüge aus der ersten Informationsbroschüre zum Programm „Bio logisch" (Quelle: SV-Service o.J.b)

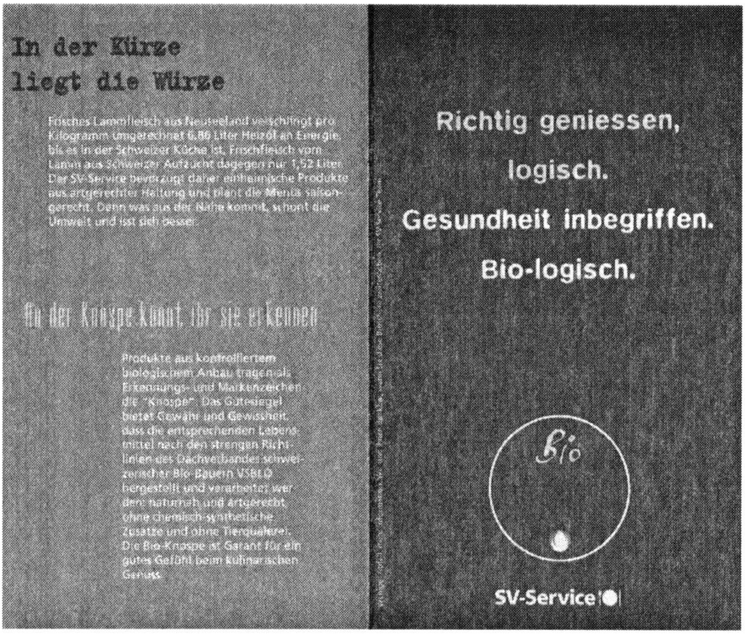

Im Text wurden Aussagen zum Individualnutzen der Bioprodukte, wie Genuss und Gesundheit, mit Gemeinnutzen-Dimensionen, wie Umweltverträglichkeit und artgerechter Tierhaltung, kombiniert.[433] Die erste Informationsbroschüre enthielt Slogans[434] wie

> „Genuss hat mit Wissen zu tun und ist gesund" und „Der Geist isst willig, denn das Fleisch ist gut"

die den Sinn des Bioangebots über *Vernunftgründe* (Ziel: aufgeklärter Genuss, Verknüpfung der Begriffe „Genuss" – „Wissen" – „Gesund") vermitteln sollten. Die Variation des Bibelzitats „Der Geist ist willig, aber das Fleisch ist schwach"[435] brachte auch *moralische Untertöne* ein. Weitere Elemente waren auf die Wissensvermittlung ausgerichtet, so wurde die Funktionsweise des Biolandbaus erklärt, die ökologischen Vorzüge der regionalen Produkte beschrieben und die Knospe als Gütesiegel eingeführt. In einem kleinen Quiz wurden dann noch Fragen gestellt, die auf ökologische Aha-Erlebnisse hinausliefen,[436] aber keinen unmittelbaren Bezug zum biologischen Angebot hatten.

In einer zweiten Broschüre mit dem Titel „Power aus der Knospe"[437] wurde den Gästen die Knospe als Gütesiegel für Bioprodukte vorgestellt. In der Pilotphase hatte man festgestellt, dass die Knospe doch nicht so vielen Gästen bekannt war, wie zu Beginn angenommen. Da viele Gäste das *Label nicht kannten*, konnte es auch die *Glaubwürdigkeit* des Angebots *weniger gut herstellen* als erhofft.[438]

Neben den Broschüren wurden für die Betriebe Dekorationsmaterialien wie Strohballen, Getreidesträusse oder Milchkessel bereitgestellt. Diese symbolisierten zwar Themen wie Bauernhof und handwerkliche Lebensmittelverarbeitung, stellten aber *keinen direkten Bezug zum alltäglichen Bioangebot* im einzelnen Betrieb her. Auch in den Broschüren wurden keine zubereiteten Gerichte, sondern nur Rohprodukte abgebildet.

Insgesamt zielten die Informations-Kampagnen hauptsächlich darauf ab, die Gäste auf die biologische Option aufmerksam zu machen und sie zu einer *bewussten, intellektuell gesteuerten Konsumentscheidungen* in der Kantine zu *erziehen*. Es zeigte sich aber, dass die Gäste *je nach „Setting"* des Personalrestaurants für die hauptsächlich intellektuell basierten Kommunikationsmassnahmen

---

433 Damit folgte die Kampagne den neueren Erkenntnissen des Öko-Marketing, dass die wenigsten Kunden Produkte nur aufgrund altruistischer, sondern hauptsächlich aufgrund egoistischer Motive kaufen. Sobald ein Unternehmen also ein Kundenpotenzial jenseits der Ökonische erschliessen will, muss es explizit nicht nur den Gemeinnutzen-Beitrag, sondern vor allem den Individualnutzen-Beitrag eines Produktes hervorheben (vgl. Belz 2001, Villiger 2000).

434 Beide Zitate aus SV-Service (o.J.)b.

435 Matthäus 26:41 (Passionsgeschichte, Ölberg).

436 So wurde z.B. nach der Anzahl der verbrauchten Kaffeerahm-Portiönchen pro Jahr in der Schweiz (9 Mrd.) oder der eingesparten Energie beim Waschen mit 60°C anstatt 95°C (40%) gefragt (SV-Service (o.J.)b).

437 SV-Service 1997a.

438 Interview SV 5. Dies wurde auch als weiteres Argument für den Direktbezug von einem Biohof aufgefasst, da die konkrete Angabe eines einzelnen Lieferanten, der mit seinem Namen für die Qualität einsteht, den Gästen vertrauenswürdiger erschien als das abstrakte Label.

unterschiedlich aufnahmebereit waren.[439] Dies wurde z.B. im SV-geführten Personalrestaurant der Konzernleitung einer grossen Schweizer Bank deutlich. Der Betrieb gibt täglich ca. 2'300 Warmessen aus. Das Restaurantgebäude im Stil der 1970er-Jahre (rotes Stahlblech und Sichtbeton) liegt inmitten des Firmengeländes. Der Küchenchef berichtete, dass eine sehr hektische, teilweise sogar aggressive Atmosphäre herrsche, die er sich durch die Nähe zu den Büros und die Grösse des Restaurants erkläre. Seine Gäste seien für Informationen über das Programm „Bio logisch" nur sehr wenig aufnahmebereit gewesen, wollten „schon gar kein Papier"[440].

Die sinnliche Seite der Kommunikation wurde abgedeckt, indem während der Pilotphase in den Betrieben biologische Hefezöpfe verkauft wurden. Ausserdem konnten die Gäste biologische Rohprodukte kosten. Damit sollte Aufmerksamkeit auf das Bioangebot gelenkt werden und die Gäste sollten die Bioprodukte *unmittelbar sinnlich* erfahren können, um Vorurteile und Berührungsängste abzubauen.[441] Diese Angebote blieben aber *abgehoben vom alltäglichen Bioangebot*, weil vor allem solche Produkte (Biozopf, rohes Gemüse und Obst) gekostet werden konnten, die nicht in derselben Form als Menü im Betrieb angeboten wurden. Das tatsächliche Bioangebot in den SV-Betrieben unterschied sich nur durch den *Input* vom konventionellen Angebot, weil *dieselben Gerichte* mit anderen Rohprodukten gekocht wurden. Daher hob sich das Bioangebot *im unmittelbaren Erleben* der Gäste *gerade nicht* vom konventionellen Angebot ab. So sehr sich das Bioangebot im „Back-Office-Bereich" für die SV-Mitarbeiterinnen und Mitarbeiter vom konventionellen unterschied und so sehr die SV-Broschüren und die eigene Vernunft den Gästen sagen mochten, dass die Bioprodukte anders produziert seien und besser schmeckten, *an der Front*, in ihrer Wahrnehmung, *lag das „gleiche" Produkt auf dem Teller.*[442]

Da der Umsatz des Bioangebots über alle Betriebe sehr niedrig blieb, kann angenommen werden, dass der intendierte Lerneffekt bei den Gästen mit den Kommunikationsmassnahmen nur sehr eingeschränkt erreicht werden konnte. Der Fokus der Massnahmen lag auf der *intellektuellen Ansprache*, für die gezeigt werden konnte, dass sie den *Rahmenbedingungen* der Konsumsituation *nicht optimal gerecht* wurde. Daher liegt der Schluss nahe, dass diese Rahmenbedingungen bei der Gestaltung *nicht ausreichend berücksichtigt* wurden. Die intellektuelle und auch normative Begründung des Programms „Bio logisch" entspricht dagegen den Gründen der Initiatoren, das Programm einzuführen. Man kann also annehmen, dass eine Projektion der eigenen *Überzeugungen und Erwartungen* auf die Gäste und Auftraggeber einer Klärung der Kommunikationssituation und entsprechenden Gestaltung der Kommunikationspolitik im Weg

---

439 Dies wird auch in Dziadek 1997, 50 deutlich. Die Autorin wertete die Erfahrungen der Küchenchefs in der Pilotphase des Programms „Bio logisch" aus.

440 Interview SV 5. Vgl. auch Hermanowski et al. 1997, 115.

441 Interview SV 2, Interview SV 7.

442 Die Idee einiger Küchenchefs, zur optischen Differenzierung wenigstens eigenes Geschirr für das Bioangebot anzuschaffen, konnte, vermutlich aus Kostengründen, nicht realisiert werden (vgl. Dziadek 1997, 57).

gestanden haben mögen. Die Betriebe standen hingegen vor dem Problem, dass mit der Kommunikation ein *Mehrwert behauptet* wurde, den die Gäste beim fertigen Gericht aber *kaum wahrnehmen konnten*.

Der herausgebildete Marketingmix

Betrachtet man den Marketingmix, wie er sich mit der Realisierung des Programms „Bio logisch" herausgebildet hat, so fällt auf, dass sich die Vernachlässigung der Marketingstrategie im operativen Marketing niedergeschlagen hat. So wurde erstens die spezifische Konsumsituation der Zweckverpflegung, in welcher die SV-Service Betriebe agieren müssen, in keiner Weise bei der Planung berücksichtigt. Ausserdem versäumte es die Planungsgruppe, sich über die Kundensegmente und ihr Interesse an Bioprodukten klar zu werden. Daher ist der Marketingmix zwar durchaus in sich stimmig, er beruht aber auf falschen Voraussetzungen, primär auf der Annahme, dass die Bioqualität ein Wert ist, der über Vernunftgründe vermittelbar ist und von den meisten Kunden als Nutzen der Verpflegung geschätzt wird.

Die *Produktpolitik* wurde vollständig dem Ermessen der einzelnen Küchenchefs unterstellt. Sie erhielten keine strukturierte Anleitung zur Gestaltung ihres Angebots in Form einer Sortimentspolitik aus der Zentrale. Allein die Inputsteuerung durch die strategische Beschaffung sowie die Unterteilung des Angebots im 3-Stufen-Konzept wurden von dort vorgegeben. Jedoch fehlte die systematische Auswertung der betrieblichen Erfahrungen, um die Küchenchefs in ihrer Produktpolitik zu unterstützen, sei es durch Vermittlung von bei bestimmten Kundensegmenten besonders beliebten Gerichten oder die Komplettumstellung von bestimmten Menükomponenten auf biologische Einsatzstoffe. Das Vorgehen der Zentrale war eher darauf ausgerichtet, die innerbetrieblichen Abläufe zu optimieren (3-Stufen-Konzept) oder die Kostensituation zu verbessern (Leaderprodukte) als darauf, die Kundenorientierung des Angebots zu optimieren (Ermittlung beliebter Gerichte).

Hinsichtlich der *Preispolitik* ging die Erwartung der zentralen Planungsgruppe gänzlich in die Irre. Nicht nur weigerten sich die meisten Auftraggeber, die Bioprodukte zusätzlich zu subventionieren, auch ein Grossteil der Gäste waren keineswegs bereit, höhere Preise für Gerichte aus dem Programm „Bio logisch" zu zahlen. Da die Planenden diese mangelnde Zahlungsbereitschaft nicht vorausgesehen und daher keine finanzielle Ausstattung dafür bereitgestellt hatten, wurden die Betriebe noch zusätzlich unter Druck gesetzt, weil auch aus der Linienführung des SV-Service die Erwartung an sie herangetragen wurde, das biologische Angebot ohne zusätzliche Kosten zu realisieren. Dies führte – neben der zusätzlichen Arbeitsbelastung – dazu, dass die meisten Betriebe das biologische Angebot drastisch reduzierten.

Das Hauptziel des Programms „Bio logisch" bestand darin, die Gäste von der biologischen Ernährung zu überzeugen. Daher wurde der Schwerpunkt des Marketingmixes bei der *Kommunikationspolitik* gesetzt. Die *spezifische Konsumsituation* der Zweckverpflegung erhielt in der Planung jedoch *keinen besonderen Stellenwert*. So wurde die Kommunikation viel zu sehr auf Werte und intellektu-

elle Ansprache ausgerichtet, was völlig an der Low-involvement-Situation der Zweckverpflegung vorbei ging. Ausserdem stellten die Kommunikationsmassnahmen in zu geringem Masse die Verbindung zwischen den Werbeaussagen und dem konkreten betrieblichen Angebot her.
Abschliessend sollen hier noch vier Einflussfaktoren zusammengefasst dargestellt werden, die das Marketing für das Programm „Bio logisch" erschwerten. Ein *allgemeiner Einflussfaktor* wurde gefunden, der für alle Konsumsituationen von Bioprodukten gilt:

1. Die besondere Bioqualität erschliesst sich den Konsumenten nicht über das direkte Erlebnis, sondern es handelt sich um eine Vertrauenseigenschaft[443]. Dieser Einflussfaktor betrifft Sortiments- bzw. Produktpolitik sowie Preis- und Kommunikationspolitik. Die Differenz zwischen Bio- und konventionellen Produkten ist bei fertigen Menüs nicht direkt wahrnehmbar. Dies führte dazu, dass die Gäste den in der Kommunikation behaupteten Mehrwert nicht nachvollziehen konnten und entsprechend auch nur sehr eingeschränkt bereit waren, einen Mehrpreis für das Bioangebot zu zahlen. Darüber hinaus richteten sie ihre Konsumentscheidung hauptsächlich daran aus, ob sie Appetit auf ein Gericht hatten. Die Bioqualität war für sie nur ein nachrangiges Entscheidungskriterium, wenn sie überhaupt daran interessiert waren. Anstatt unter „Bio logisch" hätte man das Programm vielleicht besser unter das Motto „Bio gluschtig"[444] stellen und den Schwerpunkt darauf legen sollen, den Gästen mit Bioangeboten in Form beliebter Gerichte Appetit auf Bio zu machen.

Ausserdem konnten drei *situative Einflussfaktoren* identifiziert werden, die durch den Konsumanlass „Zweckverpflegung" bestimmt werden:

2. Die *Präferenzen für Gerichte variieren je nach Betrieben*, weil die jeweiligen Gäste, d.h. die Mitarbeiterinnen und Mitarbeiter der auftraggebenden Unternehmen, je nach Betrieb sehr unterschiedlich sind (betrifft Kundensegmentierung, Sortimentspolitik und Produktpolitik). Auf eine zentral gestaltete Sortimentspolitik oder Kundensegmentierung und unterstützende Planungsmassnahmen zur Produktpolitik wurde daher von vornherein zugunsten einer kundennahen Gestaltung durch die einzelnen Küchenchefs verzichtet. Dabei wurde aber übersehen, dass die Zentrale durchaus eine strategische Führung hätte übernehmen können (und auch müssen), indem sie die betrieblichen Erfahrungen auswertet. Damit hätte sie die Küchenchefs sowohl durch strategische Vorgaben bei Kundensegmentierung und Sortimentspolitik wie auch durch Vermittlung von „Best Practices" in der operativen Gestaltung der Produktpolitik massgeblich unterstützt.

---

443 Vgl. Darby/Karni 1973, 67–88, Kaas 1990, 542–543.

444 „Gluscht haben" ist ein Schweizerdeutscher Ausdruck für „Gelüste haben", „Appetit haben". Die Gäste „gluschtig" machen, heisst entsprechend, ihre Gelüste anzusprechen, ihnen Appetit auf Bio zu machen.

3. In der Zweckverpflegung sind die Gäste *sehr preissensibel* (betrifft Preispolitik).
   Die Preissensibilität der Gäste wurde bei der Planung nicht vorhergesehen und daher *keine Entlastungsinstrumente* für die Betriebe geschaffen. Entsprechend hatten die Betriebe grosse Probleme, das biologische Angebot so zu gestalten, dass es gleichermassen attraktiv wie auch budgetär zu verantworten war. Nach den ersten Erfahrungen wurden zumindest Hilfestellungen für interne Kostenersparnisse bereitgestellt.
4. Die Zweckverpflegung ist eine Low-involvement-Situation (betrifft Kommunikationspolitik).
   Die Planung ging davon aus, dass die Gäste durch Vernunftgründe vom Konsum der biologischen Produkte überzeugt werden könnten. Daher wurden die Schwerpunkte der Kommunikation bei den Werten, bei viel intellektueller und wenig sinnlicher Ansprache gesetzt. Dabei wurde nicht beachtet, dass die Gäste in der Konsumsituation des Kantinenbesuchs gerade *„verkopften" Kommunikationsmassnahmen* gegenüber *nur sehr eingeschränkt zugänglich* sind und das Programm „Bio logisch" primär über sinnliche Elemente hätte kommuniziert werden müssen.

Die Wechselwirkungen zwischen Marketingstrategie und Marketingmix werden in der folgenden Abbildung 22 mit den jeweiligen Einflussfaktoren im Überblick dargestellt.

Abbildung 22: Einflussfaktoren und Wechselwirkungen zwischen Marketingstrategie und Marketingmix des Programms „Bio logisch" beim SV-Service (Quelle: eigene)

Marketingstrategie

- Positionierung: Avantgarde der ökologischen und gesunden Zweckverpflegung
- Timing: Pionier, Rezession
- Kundensegmentierung: keine
- Sortimentspolitik: keine (3-Stufen)

Beeinflusst durch

- ➢ Vertrauenseigenschaft: Differenz Bio – Konventionell nicht direkt wahrnehmbar
- ➢ Konsumanlass Zweckverpflegung
  Motto: „Sättigung mit Genuss-Untergrenze und Preis-Obergrenze"
- ➢ Low-involvement-Situation
- ➢ Unterschiedliche Präferenzen der Gäste, nach Betrieben unterschiedlich

Produktpolitik (Was?)

- Produkte haben kein Gesicht
  - Gleiche Gerichte, wie Konventionell
  - Differenz Bio – Konventionell nicht direkt wahrnehmbar

Beeinflusst durch

- ➢ Zweckverpflegung
- ➢ Unterschiedliche Präferenzen der Gäste
- ➢ Geringe Subventionsbereitschaft der Auftraggeber

Preispolitik (Wie teuer?)

- Hohe Preissensibilität der Gäste

Beeinflusst durch

- ➢ Zweckverpflegung
- ➢ Differenz Bio – Konventionell nicht direkt wahrnehmbar
- ➢ Gleiche Gerichte, wie Konventionell
- ➢ Anspruchshaltung Subventionierung

- Kosten des Angebots

Beeinflusst durch

- ➢ Economies of Scale bei Beschaffung
- ➢ Subventionsbereitschaft der Auftraggeber

Kommunikationspolitik (Wie vermitteln?)

- Starke Wertbetonung
- Viel Intellekt, wenig Sinnliches
- Wenig Bezug zum betrieblichen Bioangebot

Beeinflusst durch

- ➢ Low-involvement-Situation
- ➢ Unterschiedliche Präferenzen der Gäste
- ➢ Differenz Bio – Konventionell nicht direkt wahrnehmbar

5.2.5. Zwischenfazit: Operative und strategische Herausforderungen

5.2.5.1. Operative Herausforderungen

In der *Produktentwicklung* ging es primär darum, in Zusammenarbeit mit der Bio Suisse *verbindliche Regeln* für die Verarbeitung und den Verkauf der biologischen Produkte in den SV-Service-Betrieben zu schaffen. Die Bio Suisse hatte noch keine eigenen Regeln für die Gastronomie aufgestellt, sodass in *gemeinsamen Lernprozessen* über die Arbeitsabläufe in der Gastronomie einerseits und

die notwendigen Vorkehrungen zur Qualitätssicherung von Bioprodukten andererseits ein Regelwerk geschaffen werden musste, das dann auch weiterhin von der Bio Suisse auf Lizenznehmer in der Gastronomie angewandt wurde.
In der *Beschaffung* waren mehrere Herausforderungen zu meistern. Einerseits ging es darum, zuverlässige *Lieferanten zu akquirieren* und sich an die, von konventionellen Produkten her ungewohnte, *eingeschränkte Verfügbarkeit von Rohstoffen* zu gewöhnen. Andererseits mussten die Mitarbeitenden des strategischen Einkaufs den Verhandlungen mit den Lieferanten eine zutreffende Bedarfseinschätzung zugrunde legen. Hierbei wurden zunächst zu optimistische Zahlen generiert und aufgrund der ungenügenden Kommunikation zwischen Zentrale und Betrieben dauerte es relativ lange, bis die ersten Schätzungen revidiert wurden.
Die *Produktion* hatte vor allem die Warentrennung in Lager und Küche gemäss der Bio Suisse Regeln zu organisieren. Hierzu waren *einmalige Umstellungen* im Arbeitsfluss und die Kennzeichnung von Lagerstätten notwendig.
Im *Marketing* ergaben sich die Herausforderungen primär dadurch, dass der *Marketingmix* zunächst *nicht an* die spezifische *Konsumsituation angepasst* war. So wurde die Kommunikation nicht auf die, in der Zweckverpflegung vorliegende Low-involvement-Situation ausgelegt. Die Gäste wurden zu sehr auf intellektueller und viel zu wenig auf sinnlicher Ebene angesprochen. Auch die Preissensibilität der Gäste und die Subventionsbereitschaft der Auftraggeber wurden systematisch überschätzt, was darauf zurückführbar ist, dass die Planenden die Bedeutung der Bioqualität als Verkaufsargument viel zu hoch gewichteten. Dies zeigte sich auch in der Produktpolitik, weil die Biogerichte bis auf die Tatsache der biologischen Qualität kein „eigenes Gesicht" erhielten, sie waren nicht wahrnehmbar von den konventionellen Gerichten zu unterscheiden.
In der *Leistungserstellung* (Produktentwicklung, Beschaffung, Produktion) liessen sich die operativen Herausforderungen also durch *Umstellung von Routinen und Wissenserwerb* relativ schnell auflösen. In der *Leistungsverwertung* hingegen blieben sie bestehen, da sie auf einer *Fehleinschätzung der Konsumsituation und der Gästepräferenzen* und letztlich auf einer *nur wenig adäquaten Marketingstrategie* beruhten.

5.2.5.2. Strategische Herausforderungen

Für die *Produktentwicklung* hätte die strategische Herausforderung darin bestanden, sich *an der Positionierung und der Sortimentspolitik zu orientieren.* De facto wurde das Programm „Bio logisch" zwar an der Positionierung als Pionier ökologischer und gesunder Personalverpflegung orientiert, doch die Sortimentspolitik wurde nur sehr eingeschränkt definiert, daher war dort *keine Orientierung* möglich. Dies hatte insbesondere bei der Gestaltung des Warmessensortiments Folgen, welches vollständig in das Ermessen der einzelnen Küchenchefs gestellt wurde.
In der *Beschaffung* lag die strategische Herausforderung darin, den Betrieben *preisgünstige Biorohstoffe zur Verfügung zu stellen*, um ein möglichst grosses Repertoire von Biogerichten zu ermöglichen. Diese Aufgabe wurde zu Beginn

nur wenig mit den Bedürfnissen der Betriebe abgestimmt, sodass es zunächst zu einigen Fehlentwicklungen kam, da biologische Convenienceprodukte akquiriert wurden, welche die Betriebe aufgrund ihrer Margenträchtigkeit lieber selbst herstellten. Mit der Zeit gelang es zunehmend, dieser Aufgabe gerecht zu werden. Allerdings wurde das grösste Potenzial zur Erreichung von Economies of Scale und damit auch von Preisreduktionen bei Lieferanten, die Vereinheitlichung des Biosortiments über alle Betriebe, nicht ausgeschöpft. Auch hier lag die Ursache des Problems also letztlich in der fehlenden Marketingstrategie, in diesem Fall in der mangelnden Sortimentspolitik. In der *Produktion* waren *keine strategischen Herausforderungen* zu verzeichnen.
Im *Marketing* war eine ganze Reihe strategischer Herausforderungen zu bewältigen. Die *Positionierung* in der ökologischen und gesundheitsorientierten Vorreiterrolle stiess zum ersten Mal an Grenzen. Dabei kann aber nicht eindeutig gesagt werden, ob diese Grenzen aus der gewählten offensiven Push/Pullstrategie und ihrer konkreten Gestaltung oder aus der prinzipiellen Aufnahmebereitschaft der Gäste für ein biologisches Angebot erwuchsen, es sich also um eine „ökologische Zeitfalle“[445] handelte. Das *Timing* der Einführung des Programms „Bio logisch“ bedeutete jedenfalls eine doppelte Herausforderung. Zum einen erschwerte die *rezessive Konjunktur* die finanzielle Unterstützung der Auftraggeber, da diese ihre Kosten für die Personalverpflegung nicht erhöhen wollten. Zum anderen führte die *selbst gewählte Pionierrolle* dazu, dass eine *immense Aufbauarbeit* auf dem Beschaffungs- und Absatzmarkt und sogar hinsichtlich der Regeln des Bionachweises zu leisten war. Die *Kundensegmentierung* wurde zuerst völlig *ausgeblendet.* Am Anfang war noch nicht absehbar, wie die Gäste auf „Bio logisch“ reagieren würden, daher wurde in der Pilotphase in allen Betrieben das gleiche Angebot gemacht. Doch auch später wertete die Zentrale die Erfahrungen der Betriebe nicht aus, um Erkenntnisse für eine Kundensegmentierung zu gewinnen. Die *Sortimentsgestaltung* wurde nach der Pilotphase an die Betriebe delegiert. Nachdem klar wurde, dass die Betriebe das biologische Angebot de facto sehr stark zurückfuhren, führte die Zentrale ein dreistufiges Sortiment ein. Dies differenzierte jedoch nicht im wichtigen Bereich des Warmessens und auch nicht hinsichtlich der Kundenpräferenzen, sondern nur betreffend der Arbeitsbelastung der Betriebe. Damit wurde zwar die faktische Rückentwicklung des Programms „Bio logisch“ in den Betrieben legitimiert, aber die *Kundenorientierung* der Sortimentsgestaltung wurde mit dieser Massnahme *nicht systematisch verbessert.*
Die *Leistungserstellung* war auch hinsichtlich der strategischen Herausforderungen relativ unproblematisch. Hier zeigten sich jedoch klar die Folgen der nur bedingt adäquaten Marketingstrategie und damit das Manko bei der Gestaltung der *Leistungsverwertung.* Insbesondere Kundensegmentierung und Sortimentspolitik wiesen gravierende Lücken auf, wodurch den Betrieben Unterstützung fehlte. Sie reagierten entweder mit eigenen Aktivitäten darauf oder indem sie die Aktivitäten drastisch reduzierten, jedoch in jedem Fall mit kontraproduk-

---

[445] Dyllick et al. 1997, 146f.

tiver Wirkung auf das Gesamtprogramm und das Gesamtunternehmen. In der folgenden Abbildung 23 werden die operativen und strategischen Herausforderungen im Überblick dargestellt.

Abbildung 23: Operative und strategische Herausforderungen beim SV-Service (Quelle: eigene)

	Produktentwicklung	Beschaffung	Produktion	Marketing
Herausforderungen auf **operativer** Ebene:	• Verbindliche Regeln für Verarbeitung und Verkauf der Bioprodukte in den SV-Betrieben, um Glaubwürdigkeit herzustellen	• Zuverlässige Lieferanten akquirieren • Absolute und zeitweilige Verfügbarkeit von Biorohstoffen • Zutreffende Bedarfsschätzung im Zentraleinkauf	• Organisation der Warentrennung in Lager und Produktion	Marketingmix an Konsumsituation anpassen: • Kommunikation Low-involvement-Situation • Preissensibilität Gäste und Subventionsbereitschaft Auftraggeber • Differenzierung Biogerichte nach Gästegeschmack
Herausforderungen auf **strategischer** Ebene:	• Produktentwicklung gemäss Positionierung und Sortimentspolitik	• Den Betrieben preisgünstige Biorohstoffe zur Verfügung stellen	Keine	• Rezessive Lage bei Einführung des Bioangebots • Pioniersituation für Bio in der Gastronomie • Kundensegmentierung gemäss Präferenzen bei heterogener Klientel • Sortimentsgestaltung insbes. der Warmessen den Kundensegmenten anpassen

Das Programm „Bio logisch" wurde also in einem extrem schwierigen Umfeld realisiert. Unter diesen Umständen musste die strategische Planungsgruppe mit ihrer sehr optimistischen Ausgangshaltung beinahe zwangsläufig Rückschläge gewärtigen.[446] Neben den Problemen bei der *inhaltlichen Gestaltung der Marketingstrategie* hatte auch das *Vorgehen bei ihrer Entwicklung* Einfluss auf die Erfolgsaussichten des Programms „Bio logisch". Das folgende Unterkapitel analysiert die Vorgehensweise bei der Strategieentwicklung und die Einflussfaktoren auf den Strategieentwicklungsprozess.

5.3. Kritik der Strategieentwicklung

➔ „Bio logisch" wurde Top-down geschaffen. Die Probleme basieren daher zum einen auf systematischen Schwierigkeiten, im zentralisierten Management (SV-Zentrale) geeignete Rahmenbedingungen für die kundenorientierte Realisierung im dezentralisierten Unternehmen (SV-Betriebe) zu schaffen. Zum anderen traten Principal-agent-Probleme auf, die der Organisationsstruktur des Unternehmens zuzurechnen und daher nicht spezifisch für „Bio logisch" sind, die Probleme des Programms aber verstärkt haben.

Dieser Abschnitt analysiert die internen Faktoren, die den Strategieentwicklungsprozess beeinflusst haben. Die Rekonstruktion des Strategieentwicklungsprozesses folgt der Top-down-Richtung, in der das Programm „Bio logisch" durch das Unternehmen diffundiert ist. Zunächst wird der Prozess aus der Perspektive der zentralen Planungsgruppe untersucht, dann wird die Sichtweise des regionalen F&B betrachtet und schliesslich der Blickwinkel der Betriebe.
Das Programm „Bio logisch" musste in allen Belangen durch eigene Entwicklungsarbeit geschaffen werden. Daran waren verschiedene Subsysteme des Unternehmens beteiligt, die alle ihre spezifische Rolle im Programm hatten. Aufgrund ihrer jeweiligen Funktionen und Stellungen im Unternehmen entwickelten sie andere Sichtweisen auf das Programm. Sie hatten unterschiedlichen Zugang zu Informationen und sie wurden mit anderen Problemen konfrontiert oder entwickelten verschiedene Lösungsansätze für dieselben Probleme. In diesem Unterkapitel werden die lokalen Theorien[447], Probleme und Lösungsansätze der *drei wichtigen Subsysteme:* der *zentralen Planungsgruppe*, des *regionalen F&B* sowie der *Küchenchefs,* rekonstruiert und zu einander in Beziehung gesetzt.
Die Arbeit der zentralen Planungsgruppe kann *zwei strategisch relevanten Themen* zugerechnet werden: Erstens arbeitete sie eine *strategische Grobsteuerung*

---

446 Bereits in der Stärken-Schwächen-Analyse von Dziadek (1997, 60) nach den Erfahrungen der Pilotphase wurde deutlich, dass die Schwächen des Programms sich unmittelbar betriebswirtschaftlich negativ auswirkten (z.B. hohe Kosten, Mehraufwand, geringe Nachfrage), während sich seine Stärken ausschliesslich auf gesellschaftliche Nutzendimensionen bzw. allenfalls mittelbare Erfolgsfaktoren bezogen (z.B. Stärkung des Biomarktes, Aufklärung und Abbau von Vorurteilen, Pionierrolle, Imagegewinn).

447 Vgl. Kapitel 2.3.3.

aus, die primär auf die Beschaffung und das Marketing bezogen war und zweitens setzte sie für die Realisierung des Programms „Bio logisch“ in den Betrieben stark auf die *ideelle, intrinsische Motivation der Mitarbeiter*. Die Interaktion der drei Subsysteme bezüglich der zwei Themen „Strategische Grobsteuerung“ und „Mitarbeitermotivation“ wird nacheinander analysiert.

5.3.1. Strategische Grobsteuerung

Die Ereignisse bei der strategischen Beschaffung für das Programm „Bio logisch“ wurden im Abschnitt 5.2.2. bereits geschildert. Der Grobsteuerungseffekt bestand darin, dass der strategische Einkauf sowohl für die Produkt- als auch für die Preispolitik Rahmenbedingungen schuf, innerhalb derer sich die Betriebe dann bewegen mussten. Der strategische Einkauf akquirierte Lieferanten für Bioprodukte und bestimmte damit für die Betriebe das Sortiment der Rohprodukte und die Bandbreite der Beschaffungspreise. Die Feinplanung, welche Gerichte zu welchen Preisen sie nun tatsächlich anboten, konnten die Betriebe selbst vornehmen. Damit bündelte die Zentrale die Nachfragemenge aller Betriebe, um gegenüber den Lieferanten Nachfragemacht zu schaffen und delegierte gleichzeitig die Angebotsgestaltung an die Betriebe, um deren Kundennähe zu nutzen. Dies war wichtig, weil die auftraggebenden Unternehmen und entsprechend die Zielgruppen jedes einzelnen Betriebs sich stark von einander unterscheiden konnten.

In der gesamten Planungsarbeit wurde die Notwendigkeit zur Zusammenarbeit zwischen Zentrale und Betrieben, um das Programm „Bio logisch“ weiter zu entwickeln, aber unterschätzt. Dies zeigt sich erstens daran, dass die *Erfahrungen von Pionierbetrieben* mit einem biologischen Angebot *nicht in die Planung einbezogen* wurden. Denn es gab durchaus Küchenchefs, die auf Anregungen aus den vorhergegangenen Ernährungsprogrammen bereits seit längerem freiwillig Bioprodukte einsetzten, und sie hatten genau die Erfahrungen gemacht, die dann für alle Betriebe zu operativen Problemen führten: Bioprodukte sind sehr teuer, sie sind nicht immer in jeder Menge verfügbar und sehr arbeitsaufwändig.[448] Doch obwohl zumindest einzelne Mitglieder der Planungsgruppe von diesen Pionieren gewusst haben müssen, wurden sie nie in die Planung einbezogen.[449]

Zweitens wurde der *Austausch zwischen Zentrale und Betrieben nicht als strategisches Entwicklungsinstrument angesehen*. Die Planungsgruppe ging davon aus, dass der Entwicklungsprozess des Programms „Bio logisch“ mit der Delegation der Produkt- und Preispolitik „nach unten“ abgeschlossen war.[450] Es wurden

---

448 Büchel 1996, Interview SV 9.

449 Diese mangelnde Einbindung der Bio-Pioniere bewirkte nicht nur, dass die Probleme des Programms „Bio logisch“ bei der Planung deutlich unterschätzt wurden, sie trug auch nicht zur Legitimation des Programms bei. Denn gerade die Pionierunternehmen hatten Mühe, sich den ohne sie geschaffenen Regeln unterzuordnen. Wären sie einbezogen worden, hätte dies ihre Akzeptanz vermutlich gesteigert (Interview SV 6).

450 Die Ausdrucksweise der beteiligten Planer deutet darauf hin, dass sie die Realisierung des Programms zwar als mit Lernprozessen verbunden, aber insgesamt als unproblematisch einschätzten. Die Beteiligten sprachen immer von der „Umsetzung“ in den Betrieben, was darauf hin-

weder strategische Vorgaben hinsichtlich der Kundensegmentierung, noch bezüglich der Sortimentspolitik gemacht, die den Betrieben die Gestaltung hätten erleichtern können. Obwohl die Akzeptanz des Bioangebots bei den Gästen völlig offen war, rechnete man nur noch mit Problemlösungen im Sinne von Feinanpassungen des entwickelten Systems, nicht aber damit, dass das ganze Programm auf der Basis der betrieblichen Erfahrungen weiter entwickelt und verändert werden müsste. Daher wurde auch *kein Evaluationssystem* für das Programm „Bio logisch" geschaffen.
Vielmehr *vertraute* die zentrale Planungsgruppe *auf den etablierten Feedbackmechanismus*, bei dem sich die Betriebe bei Problemen an den regionalen F&B-Manager wandten. Dieser sollte dann entweder bilateral helfen oder notwendige Unterstützung aus der Zentrale anfordern. Der F&B musste ausserdem ähnliche Probleme, die gehäuft in verschiedenen Betrieben auftauchten, der zuständigen Stelle in der Zentrale mitteilen, damit systematische Schwierigkeiten zentral für alle Betriebe gelöst werden konnten. Auf diese Weise wurde z.B. bekannt, dass die Küchenchefs Schwierigkeiten hatten, ihre Menüs zu planen, weil viele Rohstoffe kurzfristigen Lieferbarkeitsschwankungen unterlagen. Der Zentraleinkauf vereinbarte dann mit den Lieferanten, dass die Küchenchefs kurzfristig Lieferbarkeitslisten erhalten sollten, anhand derer sie ihr Angebot zusammenstellen konnten.
Der regionale F&B-Manager nahm die Vermittlungsrolle zwischen Zentrale und Betrieben ein, er hatte die *zentrale Kommunikationsfunktion* für das Programm „Bio logisch". Da er selbst betriebliche Erfahrungen hatte, waren ihm manche Probleme, die durch unrealistische Erwartungen von Mitgliedern der zentralen Planungsgruppe für die Betriebe entstanden, von Beginn an bewusst. Der regionale F&B versuchte daher, einzugreifen und praxisgerechte Regelungen zu erreichen. So war er ein starker Verfechter der Drei-Stufen-Regelung, die einerseits das de facto von manchen Betrieben bereits praktizierte Bioangebot mit Minimalaufwand legitimierte, andererseits aber auch die Erwartungen an die Betriebe angesichts der Umsatz-, Arbeits- und Kostenprobleme auf ein realistisches Mass reduzierten. Zusätzlich hatte er eine *Führungsfunktion*, denn er musste auch den Betrieben die Erwartungen der Zentrale vermitteln und eingreifen, wenn er feststellte, dass ein Küchenchef die Realisierung des Programms unterhalb seiner Möglichkeiten betrieb.

> F&B-Manager Zürich: „Ich habe mich recht gut für die Betriebe gewehrt, habe ich das Gefühl. Ich habe mich aber auch gegenüber den Betrieben sehr von der ‚Zentrale-Seite' her gezeigt, dort musste ich recht die Differenzen aufzeigen, die waren ganz klar da."[451]

Das Programm „Bio logisch" war aber bei weitem nicht die einzige Aufgabe des regionalen F&B-Managers, sodass er *keine Ressourcen* für eine systematische Evaluation der Realisierung des Programms „Bio logisch" bei allen Betrieben in seinem Zuständigkeitsbereich hatte. Er konnte allenfalls bei ohnehin stattfinden-

weist, dass sie die eigene Planung als Vorlage ansahen, nach der die Betriebe ohne wesentliche Probleme arbeiten könnten (Interview SV 2, Interview SV 7).

[451] Interview SV 6.

den Gesprächen Rückmeldungen einholen[452] und, wenn er Auffälligkeiten feststellte, diese an die zentrale Planungsgruppe weiterleiten oder auch selbst Massnahmen ergreifen.
Mit der Erwartung der zentralen Planungsgruppe, alle Probleme der Betriebe feststellen und an die Zentrale melden zu können, war der F&B also *systematisch überfordert*. Er hatte zum einen keine Ressourcen, um eine flächendeckende Betreuung der Betriebe für das Programm „Bio logisch" gewährleisten zu können. Zum anderen konnte auch nicht darauf gesetzt werden, dass alle Betriebe ihre Probleme dem F&B meldeten, wenn sie in Eigeninitiative Lösungen fanden, die aber aus verschiedenen Gründen nicht im Sinne der zentralen Planung waren.[453]
In den Betrieben entschied sich der Erfolg des Programms „Bio logisch". Den *Küchenchefs* kam die *zentrale Rolle* zu, die Rahmenplanung der Zentrale gemäss ihres betrieblichen Kontexts auszufüllen.[454] Der Erfolg des Programms „Bio logisch" hing unter anderem von ihrem *Engagement* ab. Sie planten das biologische Angebot und hatten daher entscheidend in der Hand, ob sie viel oder wenig Aufwand dafür einsetzten, die *Präferenzen ihrer Gäste* für ein biologisches Angebot *zu testen*. Wenn sie das Bioangebot kreativ quersubventionieren konnten und ihr Sortiment attraktiv zusammenstellten, schafften sie es unter Umständen, das Programm „Bio logisch" auch mit einem schmalen betrieblichen Budget zu realisieren.[455]
Waren die Küchenchefs dem Programm „Bio logisch" gegenüber ohnehin schon skeptisch eingestellt, so meldeten sie dem regionalen F&B in der Regel nicht, dass sie Unterstützung brauchten, um ein umsatzträchtiges Bioangebot zu machen, sondern fuhren ihr Angebot stillschweigend auf ein Minimum hinunter.[456] Da das Bioangebot aufgrund fehlender Controllinginstrumente nicht zentral überblickt werden konnte, fiel dieses Vorgehen nur bei den Lieferanten durch niedrige bzw. ausbleibende Bestellungen auf, nicht aber in der Zentrale.
Die Zentrale nahm gegenüber den Küchenchefs ihre *strategische Führungsrolle kaum war*. Auf der Inputseite wurden mit der Zeit einige Informationen für die Menüplanung und den Einsatz kostensparender Rohstoffe bereitgestellt. Auf der Outputseite wäre es z.B. sinnvoll gewesen, iterativ aus den betrieblichen Erfahrungen Hinweise für erfolgreiche Angebote in verschiedenen Betriebstypen zu generieren, also die Kundensegmentierung und Sortimentspolitik zu entwickeln,

---

452 Interview SV 6, Interview SV 10.

453 So wirkten z.B. sowohl die eigenmächtige Einstellung des Bioangebots, wie auch die individuelle Beschaffung bei einem Biobauern kontraproduktiv auf die zentrale Beschaffung, die Economies of Scale und den sukzessiven Aufbau eines breiten Biosortiments bei den referenzierten Lieferanten ermöglichen sollte. Für die Einzelbetriebe war ihr Handeln rational, auch wenn sie sich der kontraproduktiven Wirkung durchaus bewusst waren. Sie versuchten daher, es möglichst lange unbemerkt von der Zentrale zu praktizieren (Interview SV 3, Interview SV 2, Interview SV 9).

454 Interview SV 2, Interview SV 7.

455 Interview SV 2, Interview SV 6, Interview SV 11.

456 Hier lag also ein typisches Moral-hazard-Problem aufgrund von Informationsasymmetrie vor (vgl. Milgrom/Roberts 1992, 166ff.).

um auch tendenziell eher unwilligen Küchenchefs noch einen Anstoss zu einem Bioangebot auf höherer Stufe zu geben. Dies stand aber aufgrund des „Respekts" der zentralen Planungsgruppe vor der Diversität und Autonomie der Betriebe nie zur Diskussion. Hier manifestiert sich ein *grundsätzliches Führungsproblem* im SV-Service, da die Betriebe immer noch eine so starke Autonomie besitzen, dass die Zentrale aufgrund dieser gewachsenen Strukturen mit einer straffen strategischen Führung sehr vorsichtig umgeht.[457]

Darüber hinaus war es auch nicht für alle Küchenchefs gleich einfach oder schwierig, das Programm „Bio logisch" zu realisieren. Sie hatten zwar eine zentrale Rolle, waren aber doch von *Kontextfaktoren* abhängig, die sie *unterstützen oder behindern* konnten. So gab es Betriebe, deren Gäste dem biologischen Angebot gegenüber relativ aufgeschlossen waren und die daher auch nach der Einführung der Drei-Stufen-Regelung bei einem Menüangebot (Stufe 3) bleiben konnten.[458] Im Extremfall der ETH Zürich verlangten die Gäste sogar ein Bioangebot. Andere Betriebe hatten aber ein Publikum, das in überwiegender Zahl den Bioangeboten gar nichts abgewinnen konnte. Dort blieb die Menünachfrage häufig unter der Rentabilitätsgrenze, sodass die Küchenchefs entweder von sich aus oder spätestens nach der Legitimation durch die Drei-Stufen-Regelung das Bioangebot auf wenige Handelsprodukte (Stufe 1) einschränkten.[459]

Die *Holschuld der Betriebe* für zentrale Unterstützung wurde also *stark betont,* die entsprechende *Bringschuld der Zentrale* für koordinierende Dienstleistungen aber *vernachlässigt.*[460] Während die zentrale Planungsgruppe also einerseits *nur lückenhaft strategische Rahmenbedingungen* für die operative Durchführung und Gestaltung des Programms „Bio logisch" in den Betrieben *setzte,* versäumte sie es auf der anderen Seite, einen Feedbackmechanismus einzurichten und mit den nötigen Ressourcen auszustatten, mit dem sie die betrieblichen Erfahrungen dieser Gestaltungsprozesse systematisch auswerten und dann die zunächst fehlenden strategischen Entscheidungen, beispielsweise hinsichtlich Kundensegmentierung und Sortimentspolitik, iterativ hätte ergänzen können. Daher konnten Lernprozesse zwischen Betrieben und Zentrale nur insofern ablaufen als der F&B-Manager, dem die Feedbackfunktion auferlegt wurde, dieser Aufgabe mit den ihm zugestandenen Ressourcen gerecht werden konnte. Eine konsequente

---

[457] Interview SV 8.

[458] Interview SV 11.

[459] Interview SV 10.

[460] Dies führte dazu, dass die in der stark arbeitsteiligen Organisationsstruktur des SV-Service latent vorhandene Principal-agent-Problematik (in Form von Hidden Action) aktiviert wurde. Zwischen Zentrale und Betrieben herrschte eine starke Informationsasymmetrie, die den Betrieben ein Vorgehen nach Gutdünken ermöglichte, das nicht unbedingt im Sinne der Zentrale sein musste. Die Zentrale stellte den Betrieben mangels Evaluation der betrieblichen Erfahrungen einerseits keine Informationen über eine erfolgreiche, umsatzträchtige Bio-Angebotsgestaltung zur Verfügung und verlangte andererseits gleichzeitig die Realisierung des Programms und Rentabilität. Damit gab sie den Betrieben Anreize, sich nicht programmkonform zu verhalten und das Bioangebot zu reduzieren bzw. fallenzulassen, weil sie keine Handlungsoptionen aufzeigte, um beide Anforderungen zu erreichen, sprich: das Programm „Bio logisch" rentabel zu realisieren. Zur Principal-agent-Problematik in stark arbeitsteiligen Distributionsstrukturen vgl. Andreassen/Laseng 1997.

strategische Führung, die ja durchaus in einem iterativen Prozess hätte ablaufen können, wurde von der Zentrale für das Programm „Bio logisch" also nicht wahrgenommen. Für eine Überblicksdarstellung vgl. Abbildung 24.

Abbildung 24: Unvollständiger Feedbackmechanismus zwischen Zentrale und Betrieben (Quelle: eigene)

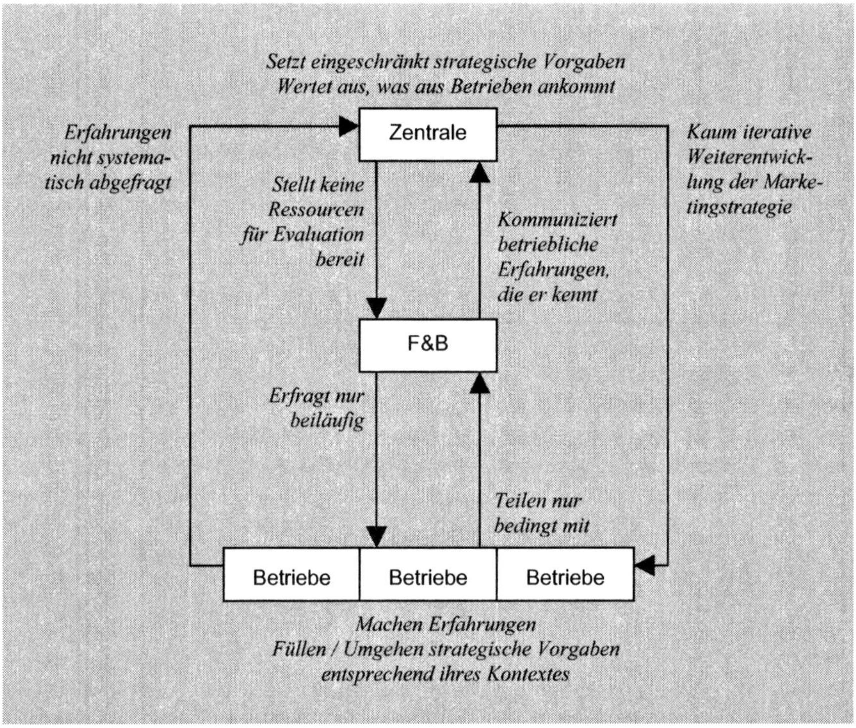

5.3.2. Mitarbeitermotivation

Für die *Motivation* der betrieblichen Mitarbeiter zu einer erfolgreichen Realisierung des Programms „Bio logisch" setzte die zentrale Planungsgruppe primär auf eine *ideell und normativ ausgerichtete Schulung*. Die Beteiligten wussten um die hohe Autonomie der Betriebe, die aufgrund der grossen Unterschiede zwischen den einzelnen Betrieben auch notwendig war. Da die relevanten Informationen für eine kundenorientierte Realisierung des Programms „Bio logisch" nur in den jeweiligen Betrieben vorhanden waren, wäre eine Feinplanung durch die Zentrale nicht nur unwirtschaftlich, sondern auch unsinnig gewesen. Die Informationsasymmetrie machte die Delegation der Feinplanung an die Küchenchefs aus Effizienzgründen und aus Gründen der Kundenorientierung notwendig.[461]
Die Schulung vermittelte den Küchenchefs die ökologischen Hintergründe des Biolandbaus und die Unterschiede zwischen Bio- und konventionellen Produk-

[461] Vgl. Schreyögg 1998, 42.

ten, um sie damit vom Sinn des Programms „Bio logisch" zu überzeugen. Die zentrale Planungsgruppe versuchte, etwaige Berührungsängste und Vorurteile der Küchenchefs durch Besuche auf Biohöfen, Gespräche mit Biolandwirten und Biogrosshändlern sowie Produktdegustationen abzubauen. Ausserdem wurde ihnen das Programm „Bio logisch" als die Fortsetzung der strategischen Ausrichtung auf eine gesunde und ökologische Ernährung vermittelt.
Die Küchenchefs erhielten mit dem Handbuch auch eine ausführliche Anleitung, um ihre Mitarbeiter zu schulen, damit diese in der Lage wären, den Gästen kompetent über die Bioprodukte Auskunft zu geben. Bei allen Investitionen in die ideelle Aufklärung der Mitarbeiter traten aber die Hilfen zur Überwindung alltäglicher operativer Probleme in den Hintergrund. So wurde z.B. bei den Lieferantengesprächen zwar viel über die Differenzen zwischen Bio- und konventioneller Produktqualität diskutiert, aber die pragmatischen Themen, wie Lieferbarkeit und Preise standen nicht explizit auf der Agenda.[462] Man sagte den Küchenchefs nur sehr allgemein, dass sie einige Probleme zu lösen haben würden, konnte dies aber kaum konkretisieren. Teilweise waren die Probleme schlicht unvorhersehbar. So konnte man z.B. nicht wissen, dass die Lieferanten bestellte Ware ohne Vorwarnung nicht liefern würden. Zum Teil hielt man die Probleme aber auch für leichter überwindbar als sie sich dann erwiesen, und meinte darum, nicht besonders darauf eingehen zu müssen. So wurden die Schwierigkeiten der Betroffenen mit den notwendigen Umlernprozessen unterschätzt. Die zentrale Planungsgruppe ging beispielsweise von einer reibungslosen Umstellung auf eine andere Planungsroutine aus, während sich einige Küchenchefs durchaus schwer damit taten, kurzfristig die Lieferbarkeit von Produkten zu prüfen, um dann erst ihre Menüplanung aufzustellen. Diese Schwierigkeiten waren zwar vorübergehender Natur, sie trugen aber dazu bei, das Programm „Bio logisch" in den Augen der Mitarbeiter zu einer lästigen Angelegenheit zu machen, die man am besten so gut wie möglich umging.
Bei vielen Mitarbeitern wurden mit den Schulungen falsche Erwartungen geweckt und sie wurden auf die unmittelbaren Probleme nicht vorbereitet. So wussten die Servicemitarbeiterinnen zwar genau, wie sie ihren Gästen den Unterschied zwischen Bio und konventionell erklären konnten, doch die Gäste fragten gar nicht nach, sie beschwerten sich bloss über den Mehrpreis.[463] Die Küchenhilfskräfte sorgten zwar dafür, dass die Bioprodukte sorgfältig von den konventionellen getrennt blieben, doch sie mussten vor allem viel mehr Vorbereitungsarbeit einsetzen. Und die Betriebsleiter konnten ihren Auftraggebern zwar erklären, dass die Unternehmensmitarbeiter sich mit dem Bioangebot gesünder ernähren würden, doch die wollten das Bioangebot allenfalls bei gleichbleibenden Kosten. Vom *primären Bezugssystem* der betrieblichen Mitarbeiter, den Gästen und den Auftraggebern, wurde das Bioangebot in der Regel *kaum geschätzt*, sodass der abstrakte Sinn, der in den Schulungen vermittelt werden sollte, durch die konkreten Schwierigkeiten bei der alltäglichen Arbeit in den

---

462 Interview SV 7.

463 Interview SV 9.

Hintergrund gedrängt wurde.[464] Die erfahrenen operativen Probleme wurden nicht durch Interesse und zufriedenstellenden Umsatz kompensiert, was dem Programm „Bio logisch" einen unmittelbaren Sinn verliehen hätte. Weil die Schulung im Gegenteil falsche Erwartungen aufgebaut hatte, waren auch ursprünglich motivierte und positiv eingestellte Mitarbeiter letztlich desillusioniert und demotiviert.

> Küchenchef I: „Ganz am Anfang, als wir ein biologisches Menü angeboten haben, hab ich alles erklärt, damit [die Mitarbeiterin, die das Essen ausgab] dann auch wirklich Auskunft geben kann. Und sie war nach dem Service so enttäuscht. Kein einziger Gast hat nachgefragt. Und sie hat sich so vorbereitet, wirklich gut zugehört. Ich habe erklärt, was sie dann wie erklären kann und was der Unterschied ist und keiner hat nachgefragt. Und das ist eine Enttäuschung. Und da nützt die Überzeugungsarbeit oder was ich unseren Mitarbeitern weitergeben will, nicht sehr viel. Dann ist die Luft bald raus."[465]

Ausserdem standen die Küchenchefs sowohl bei ihrer Linienführung als auch gegenüber den Auftraggebern in der betriebswirtschaftlichen Verantwortung. Das Programm „Bio logisch" erschwerte aber den betriebswirtschaftlichen Erfolg der Betriebe, bzw. es erforderte nicht nur Einsatz und Kreativität sondern auch aufgeschlossene Gäste, um beides gleichermassen zu verwirklichen. Eine Entlastung von den betriebswirtschaftlichen Zwängen war durch die zentrale Planungsgruppe nicht vorgesehen worden, weil sie diese Schwierigkeiten nicht vorausgesehen hatte. Auch als die betriebswirtschaftlichen Schwierigkeiten der Betriebe sich verdeutlichten, wurde das Programm „Bio logisch" durch den SV-Service aufgrund der relativ geringen Margen nicht subventioniert.[466] Die Küchenchefs erhielten also nicht die erforderliche *Ressourcenausstattung*, um das Programm „Bio logisch" zum Erfolg zu führen.

Mit diesem Vorgehen setzte die Zentrale den Küchenchefs über zwei Kanäle widersprüchliche Signale, was von ihnen erwartet wurde: Auf der einen Seite wurde durch die zentrale Planungsgruppe die Realisierung eines breiten Bioangebots erwartet, aber kaum Ressourcen dafür bereitgestellt, während auf der anderen Seite die Linienführung der Regional- und Betriebsgruppenleiter die Erwirtschaftung eines guten betriebswirtschaftlichen Ergebnisses erwartete. Da die Verfehlung des betriebswirtschaftlichen Ergebnisses ernstere Konsequenzen nach sich zog als eine schwache Realisierung des Programms „Bio logisch", waren die Prioritäten für die Betriebe letztlich klar, das Programm „Bio logisch" konnte in dieser Konstellation nur ins Hintertreffen geraten.[467]

---

[464] Dies zeigt, dass es nur begrenzt sinnvoll ist, Mitarbeitern einen bestimmten Sinn von Strategien oder Massnahmen *vermitteln* zu wollen. Sie leiten den Sinn dieser Strategien und Massnahmen vor allem aus ihren unmittelbaren Erfahrungen und den Reaktionen ihres alltäglichen Handlungsumfeldes ab. Wenn also „Interpretationsangebote" gemacht werden, so müssen sie stimmig mit den Erfahrungen im lokalen Kontext sein, da sie sonst verworfen werden (vgl. Marchand 2000, 111; Rüegg-Stürm 2001, 121 und Kapitel 2.3.).

[465] Interview SV 9.

[466] Interview SV 11.

[467] Schreyögg (1998) argumentiert, dass das mittlere Management, zu dem man die Küchenchefs rechnen kann, Signale aus dem Top-Management über Erwartungen als Orientierung für das Ausfüllen und Weiterentwickeln von Strategien braucht (vgl. auch Kapitel 2.3.2.).

5.4. Fazit

➔ Der SV-Service hat mit dem Programm „Bio logisch“ als Pionier ein Bioangebot in der Gemeinschaftsgastronomie eingeführt. Das Programm war mit äusserst hohen Erwartungen verbunden, die sich aus den Erfolgen der vorangegangenen Ernährungsprogramme erklären. Aufgrund der sehr optimistischen Haltung wurden grundlegende Probleme übersehen, die sich aus der Eigenschaft der Bioprodukte und der spezifischen Konsumsituation der Zweckverpflegung ergeben und denen man bei Planung und Durchführung hätte Rechnung tragen müssen. Daher konnte das Programm die hohen Erwartungen nicht erfüllen und eine Neuauflage müsste einerseits den problematischen Rahmenbedingungen Rechnung tragen und andererseits das enttäuschte Personal mit realistischen Aussichten neu motivieren.

Lässt man die Entwicklung des Programms „Bio logisch“ Revue passieren, so wird deutlich, dass die zentrale Planungsgruppe sich sehr vielen Herausforderungen zu stellen hatte, weil der SV-Service das erste grosse Gastronomieunternehmen war, das ein offensives Bioangebot machte. Daher mussten viele Rahmenbedingungen auf dem Beschaffungsmarkt und für die operative Umsetzung erst geschaffen werden, ohne dass man sich an Erfahrungen anderer Unternehmen hätte orientieren können. Die Ziele wurden in dieser Situation sehr hoch gesetzt: Es sollte gleich das gesamte Angebot der Personalrestaurants mit biologischen Produkten und einem Komplettmenü bestückt werden, ein ganzes Programm „Bio logisch“ wurde geschaffen.
Die Strategie zur Einführung des Programms „Bio logisch“ in den Betrieben des SV-Service liess jedoch bereits bei der Planung wesentliche Einflussfaktoren ausser Acht. Bei diesen Einflussfaktoren handelt es sich nicht um solche, die erst aus Erfahrungen in der Realisierungsphase generiert werden konnten, sondern um solche, die sich prinzipiell aus der Konsumsituation ergaben und die durch bereits vorhandene betriebliche Erfahrungen im Unternehmen präsent waren, aber nicht in die Planung eingebunden wurden.
In der Planungsgruppe war kein Bewusstsein dafür vorhanden, dass das Programm „Bio logisch“ möglicherweise auch negative betriebswirtschaftliche Konsequenzen haben könnte. Dies kann zum ersten aus den vorwiegend *positiven Erfahrungen* mit den vorhergegangenen Ernährungsprogrammen erklärt werden. Die vergangenen Erfahrungen wurden als Erfolgserwartungen in die Zukunft projiziert, ohne zu berücksichtigen, dass wichtige Handlungsbedingungen anders waren als in den vorherigen Situationen.[468] Aufgrund dieser Veränderungen basierte die Planung auf unzutreffenden Annahmen und die vorangegan-

[468] Hier lag also eine „compentecy trap“ vor (vgl. Levitt/March 1990, 17f. und Kapitel 2.3.4.).

genen Erfolge liessen sich nicht wiederholen.[469] Zum zweiten waren in der Planungsgruppe die Personen in *Stabsfunktion* und ohne betriebswirtschaftliche Verantwortung deutlich *überrepräsentiert*, sodass die betriebswirtschaftlichen Konsequenzen des Programms vermutlich weniger im Fokus der Diskussionen standen. Zum dritten herrschte ein *starker Optimismus*, der sich aus zwei Quellen speiste: Erstens passte das Programm zu der normativen Ausrichtung des Gesamtunternehmens und die wurde auch den Mitarbeitern und Gästen unterstellt. Zweitens entstand der Optimismus aus der Aufbruchsstimmung, die im Planungszeitraum die Einschätzung der Bioprodukte in der Öffentlichkeit beherrschte. Als vierter Punkt kommt hinzu, dass die Planungsgruppe bereits sehr viel Arbeit mit der Vorbereitung der operativen Aspekte des Programms hatte, die unbedingt vor Beginn des Programms in den Betrieben gelöst werden mussten. Bei prinzipiell immer eingeschränkter Reflexionskapazität kann man davon ausgehen, dass die hohe Arbeitslast durch die operativen Aufgaben die Aufmerksamkeit der Beteiligten stark absorbierte und die eher strategischen Fragen nach Kosten und Umsatzwirkung *aus der Aufmerksamkeit verdrängte.*[470]

Die gravierendste Folge der fehlenden Abklärungen lag darin, dass der *Zielkonflikt zwischen Programm- und betriebswirtschaftlichen Zielen nicht aufgedeckt* wurde. Die Strategie wurde auf ein offensives Vorgehen ausgelegt, sie zielte auf Marktentwicklung und Differenzierung[471] über das Angebot eines biologischen Menüs in allen Betrieben. Dieses Ziel wurde aber verfehlt, weil die Betriebe aufgrund der fehlenden Abklärungen *nicht mit den nötigen Ressourcen ausgestattet* wurden, um das Bioangebot zu realisieren. Auch in der Zentrale wurden zu wenig Ressourcen zur systematischen Auswertung bereitgestellt, um die Strategie anhand der betrieblichen Erfahrungen weiter zu entwickeln, weil das *Bewusstsein* fehlte, dass das *Programm* bei der Lancierung bei weitem *noch nicht ausgereift* war.

Damit liegt der Schluss nahe, dass die fehlende Abklärung und Reflexion der Voraussetzungen des Programms zu einem *unrealistischen Ziel* und damit einer *falschen Strategieausrichtung* führte. Eventuell wäre der langsame Aufbau eines Bioangebots sinnvoller gewesen als das gewählte Vorgehen „volle Kraft voraus". Man hätte erstens mit einem kleineren Angebot von biologischer Handelsware starten und zweitens unproblematische Warengruppen komplett auf Bioqualität umstellen können.[472] Dies hätte nicht nur den logistischen Aufwand der

---

[469] Ein wichtiger Bestandteil des Planungsprozesses liegt daher in der Reflexion von Annahmen und der Analyse von abweichenden Ergebnissen, um unerkannte Handlungsbedingungen und unbeabsichtigte Handlungsfolgen zu erkennen. Vgl. Kappler 1983, in der Diktion von Giddens 1992.

[470] Vgl. Dörner 1993, 74ff.

[471] Ökologische Marktentwicklung und Differenzierung sind die beiden offensiven Typen ökologischer Wettbewerbsstrategien, die Dyllick et al. (1997, 76) vorgestellt haben.

[472] Hierzu raten Hermanowski et al. 1997, da die Lieferanten bei kontinuierlichem Bezug grössere Planungssicherheit haben und sich die Preisdifferenz zu konventionellen Produkten reduziert. Diese Vorgehensweise wählte z.B. Coop mit dem systematischen Aufbau des NaturaLine-Ökotextilien-Sortiments. Der Komplettaustausch einzelner Artikel lenkte erstens die Nachfrage auf die Ökotextilien um und ermöglichte damit zweitens grössere Produktionsmengen und Economies of Scale bei den Verarbeitern. Allerdings legten die Kunden keinen expliziten Wert auf eine

Betriebe reduziert, sondern auch den kontinuierlichen Aufbau eines Biosortiments bei den Lieferanten begünstigt. Darüber hinaus wäre die Kostenlast für die Betriebe geringer gewesen, weil mit diesem Vorgehen tatsächlich Economies of Scale hätten erreicht werden können. Auch die Mehrarbeit im Betrieb hätte sich in Grenzen gehalten, da der Aufwand zur Warentrennung entfallen wäre und die Biorohstoffe bei entsprechender planerischer Vorlaufzeit und einer entsprechenden Nachfragemenge kontinuierlicher und mit dem notwendigen Conveniencegrad verfügbar gewesen wären.
Für die betrieblichen Mitarbeiter hätte der langsame Aufbau eines Bioangebots über dem Komplettaustausch von Komponenten und möglichst geringe Mehrkosten eine geringere Belastung bedeutet. Hätte die Schulung mehr die operative Handhabung und weniger die Erwartungen an die Gästereaktionen, betont, wäre kein so grosses Frustrationspotenzial aufgebaut worden und die Mitarbeiter besser auf die alltäglichen Probleme vorbereitet gewesen. Nur vom erzieherischen Anspruch sowohl gegenüber den Mitarbeitern wie auch gegenüber den Gästen hätte sich die Planungsgruppe dann ein Stück weit verabschieden müssen. Denn der Mehrpreis, der den Mehrwert des Bioangebots symbolisieren sollte, wäre geringer ausgefallen und die Wahlfreiheit der Gäste, die ihnen eine Entscheidung für das „bessere" Angebot ermöglicht hätte, wäre weggefallen. Doch da die Gäste zum einen sehr preissensibel waren und zum anderen die Bioqualität ohnehin als nachrangiges Entscheidungskriterium zugunsten des Geschmacks vernachlässigten, hätte sich dieses Vorgehen der Konsumsituation besser angepasst. Die Kommunikation hätte das Bioangebot ebenso als Beitrag zu einer gesunden und ökologischen Ernährung herausstellen können und bei den interessierten Gästen und Auftraggebern wäre das Angebot sicher auch positiv registriert worden.
Die vorgängigen Ausführungen bedeuten *nicht unbedingt*, dass man mit einem vorsichtigen Austesten der Gästereaktion und stufenweisen Aufbau eines Sortiments letztlich ein grösseres Angebot von Bioprodukten oder eine Erschliessung von mehr Betrieben erreicht hätte. Denn die Zweckverpflegung dürfte in der Gastronomie der schwierigste Kontext für ein Bioangebot sein, in dem die aufgezeigten Faktoren den Erfolg eines Bioangebots erschweren. Auch steht nicht zu vermuten, dass jemals alle Kundensegmente gleichermassen auf ein Bioangebot ansprechen werden. Aber viele Friktionen zwischen Zentrale und Betrieben und viele Misserfolgserlebnisse hätten in der Entwicklung vermieden werden können. Dann wäre das Thema „Bio logisch" *positiver besetzt* als es nun im Unternehmen ist, denn so, wie das Programm „Bio logisch" abgelaufen ist, wurde auf hohem Niveau begonnen und immer weiter zurückgestuft, es wurde also von Beginn an ein Abbau, kein Aufbau betrieben und viele Erwartungen

---

Wahlfreiheit zwischen Öko- und konventioneller Ware. Der Schlüssel lag in einer möglichst geringen Preisdifferenz, damit die Kunden die Produkte weiterhin kauften (vgl. Hummel 1997). Auch bei der Frage Bio- oder konventionelles Menü liegt die Vermutung nahe, dass dem Argument der Wahlfreiheit seitens der Gäste letztlich der Preisvergleich und nicht der Qualitätsvergleich als Motiv zugrunde liegt.

enttäuscht.[473] Enttäuschte Erwartungen ermöglichen zwar auch Lernprozesse, aber sie werden als schmerzhaft und demotivierend empfunden. Eine Strategie des langsamen Aufbaus hätte diesen schmerzhaften Prozess möglicherweise vermeiden können.

> Regionalleiter Zürich: „Die Geschichte kennen Sie ja: Zunächst haben wir eine Angebotslinie machen wollen, dann sind wir zurückgegangen und haben gesagt, es kann auch eine Angebotskomponente sein. Oder punktuell ein biologisches Menü. Dann hat man noch versucht, über Handelsware etwas zu machen. Also, man ist immer ein Stück zurückgekrebst. Es ist immer ein bisschen weniger und weniger geworden. (...) Aber das ist nicht ‚Fun', das ist nicht ‚dynamisch'."[474]

Ob es gelingt, das biologische Angebot mit dieser Vorgeschichte doch noch breiter im Unternehmen zu verankern, wird neben der besseren Berücksichtigung der Kontextfaktoren vor allem davon abhängen, das Angebot in der Vorstellung der Mitarbeiterinnen und Mitarbeiter von den vergangenen Erfahrungen zu lösen und mit positiven Perspektiven zu verknüpfen. Diese liegen zum einen im *Verkaufserfolg*, also in einer *geschickten Angebotsgestaltung,* und zum anderen in der *Formulierung realistischer Ziele.*

Zeitlich befristete Sonderaktionen wären zwar ein Weg, Bioprodukte einmal wieder in die Aufmerksamkeit der Gäste zu rücken und damit auch das Öko-Image des SV-Service zu stützen, doch *viele Gründe sprechen dagegen.* Eine zeitlich befristete Aktion könnte sowohl intern als auch in der Wahrnehmung der Gäste als Alibiübung angesehen werden, bei der „mal zwei Wochen lang etwas läuft, das Gewissen beruhigt wird und danach nichts mehr passiert". Bereits die Stufe 1 des Programms „Bio logisch" mit dem Verkauf von Handelsware wurde teilweise als Alibiübung angesehen.[475] Der Vorbereitungsaufwand wäre für alle Beteiligten relativ hoch: Die Betriebe hätten wieder Mehrarbeit, logistische Doppelspurigkeiten und auch wenn die Mitarbeiterinnen und Mitarbeiter die Grundlagen der Bioabläufe eventuell noch wüssten, müsste zur Sicherheit noch einmal geschult werden. Die Betriebe hätten also viel Unruhe und Zusatzaufwand für eine kurze Zeit und wären vermutlich froh, wenn die Aktion gelaufen ist. Der strategische Einkauf müsste die Verfügbarkeit und akzeptable Preise sicherstellen. Die Lieferanten hätten wiederum ausser der Reihe Bioware zu beschaffen, da es sich nur um eine zeitlich befristete Aktion handelt.

Das einzige Argument für eine zeitlich befristete Aktion könnte darin liegen, dass die Gäste eventuell eher bereit wären, die Bioangebote anzunehmen, weil sie eben ausser der Reihe und als etwas Besonderes wahrgenommen würden. Dazu müsste die Aktion aber gleichwohl kulinarische Besonderheiten aufweisen und im preislichen Rahmen bleiben. Denn auch in der Pilotphase, als das Bioangebot noch als neu empfunden wurde, wurden Preis und Menügestaltung als Auswahlkriterium wichtiger eingeschätzt als die Bioqualität.

---

473 Damit steht das Programm „Bio logisch" im starken Gegensatz zum Coop Naturaplan, bei dem das Sortiment zunächst aus wenigen Produkten bestand. Erst, nachdem sich das Grundsortiment bewährt hatte, wurde es schrittweise ausgebaut (vgl. Villiger 2001).

474 Interview SV 11.

475 Interview SV 6, Interview SV 9.

Daher liegt der vermutlich erfolgversprechendere Weg darin, *systematisch und schrittweise für ausgewählte Kundensegmente ein ausgewähltes biologisches Produktsortiment aufzubauen*, d.h. in bestimmten Betriebstypen[476] bestimmte Produkte nur noch in biologischer Qualität anzubieten. Bei der Auswahl sollten die *kulinarischen Vorlieben* der jeweiligen Gästetypen, die *Verfügbarkeit* und die *Kosten* der Rohprodukte berücksichtigt werden. Darüber hinaus müssten die Produkte mit *schlüssigen Argumenten für die Bioqualität* verknüpfbar sein und hauptsächlich *über die Sinne kommuniziert* werden.

Mit dieser Vorgehensweise würden der *operative Aufwand* für die Betriebe und die *Beschaffungskosten minimiert.* Die Lieferanten können sich auf eine mehr oder minder *kontinuierliche Abnahmemenge* einstellen. Darüber hinaus erhielten die *Bioprodukte ein Gesicht*, da man eindeutig kommunizieren kann, welche Produkte aus welchen Gründen Teil des Bioangebots sind. Damit der Preissensibilität der Gäste Rechnung getragen wird, müsste ein *Target Costing*-Verfahren genutzt werden, sodass prinzipiell nur die Bioprodukte angeboten werden, die den *akzeptablen Mehrpreis* von ca. 5–15% nicht überschreiten.[477]

Genau so wichtig wie die Angebotsgestaltung wird die *interne Kommunikation* sein. Die Ausgangssituation ist sehr schwierig, da viele Mitarbeiterinnen und Mitarbeiter von den Bioprodukten enttäuscht sind und eventuell auch von der Vorgehensweise „der Zentrale", die den betrieblichen Rahmenbedingungen im ersten Anlauf teilweise zu wenig oder zu spät Rechnung getragen und auch ihre strategische Führungsrolle nur bedingt wahrgenommen hat. Der Relaunch der Bioprodukte muss daher intern durch eine sorgfältige Abklärung der bisherigen betrieblichen Erfahrungen einer erfolgreichen Angebotsgestaltung vorbereitet werden. Gleichzeitig sind genügend Ressourcen zur zeitnahen Erfassung der erfolgreichen Umsatzträger und zur kostenseitigen Unterstützung der Betriebe bereitzustellen. Nur wenn die Mitarbeiterinnen und Mitarbeiter in den Betrieben spüren, dass Bio mit ihnen, entsprechend ihrer betrieblichen Rahmenbedingungen und nicht nach euphorischen, aber unrealistischen Erwartungen durchgeboxt werden soll, hat ein neuerliches Bioangebot bei ihnen eine Chance.

---

476 Eine Chance dazu besteht in der kürzlich abgeschlossenen Reorganisation der SV-Group. Es wurden branchenspezifische strategische Geschäftsfelder geschaffen und auf die verschiedenen Unternehmen der Gruppe verteilt (vgl. SV-Group 2001, 6).

477 Dieses Verfahren wurde von Unilever systematisch genutzt, um ökologisch verträglichere Waschprodukte in ärmeren Ländern marktfähig zu machen. Vgl. Prahalad/Hart 1999.

6. Vergleichende Fallstudienanalyse

Während in den Einzelfallstudien das Verständnis und die Analyse der fallspezifischen Charakteristika und Empfehlungen für das einzelne Unternehmen im Vordergrund standen, arbeitet dieser Analyseschritt die Ähnlichkeiten und Differenzen zwischen den beiden Fällen heraus und wendet sich damit der Frage nach verallgemeinerbaren Erkenntnissen zu. Nacheinander werden zwei Ebenen betrachtet (vgl. Abbildung 25): Die *erste Analyseebene* setzt die beiden Unternehmen in isolierter Perspektive zu einander in Beziehung und fragt nach unternehmensspezifischen und -übergreifenden Erkenntnissen über operative und strategische Herausforderungen sowie bei der Strategieentwicklung (6.1.). Die *zweite Analyseebene* betrachtet die Unternehmen als Vertreter einer bestimmten Position in der Produktkette und arbeitet verallgemeinerbare Erkenntnisse darüber heraus, welche Bedingungen sie über die Kette rück- und vorwärts, d.h. in der Beziehung zu ihren Lieferanten und Kunden, vorfinden und selbst zur Verfügung stellen (6.2.).

Abbildung 25: Die zwei Analyseebenen des Fallstudienvergleichs (Quelle: eigene, auf Basis Maier et al. 1998)

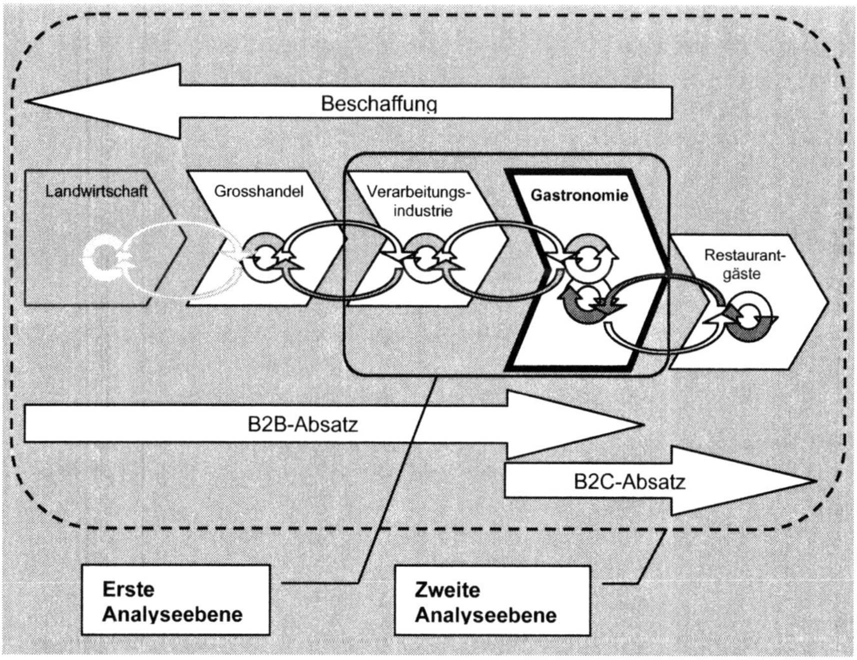

6.1. Unternehmensvergleich

Der Unternehmensvergleich ist in drei Schritte gegliedert: Der erste Schritt thematisiert die operativen und strategischen Herausforderungen und der zweite Schritt die Herausforderungen der Strategieentwicklung. Die beiden Fälle werden in den Aspekten miteinander verglichen, die sich in der Einzelfallanalyse als relevante Herausforderungen erwiesen haben. Im Abschnitt zur Strategieentwicklung wird zusätzlich untersucht, inwiefern situationsspezifische oder generelle organisationale Schwachpunkte bei der Strategieentwicklung vorlagen. Im dritten Schritt wird abschliessend diskutiert, ob es sich bei den operativen und strategischen Herausforderungen sowie bei den Herausforderungen der Strategieentwicklung um biospezifische handelt, oder um solche, die auch bei anderen Produktinnovationen hätten auftreten können.

6.1.1. Operative und strategische Herausforderungen

6.1.1.1. Produktentwicklung

Die Produktentwicklung war in beiden Fällen sehr unterschiedlich, weil die Produkte bzw. Dienstleistungen sich stark voneinander unterschieden. Als allgemeine Erkenntnis kann aber gelten, dass sich Unternehmen bei der Einführung von Bioprodukten, wie bei anderen Produktinnnovationen auch, neues Wissen über Rezepturen, Produkteigenschaften und Prozesse erarbeiten müssen.

Spezifisch für die Bioprodukte ist, dass beide Unternehmen sich auf einen Bionachweis festlegen mussten. Sowohl die ProdAG als auch der SV-Service entschieden sich zunächst für das Knospe-Label der Bio Suisse. Die ProdAG geriet in einen Konflikt mit der Bio Suisse, weil hinter den Regeln zur Knospe-Zertifizierung fundamentalistische Vorstellungen über die zulässigen Eigenschaften und Inhaltsstoffe eines industriell verarbeiteten Bioproduktes standen, die mit der pragmatischen Einstellung der ProdAG zur Produktgestaltung nicht harmonierten. Darüber hinaus wurde die technische Kompetenz der ProdAG zur Herstellung von Tiefkühl-Convenienceprodukten in Frage gestellt, weil dieses etablierte konventionelle Verfahren mit den Regeln des Bionachweises kollidierte; ein Problem, das ohne Weiteres auch bei der Umstellung anderer hochverarbeiteter Produkte von konventionell auf biologisch auftreten kann.

Der SV-Service hatte hingegen zunächst keine Probleme mit der Bio Suisse, die Regeln für die Knospe-Zertifizierung der SV-Service-Betriebe zu erarbeiten. Bei beiden Organisationen lag ein ähnliches Verständnis von Bioprodukten als möglichst naturbelassenen und schonend verarbeiteten Produkten vor und die Verarbeitungsprozesse in der Küche mussten nicht verändert werden. Die *unterschiedliche Akzeptanz der Labelregeln entsprach dem unterschiedlichen Verhältnis zur „Biophilosophie"*, das in den Fallstudien als *Bio Fundi vs. Bio Realo Konflikt* herausgearbeitet wurde. Während die SV-Service-Mitarbeitenden schon bei Beginn der Zusammenarbeit mit der Bio Suisse auf einer ähnlichen Linie lagen, mussten die ProdAG-Mitarbeitenden sich ein Verständnis und die Akzeptanz der Biophilosophie mit dem Hintergrund von Ressourcenschonung und sehr umfassendem Qualitätsverständnis zunächst erarbeiten. Die Aussage eines Bio Suisse-Mitarbeiters zeigt, dass diese anfänglichen Akzeptanzprobleme bei einem stark in konventionellen Produktvorstellungen verwurzelten Unternehmen ein allgemeines Phänomen darstellen:

> Mitarbeiter Bio Suisse I: „Denn häufig ist das Problem, dass die [Lizenzkandidaten] überhaupt nicht wissen, was das heisst, Bio zu machen. Das ist für die wie eine Wand, sie sehen nur all die Anforderungen. Und dann sagen sie, das wird nie gehen. Es braucht einfach Zeit, und häufig ist es zum Schluss gar kein grosses Problem. Natürlich gibt es dann immer noch gewisse Punkte, die man aushandeln muss. Es ist eine Sache der Geduld.“[478]

Erst im nachhinein kamen beim SV-Service Zweifel auf, ob das für die Betriebe sehr aufwändige Verfahren von Warentrennung und Dokumentation wirklich in dieser Ausführlichkeit notwendig war, eine Kritik, die bei der ProdAG von Beginn an geführt wurde. Bei beiden Unternehmen trat also ein *Trade-off zwischen* der Gewährleistung von *Qualitätssicherheit und* der Gefährdung der *Wirtschaftlichkeit* aufgrund höherer Kosten für die veränderten Abläufe und Biorohstoffe auf. Auch hierbei handelt es sich um ein allgemeines Problem, das schon von anderen Verarbeitern aufgezeigt wurde.[479]

Hinter diesen Akzeptanzproblemen stehen aber nicht nur Vorbehalte gegenüber den ggf. umfangreichen operativen Veränderungen, sondern auch strategische Fragen. Zum einen tritt hier die *Frage nach der Verträglichkeit zwischen dem Bioverständnis und der allgemeinen strategischen Positionierung* auf, zum anderen aber auch die Frage nach den *Kostenfolgen des Bionachweises*, welche – wiederum in Abhängigkeit von der Positionierung im Markt – die Erreichbarkeit bestimmter Kundensegmente erschweren kann. Sowohl der Bio Fundi vs. Bio Realo Konflikt, als auch der Trade-off zwischen Qualitätssicherung und Wirtschaftlichkeit *beeinflussen die Entscheidung für einen Bionachweis*. Ist dieser von Kunden vorgegeben, können, wie im Fall der ProdAG, Konflikte mit der Labelorganisation auftreten.

Ein weiterer Aspekt, der in keinem von beiden Unternehmen auftrat, jedoch auch für die Auswahl eines Bionachweises ist, besteht in der *Ausdehnung des Geltungsbereichs*. Das Beispiel im Textkasten zeigt, dass ein Unternehmen mit internationaler Marktbearbeitung sinnvollerweise einen Bionachweis wählt, der auch im ganzen bearbeiteten Gebiet gültig ist.

Die Entscheidung für einen Bionachweis: Das Beispiel Nestlé

Nestlé hat ausschliesslich im Segment der Babynahrung Bioprodukte im Sortiment. Die Bioqualität wird in der Werbung nicht gesondert hervorgehoben und ist nur als Marktabsicherungsmassnahme gegenüber den Eltern gedacht ist, die darauf Wert legen. Als Bionachweis dient die EU-Bioverordnung, weil Nestlé diese Produkte in Deutschland für den europäischen Markt, incl. Schweiz, produziert. Ein spezieller Bionachweis für die Schweiz wäre also sowohl aufgrund

---

[478] Interview Andere 2.

[479] Vgl. die Kritik bei Baer 2000. In Wortmeldungen zu diesem Vortrag auf der IFOAM-Konferenz 2000 in Basel bestätigten verschiedene Verarbeiter diesen Trade-off.

der räumlichen Ausrichtung von Beschaffung und Absatz nicht sinnvoll und wurde auch aus Kostengründen verworfen. Mit der Entscheidung für den Bionachweis nach EU-Verordnung hat Nestlé die Auslistung der Babynahrung bei Coop in Kauf genommen, der Babynahrung nur noch unter der Marke Coop Naturaplan mit der Knospe anbietet.
(Quelle: Interview Andere 11)

6.1.1.2. Beschaffung

Beide Unternehmen machten die Erfahrung, dass der *Biobeschaffungsmarkt nicht nach denselben Regeln funktionierte*, wie der Beschaffungsmarkt für konventionelle Produkte, weil er als *junger Markt* noch *strukturelle Schwächen* aufwies. Zum einen betraf dies die zeitweilige und absolute Verfügbarkeit von Produkten, vor allem Convenienceprodukten. Zum anderen waren die *Beschaffungspreise wesentlich höher* als für konventionelle Ware. Dies liess sich allerdings nur teilweise mit den höheren Produktionskosten erklären, einige Akteure in der Kette schöpften auch bewusst die „Bio-Rente“ ab, die dank normativ motivierter Preisbereitschaft der Bionischenkunden entstand.[480] In der Kette von Wiederverkäufen, die zur Akkumulation grösserer benötigter Mengen zum Teil über drei oder vier Zwischenhändler führte, lag ein weiterer Grund der Verteuerung.
Diese *strukturellen „Kinderkrankheiten“ des Biomarktes* sollten sich in der Schweiz *mittlerweile relativiert* haben, da einerseits die verfügbare Menge der Biorohstoffe mit der weiteren *Verbreitung der Biolandwirtschaft* gestiegen ist[481] und andererseits auch die Grenzen der *Preisbereitschaft der Massenmarktkunden deutlich geworden* sind. Beide Unternehmen haben der schwankenden Verfügbarkeit mit einer *Umstellung der Planungsroutinen* Rechnung getragen. Ausserdem haben einige Marktakteure den strategischen Vorteil einer Zusammenarbeit über die Produktkette entdeckt, um bessere Marktbedingungen zu schaffen, was aber auch eine erhöhte Kooperationsfähigkeit erfordert.[482]

6.1.1.3. Produktion

Beide Unternehmen, und dies ist eine allgemeine Notwendigkeit bei der Einführung von Bioprodukten, der jedes Unternehmen unterliegt, richteten einmalig ihre *Produktionsstätten und Lagerräume für die Warentrennung ein* und *schulten ihr Personal;* ausserdem musste die *Dokumentation* der Stoffflüsse vorbereitet werden.

---

480 Vgl. auch Villiger et al. 2000.

481 Der Verfügbarkeitsengpass besteht nach wie vor deutlicher bei Fleisch. Dies liegt zum einen daran, dass hier die Handelsstrukturen immer noch weniger gut ausgebaut sind als bei den pflanzlichen Erzeugnissen (NZZ 30.03.2001). Andererseits ist er paradoxerweise auch eine Folge der Labelprogramme des Einzelhandels, die zum Teil die Landwirte durch Abnahmezwang von Futtermitteln und exklusive Handelsrechte so stark in ihren Entscheidungsspielräumen einschränken, dass sich manche Landwirte gegen die Bio-Fleischproduktion entscheiden (Schreiber 2001).

482 Mehr hierzu in Kapitel 6.2.

Durch die Einführung von Bioprodukten ändern sich sowohl in der Verarbeitung als auch in der Gastronomie im wesentlichen die Rezepturen und eventuell auch einzelne Verarbeitungsschritte. Die Umstellung war aber bei der ProdAG weniger aufwändig als beim SV-Service, weil die Produktions-Chargen in einem Verarbeitungsbetrieb nacheinander abgearbeitet werden können, während sie in einem Gastronomiebetrieb parallel geführt werden müssen. Die Verwechslungsgefahr ist in der sequenziellen Verarbeitung geringer, weil sie sich auf die Lagerentnahme beschränkt. Allgemein kann daraus geschlossen werden, dass der *Aufwand für die Einrichtung der Produktionsstätten und die Personalschulung entsprechend der Komplexität der Prozesse zunimmt.*[483]

Die Umstellung von konventionellen Produkten auf Bioqualität bedeutete in beiden Unternehmen zunächst einen *Austausch von Inhaltsstoffen*. Sie zog aber, und dies reichte je nach Produkt und gewähltem Bionachweis unterschiedlich weit, auch eine *Modifikation von Prozessen* (z.B. Planungsroutinen, Arbeitsintensität der Produktion) nach sich und dies wurde bei der Vorbereitung zunächst unterschätzt. Auch wenn die notwendigen Umstellungen einmalig bewältigt werden mussten, fielen sie doch manchen betroffenen Mitarbeiterinnen und Mitarbeiter schwer, vor allem dann, wenn sie Vorbehalte gegenüber der Bioproduktion hatten. Einige Umstellungen hatten auch Kostenfolgen. Daher ist es sinnvoll, bei der Planung einer Umstellung von konventionellen Produkten auf Bioqualität nicht nur auf die stofflichen Veränderungen zu achten, sondern auch die Notwendigkeit damit einhergehender prozessualer Veränderungen zu berücksichtigen.

6.1.1.4. Marketing

Die beiden Unternehmen waren aufgrund ihrer unterschiedlichen Positionen in der Produktkette so unterschiedlich, dass ein Vergleich auf der Ebene des operativen Marketings kaum möglich ist. Auch in Bezug auf die Marketingstrategie sind nur wenige Vergleichsmöglichkeiten zwischen den beiden Fällen gegeben. Die Unternehmen haben andere Kundentypen (Verarbeitung: B2B, Gastronomie: B2C) und damit andere Voraussetzungen, denen sie mit ihrer Marketingstrategie gerecht werden müssen.[484] Daher werden hier nur zwei Aspekte mit einander verglichen, der strategische Fit von Bio mit der Positionierung und die strategischen Herausforderungen, denen sich die Unternehmen zu stellen hatten.

---

483 Sowohl bei der ProdAG als auch bei einem weiteren untersuchten Verarbeitungsunternehmen (Interview Andere 10), wurden die Mitarbeitenden der Produktion im Wesentlichen mit Arbeitsanweisungen und einer kurzen Einführung auf die Bioproduktion vorbereitet, während sie beim SV-Service relativ aufwändig geschult wurden. Ein weiterer Grund für den höheren Aufwand in der Gastronomie lag darin, dass das Produktionspersonal teilweise Kundenkontakt hatte und daher für Auskünfte gerüstet sein musste.

484 Bei Kunden im B2B-Geschäft liegt tendenziell eine höhere Bedarfsspezialisierung, eine grössere Zahl von Entscheidungsträgern und ein stärkerer Zwang zur Rationalität bei Kaufentscheidungen vor als bei Konsumenten (Bänsch 1998, 56).

Strategischer Fit von Bio mit der Positionierung des Unternehmens
Bei der ProdAG passten die Bioprodukte auf den ersten Blick nicht zur allgemeinen Positionierung des Mövenpick-Konzerns mit der „Genuss-Mission“[485]. Da sich die ProdAG am Anfang mit der Bio-Fundi-Auslegung (Vollwert, schonende Verarbeitung) der Bio Suisse auseinandersetzen musste, wurde die Umdeutungsmöglichkeit des Bioimages zu „Genuss und Gesundheit = Wellness“ zunächst verdeckt. Auch später wurde diese Umdeutung nie in Angriff genommen, obwohl sich durchaus Ansatzpunkte dazu ergeben hätten.
So wurde bereits die Möglichkeit angesprochen, die Bioqualität als flankierende Eigenschaft der Produkte aufzufassen, die von den *traditionell mit Bioprodukten verbundenen Konzepten* wie der Zubereitung nach Vollwertrezepten oder der regionalen Beschaffung *losgelöst* sind. Wird die Bioeigenschaft hingegen primär als Herkunft aus biologischer Landwirtschaft mit *schadstoffarmer und tierfreundlicher Produktion* interpretiert, so ist sie zunächst *„geschmacksneutral“*, aber positiv mit Gesundheit und gutem Gewissen gegenüber Tieren verknüpft und kann daher *mit verschiedenen kulinarischen Konzepten kombiniert* werden, die durchaus „Genuss“ verheissen. Frische, gesunde, kreativ zubereitete Gerichte, die Wohlbehagen durch Gaumengenuss mit Gesundheit und gutem Gewissen durch die Verwendung von Bioprodukten verbinden, dies kann als ein gangbares kulinarisches Konzept für Mövenpick-Produkte angesehen werden.[486] In Tourismusprospekten wird bei Wellness-Angeboten häufig die gesunde und gleichzeitig genussvolle Ernährung als eine unter vielen Attraktionen der angepriesenen Destinationen betont und spricht damit vor allem den Typus der Hedonisten an, die es sich in mehr als einer Beziehung gut gehen lassen wollen.
Auch der Premiumanspruch der Mövenpickprodukte lässt sich ohne Probleme integrieren, gibt es doch genügend Spitzenköche, beispielsweise in Gault-Millau-gekürten Gourmetrestaurants, die ausschliesslich Bioprodukte verarbeiten. Darüber hinaus wird die *Bioproduktion als Premiumqualität der landwirtschaftlichen Produktion* angesehen.[487] Auch auf preislicher Ebene sollten sich keine schwerwiegenden Konflikte ergeben, da mit Premiumqualität kein Preiswettbewerb geführt, sondern sie im Gegenteil häufig *gezielt durch einen höheren Preis gekennzeichnet* wird. Letztlich wird das Gelingen der Verbindung von Bio- mit Premiumqualität aufgrund der nicht direkt wahrnehmbaren Bioqualität im gekochten Gericht darauf beruhen, dass den Gästen ein plausibler und ansprechender Interpretationsrahmen vermittelt wird.
Die Bioprodukte passten perfekt zu der Positionierung des SV-Service als Anbieter von gesunder und umweltverträglicher Personalverpflegung. Die Differenzen bei den Voraussetzungen, welche die Bioprodukte für das Programm „Bio logisch“ im Gegensatz zu den bisherigen Ernährungsprogrammen mit-

---

485 Interview MP 5.

486 Böse Zungen könnten behaupten, dass die Verbindung von Bioprodukten mit Wellness gerade deshalb möglich ist, weil die Zubereitung das Gericht ausmacht, während die Bioqualität dem fertigen Produkt ohnehin nicht anzusehen ist.

487 Vgl. Villiger 2001, 274.

brachten (höhere Kosten und Arbeitsintensität, Bio nur untergeordnetes Kaufargument), wurden dadurch bei der Planung zunächst übersehen.
Hier war das Problem weniger die Positionierung als vielmehr das bereits bestehende Leistungsniveau. Das Dilemma des SV-Service u.a. bestand darin, dass der mit dem Programm „Bio logisch" verbundene Nutzen, eine ökologische und gesunde Ernährung, bereits durch die vorhergegangenen Ernährungsprogramme „E2000plus" (vegetarisch) und „Voilà" (leichte Küche) angesprochen wurden. So neutralisierte der bereits bestehende hohe Nutzenstandard den Zusatznutzen des Programms „Bio logisch" geradezu, obwohl er perfekt mit der Positionierung des Unternehmens harmonierte. Als weiteres Problem kamen die Rahmenbedingungen des bearbeiteten Marksegmentes, also der Zweckverpflegung, hinzu. Die Gäste verhielten sich nicht nur sehr preissensibel, was den Rahmen des betriebswirtschaftlich vertretbaren Angebots stark einschränkte, sondern sie waren auch dem wichtigsten Instrument zur Vermittlung eines vorteilhaften Interpretationsrahmens für das Bioangebot, den Kommunikationsmassnahmen, nur sehr eingeschränkt zugänglich. Letztlich mag der SV-Service von beiden Unternehmen damit sogar die schwierigere strategische Aufgabe gehabt haben.
Sowohl die grosse Abweichung im einen als auch die grosse Übereinstimmung mit der Positionierung im anderen Fall verleitete die Verantwortlichen zu Fehleinschätzungen hinsichtlich der Erfolgsaussichten des Bioangebots und der dazu notwendigen Marketingmassnahmen. Im Allgemeinen kann man aus diesen Differenzen ableiten, dass die *Positionierung* eines Unternehmens sorgfältig auf *offene und verborgene Übereinstimmungen und Widersprüche mit Bioprodukten geprüft* werden muss. Dabei wird die Ausprägung, welche die Biostrategie letztlich annimmt, davon beeinflusst sein, inwiefern sich Bioprodukte mit oder ohne Friktionen in die allgemeine Strategie des Unternehmens einfügen. Wenn es, wie bei der ProdAG, zu grossen Friktionen kommt und die Bioprodukte als wenig relevant für die generelle Positionierung angesehen werden, dürften sie zumindest in der Anfangszeit eine untergeordnete Rolle spielen, d.h. eher unter einer Marktabsicherungs- oder allenfalls Differenzierungsstrategie laufen.[488] Wo sie, wie beim SV-Service, gut zur Positionierung passen, können sie mit einer Differenzierungs- oder auch Marktentwicklungsstrategie verbunden werden. Die Erfolgsaussichten müssen jedoch sorgfältig überprüft werden. *Technische Kompetenzen* werden durch die Einführung von Bioprodukten solange nicht berührt als sie *durch den jeweiligen Bionachweis zugelassen* sind.
Obwohl beide Unternehmen keinen überwältigenden Erfolg mit ihren Bioprodukten hatten, konnte der SV-Service seine *bestehende Rolle als ökologischer Pionier bestätigen*, während die ProdAG sich *nicht neu als Herstellerin von Bioprodukten profilieren konnte*, sondern mit dem frühen Markteintritt eher in

---

[488] Inwiefern sich aus der Aufnahme der Bioprodukte ein organisationaler Lernprozess ergibt, der in eine offensivere Vermarktung von Bioprodukten, bzw. die Berücksichtigung anderer ökologischer Aspekte in der Marketingstrategie mündet, lässt sich nicht ohne Weiteres unter Verwendung eines „Stufenmodells" prognostizieren, sondern ist von vielen verschiedenen unternehmensinternen und -externen Einflussfaktoren abhängig (vgl. Schaefer/Harvey 1998).

die ökologische Zeitfalle[489] tappte, da ihre Zielgruppe, gastronomische Grossabnehmer, für die Bioprodukte noch nicht bereit waren. Die bestehende Rolle des SV-Service scheint in der Aussenwahrnehmung trotz des geringen Erfolges bestätigt worden zu sein, während die ProdAG mit den durchgeführten Marketingmassnahmen ihr bestehendes Image als Produzentin von konventionellen Premium-Convenienceprodukten nicht wesentlich zu ändern vermochte. Daraus lässt sich schliessen, dass eine Profilierung mit ökologischen Produkten dann einfacher ist, wenn das Unternehmen ohnehin bereits als ökologisch wahrgenommen wird, eine *Neuprofilierung im Öko-Bereich aber besondere Aufwändungen und auch Kohärenz des Auftritts verlangt*, was die ProdAG nicht angestrebt und daher mit ihrem unsystematischen Vorgehen auch nicht erreicht hat.[490]

Strategische Herausforderungen

Die ProdAG ist ein Lebensmittel verarbeitendes Unternehmen, das keinen direkten Einfluss auf die Endkonsumenten hat. Damit kann es auch nur bedingt seinen eigenen Absatz beeinflussen, weil es vom Gatekeeper Gastronomie abhängig ist. Daher bestand die *strategische Herausforderung* darin, mindestens *Kunden zu gewinnen, die bereits ein gutes Biokonzept hatten* und darüber hinaus *Kommunikationskonzepte für bestimmte Konsumsituation* zu entwickeln, um damit den Gastronomen, die noch kein eigenes Biokonzept hatten, eine Anleitung zu geben, wie sie ihre Gäste von den Bioprodukten überzeugen können. Erst mit den spezifischeren Leistungen kundenorientierter Kommunikationskonzepte kann eventuell eine längerfristige Kundenbindung erreicht werden, weil diese Kompetenz weniger schnell von Wettbewerbern zu imitieren ist als die reine Produktherstellung. Dies wird sich erst dann verändern, wenn Bio auch in der Gastronomie zu einem Massengeschäft geworden ist, also eine genügend grosse Nachfrage besteht, bei der es aufgrund von Mengeneffekten lohnt, sich auf ein bestimmtes Kunden- oder Bioproduktsegment zu spezialisieren.

Der SV-Service hat als Gastronomieunternehmen unmittelbaren Kundenkontakt und damit direkten Einfluss auf den Absatz seiner Produkte. Als Auftragnehmer, der die Dienstleistung Personalverpflegung anbietet, muss er zusätzlich Unternehmen von seiner Kompetenz für diese Dienstleistung überzeugen, um in den Markt eintreten zu können. Die strategische Herausforderung besteht darin, *die Gäste täglich vom Bioangebot zu überzeugen*. Damit unterscheidet sich das Bioangebot in der Gastronomie letztlich nicht vom konventionellen, denn der Wettbewerb der Bioprodukte besteht nicht nur zu den konventionellen Produkten auf der gleichen Speisekarte sondern auch zu externen Verpflegungsmöglichkeiten.

Der Vergleich zeigt, dass ein Verarbeitungsunternehmen, das vom Gatekeeper Gastronomie abhängig ist, die schwierigere strategische Aufgabe hat, muss es doch nicht nur seinen direkten Kunden gerecht werden, sondern auch noch die Präferenzen der Gäste seiner Kunden als Nebenbedingung berücksichtigen. Da-

---

489 Vgl. Dyllick et al. 1997, 146ff.

490 Das Problem lag dabei nicht in einem „Pseudo-Öko-Marketing“, bei dem bewusst eine ökologische Ausrichtung vorgespiegelt wird (vgl. Dyllick/Belz 1994), sondern das Ziel einer Profilierung mit Bioprodukten wurde erst gar nicht explizit angestrebt.

her ist *für Verarbeitungsunternehmen die Zusammenarbeit mit der Gastronomie angezeigt*, um möglichst gut über die Bedürfnisse der Endkonsumenten informiert zu sein und sich so spezifische Kompetenzen zu erarbeiten, die es von den Wettbewerbern unterscheidet. In beiden Fällen erhält jedoch die *Kundenorientierung sehr hohe Bedeutung für die Entwicklung der Marketingstrategie*.
Ein Vergleich der Erfahrungen, welche die Unternehmen mit ihren Marketingmassnahmen gemacht haben, zeigt, dass beide den *Marketingaufwand deutlich unterschätzt* haben. Sie glaubten, die Bioprodukte genau so vermarkten zu können wie die konventionellen. Dabei übersahen sie, dass die Kunden die Differenz zum konventionellen Produkt nicht direkt wahrnehmen konnten und ihnen der spezifische Nutzen der Bioprodukte daher aufwändig vermittelt werden musste[491]
Es herrschte also ein *reziprokes Verhältnis von wahrnehmbarer Produktdifferenz zu Marketingaufwand* (vgl. Abbildung 26). Hier zeigt sich eine Eigenschaft der *Vermarktung* von Bioprodukten, die wohl *für die meisten ökologisch differenzierten Produkte* gilt.

Abbildung 26: Reziprokes Verhältnis von wahrnehmbarer Differenz des ökologischen Produktes zum Marketingaufwand (Quelle: eigene, auf Basis Wüstenhagen 2000, 200ff.)

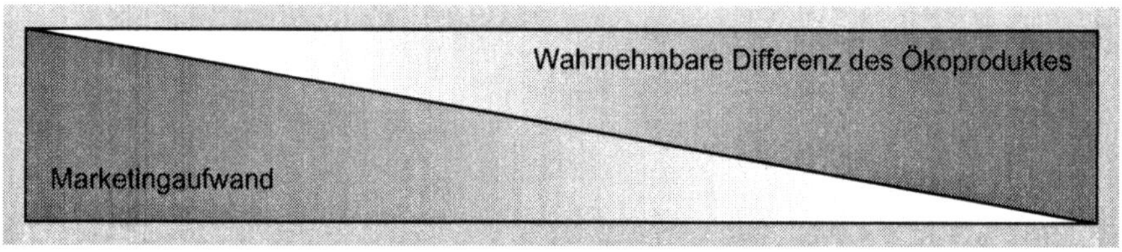

Darüber hinaus gingen die Marketingverantwortlichen beider Unternehmen davon aus, dass die Produkte mit der Bioqualität als der dominanten Profilierungsdimension zu vermarkten seien. Meffert und Kirchgeorg[492] haben gezeigt, dass die *schwache Wahrnehmbarkeit der Umweltverträglichkeit als Nutzenkomponente* und die *hohe Bedeutung der klassischen Produkteigenschaften für die Kaufentscheidung* den Einsatz der Bioqualität als dominantes Profilierungsmerkmal behindern. So ist die Bioqualität zubereiteter Produkte im Restaurant kaum bis gar nicht wahrnehmbar, ausserdem sind Zubereitungsweise und Geschmack wesentlich wichtiger für die Kaufentscheidung als die Bioqualität. Auch für die Transaktion zwischen Lebensmittelverarbeitung und Gastronomie war die Bioqualität gegenüber Preis und Ausrichtung der Produkte auf das Gas-

---

[491] Damit verhalten sich Bioprodukte in der Gastronomie ähnlich wie Ökostrom, dessen andere Entstehungsart den Kunden ebenfalls nur kommunikativ zu vermitteln ist (vgl. Wüstenhagen 2000, 200–202). Im Gegensatz zu Ökostrom ist der Individualnutzen von Bioprodukten aber leichter zu vermitteln, weil die Kunden sie sich „einverleiben“. Daher haben sie einen unmittelbareren Bezug zu diesen Produkten als zu einer mit Ökostrom betriebenen Glühbirne, wo der ökologische Effekt der Stromerzeugung i.d.R. kaum Auswirkungen auf den eigenen unmittelbaren Erlebnisraum hat.

[492] 1998, 277ff.

tronomiekonzept nur von untergeordneter Bedeutung. Die Erfahrungen beider Unternehmen bestätigen, dass die *Bioqualität in der Gastronomiebranche primär als Zusatznutzen*, nicht aber als dominante Profilierungsdimension eingesetzt werden sollte. In der folgenden Abbildung 27 werden die operativen und strategischen Herausforderungen im Überblick dargestellt.

Abbildung 27: Strategische und operative Herausforderungen bei der Einführung von Bioprodukten in der Gastronomie und Lösungsansätze (Quelle: eigene)

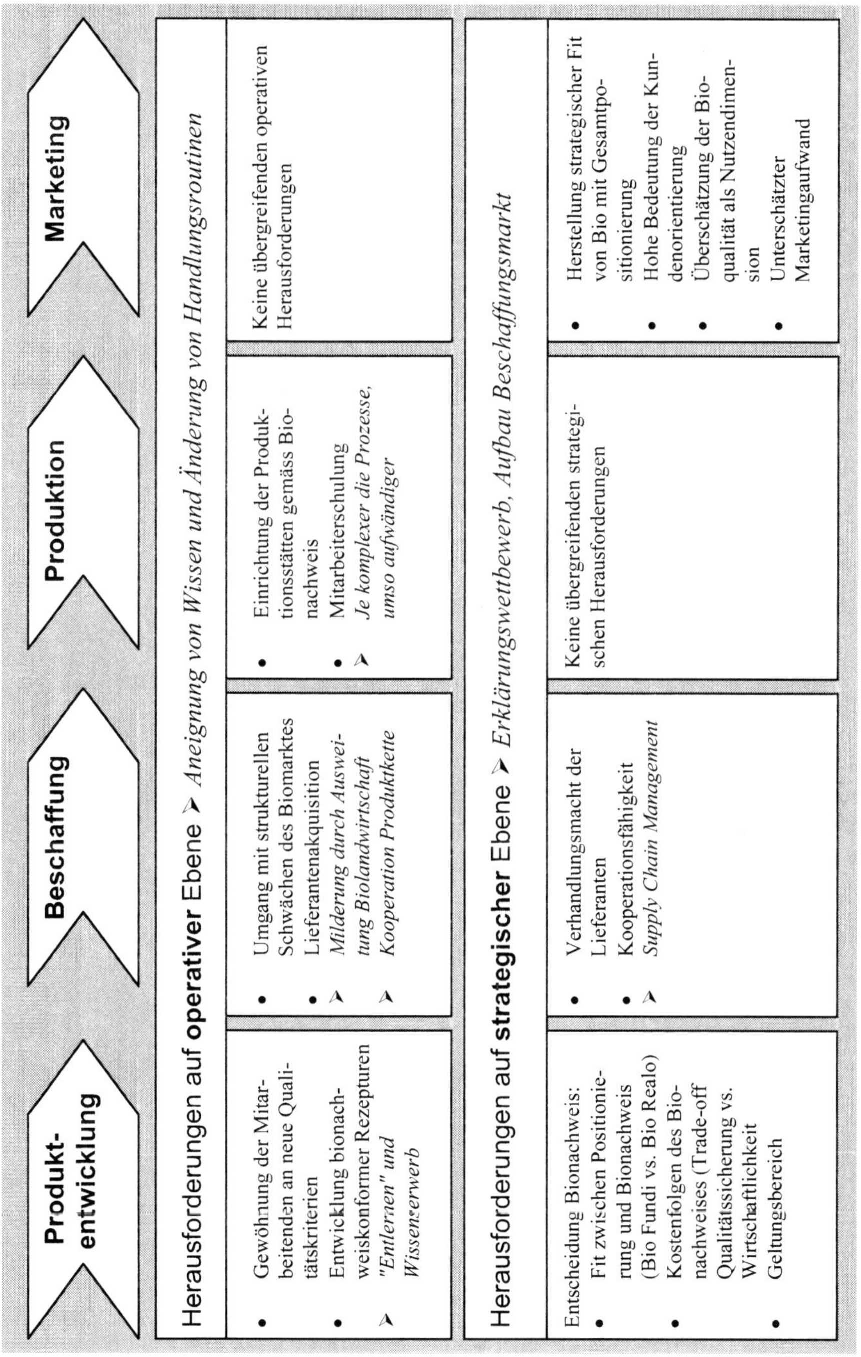

6.1.2. Herausforderungen bei der Strategieentwicklung: Situationsspezifische oder allgemeine organisationale Schwachpunkte?

In diesem Abschnitt wird untersucht, inwiefern es sich bei den geschilderten Problemen der Strategieentwicklung um einmalige und situationsbedingte Schwierigkeiten handelte oder um allgemeine organisationale Schwachpunkte. Die Diskussion folgt der Unterscheidung zwischen Bereitschaft und Fähigkeit zur Strategieentwicklung auf organisationaler und individueller Ebene.[493]

6.1.2.1. Organisationale Bereitschaft: „Sollen“

Signale und Erwartungen des Top-Managements sowie die Anreize zur Förderung der Bioprodukte sind Faktoren, welche die organisationale Bereitschaft zur Strategieentwicklung beeinflussen, den Mitarbeitern das „Sollen“ mitteilen.
Bei der ProdAG kamen vom Top-Management am Anfang gar keine Signale, weil die Bioprodukte zunächst strategisch nicht bewertet waren. Als die Bewertung dann aufgrund von Gesprächen zwischen ProdAG und der Mövenpick Restaurant-Division stattfand, wurden klare Signale gesetzt, die Bioprodukte nicht systematisch zu fördern, weil nicht erwartet wurde, dass sie in die strategische Ausrichtung von Mövenpick passen könnten. Den Marketingverantwortlichen der ProdAG signalisierte man durch dieses strategische Desinteresse und die Verweigerung von Ressourcen, möglichst wenig Aufwand in die Bioprodukte zu investieren. Dies war der organisationale Beitrag zum „pessimistischen Teufelskreis“. Bei der ProdAG war also die Bereitschaft zu einer strategischen Integration der Bioprodukte gar nicht vorhanden, hier *fehlte das strategische Commitment des Top-Managements*.
Beim SV-Service wurden widersprüchliche Signale gesetzt. Einerseits erwartete die programmatische Führung in der Zentrale, d.h. der nationale F&B-Manager und die zentrale Planungsgruppe, aufgrund der ökologischen Vorreiterrolle des SV-Service von den Betrieben ein offensives Engagement für die Bioprodukte. Andererseits kommunizierte die Linienführung, d.h. der Regionalleiter, dass das betriebswirtschaftliche Ergebnis nicht unter dem Programm „Bio logisch“ leiden dürfe. Der *fundamentale Konflikt zwischen Programm und Wirtschaftlichkeit blieb ungeklärt*. Hier lag es weniger an einem fehlenden Ziel als vielmehr daran, dass nicht geklärt wurde, ob die erwarteten Ziele mit den getroffenen Massnahmen und bereitgestellten Ressourcen überhaupt erreicht werden konnten. Auch durch die zögerliche und selektive Aufnahme der betrieblichen Erfahrungen und Kritikpunkte in die Weiterentwicklung des Programms „Bio logisch“ setzte die Zentrale negative Anreize für die Realisierung des Programms in den Betrieben.
In beiden Organisationen bewirkten also die *negativen bzw. unklaren Erwartungen* über den strategischen Fit der Bioprodukte, dass die *Strategieentwicklung behindert* wurde. Im Gegensatz zur ProdAG bildete sich beim SV-Service aufgrund der unrealistischen Erwartungen aber kein Teufelskreis, der die Entwicklung einer kohärenten Biostrategie verhinderte. Die *grundlegende Absicht zur Einführung der Bioprodukte*, die bei der ProdAG-Führung fehlte, war beim SV-

[493] Vgl. Kapitel 2.3. und Hornberger 2000.

Service vorhanden, so das die Entwicklung dort nur verlangsamt und erschwert wurde.

Im Hintergrund wirkte sich die *unterschiedliche normative Bedeutung der Ökologie* auf beide Unternehmen aus. Obwohl die Einführung von Bioprodukten keine direkten ökologischen Effekte auf den Stufen Lebensmittelverarbeitung und Gastronomie hat, sondern nur Veränderungen auf der Stufe Landwirtschaft bewirkt, ist ihre Einführung trotzdem nicht als beliebige Produktinnovation zu sehen.[494] Der SV-Service hatte seine Position zu ökologischen Produkten in der Gesamtstrategie bereits seit langer Zeit geklärt, während die ProdAG das Thema noch gar nicht behandelt hatte. Die Entscheidung zu einer offensiven Berücksichtigung des Themas Ökologie ermöglichte allen betroffenen Mitarbeiterinnen und Mitarbeitern des SV-Service, die Einführung der Bioprodukte in einen generellen Bezugsrahmen zu stellen und sich in ihren Handlungen daran zu orientieren. Die Bedeutung von Ökologie für den SV-Service *mobilisierte* überdies ein beachtliches *Durchhaltevermögen* in der Organisation. Trotz vieler Rückschläge wurde das Programm nie völlig eingestellt, sondern nur in der Realisierung nach unten korrigiert.

In der ProdAG hingegen war der Stellenwert des Themas Ökologie für die Produktpolitik nicht explizit geklärt[495] und implizit wurde er als gering unterstellt. Daher hatten die ProdAG-Mitarbeiter keine Möglichkeit, sich mit dem Verweis auf die Bedeutung der Ökologie im Unternehmen Unterstützung für die Bioprodukte zu verschaffen.[496]

6.1.2.2. Organisationale Fähigkeit: „Kennen“

Die organisationale Fähigkeit zur Strategieentwicklung wird durch Kommunikation im Unternehmen und mit dem Umfeld, das Kennen des internen und externen Kontexts beeinflusst.

Über die Kommunikationssituation bei der ProdAG können nur eingeschränkt Aussagen getroffen werden.[497] Über die Kommunikation zwischen operativer Führung und Top-Management ist nur bekannt, dass Gespräche zur strategischen Einordnung zwischen ProdAG und der Mövenpick Restaurant Division stattgefunden haben und dort die strategische Bedeutung der Bioprodukte als untergeordnet bewertet wurde. Die interne Kommunikation unter den Betroffenen in der Produktentwicklung kann als funktionierend eingeschätzt werden. Hingegen war

---

494 Vgl. Belz F. 1995, Jungbluth 2000, 2001a und 2001b.

495 Auf Konzernebene war zwar zur fraglichen Zeit bereits ein Umweltbeauftragter tätig, der eine Arbeitsgruppe als „umweltpolitisches Steuerungsorgan“ – das Öko-Forum – mit Beteiligten aus allen Divisionen ins Leben gerufen hatte. Dort war auch der Umweltbeauftragte der ProdAG vertreten. Die Aktivitäten des Öko-Forums konzentrierten sich zunächst auf den „klassischen, technischen Umweltschutz“, d.h. Abfall, Energie und Hilfsmittel (z.B. Reinigungsmittel). Die Produktpolitik des Konzern war dort nicht einbezogen (Interview MP 1 und Interview MP 6).

496 Zur Bedeutung des geklärten Stellenwerts der Ökologie im Unternehmen als Handlungsanleitung vgl. z.B. Finger et al. 1996; Hallay 1996, 189ff.

497 Der Fokus der Untersuchung lag zum Zeitpunkt der Interviewführung nicht auf der Kommunikationssituation und als diese Frage relevant wurde, hatten die Ansprechpartner, die darüber hätten Auskunft geben können, das Unternehmen bereits verlassen.

nur sehr wenig Wissen über die Bedürfnisse der direkten und indirekten Kunden vorhanden, und es wurden auch keine geeigneten Massnahmen ergriffen, um eine bessere Informationsgrundlage für die Weiterentwicklung der Marketingstrategie zu schaffen.
Im SV-Service herrschte ein deutliches *Kommunikationsdefizit* zwischen der Planungsgruppe in der Zentrale und den Betrieben. Dies erklärt die sehr optimistischen Erwartungen an das Programm „Bio logisch", die vom vordergründig optimalen strategischen Fit mit der Positionierung des SV-Service gespeist wurden. Die Fehleinschätzung konnte sich in der Planungsphase durchsetzen, weil die Kommunikation mit den Betrieben – insbesondere den Küchenchefs – die bereits Erfahrung mit Bioprodukten hatten, nicht funktionierte. In der Realisierungsphase hatten die Betriebe auch keine Anreize, die Probleme von sich aus zu melden, da sie mit eigenen Lösungen bzw. dem stillschweigenden Ausstieg einen aus ihrer Perspektive einfacheren Ausweg fanden. Daher wurden die Kundenbedürfnisse in der Planung nicht zutreffend eingeschätzt und in der Realisierung die Auswertung der Erfahrungen, wenn nicht verhindert, so doch stark verzögert.
Das Kommunikationsdefizit ist im SV-Service seit langem bekannt.[498] Es wird primär durch die *spezifische Organisations- und Führungsstruktur des SV-Service verursacht.* Die einzelnen Betriebe des SV-Service haben traditionell eine sehr hohe Autonomie, was angesichts der stark durch den jeweiligen lokalen Kontext des auftraggebenden Unternehmens geprägten und damit sehr heterogenen Marktbedingungen auch teilweise berechtigt ist. Diese Autonomie erschwert jedoch eine straffe strategische Führung. In den Jahren zwischen 1996 und 2001 wurden zwei Massnahmen zur Reorganisation getroffen, die auch die interne Kommunikation verbessern sollten. Im Rahmen eines *Reengineeringprojekts* wurden die *Betriebe über EDV untereinander und mit der Zentrale vernetzt*, dadurch wird einerseits die Kontrolle von Umsatz und Rentabilität in den Betrieben und andererseits die Beschaffungsplanung vereinfacht. Die Controllingprobleme, die zu Schwierigkeiten bei der Steuerung und entgangenen Synergieeffekten führten, sollten damit behoben werden. Allerdings ist die Vernetzung der Betriebe controllingorientiert und adressiert vor allem die „Input"-Probleme, Beschaffungsplanung und Kostenmanagement. Die „Output"-Probleme der Angebotsgestaltung könnten eher durch die zweite Massnahme, die *Reorganisation* des Unternehmens in *branchenspezifische Sparten,* gelöst werden,[499] weil sie eine kundenspezifische Differenzierung der Ernährungsprogramme erleichtern sollte.
Bei der ProdAG bestand das *Kommunikationsdefizit* also primär *an der Schnittstelle zu den Kunden*, während die Einzelbetriebe des SV-Service zwar sehr nah an ihren Kunden waren, aber die *Diffusion der strategisch relevanten Informationen innerhalb des Unternehmens* nur sehr schleppend funktionierte. In beiden Fällen wurde die Weiterentwicklung des Bioangebots dadurch behindert.

---

498 Interview SV 6, Interview SV 8, Interview Andere 4.

499 Diese Reorganisation wurde nach dem Rechtskleidwechsel zur AG im Mai 2001 vollzogen (vgl. SV Group 2001, 6).

6.1.2.3. Individuelle Bereitschaft: „Wollen“

Die individuelle Bereitschaft zur Mitarbeit an der Strategieentwicklung, das Wollen, wird durch die persönlichen Interessen und die der lokalen Praxisgemeinschaft gesteuert, ausserdem muss individuelle Bereitschaft zur Veränderung vorhanden sein. Auch die Erfahrungen der Beteiligten wirken sich darauf aus, ob sie die Strategieentwicklung befürworten und unterstützen oder nicht.

In der ProdAG war das Interesse v.a. des Produktmanagers zu Beginn der Einführung der Bioprodukte durchaus vorhanden, denn hätte er die Bioprodukte für völlig aussichtslos gehalten, so wären sie erst gar nicht eingeführt worden, oder er hätte es bei dem einen Produkt, das er dem Grosskunden nicht abschlagen konnte, belassen. Doch nachdem die Verkaufserfolge mit der Sortimentsausweitung auf sich warten liessen, wurde deutlich, dass seine Leistungsbeurteilung durch die Bioprodukte negativ beeinflusst würde. In den Verhandlungen mit der Restaurant Division kamen weitere deutliche Signale, die Bioprodukte zurückhaltend zu behandeln, was die persönliche Bereitschaft aller Beteiligten bei der ProdAG weiter dämpfte. Während also zu Beginn eine individuelle Bereitschaft vorhanden war, wurde sie durch die Markterfahrungen und die internen Signale immer weiter gedämpft.

Beim SV-Service waren die Beteiligten der Planungsgruppe zunächst sehr für die Bioprodukte. Die Küchenchefs, die bereits Erfahrungen mit Bioprodukten hatten, waren hingegen eher skeptisch. Als dann die ersten Rückmeldungen über Probleme an die Zentrale gelangten, zeigte sich, dass verschiedene Beteiligte aufgrund ihrer euphorischen Grundeinstellung z.T. nur eine eingeschränkte Bereitschaft zur Veränderung der eigenen Einschätzungen zeigten. Der mangelnde Verkaufserfolg führte dazu, dass die Bereitschaft der Beteiligten zur Weiterentwicklung des Programms immer weiter erodierte.[500]

In beiden Unternehmen wirkte nachteilig, dass sie *in ihren Geschäftsfeldern* mit konventionellen Produkten seit längerem *etabliert* waren. Die Bioprodukte waren für sie nicht grundlegend neu, sondern biologische *Varianten konventioneller Produkte*. Beide Faktoren führten dazu, dass die Mitarbeiterinnen und Mitarbeiter die Bioeinführung aus einer Haltung betrachteten, die mit dem Slogan *„We know our business“* umschrieben werden kann.[501] Sie waren sich durchaus bewusst, dass die Bioprodukte für ihr Unternehmen neu waren und dass sie etwas Neues lernen mussten. Doch in der Vorstellung der meisten Betroffenen gingen diese Lernprozesse nicht sehr tief, sondern beschränkten sich darauf, neues Faktenwissen zu erwerben. Dass die Bioprodukte eben doch *neuer waren als sie schienen* und nicht nur Rezepte sondern auch Marketingkonzepte verändern würden, war den meisten nicht bewusst. Sie verliessen sich im Strategieentwicklungsprozess auf ihre Erfahrungen im etablierten Geschäft, d.h. auf etablierte Routinen und gesammeltes Wissen. Hingegen richteten sie nur wenig Aufmerksamkeit darauf, ihre Annahmen zu überprüfen und sich zu fragen, ob im

---

[500] Vgl. Interview SV 11.

[501] Diese Haltung führte zur „compentency trap“, die eine kritische Analyse des „Fit“ zwischen etablierter Handlungsroutine und der neuen Situation verhinderte (vgl. Kapitel 2.3).

Kontext der Bioprodukte bestimmte Voraussetzungen des Geschäfts nicht ganz anders sein könnten. Damit standen sie im starken *Gegensatz zu jungen Unternehmen,* die speziell für die Vermarktung ökologischer Produkte gegründet wurden, die in neu entstandenen Märkten agieren und deren Management sich der *Notwendigkeit zum Erkunden und Gestalten der Bedingungen des eigenen Vermarktungsprozesses* sehr stark bewusst ist.[502]

6.1.2.4. Individuelle Fähigkeit: „Können"

Die individuelle Fähigkeit zur Strategieentwicklung speist sich zum ersten aus der bestehenden und erreichbaren Ressourcenausstattung, geeigneten Analyseinstrumenten und den individuellen Fähigkeiten der Beteiligten.
Bei der ProdAG wurden von Beginn an nur wenig Ressourcen für die Bioprodukte aufgewendet. Die beiden Marketingverantwortlichen nahmen die schleppenden Verkäufe nicht zum Anlass, die Effektivität ihrer Massnahmen grundlegend zu analysieren. Dieses Manko könnte den individuellen Fähigkeiten zugeschrieben werden, doch wurde das Problem dadurch zumindest verstärkt, dass ihnen zwar Instrumente zur Verfügung standen, mit welchen sie die betriebswirtschaftliche Performance der Bioprodukte analysieren konnten, aber keine, mit denen sie ihre Annahmen über die Kundenbedürfnisse hätten systematisch hinterfragen und ggf. revidieren können. Daher waren sie auch nicht in der Lage, eine adäquate Biostrategie zu entwickeln, um beim Top-Management begründet mehr Ressourcen zur Unterstützung der Bioprodukte einzufordern. Hier zeigt sich die individuelle Dimension des negativen Teufelskreises.
Beim SV-Service wurden zwar Ressourcen für die Entwicklung des Programms „Bio logisch" zur Verfügung gestellt, doch die Mittel zur Evaluation und Weiterentwicklung des Programms wurden von den Verantwortlichen deutlich unterdimensioniert. Auch waren weder betriebswirtschaftliche Instrumente vorhanden, die eine systematische Evaluation der Kosten und Umsätze in den Betrieben erlaubt hätten noch ein Feedback-System, mit dem die betrieblichen Erfahrungen im Marketingbereich gezielt hätten ausgewertet werden können.
In beiden Unternehmen kam hinzu, dass sie durch den frühen Markteintritt als Pioniere in ihren jeweiligen Marktsegmenten agieren mussten und dabei mit den typischen Problemen konfrontiert wurden.[503] Sie hatten keine Vorbilder und mussten nicht nur intern Wissen generieren und Abläufe entwickeln, sondern auch die Markterschliessungsmassnahmen sowohl für den Beschaffungs- als auch für den Absatzmarkt tragen. Diese Situation hat sich heute insofern gewandelt als durch das grössere Angebot von Biorohware und verarbeiteten Produkten sowie durch die besser ausgebildete Marktstruktur auf Grosshandelsebene der Beschaffungsmarkt besser erschlossen ist. Für Nachfolger sind nun Vorbilder vorhanden, an deren Erfahrungen sie sich orientieren können.

---

502 Vgl. Wüstenhagen 2000, 253.

503 Vgl. Böttger 1996, 86f., sowie Meffert/Kirchgeorg 1998, 231f.

6.1.3. Biospezifische oder allgemeine Herausforderungen der Produktinnovation?

Zuletzt wird untersucht, welche *Herausforderungen spezifisch für die Bioprodukte* waren und welche bei anderen Produktinnovationen in ähnlicher Form auftreten können. Auf der *operativen* Ebene waren die biospezifischen Herausforderungen mit dem Bionachweis verknüpft. Neu ist hier vor allem die *Abhängigkeit von einer externen, privatrechtlichen Instanz* in Fragen der Produkt- und Prozessgestaltung, die über eine technisch begründete Regulierung, z.B. zum Verbraucherschutz bei Elektrogeräten, hinaus geht und in die auslegungsbedürftige Interpretation von Konsumentenerwartungen und Produktqualität hinein reicht. Als allgemeine Herausforderungen sind Wissenserwerb und die Veränderung von Handlungsroutinen zu nennen, die von der Ausprägung her durch die spezifischen Anforderungen der Bioprodukte geprägt waren, prinzipiell aber bei jeder Produktinnovation auftreten können.

Im Bereich der *strategischen* Herausforderungen lag die spezifische Ausprägung beim reziproken Verhältnis zwischen der unmittelbar wahrzunehmenden Differenzierung der Bioprodukte und dem einzusetzenden Marketingaufwand. Dieser Punkt ist spezifisch für viele ökologische Produkte. Bei konventionellen Produkten würde die *geringe Differenzierung* vermutlich als *Ausschlusskriterium* in der Produktentwicklungsphase dienen und verhindern, dass diese Produkte jemals auf den Markt kämen. Bei ökologischen Produkten wirkt hingegen das *öffentliche Interesse* als Unterstützung der Produktinnovation, für die die Vermarktungsmöglichkeiten dann aber erst erschlossen werden müssen und die im Extremfall, wie bei der Einführung von Katalysatoren und bleifreiem Treibstoff, durch staatliche Subventionen[504] vergünstigt werden, damit sie sich am Markt durchsetzen können. Dies bedeutet auch, dass das öffentliche Interesse gegebenenfalls für die Unterstützung einer Produktlancierung mobilisiert werden kann.[505] Dies wird für Bioprodukte in der Gastronomie vermutlich nur in einem bescheidenen Rahmen möglich sein, aber es wäre z.B. an eine gemeinsame Werbekampagne mit NGOs wie Naturschutzvereinen oder dem WWF zu denken.[506] Bei einer solchen Kooperation würden die NGOs davon profitieren, dass sie nicht nur abstrakt umweltverträglichen Konsum propagieren, sondern ganz konkret die entsprechenden Produkte und Bezugsquellen dazu liefern, während die beteiligten Hersteller und Gastronomen die Glaubwürdigkeit der NGOs nutzen.[507]

---

504 Im Fall des bleifreien Treibstoffs wurden die Treibstoffsteuern und die Kraftfahrzeugsteuern auf Autos mit Katalysatoren reduziert, um der umweltverträglicheren Technologie zum Durchbruch zu verhelfen.

505 Dabei ist nicht nur die Förderung durch staatliche Akteure gemeint, wie sie in Wüstenhagen 2000 (Kapitel 6) für die Entwicklung des Marktes für Ökostrom beschrieben wird, sondern auch die Unterstützung durch nichtstaatliche Organisationen.

506 Im Fall des WWF kommt der Impuls sogar von Seiten der NGO, denn der WWF Schweiz plant derzeit eine Kampagne „Goûtmieux“, mit welcher der Einsatz von Biolebensmitteln in der Gastronomie gefördert werden soll. Die Autorin ist in die Gestaltung der Kampagne beratend involviert.

507 Eine ähnliche Win-Win-Situation wie in der Verbindung der Biohandelsmarke Coop Naturaplan mit dem Knospelabel (vgl. Villiger 2000, 107).

Eine weitere Perspektive eröffnet sich durch den Begriff der Prozesslogik. Die Prozesslogik besteht in der Anerkennung der Erwartungen, die vor- und nachgelagerte Produktstufen an die eigene Leistungserstellung haben. Wird der Leistungserstellungsprozess des gesamten Unternehmens besonders gut auf diese Erwartungen ausgerichtet, handelt es sich um eine Kernkompetenz.[508] Oberflächlich betrachtet wurden die Bioprodukte der bestehenden Prozesslogik in den beiden Unternehmen untergeordnet. Die Kunden erwarteten auch von den Bioprodukten die gleichen Eigenschaften, wie von konventionellen, die Bioeigenschaft bot – besonders für die Gastronomieunternehmen – nur einen sehr untergeordneten Zusatznutzen; sie warteten nicht auf die Bioqualität, sie war ihnen neu. Damit fällt jedoch die *Erklärungsbedürftigkeit der Bioprodukte* ins Auge, mit ihr entstand eine neue Herausforderung an die Marketingverantwortlichen: die *Vermittlung des Interpretationsrahmens*, innerhalb dessen die zusätzliche, innere Qualität der Bioprodukte von den Kunden zu schätzen gelernt wird. Damit wird auch der *Wettbewerb zwischen den Anbietern* insofern *neu definiert*, als die erfolgsrelevante Kompetenz nunmehr darin zu suchen ist, die besten Erklärungen für den Nutzen der Bioqualität glaubwürdig zu vermitteln.[509] Vergegenwärtigt man sich die Entwicklung des verbraucherorientierten Marketings[510] dann wird deutlich, dass es sich um kein biospezifisches Phänomen handelt – auch der Weichspüler war beispielsweise ein Produkt, dessen ungekannter Nutzen der wäschewaschenden Community erst vermittelt werden mussten.
Insgesamt wurde darüber hinaus sowohl beim SV-Service wie auch bei der ProdAG eine *stärkere Orientierung an den Bedürfnissen der Endkonsumenten* nötig, die bei konventionellen Produkten nicht in dieser Ausprägung vorhanden war. Man kann davon ausgehen, dass es sich hierbei um eine verallgemeinerbare Beobachtung handelt, weil die Differenzierung bei ökologischen Produkten so schwierig herzustellen ist, dass die Ausrichtung auf die Konsumentenbedürfnisse sehr wichtig wird. Allgemein sollte die Ausprägung der Strategie (Marktabsicherung – Differenzierung – Marktentwicklung) davon abhängen, wie sehr sie mit der Gesamtstrategie des Unternehmens übereinstimmen.
In der *Strategieentwicklung* traten keine Herausforderungen auf, die genuin biospezifisch gewesen wären, sondern sie waren allgemeiner Natur mit einer inhaltlichen Ausprägung, die für die Bioprodukte spezifisch war. Man kann lediglich einräumen, dass aufgrund der Neuheit des Marktes die *Notwendigkeit zu Lernprozessen und zur Kooperation* entlang der Produktkette bei ökologischen Produkten *besonders ausgeprägt* ist, aber diese Aspekte können auch bei anderen Produktinnovationen eine Rolle spielen. Die nachfolgende Tabelle 8 bietet einen Überblick über die Herausforderungen.

---

508 Rüegg-Stürm 2001, 239ff.

509 Es findet also ein Erklärungswettbewerb statt, vgl. Tomczak/Müller 1993.

510 Die verbraucherorientierte Marketingkritik der 1970er-Jahre problematisierte die Rolle des Marketings, nicht nur Bedürfnisse zu befriedigen, sondern sie auch zu wecken und zu formen, vgl. Hansen 1995, 5. So beschrieb Raffée 1979 (16ff.) z.B. verschiedene Negativwirkungen des kommerziellen Marketings in der gesellschaftlichen und der natürlichen Umwelt.

Tabelle 8: Spezifische und allgemeine Herausforderungen bei der Einführung von ökologischen bzw. Bioprodukten (Quelle: eigene)

Art der Heraus-forderung	Spezifisch für ökologische / Bioprodukte	Allgemeine Herausforderung
Operativ	• Entscheidung für einen Bionachweis • Strukturelle Schwächen des jungen Marktes für ökologische / Bioprodukte • Organisation der Qualitätssicherung gemäss Bionachweis	• Wissenserwerb • Veränderung von Handlungsroutinen
Strategisch	• Bei Verarbeitern stärkere Ausrichtung auf Endkonsumentenbedürfnisse notwendig • Reziprokes Verhältnis zwischen wahrnehmbarer Differenzierung des Ökoproduktes und Marketingaufwand • Öffentliches Interesse an ökologischen Produkten	• Ausprägung der Strategie für die neuen Produkte abhängig von ihrem Fit mit der Gesamtstrategie • Neupositionierung ist aufwändiger als „Bestätigung" der Positionierung • Veränderung der Prozesslogik durch Erklärungswettbewerb
Strategie-entwick-lung	<u>Organisationale Bereitschaft (Sollen):</u> • Stellenwert der Ökologie im Unternehmen • Unangemessene Erwartungen an die neuen Produkte • Mangelnde Bereitschaft, Ressourcen verfügbar zu machen • Fehlende Anreize zu spezifischen Beiträgen <u>Organisationale Fähigkeit (Kennen):</u> • Bedeutung der internen und externen Kommunikation unterschätzt • Bedeutung der Kundenorientierung unterschätzt <u>Individuelle Bereitschaft (Wollen):</u> • Persönliches Interesse nur anfänglich vorhanden • Vorerfahrungen irreführend • Notwendigkeit von Lernprozessen unterschätzt • Notwendigkeit zur Kooperation über die Produktkette unterschätzt <u>Individuelle Fähigkeit (Können):</u> • Fehlende Analyseinstrumente • Mangelnde Ressourcenausstattung	

6.2. Bedingungen entlang der Produktkette

➔ Dieser Abschnitt beschreibt die Bedingungen, welche die einzelnen Akteure über die Produktkette füreinander bereitstellen. Dabei werden die Probleme aufgezeigt, die einer Einführung von Bioprodukten im Wege stehen und bereits bestehende oder potenzielle Lösungswege skizziert. Die Darstellung geht vom Gatekeeper in der Kette, der Gastronomie, aus und zeigt aus ihrer Perspektive zunächst die Beschaffungs- und danach die Absatzseite auf.

6.2.1. Beschaffung

Auf der *Beschaffungsseite* bestanden strukturelle Defizite im Markt. Dabei handelt es sich vor allem um ein *Informationsproblem*: Anbieter und Nachfrager kamen nicht zusammen, weil sie nicht wussten, wie und wo sie ihre Marktpartner finden konnten, und die Preisbildung war grossen Schwankungen ausgesetzt. Hierzu haben inzwischen verschiedene Organisationen Lösungsmöglichkeiten entwickelt.
Die Bio Suisse als Interessenvertreterin der Schweizer Biobauern hat eine *Marktkoordination* aufgebaut, die darauf abzielt, den Produzenten Nachteile bei der Preisbildung zu ersparen, wenn grosse Nachfrager die Marktintransparenz bei Kaufverhandlungen zu ihren Gunsten auszunutzen suchen. Durch eine regelmässige Information der Marktteilnehmer werden sowohl verfügbare Rohstoffmengen als auch erzielte Preise bekannt gemacht. Zum anderen hat eine private, kommerzielle Organisation eine *Biofoodbörse* eingerichtet.[511] Schweizer und internationale Produzenten und Händler von Rohstoffen und verarbeiteten Produkten bieten an der Börse ihre Produkte an und Nachfrager können über den Website Angebote einholen. Auch die Bio Suisse bietet auf ihrem Website eine Suchmaschine an, wo Hersteller von Knospe-Produkten nach Produktgruppen und Regionen geordnet gesucht werden können.
Ein weiteres Problem in der Beschaffung ist noch ungelöst. Viele Nachfrager aus der Gastronomie benötigen hoch verarbeitete Produkte, z.B. biologische Basisconvenienceprodukte wie Bouillon. Zum Teil werden diese Produkte bereits angeboten, aber nur in einzelhandelsorientierten Gebindegrössen, was für Grossnachfrager ineffizient ist, teilweise existieren sie noch gar nicht in biologischer Qualität. Die Nachfrage einzelner Gastronomieunternehmen ist aber i.d.R. zu klein, um die Verarbeiter zu bewegen, die benötigten Grossgebindegrössen aufzulegen, bzw. die Herstellung des gewünschten Produktes aufzunehmen.[512] Eine

---

[511] B.A.U.E.R. AG (biologische agrikultur union einbezogener regionen), gegründet 1996, ein Netzwerk von Schweizer Bioproduzenten, das über das Internet biologische Roh- und Semiprodukte anbietet und mit einem internationalen Netzwerk, der Internationalen Biofoodbörse, kooperiert (vgl. http://www.biofoodboerse.com).

[512] Vgl. hierzu die Studie von Dziadek 1997, die das Marktpotenzial biologischer Basisprodukte für Knorr auf der Basis der Nachfrage des SV-Service mit dem Programm „Bio logisch" untersuchte und zu dem Schluss kam, dass die durch den SV-Service nachgefragte Menge keine rentable

mögliche Lösung für dieses Problem läge in einem *Nachfragepool* von Gastronomieunternehmen, die als Gruppe die nötige Nachfragemenge generieren könnten, um das *gewünschte Angebot* für einen Hersteller *rentabel* zu machen.[513] Darüber hinaus könnte ein Nachfragepool in längerfristiger Perspektive dazu dienen, die *Preise zu senken*, wenn die Nachfragemenge so gross wird, dass sich in der Produktion Skaleneffekte erreichen lassen.

Hier läge ein Betätigungsfeld für die Bio Suisse, die als Vertreterin der Schweizer Biobauern ein Interessen daran haben sollte, das Sortiment der Knospe-Produkte am Markt weiter auszubauen und damit ihren Mitgliedern und Lizenznehmern eine Umsatzsteigerung zu ermöglichen. Doch auch eine private, kommerzielle Organisation könnte sich als Maklerin für solche Partnervermittlungen, ggf. auch über das Internet, betätigen.[514]

6.2.2. Absatz

Die *Herausforderungen auf der Absatzseite* liegen in einer kundenorientierten Produkt- und Preisgestaltung sowie einer geeigneten Kommunikation. Hier liegen die Herausforderungen vor allem bei der Gastronomie, doch durch rückwärts gerichtete Kooperationen können die Gastronomieunternehmen sich ihre Aufgaben erleichtern. Auch Verarbeitung und Grosshandel können sich durch spezifische Dienstleistungen eine Kernkompetenz aufbauen, welche die Kundenbindung unterstützt.

Die *Produktgestaltung* zielt darauf ab, Produkte zu schaffen, die den Restaurantgästen einen spezifischen Nutzen vermitteln. Gastronomieunternehmen können durch die Zusammenarbeit mit ihren Lieferanten biologische Convenienceprodukte beziehen, die genau auf ihr Bioangebot und die jeweiligen Konsumsituation abgestimmt sind und damit den von den Gästen erwarteten Nutzen optimal erfüllen.

Bei der *Preisgestaltung* muss berücksichtigt werden, dass die Kosten die Erwartungen der Gäste in der jeweiligen Konsumsituation nicht überschreiten. In der Zusammenarbeit mit ihren Lieferanten können Gastronomieunternehmen im „Target Costing"-Verfahren Produkte entwickeln, die im angestrebten Preisrahmen liegen. Der tendenzielle Preisdruck wird dabei über die Kette rückwärts weitergeleitet und findet seine Grenzen in der Kostensituation der betroffenen Unternehmen und in den Rohstoffpreisen der Landwirtschaft. Durch die Kooperation können die Marktpartner ihre Bedingungen so abstimmen, dass möglichst

---

Produktion erlauben würde. Die Studie war aber auf den SV-Service beschränkt und identifizierte keine potenziellen Kunden.

513 Dieses Problem besteht bei Bioprodukten für den Lebensmitteleinzelhandel nicht in der gleichen Form, weil die Einzelhandelsunternehmen so gross sind, dass bereits die exklusive Produktion für ein Unternehmen in der Regel rentabel ist. So hat Coop viele Verarbeiter bewogen, für das NaturaPlan-Sortiment Bioprodukte herzustellen und damit die Biomarktentwicklung in der Schweiz für einzelhandelsorientierte Produkte entscheidend voran getrieben.

514 Hier wäre z.B. an die Informationsplattform „bionetz.ch" zu denken, die sich als Anbieterin von Vernetzungsmöglichkeiten in der Schweizer „Bioszene" neben der Bio Suisse etablieren möchte (http://www.bionetz.ch). Die Bio Suisse käme eventuell in Konflikt mit der Interessenvertretung für ihre Mitglieder, wenn es um das Erreichen von Preisreduktionen durch Nachfrageakkumulation geht.

grosse Preisreduktionen möglich werden, z.B. durch die Ermittlung optimaler Produktions-Chargen.[515]
Mit der *Kommunikation* wird den Restaurantgästen ein *Interpretationsrahmen vermittelt*, innerhalb dessen sie Nutzen und Kosten der Bioprodukte abwägen und ihre Kaufentscheidung treffen. Lebensmittelverarbeiter können Neukunden akquirieren, indem sie ihnen nicht nur die Produkte, sondern ein ganzes Dienstleistungspaket anbieten, in dem spezifisch auf die Konsumsituation der Kunden abgestimmte Kommunikationsmassnahmen enthalten sind. Damit treffen sie nicht nur Vorkehrungen, das Bioangebot bei den Kunden erfolgreich zu machen und ihren eigenen Absatz zu sichern, sondern sie bieten auch eine spezifischen Dienstleistung an, mit der sie sich differenzieren und Kundenbindung aufbauen können.
Entlang der Produktkette sind Gastronomieunternehmen bei der Einführung von Bioprodukten mit ähnlichen Problemen konfrontiert, wie andere Unternehmen bei der Einführung von ökologischen Produkten. Die Beschaffungsmärkte für ökologische Rohstoffe und Vorprodukte sind noch nicht so strukturiert wie diejenigen konventioneller Produkte; die Mehrzahl der Konsumentinnen und Konsumenten muss vom spezifischen Mehrnutzen der Produkte und die potenziellen Partner entlang der Produktkette vom Nutzen einer Zusammenarbeit für die Marktentwicklung überzeugt werden. Auch wenn die Kooperation zwischen den Marktakteuren und darüber hinaus seit längerem durch die Wissenschaft[516] propagiert wird, müssen doch gerade die „konventionellen" Unternehmen, die bislang im Alleingang am Markt mit konventionellen Produkten erfolgreich waren, die Zusammenarbeit erst als Mittel zur Marktentwicklung für ökologische Produkte entdecken, wie das Beispiel der ProdAG zeigt. Während die Mitarbeiterinnen und Mitarbeiter des SV-Service von Beginn an eng mit den Lieferanten die Möglichkeiten von Produktentwicklungen und Sortimentsausweitungen prüften, beschränkten sich die der ProdAG auf die Verhandlung von Spezifikationen und Preisen bei der Lieferantenakquisition und sahen keine Notwendigkeit zur engeren Zusammenarbeit. Für einen Überblick siehe Abbildung 28.

515 Vgl. Hummel 1997 für ein Beispiel bei der Produktion von Ökotextilien.

516 Vgl. Aulinger 1996 und Schneidewind 1998.

Abbildung 28: Kooperationsoptionen zur Förderung von Bioprodukten entlang der Produktkette (Quelle: eigene)

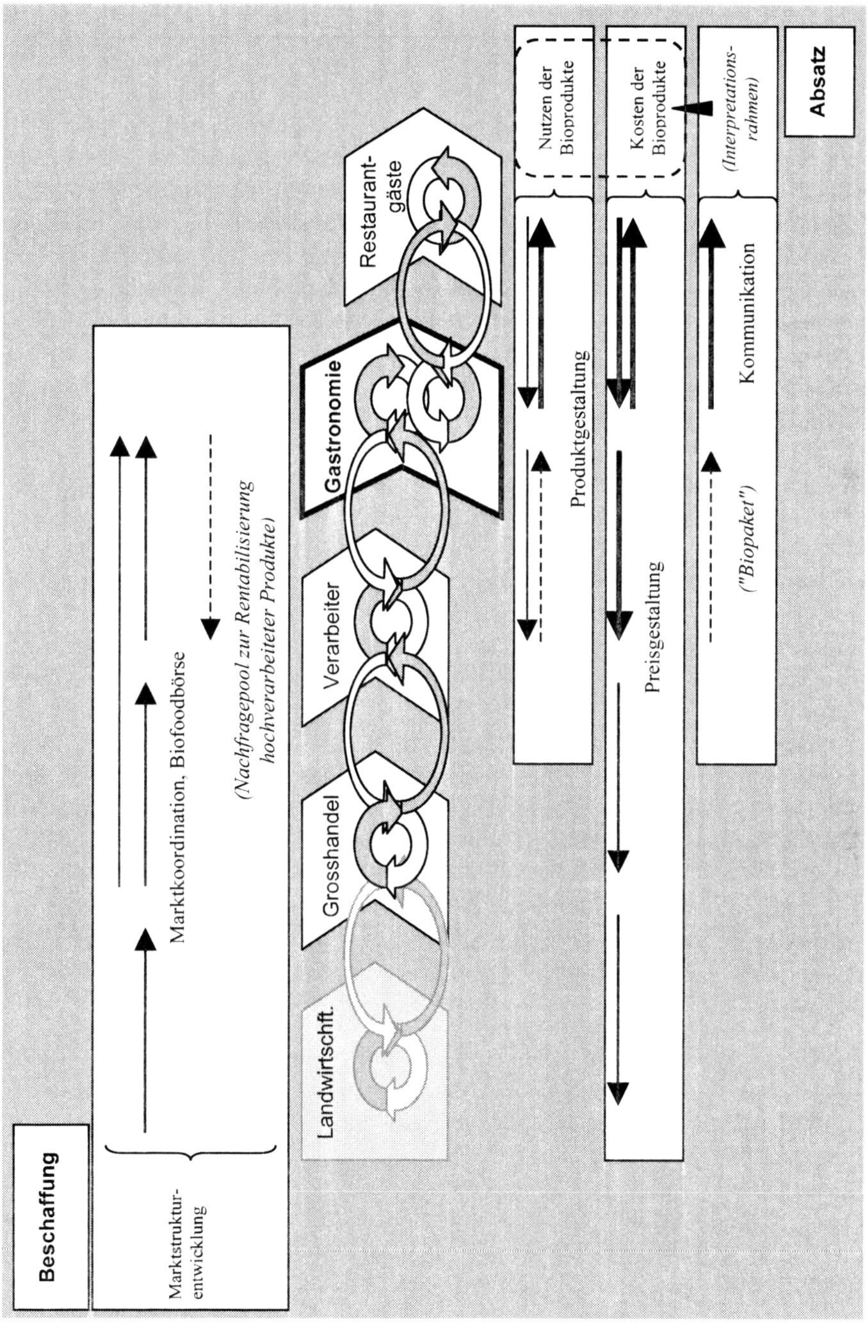

6.3. Fazit: Bewährte Instrumente sensibel für „Neues“ einsetzen

Lässt man die Gegenüberstellung von biospezifischen und allgemeinen Herausforderungen Revue passieren, so wird bewusst, dass die Bioprodukte *relativ wenige spezifische Herausforderungen* mit sich bringen. Sie sind als *Produktinnovation in einem jungen Markt mehr oder minder „dasselbe in grün“*. Dies sollte den Mitarbeiterinnen und Mitarbeitern, die aus eigenem oder fremdem Impuls Bioprodukte in ihrem Unternehmen einführen, Mut machen. Denn die Fallstudienergebnisse zeigen, dass die Instrumente der Marktbearbeitung und Strategieentwicklung durch die Innovation „Bioprodukt“ keineswegs völlig nutzlos sind oder anders gebraucht werden müssen. Vielmehr können die bekannten *Marketing- und Strategieentwicklungsinstrumente* mit guter Aussicht auf Erfolg eingesetzt werden, während die Erfolgsaussichten einer Produkteinführung sinken, wenn dies unterlassen wird.

Doch es hat sich auch gezeigt, dass nicht alle Tätigkeiten routiniert weiterlaufen können. Vielmehr geht es, wie vermutlich bei *jeder Innovation,* darum zu erkennen, welche alten Elemente beibehalten werden können, welche an das neue Produkt und die neue Situation angepasst und welche komplett ausgetauscht werden müssen. Bei der Einführung von Bioprodukte in der Gastronomiebranche wird dies durch die in Tabelle 5 genannten *biospezifischen Merkmale* der Innovation beeinflusst. Es muss jedoch festgehalten werden, dass diese Merkmale kontextabhängig sind und sich daher mit der Zeit oder in anderen Märkten verändern werden.

So müssen sich Mitarbeiterinnen und Mitarbeiter in der Gastronomiebranche fragen, wie die Bioprodukte gestaltet werden müssen, um in ihre generelle Strategieausrichtung hineinzupassen, in welchen Vermarktungssituationen und mit welcher Strategieausprägung die geplanten Bioprodukte Chancen haben, welche internen Entwicklungsmassnahmen dazu ergriffen werden müssen und schliesslich auch, zu welchen Zwecken die Zusammenarbeit mit anderen Akteuren in der Produktkette angezeigt ist. Diese Evaluation wird zwangsläufig in manchen Fällen auch zum Schluss führen, dass von einer Einführung besser Abstand zu nehmen ist.

7. Gestaltungsempfehlungen, Ausblick und weiterer Forschungsbedarf

7.1. Gestaltungsempfehlungen

In den Einzelfallstudien wurden bereits Handlungshinweise generiert, die spezifisch auf die beiden untersuchten Unternehmen abgestimmt waren. In diesem Kapitel werden nun allgemeiner gehaltene Gestaltungsempfehlungen für die Einführung von Bioprodukten in Unternehmen formuliert, die bereits mit einem konventionellen Angebot auf dem Markt agieren. Dabei werden zunächst die Empfehlungen behandelt, die sich gleichermassen an Gastronomie und Lebensmittelverarbeiter richten und auf die Strategieentwicklung zielen.
Danach werden spezifische Gestaltungsempfehlungen für die unterschiedlichen Akteure formuliert. Erst werden die Unternehmen der Gastronomie angesprochen, dann Unternehmen der Lebensmittel verarbeitenden Industrie und zuletzt diejenigen Akteure, die in die Einführung von Bioprodukten in der Gastronomiebranche durch die Vergabe eines Bionachweises involviert sind oder sie durch unterstützende Aktivitäten stimulieren wollen.
Die Empfehlungen sind teilweise auf Untergruppen der jeweiligen Akteure zugeschnitten, die sich durch bestimmte Merkmale unterscheiden, z.B. gibt es Hinweise für die Gestaltung des Bioangebots in der Gastronomie mit speziellen Punkten für Unternehmen mit heterogenem Publikum oder für solche, die grosse Mengen verarbeiten müssen. Diese Kriterien unterscheiden nicht trennscharf, d.h. es können einer oder mehrere Punkte auf ein Unternehmen zutreffen. Entsprechend kann ein Trade-off zwischen den Ausrichtungen auf die jeweiligen Kriterien auftreten. Die Empfehlungen zeigen Optionen für die isolierten Aspekte auf, während die Kombination nur am konkreten Einzelfall entschieden werden kann.

7.1.1. Empfehlungen zur Strategieentwicklung

Die wichtigste Frage an ein Unternehmen bei der Einführung eines Bioangebots betrifft die *Ziele* und den *Stellenwert* des Bioangebots *in der Gesamtstrategie*. Es muss geklärt werden, welche *Erwartungen* an die Bioprodukte im bearbeiteten Marktsegment als *realistisch* anzusehen sind. Dies hängt vom *Zeitpunkt* des Eintritts in das Biomarktsegment ab. Solange sich noch kein Unternehmen mit einer offensiven Biostrategie positioniert hat, sind alle Optionen offen. Sobald ein Unternehmen die Pionierposition eingenommen hat, müssen die weiteren Akteure ihre Schritte mit Bezug dazu vornehmen, wie das Beispiel Coop im Einzelhandel zeigt.
Sind die Ziele der Biostrategie geklärt, kann daraus der Stellenwert des Angebots abgeleitet werden und entnommen werden ob die Strategie eher offensiv oder defensiv ausgeprägt ist. Wenn z.B. ein Gastronomieunternehmen mit Bioprodukten auf dem Markt repositioniert wird, weil sein Profil mit der Zeit verloren

gegangen ist, wird das Bioangebot einen herausragenden Stellenwert einnehmen und es handelt sich um eine offensive Strategie. Geht es hingegen um eine Absicherung gegenüber Lebensmittelskandalen, so handelt es sich um eine eher defensive Strategie, deren Stellenwert hinter anderen strategischen Zielen zurückstehen und die entsprechend auch mit einem kleineren Aufwand verbunden wird.[517]
In jedem Fall muss vorrangig geklärt werden, welche *Mehrkosten* zum konventionellen Angebot zu erwarten sind und wie diese Kosten getragen werden. Diese Frage nach der *Ressourcenverteilung* betrifft nicht nur die *direkten Kosten* des Angebots, sondern auch den *personellen Mehraufwand* für die permanente Weiterentwicklung der Strategie.
Je vorrangiger die Ziele der Biostrategie desto wichtiger sind *Feedback und Evaluation*, um die Strategie entsprechend der erkannten Kundenbedürfnisse und internen Kontextfaktoren weiterzuentwickeln. Hier sind verschiedene Instrumente notwendig: Einerseits dient das klassische Kennzahlencontrolling als Indizienlieferant für wirtschaftliche Schwachpunkte. Andererseits sollten auch qualitative und diskursive Instrumente eingesetzt werden, welche die inhaltliche Überprüfung von Marketingmassnahmen erleichtern, um dort liegende Ursachen der Schwachpunkte zu erkennen und Umsteuerungsmöglichkeiten entwickeln zu können.
Dazu ist es auch notwendig, die verschiedenen *lokalen Praxisgemeinschaften systematisch* in die Strategieentwicklung einzubeziehen. Dies sollte als Geben und Nehmen verstanden werden: Nicht nur müssen die spezifischen Blickwinkel, Informationszugänge und Kompetenzen als Informationsquellen *genutzt* werden, die Einbindung der Mitarbeiterinnen und Mitarbeiter ist auch als Hygienefaktor für die *Arbeitszufriedenheit* zu verstehen. Die relevanten Personen – vor allem an Kommunikationsschnittstellen[518] – sollten dabei mit den für ihre Aufgaben notwendigen *Kompetenzen* ausgestattet werden, was sich nicht nur auf *Zuständigkeiten* sondern auch auf *Ressourcenausstattung* und ggf. *Schulungen und Personalentwicklungsmassnahmen* bezieht. Letzteres ist besonders wichtig, weil die Einführung von Bioprodukten eine ganze Reihe von Lernprozessen im Sinne von Wissenserwerb aber auch hinsichtlich der Veränderung von Arbeitsroutinen mit sich bringt. Diese Veränderungen sollten den Mitarbeiterinnen und Mitarbeitern nicht einfach abverlangt, sondern nach Möglichkeit durch vorbereitende Massnahmen erleichtert werden.

---

[517] Da bislang in der öffentlichen Wahrnehmung konventionell produzierte Lebensmittel noch nicht in toto als unmittelbar gesundheits- oder gar lebensgefährdend eingeschätzt werden, ist eine defensive Biostrategie von herausragender Bedeutung (noch) keine sehr wahrscheinliche Option. Darin unterscheiden sich Lebensmittel von anderen Produkten, wie z.B. Asbest, die als akut gesundheitsgefährdend erkannt und durch andere ersetzt werden mussten. Selbst bei Rindfleisch setzte sich diese Interpretation angesichts BSE bisher nicht durch.

[518] Beispiele aus den Fällen wären der regionale F&B, der für die Kommunikation zwischen Zentrale und Betrieben zuständig war oder der Key-account-Manager der ProdAG, der Kundenkontakt hatte.

7.1.2. Empfehlungen an die Gastronomie

Wenn sich ein Gastronomieunternehmen für die Einführung von Bioprodukten interessiert, sind drei Themenbereiche relevant, welche die Mitarbeiterinnen und Mitarbeiter in der Strategieentwicklung vorrangig berücksichtigen sollten: die Interaktion mit Kunden (Marketing) und Lieferanten (Beschaffung) und die Entscheidung für einen Bionachweis. Darüber hinaus muss die operative Realisierung des Bioangebots organisiert werden.

7.1.2.1. Marketing

Gegenüber den Kunden besteht die wichtigste Herausforderung darin, das Angebot der Bioprodukte so zu gestalten, dass sie einen zufriedenstellenden *Umsatz* erreichen. Hier ist vor allem das *Marketing* angesprochen, das sich an der *Konsumsituation* orientieren sollte, die mit dem verfolgten *Gastronomiekonzept* geschaffen wird. Da die Bioqualität für den überwiegenden Teil der Gäste keine dominante, sondern nur eine *zusätzliche Nutzendimension* sein dürfte, wird eine Vollumstellung i.d.R. nicht in Frage kommen, sondern nur ein Angebot ausgewählter Biogerichte oder die Umstellung ausgewählter Komponenten.

Das *Bioangebot muss sich in das Gastronomiekonzept einfügen*, um glaubwürdig zu sein und von den Gästen akzeptiert zu werden. Es sollte also eine Erklärung für das Bioangebot geschaffen werden, die zum allgemeinen Gastronomiekonzept passt, ein Interpretationsrahmen, der das Bioangebot für die Gäste plausibel und wünschenswert macht. Wichtig ist, dass *„Bio" vielfältig interpretiert werden kann*; so sind Ökologie, Gesundheit, Wellness, Saisonalität, Regionalität, Genuss und Exklusivität unterschiedliche Interpretationsrahmen, innerhalb derer man ein Bioangebot einsetzen kann. Gleichzeitig sind diese Begriffe *relativ neutral gegenüber kulinarischen Konzepten*, sodass sowohl rustikale wie auch moderne, leichte Küche, verschiedene Ethnokonzepte und andere Spezialitäten mit Bioprodukten verbunden werden können. Selbst *Fast Food* im Sinne einer schnellen, beiläufigen Verpflegungsmöglichkeit ist unter gewissen Voraussetzungen mit Bioqualität kombinierbar.[519]

Problematisch sind v.a. diejenigen Gastronomiesegmente, die ein *sehr heterogenes Publikum* haben, weil die Präferenzen der Gäste entsprechend breit gestreut sein werden. V.a. in der Anfangszeit könnte das Bioangebot als Wochengericht gestaltet werden, was den Vorteil hätte, dass sich die Präferenzen der Gäste schneller herausfinden lassen und die Planung sich an den saisonal verfügbaren Frischprodukten orientieren kann.

Ist das Absatzpotenzial erst einmal erkundet und als ausreichend befunden, kann das Bioangebot entweder als wechselndes Angebot weitergeführt werden oder fest in der Speisekarte verankert werden. Eine Variante hierfür wäre die *Spezialisierung* auf ein voraussichtlich *für Bioprodukte sensibles Gästesegment*. So hat z.B. die Mitropa Suisse S.A. ihr Bioangebot im Speisewagen auf ein indisches,

---

[519] So hat der „Logische Supermarkt" Vatter in der Berner Innenstadt einen Imbiss-Strassenverkauf eingerichtet, der ein Vollsortiment von biologischen Backwaren, Sandwiches, Salaten und anderen Imbissartikeln anbietet. Die Mischform von konventionell und biologisch in einem Fastfood-Konzept dürfte aufgrund der genannten Gründe vermutlich schwieriger zu realisieren sein.

vegetarisches Gericht konzentriert, weil sie bei ihrer sehr heterogenen Klientel glaubte, damit die für Bioprodukte sensiblen Kunden zu erreichen.[520] Eine andere Variante läge im Angebot eines Gerichts, das möglichst viele Gäste anspricht, z.B. etwas *allgemein sehr beliebtes*, wie Spaghetti Bolognese[521] oder ein Salatteller, der nicht nur Vegetarier, sondern auch gesundheits-, kalorienbewusste und Menschen mit Appetit auf ein leichtes Gericht erreichen würde.
In Betrieben, die *grosse Mengen umsetzen*, bietet sich die *Umstellung von Komponenten* an, weil sich die Lieferanten dann auf eine relativ konstante Abnahmemenge einrichten können, denn besonders bei Produkten mit Nachfrageüberhang kann die kurzfristige Beschaffung von grösserer Mengen schwierig werden. In jedem Fall muss die *Preissensibilität der Gäste in der jeweiligen Konsumsituation* berücksichtigt werden. Sie unterscheidet sich erheblich, je nach Zweck- und Freizeitverpflegung und Konsumort. Auch in das *Preisgefüge der Speisekarte* sollte sich das Bioangebot einfügen, weil die Gäste i.d.R. eine Vorstellung von angemessenen Preisrelationen zwischen z.B. vegetarischen und Fleischgerichten und auch unter verschiedenen Fleischsorten haben. Dennoch muss betont werden, dass die *Bedeutung des Preises je nach Konsumsituation sehr unterschiedlich* ist und die *Preisbereitschaft der Gäste durch die kommunikative Vermittlung des Bioangebots beeinflussbar* sein sollte.

7.1.2.2. Beschaffung

Die wichtigste Herausforderung bei der Beschaffung besteht darin, die *Angebotsplanung so zu organisieren*, dass die Beschaffung *möglichst reibungslos* und zu *günstigen Preisen* realisiert werden kann. Hier unterscheiden sich Unternehmen mit kleinen, mittleren und grossen Beschaffungsmengen voneinander.[522]
Unternehmen mit *kleinen Beschaffungsmengen*[523] haben den spezifischen Vorteil, dass ihre Nachfragemengen ermöglichen, mit einzelnen Biolandwirten und gewerblichen Verarbeitern zusammenzuarbeiten. Durch Umgehung von Teilen der Wertschöpfungskette können die *Beschaffungspreise dann niedriger* liegen als bei Einbezug des Grosshandels. In diesem Fall sind sie allerdings bei den saisonabhängigen Produkten, wie Gemüse und Obst, in der Angebotsgestaltung stärker *an die Jahreszeiten gebunden*, da einzelne Landwirte zu einer bestimmten Zeit ihre Erzeugnisse ernten und danach ein anderes Produkt an die Reihe kommt. Es ist zudem mit kurzfristigen Ausfällen zu rechnen, weil die Verbindung mit ein-

---

520 Interview Andere 6.

521 Die Schweizer Variante wäre „G'hackets mit Hörnli".

522 Die Abgrenzung zwischen diesen drei Kategorien ist relativ schwierig, weil sie von der nachgefragten Menge einerseits und der verfügbaren Menge von Produkten auf dem Markt bzw. bei einzelnen Lieferanten andererseits abhängt und nicht pauschal von der Unternehmensgrösse. So bezeichnete ein Interviewpartner beim SV-Service ihre Nachfrage (auf Basis der individuellen Menüplanung, nicht bei Komplettumstellung!) bei bestimmten Bio-Convenienceprodukten als zu klein, um Industriebetriebe zu interessieren und zu gross für die gewerblichen, während der SV-Service als grösster Caterer der Schweiz nach Umsatz und Mitarbeitern eindeutig zu den grossen Unternehmen gehört (vgl. Interview SV 6).

523 Dies kann auch bei Unternehmen der GMG der Fall sein, wenn sie nur in wenigen ausgewählten Restaurants ihrer Gruppe ein Bioangebot realisieren wollen.

zelnen Höfen auch zu lokalen wetter- oder schädlingsbedingten Ernteausfällen führen kann.[524] Daher bietet es sich für solche Gastronomiebetriebe an, das Bioangebot in Form einer saisonalen Karte und mit Tages- oder Wochenangeboten zu machen, um die nötige *Flexibilität vorteilhaft auszuspielen.*
Unternehmen mit *grossen Beschaffungsmengen* sollten hingegen über den Grosshandel bzw. bei industriellen Verarbeitungsbetrieben beschaffen, weil ihnen einzelne Landwirte oder gewerbliche Verarbeiter i.d.R. nicht die benötigten Mengen liefern können. Auch, wenn in den Unternehmen viele kleine Einzelbetriebe zusammengeschlossen sind, ist dennoch die *zentrale Beschaffung* mit Bestellung der benötigten Mengen durch die Einzelbetriebe anzuraten, weil die individuelle Beschaffung durch die Einzelbetriebe den administrativen Aufwand im Unternehmen erhöhen und potenzielle Preis-Mengeneffekte ungenutzt lassen würde. Besonders in der Anfangsphase einer Einführung von Bioprodukten ist diese zentrale Beschaffung aber schwierig zu organisieren, weil die tatsächlich benötigten Mengen in den Einzelbetrieben schwer abschätzbar sind. Daher ist für Unternehmen mit grossen Beschaffungsmengen die *Komplettumstellung* bestimmter Komponenten *besonders geeignet*, weil sie dann von den bisher eingesetzten Mengen der konventionellen Produkte ausgehen können.
Bei einer Umstellung auf der Basis individueller Menüplanungen einzelner Betriebe müssten die Lieferanten ein grosses Sortiment von Bioprodukten auf Lager nehmen, ohne zu wissen, wieviel davon abgenommen wird. Dieses *Risiko* wird sich in der *Preisgebung* niederschlagen und kann auf Dauer zu *Spannungen* in der Geschäftsbeziehung führen, wenn die Abnahme häufiger unter den prognostizierten Werten bleibt, die Lieferanten also ggf. Ware abschreiben müssen.
Unternehmen, die eine *mittlere Beschaffungsmenge* haben, sind besonderen Schwierigkeiten ausgesetzt, weil ihr Bedarf als Gesamtunternehmen einerseits zu gross ist, um mit einzelnen Landwirten oder gewerblichen Verarbeitern zusammenzuarbeiten und andererseits zu klein, um für Grosshandel und Verarbeitungsindustrie interessante Kunden zu sein. Ein Weg zum Umgang mit dieser Position „zwischen den Stühlen" könnte darin liegen, in der Frischproduktbeschaffung radikal zu individualisieren und bei verarbeiteten Produkten (sog. Lagerware) konsequent Komponenten umzustellen und zentral zu beschaffen. Auf diese Art könnte bei den Frischprodukten auf die Flexibilität und Saisonalität der Einzelbeschaffung gesetzt werden, während bei der Lagerware das Beschaffungsvolumen gebündelt wird, um dort wenigstens die Preis-Mengen-Effekte auszuspielen. Doch die Realisierbarkeit hängt sehr stark von der Ausprägung des Unternehmens ab; handelt es sich um einen Einzelbetrieb mit mittlerem Volumen oder mehrere kleine, treten alle Betriebe unter einer Marke auf oder handelt es sich um eine Gruppe von Betrieben mit unterschiedlichem Auftritt? Hier tritt der grösste Trade-off zwischen Einzel- und zentraler Beschaffung auf, die Entscheidung kann nur in Kenntnis der konkreten Situation fallen.

524 Allerdings ist es unter Landwirten z.T. auch üblich, in solchen Fällen von Kollegen hinzu zu kaufen, um etablierte Kunden zu halten.

7.1.2.3. Bionachweis

Der Bionachweis muss so gewählt werden, dass die Glaubwürdigkeit des Angebots gewährleistet ist, das Geltungsgebiet des Nachweises den bearbeiteten Markt möglichst vollständig abdeckt und die Aufwendungen zu seiner Erlangung in einem angemessenen Rahmen liegen.

In der Schweiz und der EU ist die Verwendung der Produktbezeichnungen „ökologisch“ und „biologisch“ per Verordnung staatlich geregelt. Ausserdem existieren verschiedene privatrechtliche Biolabel, deren Anforderungen an Produktionsweise und Verarbeitung über die staatlichen Verordnungen hinausgehen. Allerdings ist fraglich, inwiefern die Konsumentinnen und Konsumenten *in der Lage und willens* sind, diese *Unterschiede wahrzunehmen*. Vielen ist die *staatliche Regulierung* der Auslobung von „Bio“ und „Öko“ *unbekannt* und auch gegenüber Produkten mit privatem Biolabel existiert z.T. eine *deutliche Skepsis* hinsichtlich der Glaubwürdigkeit.[525] *Informationsmassnahmen* für die Gäste, die ihnen den verwendeten Bionachweis nahebringen sollen, sind *nur begrenzt einsetzbar*, weil sie i.d.R. schriftbasiert sein müssen und die Gäste je *nach Konsumsituation unterschiedlich aufnahmebereit* dafür sind. Da die Frage nach der Glaubwürdigkeit eines Bionachweises im Urteil der Gäste also nur schwierig zu beantworten ist, kann der Bekanntheitsgrad als Ersatzkriterium eingesetzt werden. Der weitaus bekannteste Bionachweis in der Schweiz ist die Knospe der Bio Suisse.[526]

Je nach Segmentierung der Kunden durch das Gastronomiekonzept ist abzuwägen, ob die Verwendung eines strengen Bionachweises notwendig ist, z.B. wenn das Interesse der Kunden an der Bioqualität ohnehin nur beiläufig ist. Auch die *räumliche Ausdehnung der Aktivitäten* spielt eine Rolle, da der *Geltungsraum des Bionachweis* den bearbeiteten Markt vollständig abdecken sollte.

Für Gastronomieunternehmen, die sehr *stark mit Convenienceprodukten arbeiten*, bietet sich eher ein permissiver Bionachweis wie der Bezug auf die Bioverordnung an. Denn die Bio Suisse schränkt z.B. die Verarbeiter bei der Herstellung von Convenienceprodukten ein, sodass einzelne Produkte nicht in Knospe-Qualität verfügbar sein werden, sondern nur nach Bioverordnung produziert werden können.

Insgesamt ist bei der Entscheidung für den Bionachweis ein Trade-off zwischen Glaubwürdigkeit bzw. Bekanntheitsgrad und Wirtschaftlichkeit gegeben (vgl. Textkasten).

---

[525] Diese Aussage stützt sich auf persönliche Gespräche der Autorin mit Bekannten. Nach Kenntnis der Autorin existiert bislang keine Untersuchung darüber, für wie glaubwürdig Konsumentinnen und Konsumenten die Auslobung der Bioqualität durch die verschiedenen Bionachweise halten. Die Umfragen des IHA im Auftrag der Bio Suisse gehen nicht auf alle Bionachweise ein und nennen nur den gestützten Bekanntheitsgrad, nicht aber Informationen über die zugeordnete Glaubwürdigkeit (vgl. Bio Suisse 2000 und 2001).

[526] Bio Suisse 2001, 6.

Die Entscheidung für einen Bionachweis:
Das Beispiel naturalgourmet™
Die Swissair bot ihren Passagieren unter dem Konzept naturalgourmet™ eine zu mindestens 50% aus biologischen Produkten bestehende Bordverpflegung an. Die angebotenen Bioprodukte wurden gemäss der Schweizer Bioverordnung hergestellt, aus dem Ausland importierte Komponenten nach EU-Bioverordnung. Der Einsatz der Knospe wurde bei der Ausarbeitung des naturalgourmet™-Konzepts verworfen, da dies zu tendenziell höheren Beschaffungskosten geführt, die Bandbreite der einsetzbaren Produkte eingeschränkt und die Ausdehnung des Konzepts auf Cateringstandorte ausserhalb der Schweiz nicht erlaubt hätte.
(Quelle: Tel. Auskunft Stefan DiGallo, Swissair Inflight Department, 14.03.2001)

7.1.2.4. Operative Hilfen zur Realisierung

Wie die Mitarbeiterinnen und Mitarbeiter über die Bioprodukte denken, wird ihre Realisierung des Bioangebots entscheidend beeinflussen. Ihre persönlichen Meinungen sollten in der Erstschulung diskutiert und ihre Erfahrungen im täglichen Umgang mit den Produkten und den Kunden in die Weiterentwicklung der Strategie einbezogen werden.
Der Schwerpunkt der Schulung sollte in der Vorbereitung auf die Abläufe liegen und die Mitarbeiterinnen und Mitarbeiter vor allem auf *Veränderungen von etablierten Arbeitsroutinen* und den i.d.R. steigenden Arbeitsaufwand vorbereiten. Die Schritte zur Dokumentation müssen vermittelt und die notwendigen Massnahmen zur Warentrennung am besten am Arbeitsort in Absprache mit den betroffenen Mitarbeitern entwickelt werden. Dabei ist auch zu berücksichtigen, dass nicht der gesamten Belegschaft pauschal eine grosse Motivation unterstellt werden kann. Es gibt immer einen Anteil von Personen, die v.a. an einem möglichst einfachen und unproblematischen Arbeiten interessiert sind. Insbesondere für diese Personen ist eine gute Ablauforganisation wichtig, weil dies ihren Aufwand minimiert und sie damit ermuntert, die Realisierung des Programms zu unterstützen.[527]
Wenn die Einführung von Bioprodukten geplant wird, sollte berücksichtigt werden, dass die Belegschaft eine *Vorprägung* mitbringt. In einer vorbereitenden Schulung haben auch die persönlichen Meinungen über Bioprodukte ihren Platz. Wenn das Verkaufspersonal aufgrund von Vorurteilen skeptisch ist, sollte dies geklärt werden, damit sie die Bioprodukte den Kunden überzeugend vermitteln können. Die Schulung darf aber *keine übertriebene Bio-Euphorie* hervorrufen, um Enttäuschungen vorzubeugen. Die Mitarbeitenden sollten ausserdem eine regelmässige Möglichkeit zum *Feedback* erhalten, um einerseits *operative Arbeitsabläufe zu optimieren* und andererseits die Erfahrungen im unmittelbaren *Kundenkontakt zur Weiterentwicklung der Strategie* zu nutzen. Werden die Erfahrungen Ernst genommen und fliessen in die Weiterentwicklung ein, trägt dies

[527] Vgl. Bentz 2001, 170.

entscheidend zur Arbeitszufriedenheit bei[528] und führt dazu, dass das Bioangebot von den Mitarbeitenden besser akzeptiert wird.[529]

7.1.3. Gestaltungsempfehlungen an Lebensmittel verarbeitende Unternehmen

Für die Einführung von Bioprodukten in Lebensmittel verarbeitenden Unternehmen sind drei Themenbereiche relevant, welche die Mitarbeiterinnen und Mitarbeiter in der Strategieentwicklung vorrangig berücksichtigen sollten: die Zusammenarbeit mit der Gastronomie, die Beschaffung und die Entscheidung für einen Bionachweis. Auch hier sollte die operative Realisierung des Bioangebots in der Produktion mit geeigneten Massnahmen unterstützt werden.

7.1.3.1. Marketing

Die Produktgestaltung von Bioprodukten für die Gastronomie hängt sehr stark vom Gastronomiekonzept des Kunden ab. Darum muss das Marketing eines Verarbeitungsunternehmens darauf konzentriert werden, die Kunden bestmöglich durch die Bereitstellung von Produkten und Dienstleistungen beim Absatz gegenüber den Restaurantgästen zu unterstütztzen.

Je höher der Conveniencegrad der eigenen Produkte ist, desto enger muss die Zusammenarbeit mit den Kunden sein, um die Produkte *auf die spezifischen Kundenbedürfnisse und -vorgaben abzustimmen.* Im Fall der Bioprodukte ist dies Chance und Risiko zugleich. Einerseits liegt mit der guten Abstimmung der Produkte auf einen bestimmten Kunden eine spezifische Investition vor, die, ergänzt mit Dienstleistungen für die Kommunikation gegenüber den Gästen, zu einer engeren Kundenbindung führen kann. Andererseits können die Produkte bei höherer Spezifität weniger gut an Dritte verkauft werden, was die Abhängigkeit vom Kunden erhöht.[530]

Wo aus *internem Impuls* die Aufnahme der Bioprodukte geplant wird, kommt der *Kundenakquisition* besondere Bedeutung zu. Zur Erschliessung von Kundenpotenzialen ist es vorteilhaft, nicht nur Bioprodukte sondern auch *Vermarktungskonzepte* anbieten zu können. Denn viele Gastronomieunternehmen haben *noch kein eigenes Konzept* zur Vermarktung von Bioprodukten und sollten daher unterstützt werden, um nicht durch grundlegende Fehler die Absatzchance zu verderben. Hierzu muss also Kompetenz im Gastronomiemarketing aufgebaut werden. Wichtige Gestaltungsaspekte sind die Abstimmung des Bioangebots und der Kommunikationsmassnahmen auf Gastronomiekonzept und Konsumsituation.[531]

---

[528] Vgl. von Rosenstiel 1995.

[529] Vgl. Bentz 2001, 24, für die Mitarbeiterbeteiligung in UMS. Diese Aussage dürfte aber für andere Kontexte von Mitarbeiterbeteiligung verallgemeinerbar sein.

[530] Da bislang nur wenige Restaurants Bioconvenienceprodukte verwenden, ist dies eine reale Gefahr, anders als bei konventionellen Produkten, deren Einsatz allgemein verbreitet ist und die kaum so spezifisch sein werden, dass sie nicht auch von anderen Kunden verwendet werden könnten.

[531] Weitere Details finden sich in den Gestaltungsempfehlungen für die Gastronomie.

Für die *Preisgestaltung* empfiehlt sich die Anwendung des *Target-costing-Verfahrens,* denn als Akteur auf einer vorgelagerten Wertschöpfungsstufe ist ein Verarbeitungsunternehmen *von der Preissetzung in der Gastronomie abhängig.* Dies verlangt allerdings ein gewisses Vertrauensverhältnis zu den Kunden, damit diese die Bereitschaft zum Entgegenkommen nicht zur eigenen Profitoptimierung ausnutzen.

Der *Produkteigenschaft Bioqualität* kommt im Verhältnis zu Gastronomiekunden nur *zweitrangige Bedeutung* zu. Es genügt also bei weitem nicht, die Marketingmassnahmen darauf abzustellen. Vielmehr stehen *weiterhin* die aus dem *konventionellen Geschäft geläufigen Aspekte* wie gewünschte Produktspezifikationen, ggf. Spezifikation des Conveniencegrads, Preise, Lieferfrequenzen und andere Dienstleistungen *im Vordergrund.* Die Bioqualität ist insofern relevant, als i.d.R. die Kunden vorschreiben, mit welchem Bionachweis sie zu belegen ist. Sie hat also, im Gegensatz zum Verhältnis zwischen Restaurant und Gästen keinen herausgehobenen, kommunikativ zu vermittelnden Wert in der Kundenbeziehung, sondern ist *vorrangig Teil der technischen Spezifikation* des Produkts mit Konsequenzen für die Beschaffung und den Verarbeitungsprozess.[532]

7.1.3.2. Beschaffung

Ähnlich wie im Verhältnis zu den Kunden aus der Gastronomie spielen gegenüber den eigenen Lieferanten die „üblichen" Aspekte wie Preise, Lieferfrequenzen, Frische, Makellosigkeit und die Beschaffenheit entsprechend der vorgegebenen Spezifikationen eine grössere Rolle als die Bioqualität. Gerade industrielle Verarbeiter, die in relativ *grossen Losgrössen* produzieren, können u.U. Probleme haben, die benötigten Einsatzstoffe – v.a. verarbeitete Vorprodukte – in den nötigen *Mengen* oder in angemessenen *Gebindegrössen* zu erhalten.

Werden Hersteller gesucht, so können diese über *internetbasierte Bio-Warenbörsen* gefunden werden. Ist ein Produkt noch nicht auf dem Markt verfügbar und sind die benötigten Mengen nicht gross genug, um ein Unternehmen zur Bereitstellung des Gewünschten zu überzeugen, könnte in der *Kooperation mit anderen Interessenten* eine Lösungsmöglichkeit liegen. Derzeit besteht noch keine organisierte Vermittlung von „Produktinteressenten". Daher wären die Bionachweis-Organisationen, wie die Bio Suisse, erste Ansprechpartner, weil sie ein Interesse an der Ausweitung „ihres" Sortiments haben sollten.

Liegt das Problem in einer *Optimierung der Bestellmengen*[533] oder *Liefertermine*[534], so sollte dies in Kooperation mit den Lieferanten und Absprache mit den

---

532 Diese Veränderung der Produktwahrnehmung und Wertschätzung einzelner Eigenschaften tritt bei den meisten Produkten über die Produktkette auf. Wahrnehmung und Wertschätzung einiger Eigenschaften ist stark an die Position in der Produktkette gebunden und andere Eigenschaften werden von allen Akteuren der Produktkette gleichermassen betrachtet (vgl. Hakkio/Laaksonen 1998). Es wäre noch zu untersuchen, inwiefern die Nachrangigkeit der Bioqualität für alle Verarbeiter gleichermassen zutrifft oder ob sich Unterschiede feststellen lassen, je nachdem wie das Unternehmen normativ orientiert ist. Hierin könnte auch eine Ursache für die Konflikte zwischen Biolabel-Organisationen und Verarbeitern liegen.

533 Produktionslosgrössen zur Optimierung der Maschinenauslastung sind der Hintergrund dieses Problems.

Kunden aus der Gastronomie lösbar sein. Der *Schlüssel* zu diesen Lösungen liegt *bei den Gastronomieunternehmen*, da die Steuerung von Mengen und Terminen von ihrer Absatzorganisation abhängt.[535]

7.1.3.3. Bionachweis

Der Einsatz eines Bionachweises wird sich in der Regel nach dem *Kundenwunsch* richten und nur in selteneren Fällen frei wählbar sein. Doch unabhängig davon, ob die Wahl des Bionachweises freigestellt oder vom Kunden vorgegeben ist, sind folgende Aspekte zu beachten: der Fit mit der marketingstrategischen Ausrichtung der Produkte, die unterschiedlichen Bedingungen auf dem Beschaffungsmarkt, die Abstimmung der Zutaten und Herstellungsverfahren sowie der operative Aufwand.

Die Auswahl des Bionachweises sollte sich an den *geplanten Produkten* und den *Zielmärkten* orientieren. Die Zutaten variieren je nach Qualität und damit auch Zielpreis des geplanten Produkts. Die Ansprüche der Bionachweisorganisationen an die Rezepturen können u.U. erhebliche Kostenfolgen haben, sodass der Zielpreis des geplanten Produkts überschritten werden kann. Ein Milchprodukt mit den Zutaten Vollmilch und Butter ist z.B. wesentlich teurer in der Herstellung und damit auch im Verkaufspreis als eines mit Magermilchpulver und Sonnenblumenöl.[536] Der Bionachweis muss also die Herstellung der auf dem geplanten Zielmarkt absetzbaren Produkte erlauben.

Ausserdem muss darauf geachtet werden, dass der Bionachweis nach Möglichkeit den gesamten bearbeiteten Markt abdeckt. Für *international tätige* Unternehmen ist daher eher der Bezug auf die *Schweizer bzw. EU-Bioverordnung* sinnvoll, für *schweizweit* tätige Unternehmen kommen darüber hinaus die *national bezogenen* Bionachweise in Frage.

Auch der *je nach Bionachweis anders eingegrenzte Beschaffungsmarkt* beeinflusst die Herstellkosten. Bei der Bio *Suisse* Knospe müssen beispielsweise 90% der Zutaten aus Schweizer Produktion stammen, was die Beschaffungskosten gegenüber dem Einsatz von günstigeren Importprodukten, der bei Einsatz der einfachen Bio Knospe bzw. Bezug auf die Schweizer Bioverordnung möglich ist, in die Höhe treiben kann.

Je nach den *Verarbeitungsverfahren oder Produkteigenschaften*, auf die sich das Unternehmen für seine konventionellen Produkte spezialisiert hat, können *Konflikte mit dem Bionachweis* auftreten. Insbesondere Unternehmen, die sich auf *hochverarbeitete Convenienceprodukte* spezialisiert haben, sollten darauf vorbereitet sein, dass die für ihre konventionellen Produkte genutzten Verfahren für Bioprodukte möglicherweise nicht genutzt werden dürfen.

---

534 So können bestimmte Engpässe durch natürliche Zyklen zu beachten sein. Biobutter ist z.B. in der Schweiz durch die Sömmerung des Viehs auf der Alp im September so gut wie nicht verfügbar. Bei der Setzung von Lieferterminen sollte dies berücksichtigt werden.

535 Vgl. Hummel 1997 für die Optimierung der Zusammenarbeit über die Produktkette bei der Herstellung von Ökotextilien.

536 Bsp. aus Oehninger 2000.

Sollten Konflikte auftreten, so muss einerseits *gemeinsam mit der Bionachweis-Organisation* versucht werden, ein für beide Seiten *wirtschaftlich und technisch akzeptables* Produkt zu entwickeln und andererseits das *Gespräch mit den Kunden* gesucht werden, falls die fragliche Produkteigenschaft explizit von ihnen gefordert wird. Der Lösungsweg kann z.B. über ältere Verfahren führen, in denen die von später eingeführten, künstlichen Einsatzstoffen erzeugten Effekte noch durch mechanische Bearbeitung erreicht wurden.[537] Im Extremfall muss ein Produkt entweder zurückgezogen oder, soweit von Kundenseite akzeptiert, ein anderer, *permissiverer Bionachweis* eingesetzt werden. Handelt es sich um gewichtige Kunden, wie z.B. Coop, so kann ggf. ihre Intervention bei der Bionachweisorganisation einer Lösung förderlich sein.

7.1.3.4. Operative Hilfen zur Realisierung

Für jeden Bionachweis müssen Warentrennung und Dokumentation gewährleistet sein, daher wird der *operative Aufwand* auf Stufe Lebensmittelverarbeitung durch die Wahl des Bionachweises in der Regel *nur wenig beeinflusst*. Der *Aufwand steigt mit der Komplexität* des Produktionsprozesses. Je mehr Einzelkomponenten in das Produkt eingehen und je höher der Verarbeitungsgrad des Produktes, desto aufwändiger wird die Dokumentation und die Einrichtung der Lager- und Produktionsstätten. Daher ist besonders *bei hoher Komplexität* der Prozesse die *Einbindung der Mitarbeiterinnen und Mitarbeiter* der Produktion in die notwendigen Anpassungen dringend anzuraten. Denn je besser sie die Veränderungen verstehen, desto leichter wird ihnen die Realisierung fallen und um so sorgfältiger werden sie dabei vorgehen.

Bei einer *einfachen Modifikation der Rezeptur* und *sequentieller, separater Abarbeitung von Produktionslosen* dürfte die Verwechslungsgefahr in der Produktion gering sein, sodass eine *einmalige Information* über die neuen Produkte und *Arbeitsanweisungen* zu den veränderten Prozessen ausreichen sollten.[538]

7.1.4. Gestaltungsempfehlungen für unterstützende Massnahmen

In diesem Unterkapitel werden zwei Arten von Organisationen angesprochen: Zum ersten richten sich die Gestaltungsempfehlungen an alle Organisationen, welche die *Verbreitung von Bioprodukten in der Gastronomiebranche fördern* wollen. Zum zweiten werden Gestaltungsempfehlungen für Organisationen formuliert, die einen Bionachweis vergeben und ihren Lizenznehmern *bedarfsgerechte Dienstleistungen* anbieten wollen.

7.1.4.1. Kampagne für Bioangebote in der Gastronomie

Wenn Unternehmen motiviert werden sollen, Bioprodukte in ihr Sortiment aufzunehmen, dann stellt sich für sie zunächst die *Frage nach den Marktchancen* solcher Produkte. Denn die gesellschaftliche oder ökologische Wünschbarkeit

---

[537] Man erreicht z.B. die gute Durchmischung eines Fruchtgrundstoffs für Fruchtjoghurt mit einem künstlichen Stabilisator, der das Absinken der Fruchtstücke in der Masse auf den Behälterboden verhindert, genau so gut aber mit dem mehrmaligen Umwälzen des Fruchtgrundstoffs kurz vor der Mischung mit dem Joghurt (vgl. Interview Andere 12).

[538] Vgl. Interview Andere 10.

reicht für Wirtschaftsunternehmen als Motivation nicht aus, sie müssen, zumindest auf mittelfristige Sicht, auch Gewinn mit Bioprodukten erwirtschaften. Als erster Aspekt ist daher für sie die *Unterstützung im Marketing* besonders wichtig. Angesichts immer noch verbreiteter Skepsis gegenüber Bioprodukten ist die *Herstellung der Glaubwürdigkeit* eines Bioangebots die erste Frage, in der interessierte Akteure Unterstützung bieten können. Neben der Verwendung eines Bionachweises, dessen Auswahl in der Regie der Unternehmen liegt, kann die Glaubwürdigkeit des Angebots durch *gemeinsame Werbeaktivitäten* erhöht werden.

Die erste Frage betrifft die *Fristigkeit* solcher Aktivitäten. Für *Einzelgastronomen* bietet eine *befristete Aktion* die *Gelegenheit*, sich überhaupt einen Eindruck vom Arbeitsaufwand und den Verkaufschancen eines Bioangebots zu verschaffen. Die Vorbereitung sollte kaum aufwändiger sein als die einer anderen kulinarisch orientierten Aktion. In der Regel dürfte die Beschaffung der benötigten Zutaten auf dem Grossmarkt, bei lokalen Biobauern und gewerblichen Bioverarbeitern möglich sein. Eine zeitlich befristete Bioaktion lässt sich auch gegenüber den Gästen im persönlichen Kontakt gut kommunizieren.

Bei grossen Gastronomieunternehmen sollten die Bestrebungen hingegen aus vielen verschiedenen Gründen auf eine *dauerhafte Etablierung* des Bioangebots und *nicht auf zeitlich begrenzte Aktionen* zielen. Dort ist also ein „100‘000 Teller-Programm“[539] anzustreben und keine „Bio-Woche“.

In der *Innenperspektive* der Unternehmen spricht für ein dauerhaftes Bioangebot, dass viele *organisatorische Vorkehrungen* für die Gastronomieunternehmen selbst, aber auch für ihre Lieferanten, *sehr aufwändig* sind und besonders die Beschaffung sich am besten organisieren lässt, wenn dauerhafte Absätze daraus entstehen. Darüber hinaus besteht die *Gefahr, das Thema* Bioangebot in einem Unternehmen *zu „verbrennen“*, wenn während der kurzen Aktionszeit Pannen passieren, die in einer Einführungsphase vielleicht sogar unvermeidlich sind. Im Dauerbetrieb könnten sie auskuriert werden; wird nach der Aktionszeit abgebrochen, könnte bei der Belegschaft die Meinung entstehen: „Bloss kein Bio mehr!“, was die Wiederaufnahme zu einem späteren Zeitpunkt erheblich erschweren, wenn nicht sogar verhindern kann.

In der *Aussenperspektive* spricht für ein dauerhaftes Bioangebot, dass ein Unternehmen sich eine *Positionierung als Bioanbieter* erarbeiten könnte, während eine *einmalige Aktion als Strohfeuer*, Alibiübung und Pseudo-Marketing wahrgenommen werden könnte. Auch für eine Organisation, die ihre Reputation für die Förderung von Bioprodukten zur Verfügung stellt, wäre eine dauerhafte Einrichtung von Bioangeboten nicht nur wünschenswerter sondern auch in der gesellschaftlichen Wahrnehmung sicherlich wertvoller als einmalige Aktionen. Insbesondere spricht für ein dauerhaftes Bioangebot, dass dies einen Hinderungsgrund gegenüber dem Biokonsum abbaut, der darin besteht, dass die Kon-

---

[539] In Deutschland hat die Bundesregierung ein sogenanntes „100‘000 Dächer-Programm“ aufgelegt, in dem Subventionen für die Installation von Solaranlagen auf privaten Hausdächern vergeben wurden, damit die Privathaushalte dauerhaft mehr Solarstrom nutzen. Analog ist die Idee eines „100‘000 Teller-Programms“ der Anstoss zur dauerhaften Einrichtung eines Bioangebots.

sumentinnen und Konsumenten *Bioprodukte nicht an ihren gewohnten Verpflegungspunkten vorfinden.*[540] Zeitlich begrenzte Aktionen lösen dieses Problem nicht.
Zum zweiten können die Gastronomieunternehmen konkret in der *Gestaltung ihres Marketingprogramms unterstützt* werden, indem ihnen die grundlegenden *biospezifischen Marketingaspekte* vermittelt werden. Diese wurden bereits ausführlich geschildert. Vorträge über die Basics und gemeinsame Workshops zur konkreten Ausarbeitung der Aktivitäten können diese Erkenntnisse den beteiligten Unternehmen *praxisnah verfügbar* machen. Hier kann auch *Unterstützung zum Aufbau von Kooperationen* unter Gastronomieunternehmen bzw. von Gastronomen mit Grosshändlern und Lebensmittelverarbeitern geboten werden, um die *Beschaffungssituation zu verbessern* und längerfristig ggf. auch die Herstellung neuer Bioprodukte anzustossen.
Als dritte und ergänzende Unterstützungsmöglichkeit bietet sich die klassische *Konsumentenaufklärung* an. Der Vorteil der Verbindung mit einem konkreten Bioangebot liegt darin, dass den Konsumentinnen und Konsumenten nicht nur Handlungsempfehlungen gegeben, sondern diese *konkret mit Angeboten* in verschiedenen Restaurants *verknüpft* werden können. Es bleibt nicht bei der Information, sondern die *Umsetzungsmöglichkeit* wird *mitgeliefert.* Die Aufklärungskampagne sollte drei Aspekte betonen: die positive persönliche Konnotation des Biokonsums, die Bedeutung der Nachfragemacht sowie des Ausser-Haus-Konsums.
Wenn der Biokonsum ausser Haus propagiert wird, dann muss er mit *positiven Aussagen* verknüpft werden, um den Konsumentinnen und Konsumenten *Lust auf Bioessen* zu machen. Vor allem sollte dem Vorurteil, „Bio = Vollwert" (und damit in der Regel „ ... = wenig schmackhaft") mit einer Betonung der vielen möglichen Varianten von Biogerichten und damit der Ausrichtung auf viele verschiedene Geschmacksrichtungen begegnet werden. Dies muss auf das konkrete Bioangebot der beteiligten Restaurants abgestimmt werden und kann damit gleich als Hinweis auf die Stellen dienen, wo man Bio kosten kann. „Bio: eine Qualität, viele Geschmäcker, jetzt in allen ... Restaurants"; „Bio: schnell, doch nicht nur „fast" Essen, jetzt bei Ihrem ... Imbiss"; „Bio: saisonal, aber nicht nur Mode, heute beim ... probieren"; „Bio: Gutes aus der Nähe, gleich um die Ecke im ... Restaurant" könnten Slogans sein, die Positives aussagen, mit den Vorurteile spielen, gleichzeitig aufklären, verschiedene Zielgruppen ansprechen und die Bezugsquelle gleich mitliefern.
Begleitend sollte aufgezeigt werden, dass es die Konsumentinnen und Konsumenten selbst in der Hand haben, ob die Restaurants das Bioessen auch weiterhin anbieten, weil ihre *Nachfrage die Gastronomen motiviert*, ein Bioangebot zu machen oder auch nicht. Ausserdem kann darauf hingewiesen werden, dass bereits über ein Drittel aller Mahlzeiten ausser Haus konsumiert werden, hier also

---

540 Vgl. Tanner et al. 1998, 45, für den ökologischen Lebensmitteleinkauf. Das Argument sollte analog für den Restaurantbesuch gelten, da es sich um eine objektive Möglichkeit des ökologischen Konsums handelt, nicht um eine subjektive Entscheidung unter gegebenen Möglichkeiten.

ein *wichtiges Gestaltungsfeld* für die Verbreitung und den Konsum von Bioprodukten noch *brach liegt.*

7.1.4.2. Dienstleistungen für Neueinsteiger beim Erwerb des Bionachweises

Beim Ersterwerb des Bionachweises müssen sich die Unternehmen Wissen neu erarbeiten und mit der operativen Umsetzung der Regeln des Bionachweises im Betrieb auseinandersetzen. Gerade hinsichtlich Beschaffung und Produktion stehen die meisten Unternehmen vor ähnlichen Fragen oder Problemen. Bislang sind sie zur Lösung dieser Fragen und Probleme grösstenteils auf sich selbst gestellt. Dies kann dazu führen, dass besonders in der Vorbereitungszeit die operativen Probleme die eigentlich wichtigeren strategischen Fragen in den Hintergrund drängen,[541] was den Erfolg der Einführung gefährden kann.
Es hat sich gezeigt, dass viele Neueinsteiger z.B. kaum Wissen über die *biospezifischen Einschränkungen* der Verfügbarkeit von Rohstoffen haben[542] und daher mit ihrer Produktionsplanung u.U. in Probleme geraten. Die Bio Suisse weist Neulinge unter ihren Lizenzanwärtern nicht auf solche Probleme hin, sondern beschränkt sich darauf, ihre Richtlinien für die betreffende Produktgruppe abzugeben und die Rezepturen und Verarbeitungsverfahren auf Regelkonformität zu prüfen. Eine *Checkliste* könnte mit relativ wenig Aufwand den Neulingen helfen, die kritischen Klippen zu erkennen und zu umschiffen.
Ein anderer Aspekt, der immer wieder zu Problemen führt ist das Fehlen oder nur in einzelhandelsorientierten Gebindegrössen verfügbare Angebot von hochverarbeiteten Basisprodukten. Auch hier wird derzeit keine Hilfestellung geboten. Es existiert zwar mittlerweile eine Suchmaschine im Internet, mit deren Hilfe existierende Knospe-Lizenznehmer für bestimmte Produkte gefunden werden können, aber dies hilft bei fehlenden Produkten oder beschränkter Nachfragemenge nicht weiter. Hier mangelt es noch an der *Koordination der Nachfrager*, die einen potenziellen Anbieter dazu bewegen könnte, für ihre *kumulierte Nachfrage* das entsprechende Produkt aufzulegen.
In beiden Fällen sind die privaten Biolabelorganisationen, insbesondere die Bio Suisse als beherrschende private Biolabelorganisation in der Schweiz, gefordert, entsprechende Dienstleistungen anzubieten. Letztlich läge dies auch in ihrem Interesse, weil solche Dienstleistungen das immer wieder kritisierte Missverhältnis zwischen Lizenzgebühren und dafür gebotenem Service etwas zurechtrücken könnte. Auch die damit stimulierte Ausweitung des Label-Sortiments sollte eigentlich ein Anreiz zum Angebot dieser Dienstleistungen sein.

---

541 Vgl. Dörner 1993.

542 Hier ist z.B. an Lieferengpässe von Biobutter im September oder von Biozwiebeln im Frühsommer zu denken, weil Lagermengen noch nicht ausreichen und Frischprodukte aufgrund natürlicher Zyklen nur begrenzt verfügbar sind.

7.2. Ausblick

Das Bioangebot in der Schweizer Gastronomiebranche liegt deutlich hinter dem Einzelhandel zurück. Da die Konsumentinnen und Konsumenten im Restaurant bei der Auswahl mehr von ihren Gelüsten ausgehen als im Supermarkt und weniger mit der Qualität der Rohprodukte konfrontiert werden, ist die Vermittlung von „Bio über den Teller“ ein anspruchsvolles Unterfangen. Bislang hat noch kein Gastronomieunternehmen ausserhalb des Cateringmarktes diese Herausforderung angenommen und, wie Coop im Einzelhandel, den zunehmend härteren Wettbewerb mit einer offensiven Biostrategie um diese neue Dimension erweitert. Die weitere Entwicklung des Biomarktes in der Gastronomie hängt vor allem von diesem noch unbekannten Pionier ab.
Ein wichtiger *Entwicklungspfad* wird mit der *Entscheidung dieses Pioniers für einen Bionachweis* eingeschlagen. Entscheidet sich das fragliche Unternehmen für die Knospe, wird die Vormachtstellung der Bio Suisse noch wachsen. Fällt die Entscheidung für einen Bionachweis mit Bezug auf die Bioverordnung, wäre damit der Weg frei für eine Ausdifferenzierung von Bioprodukten in der Lebensmittelverarbeitung in solche mit umfassender (Knospe) und enger umgrenzter Qualitätszusicherung (EU- und CH-Bioverordnung). Vermehrte Absatzchancen in der Gastronomie für Bioprodukte mit weniger strengen Auflagen würden voraussichtlich vor allem den Import intensivieren und damit den Preisdruck auf Schweizer Bioprodukte anregen. Da es in der derzeitigen Situation sowohl Argumente für als auch gegen die Verwendung der Knospe gibt, ist keine Prognose über diese Entscheidung möglich. Die weitere Entwicklung des Biolandbaus in der EU wird hier Impulse setzen.
Insgesamt wird das *Handlungsumfeld* für einen gastronomischen Biopionier *zunehmend günstiger*. Je mehr sich die Bioprodukte im Einzelhandel etablieren und an Neukunden gewinnen, desto höher sind die Chancen, dass diese Personen auch im Ausser-Haus-Konsum auf ein Bioangebot ansprechen. Allerdings bleibt – aufgrund der unterschiedlichen Konsumsituationen – in der Gastronomie noch einige Marketingarbeit zu leisten.
Die Beschaffungslage wird, durch die weiter ansteigende Umstellung auf biologische Landwirtschaft zunehmend entspannter. Vieles wird davon abhängen, wie die *Schweizer Landwirtschaftspolitik* die Biolandwirtschaft nach 2002 fördert, ein Thema, das in der politischen Diskussion derzeit gerade aufgenommen wird. So fordert z.B. die SP eine Intensivierung der Umstellungsanreize,[543] um ein „Bioland Schweiz“ zu schaffen.
Auch in der EU sieht es derzeit so aus, als könnten Anreize zur Umstellung auf Biolandbau gesetzt werden. Im Zuge von BSE und MKS sind zumindest aus dem deutschen Ministerium für Verbraucherschutz und Landwirtschaft, das mit einer grünen Politikerin besetzt ist, deutliche Signale in diese Richtung zu hören. Es bleibt aber abzuwarten, inwiefern sich dieser Impuls durchsetzen kann, oder ob

---

[543] Vgl. NZZ, 25.06.2001.

er in den politischen Lobbyismus-Mühlen der Agrarindustrie-Interessen zermahlen wird, wie bereits der erste Anlauf zur Ökologisierung im Zuge der sogenannten Agenda 2000 zur Reform der EU-Landwirtschaftspolitik. Während der Druck auf die Schweizer Biobauern durch einen *möglichen Ausbau der Biolandwirtschaft in der EU* und den sukzessiven *Fall des Importschutzes* zunehmen würde, dürfte sich die Beschaffungssituation für die weiteren Akteure in der Kette weiter verbessern.

Impulse für die Verbreitung von Bioprodukten in der Gastronomie könnten von einer Initiative des *WWF Schweiz* ausgehen, der mit der geplanten *Kampagne „Goûtmieux“* gezielt die Gastronomie zum Angebot von verschiedenen Produkten im Nachhaltigkeitskontext animieren möchte. So soll die Verwendung von Bioprodukten, aber auch von Produkten alter Sorten und Rassen und anderer ökologischer Labelprodukte[544] gezielt gefördert werden. Viel wird davon abhängen, wie sehr im Rahmen dieser Kampagne ein dauerhafter Aufbau von Bioangeboten bei den beteiligten grossen Gastronomieunternehmen angeregt, oder ob doch nur zeitlich begrenzte Sonderaktionen ausgelöst werden können. Dies hängt einerseits von der Bereitschaft der Unternehmen und den gemeinsamen Marketingmassnahmen, andererseits aber auch vom Konsumverhalten der Gäste und damit dem Verkaufserfolg der Angebote ab.

Die in dieser Kampagne gesammelten Erfahrungen der grossen Akteure werden in der gesamten Branche mit Sicherheit intensiv beobachtet werden. Gelingt es nicht, die dauerhafte Etablierung von Bioprodukten mindestens bei einem grossen Gastronomieunternehmen zu bewirken und damit einen Biopionier in der Grossgastronomie zu initiieren, wird das Feld vermutlich für längere Zeit weiterhin den kleinen Akteuren wie Genossenschaftsbeizen und Gourmetrestaurants gehören. Wird die Kampagne erfolgreich abgeschlossen, so könnte damit der Startschuss für den Biowettbewerb in der Schweizer Gastronomie gefallen sein.

7.3. Weiterer Forschungsbedarf

In der Arbeit wurden Fragen und Probleme aufgeworfen, die hier nicht weiter behandelt werden konnten. Aus ihnen ergibt sich weiterer Forschungsbedarf.

- Die biospezifischen und allgemeinen Einflussfaktoren auf den Erfolg der Bioeinführung wurden in der Arbeit auf der Basis zweier qualitativer Fallstudien und mehrerer Fallbeispiele erarbeitet. Es wäre interessant, in einem weiteren Schritt die Verallgemeinerbarkeit jenseits von Plausibilitätsüberlegungen mit quantitativen Methoden weiter zu untersuchen. Im Bereich der Lebensmittelverarbeitung sollten hierzu bereits genügend Unternehmen mit Biosortiment vorhanden sein. Für die Gastronomie müsste diese Untersuchungsmethode in Ermangelung einer signifikanten Anzahl von Unternehmen mit Bioangebot wohl noch zurückgestellt werden.

[544] Die Förderung von Fisch mit dem Label des „Marine Stewartship Council“ soll u.a. auch in die Kampagne einbezogen werden.

- Die Analyse hat gezeigt, dass ein hoher normativer Stellenwert von Ökologie im Unternehmen unterstützende Wirkung auf die Realisierung eines Bioangebots hat. Zusätzlich muss aber auch das betriebswirtschaftliche Instrumentarium sachgerecht angewandt werden. Ist also die herausgehobene Wertschätzung der Bioqualität eine conditio sine qua non für eine erfolgreiche Einführung von Bioprodukten, oder kann ein Unternehmen Bioprodukte nicht auch mit einer sachgerechten kaufmännischen Handhabung aus rein wettbewerbsstrategischen Motiven zum Erfolg führen?
- Im B2B-Bereich der Gastronomiebranche, v.a. in der Lebensmittelverarbeitung, spielt die ökologische Dimension der Bioprodukte bislang keine nennenswerte Rolle. Die ökologischen Effekte fallen vorwiegend auf anderen Stufen (Landwirtschaft, Konsum) an und die Lebensmittelverarbeiter werden kaum mit ökologischen Ansprüchen konfrontiert. Kann der Einsatz eines UMS die Berücksichtigung der produktökologischen Dimension in der Lebensmittelverarbeitung fördern, auch wenn von den Marktpartnern keine nennenswerten Signale in dieser Richtung gesetzt werden?
- Die deduktive Analyse der Einflussfaktoren auf die Konsumentscheidung im Restaurant wurden in dieser Arbeit auf der Übertragung von betriebswirtschaftlichen und psychologischen Studien zum Konsumentenverhalten im Einzelhandel aufgebaut. Bislang fehlen psychologische Studien zur Konsumentscheidung im Restaurant, insbesondere zu den hemmenden und fördernden Faktoren des Biokonsums.
  - Welche Einflussfaktoren sind aus psychologischer Perspektive entscheidend für die Wahl aus der Speisekarte?
  - Trifft die Segmentierung der Konsumtypen aus dem Einzelhandel auch auf die Restaurantgäste zu, oder müssen hier andere Kriterien eingesetzt werden?
- Die Rolle öffentlicher Akteure als Nachfrager von Verpflegungsdienstleistungen wurde nicht in die Arbeit einbezogen.
  - Legen öffentliche Auftraggeber von Catering-Dienstleistungen besonderen Wert auf ein ökologisches und biologisches Verpflegungsangebot?
  - Welche Rolle spielen ihre Möglichkeiten der Mitteldisposition unter Bedingungen des New Public Management (Stichwort: Globalbudget) bei der Nachfrage?
- Schliesslich wirft die Rolle der Bio Suisse weitere Forschungsfragen auf:
  - Wie wird sich ihre quasimonopolistische Stellung als Labeleigentümerin weiterentwickeln?
  - Es konnte gezeigt werden, dass die vom Lizensierungsprozess betroffenen Stakeholder die verschiedenen Produkteigenschaften unterschiedlich wertschätzen.[545] Wie kann das Verständnis dieser unterschiedlichen Wertschätzungen zu einer Konfliktmoderation im Lizensierungsprozess beitragen?

---

[545] Vgl. Hakkio/Laaksonen 1998.

Quellen

Literatur

Al-Ani A. 2000. Das neue Strategische Management: Strategieentwicklung in der Post-Reengineering-Ära. In: Hinterhuber H., Friedrich S., Al-Ani A., Handlbauer G. (Hrsg.) *Das Neue Strategische Management. Perspektiven und Elemente einer zeitgemässen Unternehmensführung,* 51–72. Wiesbaden: Gabler.

Andreassen T.W., Lanseng E. 1997. The principal's and agents' contribution to customer loyalty within an integrated service distribution channel. An external perspective. In: *European Journal of Marketing.* Vol. 31, No.7, 487–503.

Ansoff I. 1979. *Strategic Management.* London / New York: Macmillan.

Argyris C., Schön D. 1996. Organizational Learning II. Theory, Method, and Practice. Reading: Addison-Wesley.

Aulinger A. 1996. *(Ko-)Operation Ökologie. Kooperationen im Rahmen ökologischer Unternehmenspolitik.* Marburg: Metropolis.

Bänsch A. 1998. *Einführung in die Marketing-Lehre.* München: Vahlen.

Baer S. 2000. Natural products and convenience food – a contradiction? In: Stucki B., Meier U. (eds.) 2000. *Proceedings 1st International Seminar „Organic Food Processing" IFOAM 2000 – The World Grows Organic. Basel, August 28th–29th, 2000,* pp. 7–13. Frick: Forschungsinstitut für biologischen Landbau (FiBL). Zürich: vdf Hochschulverlag.

Baitsch C. 1993. *Was bewegt Organisationen?: Selbstorganisation aus psychologischer Perspektive.* Frankfurt/Main / New York: Campus.

Bateson G. 1994. *Ökologie des Geistes. Anthropologische, psychologische, biologische und epistemologische Perspektiven.* Frankfurt/Main: Suhrkamp.

Baumast A., Dyllick T. 1998. *Umweltmanagement-Barometer Schweiz 1997/98.* St. Gallen: Universität St. Gallen, IWÖ, Diskussionsbeitrag Nr. 59.

Becker A. 2000. Rationalität als soziale Konstruktion: Strukturation, Konstruktivismus und die Rationalität organisationaler Entscheidungsprozesse. In: Hinterhuber H., Friedrich S., Al-Ani A., Handlbauer G. (Hrsg.) *Das Neue Strategische Management. Perspektiven und Elemente einer zeitgemässen Unternehmensführung,* 147–182. Wiesbaden: Gabler.

Becker J. 1998. *Marketing-Konzeption: Grundlagen des strategischen und operativen Marketing-Managements.* München: Vahlen.

Belz C., Kernstock J., Reinecke S., Reinhold M., Rudolph T., Schögel M., Senn C., Tomczak T. 2000. *Marketing Change.* St. Gallen: Thexis.

Belz F. 1995. *Ökologie und Wettbewerbsfähigkeit in der Schweizer Lebensmittelbranche.* Bern / Stuttgart / Wien: Paul Haupt.

Belz F. 2001. *Integratives Öko-Marketing. Erfolgreiche Vermarktung von ökologischen Produkten und Leistungen.* Wiesbaden: Dt. Universitätsverlag / Wiesbaden: Gabler.

Bentz S. 2001. Beteiligung der Mitarbeiter an Umweltmanagementsystemen. Eine empirische Untersuchung bei drei ISO 14001-zertifizierten Schweizer Unternehmen. St. Gallen: Universität St. Gallen, Dissertation Nr. 2483. Konstanz: Maus Druck & Medien.

Böttger M. 1995. *Einführung ökologischer Produkte. Timing-Strategien – dargestellt am Beispiel der Automobilindustrie.* Berlin: Verlag Wissenschaft & Praxis.

Braune P., Franke J. 1992. Akzeptanz des Kantinenessens: ein innerbetriebliches Marketingproblem. In: *zfo* 1/1992, 42–46.

Büchel H. 1996. *Durchsetzung von Öko-Produkten im Markt am Beispiel der biologisch-vegetarischen Ernährungslinie des SV-Service.* St. Gallen: Universität St. Gallen, unveröffentlichte Diplomarbeit.

Bundesamt für Statistik 2000. *Einkommens- und Verbrauchserhebung 1998 (EVE 98) Erste Ergebnisse.* Neuchâtel: Bundesamt für Statistik.

Campiche M. 1992. Zurück zum Essen! In: GDI (Hrsg.) *Taste the Difference! Europäische Ess- & Trinkkultur im Wandel. Trends und Konsequenzen für Handel, Lebensmittelindustrie und Gastronomie*, 117–122. Rüschlikon / Zürich: Gottlieb Duttweiler Institut, GDI-Schrift Nr. 81, September 1992.

Christopher M. 1998. *Logistics and Supply Chain Management. strategies for reducing costs and improving service.* London: Pitman.

Cohen M.D., March J.G., Olsen J.P. 1972. A Garbage Can Model of Organizational Choice. In: *Administrative Science Quarterly,* No. 1, 1–25.

Dachler H-P. 1988. Allgemeine Betriebswirtschafts- und Managementlehre im Kreuzfeuer verschiedener sozialwissenschaftlicher Perspektiven. In: Wunderer R. (Hrsg.) *Betriebswirtschaftslehre als Management- und Führungslehre*, 65–83. Stuttgart: Poeschel.

Darby M.R., Karni E. 1973. Free Competition and the Optimal Amount of Fraud. In: Journal of Law and Economics, Vol. 16, 67–88.

David P. 1986. Understanding the economics of QWERTY: The necessity of history. In: Parker W. (ed.) *Economic History and the modern economics*, 30–49. Oxford / New York.

Dettmer H., Hausmann T., Kaufner M., Wilde H. 1998. *Controlling im Food & Beverage-Management.* München / Wien: Oldenbourg.

Dörner D. 1993. *Die Logik des Misslingens. Strategisches Denken in komplexen Situationen.* Hamburg: Rowohlt Taschenbuch.

Dyllick T. 1989. *Management der Umweltbeziehungen: Öffentliche Auseinandersetzungen als Herausforderung.* Wiesbaden: Gabler.

Dyllick T., Belz F., Schneidewind U. 1997. *Ökologie und Wettbewerbsfähigkeit.* München: Carl Hanser / Zürich: Verlag Neue Zürcher Zeitung.

Dyllick T., Belz F. 1994. Ökologische Unternehmensentwicklung – die Entstehung einer dynamischen Perspektive. In: Kreikebaum H., Seidel E., Zabel H.-U. (Hrsg.) *Unternehmenserfolg durch Umweltschutz. Rahmenbedingungen, Instrumente, Praxisbeispiele,* 53–69. Wiesbaden: Gabler.

Dyllick T., Klement E. 1999. Ökologische Lernprozesse in der Papierkette: Eine Fallstudie. Paper presented at the *Seventh Global Conference on Paper & the Environment.* 31.05.1999, Berlin.

Dziadek J. 1997. *Definition eines Knorr-Biosortiments im Hinblick auf die Nachfrage eines Grosskunden.* Bernburg: Fachhochschule Anhalt, unveröffentlichte Diplomarbeit.

Eggli D. 1992. Psychoanalyse eines Restaurantbesuches. Die endgültige Wahrheit über die Motive eines Restaurantbesuches. In: GDI (Hrsg.) *Taste the Difference! Europäische Ess- & Trinkkultur im Wandel. Trends und Konsequenzen für Handel, Lebensmittelindustrie und Gastronomie,* 107–111. Rüschlikon / Zürich: Gottlieb Duttweiler Institut, GDI-Schrift Nr. 81, September 1992.

Eggli D. 1992. Kleine Psychoanalyse der Küche. In: GDI (Hrsg.) *Taste the Difference! Europäische Ess- & Trinkkultur im Wandel. Trends und Konsequenzen für Handel, Lebensmittelindustrie und Gastronomie*, 112–116. Rüschlikon / Zürich: Gottlieb Duttweiler Institut, GDI-Schrift Nr. 81, September 1992.

Eggli D. (Hrsg.) 2000. *Portrait & Konzepte 1999/2000. Das Jahrbuch der neuen Gastronomie.* Winterthur: Edition Salz&Pfeffer.

Eisenhardt K. 1989. Building Theory from Case Study Research. In: *Academy of Managment Review,* Vol 14, No. 4, 532–550.

Empacher C., Götz K. 1999. Ansprüche an ökologische Innovationen im Lebensmittelbereich. Ergebnisse einer Verbraucherbefragung im BMBF-Projekt „Wissenstransfer". Frankfurt/Main: ISOE, ISOE Diskussionspapiere 10.

Eyhorn F., Oberle B., und Studierende der Abteilung XB der ETH Zürich. 1997. *Das Mensa-Projekt. Einführung von Bio-Produkten in den ETH-Ver-*

pflegungsstätten. Bericht zur Kleinen Fallstudie WS 96/97. Zürich: ETH Zürich: UNS Working Paper.

FAO (ed.) 2000. Food Safety and Quality as affected by Organic Farming. Agenda Item 10.1. *22nd FAO Regional Conference for Europe.* Porto, Portugal, 24th–28th July 2000.

Finger M., Bürgin S., Haldimann U. 1996. Ansätze zur Förderung organisationaler Lernprozesse im Umweltbereich. In: Roux M., Bürgin S. (Hrsg.) *Förderung umweltbezogener Lernprozesse in Schulen, Unternehmen und Branchen,* 43–70. Basel / Boston / Berlin: Birkhäuser.

food service 09/2000a. Schweiz: Foodservice Top 25. In: *food service Wirtschaftsfachzeitschrift für professionelle Gastronomie.* Nr. 09/2000, 46. Frankfurt/Main: Verlagsgruppe Deutscher Fachverlag.

food service 09/2000b. Das Geld sitzt wieder lockerer. In: *food service Wirtschaftsfachzeitschrift für professionelle Gastronomie.* Nr. 09/2000, 44–53. Frankfurt/Main: Verlagsgruppe Deutscher Fachverlag.

food service 09/97a. Schweiz: Foodservice Top 30. In: *food service Zeitschrift für System- und Handelsgastronomie, Fast Food und Snack,* Nr. 09/1997, 40. Frankfurt/Main: Verlagsgruppe Deutscher Fachverlag.

food service 09/97b. Re-engineering ist angesagt. In: *food service Zeitschrift für System- und Handelsgastronomie, Fast Food und Snack,* Nr. 09/1997, 38–46. Frankfurt/Main: Verlagsgruppe Deutscher Fachverlag.

Friedrich S. 2000. Quo vadis Strategisches Management? Zugleich ein Vorwort zur 2. Auflage des „Neuen Strategischen Management". In: Hinterhuber H., Friedrich S., Al-Ani A., Handlbauer G. (Hrsg.) *Das Neue Strategische Management. Perspektiven und Elemente einer zeitgemässen Unternehmensführung,* 7–30. Wiesbaden: Gabler.

Gebert D., von Rosenstiel, L. 1996. *Organisationspsychologie: Person und Organisation.* Stuttgart / Berlin / Köln: Kohlhammer.

Giddens A. 1992. *Die Konstitution der Gesellschaft. Grundzüge einer Theorie der Strukturierung.* Frankfurt/Main / New York: Campus.

Hakkio S., Laaksonen P. 1998. Relationships in Marketing Channels: Examining Communication Abilities through Cognitive Structures. In: *Psychology & Marketing,* Vol. 15(3), 215–240.

Hallay H. 1996. *Ökologische Entwicklungsfähigkeit von Unternehmen.* Marburg: Metropolis.

Hamel G., Prahalad C.K. 1994. *Competing for the Future.* Boston: Harvard Business School Press.

Hansen U. 1995. Verbraucher- und umweltorientiertes Marketing – Spurensuche einer dialogischen Marketingethik. In: Hansen U. (Hrsg.) *Spurensuche einer dialogischen Marketingethik.* Stuttgart: Schäffer-Poeschel.

Hansen U. 1988. Ökologisches Marketing im Handel. In: Brandt A., Hansen U., Schoenheit I., Werner K. (Hrsg.) *Ökologisches Marketing*, 331–362. Frankfurt/Main / New York: Campus.

Hanslik A., Kernstock J. 1999. Kooperative Leistungssysteme im Airline-Marketing. In: *Thexis,* Nr. 3/99, 36–41.

Hauschildt J. 1997. *Innovationsmanagement.* München: Vahlen.

Hedberg B. 1981. How organizations learn and unlearn. In: Nystrom P.C., Starbuck W.H. (eds.) *Handbook of organizational design. Vol. 1*, 3–27. New York / Oxford: Oxford University Press.

Hermanowski R., Roehl R., Schreiber M., Zülow B., Fritz M. 1997. *Erfolgreicher Einsatz ökologischer Lebensmittel in Gemeinschaftsverpflegung und Gastronomie.* Stuttgart: Hugo Matthaes.

Hinterhuber H., Friedrich S., Al-Ani A., Handlbauer G. (Hrsg.) *Das Neue Strategische Management. Perspektiven und Elemente einer zeitgemässen Unternehmensführun.* Wiesbaden: Gabler.

Hirsch M. 1988. Pausenverpflegung und Personalrestaurant sind wichtige Unternehmensanliegen. In: *io Management Zeitschrift* 57 (1988) Nr. 7/8, 363–366.

Hirsch Hadorn G. On the term of „Case" and its Function in Case Study Research. Paper presented at the *5th AUDES Conference on Environmental Education „Case Studies in Environmental Education and Research"*, 16.04.1999, ETH Zürich.

Hornberger S. 2000. Evaluation in Veränderungsprozessen. In: Schreyögg G., Conrad P. (Hrsg.) 2000. *Organisatorischer Wandel und Transformation. Managementforschung Band 10,* 239–277. Wiesbaden: Gabler.

Horvath, P. (Hrsg.) 1993. *Target Costing: marktorientierte Zielkosten in der deutschen Praxis.* Stuttgart: Schäffer-Poeschel.

Hummel J. 1997. *Strategisches Öko-Controlling. Konzeption und Umsetzung in der textilen Kette.* Wiesbaden: Dt. Universitätsverlag / Wiesbaden: Gabler.

Jungbluth N. 2000. *Umweltfolgen des Nahrungsmittelkonsums: Beurteilung von Produktmerkmalen auf Grundlage einer modularen Ökobilanz.* Dissertation Nr. 13499, UNS, ETH Zürich. Berlin: dissertation.de.

Jungbluth N., Frischknecht R. 2001a. Environmental impacts of food purchases investigated in a modular LCA. In: Geerken, T. (ed.) *International Conference on LCA in Foods*, 163–168. SIK-Document 143. The Swedish Institute for Food and Biotechnology, Gothenburg, Sweden.

Jungbluth N., Frischknecht R. 2001b. *The use of Eco-indicator 99 for the impact assessment of food products.* In: Geerken, T. (ed.) *International Con-*

ference on LCA in Foods, 1–6. SIK-Document 143. The Swedish Institute for Food and Biotechnology, Gothenburg, Sweden.

Kaas K.P. 1990. Marketing als Bewältigung von Informations- und Unsicherheitsproblemen im Markt. In: *Die Betriebswirtschaft*, 50. Jg., Nr. 4, 539–548.

Kappler E. 1983. Planung ohne Prognose. In: Kappler E., Seibel J., Sterner S. (Hg). *Entscheidungen für die Zukunft. Instrumente und Methoden der Unternehmensplanung*. Frankfurt/Main: FAZ Verlag.

KATAG 1999. *Die Schweizer Beiz hat wieder ihren Reiz. Kennzahlen des Gastgewerbes und des Schweizer Grosskonsumentenmarktes an der Schwelle des 21. Jahrhunderts*. Luzern: KATAG.

Kirsch W. 1997. *Betriebswirtschaftslehre: eine Annäherung aus der Perspektive der Unternehmensführung*. Herrsching: Kirsch.

Kolk U. 1990. *Strategieentwicklung: ein anwenderorientiertes Konzept*. Wiesbaden: Dt. Universitätsverlag.

Kotler P. 1986. Megamarketing. In: *Harvard Business Review*, März/April 1986, 117–124.

Kotler P., Bliemel F. 1999. *Marketing-Management. Analyse, Planung, Umsetzung und Steuerung*. Stuttgart: Schäffer-Poeschel.

Kroeber-Riel, W. 1992. *Konsumentenverhalten*. München: Verlag Vahlen.

Laberenz H., Naatz O.-W. 2000. Biogerichte in Betriebsrestaurants. In: *ÖKOLOGIE & LANDBAU* 113, 1/2000, 39–40.

Lee H. 2000. *Ökologie und Innovation in schweizerischen Industrieunternehmen. Eine empirische Untersuchung zur Bedeutung der Ökologie im Innovationsprozess*. Universität St. Gallen: Dissertation Nr. 2329 / Bamberg: Difo-Druck.

Levitt B., March J. 1990. Chester I. Barnard and the Intelligence of Learning. In: Williamson, O.E. (ed.) *Organization Theory. From Chester Barnard to the Present and Beyond*, 11–37. New York / Oxford: Oxford University Press.

Liebl F. 1996. *Strategische Frühaufklärung. Trends – Issues – Stakeholders*. München / Wien: Oldenbourg.

Lincke W. 1995. *Simultaneous Engineering: neue Wege zu überlegenen Produkten*. München / Wien: Carl Hanser.

Luhmann N. 2000. *Organisation und Entscheidung*. Opladen / Wiesbaden: Westdt. Verlag.

Luhmann N. 1989. *Vertrauen – ein Mechanismus der Reduktion sozialer Komplexität*. Stuttgart.

Maier S. (in Druck). Conditions for learning partnerships. In: Bartolomeo M., Tukker A., De Bruijn T. (eds.) (in Druck). *Partnership and Leadership – Building Alliances for a Sustainable Future.* Dordrecht/NL: Kluwer.

Maier S., Finger M, Haldimann U. 1999. Sustainable Development in the Swiss Food Sector: Restrictions and Strategies for Co-operations. Paper presented at the *Academy of Management Conference*, 09.08.1999, Chicago.

Maier S., Finger M. 2001 Constraints against Organizational Change Processes regarding the Introduction of Organic Products: Case Findings from the Swiss Food Industry. In: *Business Strategy and the Environment,* Vol. 10, No.2, 89–99.

Marchand R. 2000. *Die Förderung der Sinnsouveränität qualifizierter Mitarbeiterinnen und Mitarbeiter.* St. Gallen: Dissertationsschrift.

Matiaske B. 1992. Europäisierung der Ernährungsstile: Genuss und/oder Gesundheit? In: GDI (Hrsg.) *Taste the Difference! Europäische Ess- & Trinkkultur im Wandel. Trends und Konsequenzen für Handel, Lebensmittelindustrie und Gastronomie*, 9–36. Rüschlikon / Zürich: Gottlieb Duttweiler Institut, GDI-Schrift Nr. 81, September 1992.

Mayring P. 1996. *Einführung in die qualitative Sozialforschung.* Weinheim: Psychologie VerlagsUnion.

Meffert H., Kirchgeorg M. 1998. *Marktorientiertes Umweltmanagement. Konzeption – Strategie – Implementierung mit Praxisfällen.* Stuttgart: Schäffer-Poeschel.

Meyer A. 2000. Jenseits der Ökonische in der Bekleidungsindustrie. In: Villiger A., Wüstenhagen R., Meyer A. *Jenseits der Ökonische.* Basel / Boston / Berlin: Birkhäuser.

Miles M., Weitzman, E. 1994. Choosing computer programs for qualitative data analysis. In Miles M., Huberman M. (eds.) 1994. *Qualitative data analysis : an expanded sourcebook.* Thousand Oaks, CA. / London: Sage Publications.

Milgrom P., Roberts J. 1992. *Economics, Organization and Management.* Englewood Cliffs, NJ: Prentice Hall.

Minsch J., Eberle A., Meier B., Schneidewind U. 1996. *Mut zum ökologischen Umbau. Innovationsstrategien für Unternehmen, Politik und Akteurnetze.* Basel / Boston / Berlin: Birkhäuser.

Mintzberg H., Lampel J. 1999. Reflecting on the Strategy Process. In: *Sloan Management Review*, Spring 1999, 21–30.

Mintzberg H., Waters J. 1985. Of Strategies, Deliberate and Emergent. In: *Strategic Management Journal*, Vol. 6, 257–272.

Nonaka I., Takeuchi H. 1997. *Die Organisation des Wissens: wie japanische Unternehmen eine brachliegende Ressource nutzbar machen.* Frankfurt/Main / New York: Campus.

Norgaard R. 1994. *Development Betrayed: The end of progress and a coevolutionary revisioning of the future.* London: Routledge.

NZZ 20.12.2000. Curtis Bon appétit Group stösst Passagio ab. *NZZ* Nr. 297, 23, 20.12.2000.

NZZ 30.03.2001. Vom Nischenprodukt zum Allgemeingut? BSE-Krise als Chance für Bio-Fleisch. *NZZ* Nr. 75, 13, 30.03.2001.

NZZ 19.04.2001. Furcht der Wirte vor Gewalt und Gesetzesflut. *NZZ* Nr. 90, 13, 19.04.2001.

NZZ 25.06.2001. Die SP möchte ein „Bioland Schweiz". *NZZ* Nr. 144, 10, 25.06.2001.

Oehninger N. 2000. Private standards and legal regulations for organic production. In: Stucki B., Meier U. (eds.) 2000. *Proceedings 1st International Seminar „Organic Food Processing" IFOAM 2000 – The World Grows Organic*, 77–79. *Basel, August 28th–29th, 2000.* Frick: Forschungsinstitut für biologischen Landbau (FiBL). Zürich: vdf Hochschulverlag.

Ortmann G., Sydow J., Windeler A. 1997. Organisation als reflexive Strukturation. In: Ortmann G., Sydow J., Türk K. (Hrsg.) *Theorien der Organisation: die Rückkehr der Gesellschaft*, 315–354. Opladen: Westdt. Verlag.

Pettigrew A. 1987. Context and Action in the Transformation of the Firm. In: *Journal of Management Studies*, 24:6, November, 649–670.

Pfriem R. 1996. *Unternehmenspolitik in sozialökologischen Perspektiven.* Marburg: Metropolis.

Polanyi M. 1990. *Implizites Wissen.* Frankfurt/Main: Suhrkamp.

Porter M. 1999. *Wettbewerbsvorteile: Spitzenleistungen erreichen und behaupten.* Frankfurt / New York: Campus.

Porter M. 1992. *Wettbewerbsstrategie.* Frankfurt / New York: Campus.

Prahalad C.K., Hart S.L. 1999. Strategies for the Bottom of the Pyramid: Creating Sustainable Development. Draft Paper distributed at the *Academy of Management Conference*, August 1999, Chicago.

Quinn J.B. 1978/1988. Strategic Change: „Logical Incrementalism". In: Quinn, J.B.; Mintzberg, H.; James, R.M. (Eds.) (1988) *The strategy process. Concepts, contexts, and cases*, 94–104. Englewood Cliffs, N.J.: Prentice Hall. (Excerpts from an article originally published in Sloan Management Review I, No. 20 (Fall), 1978, 7–21.)

Quinn J.B. 1980. *Strategies for change: logical incrementalism.* Homewood, Ill.: Irwin.

Raffée H. 1979. *Marketing und Umwelt.* Stuttgart: Poeschel.

von Rosenstiel L. 1995. Motivation durch die Organisation. In. Comelli G., von Rosenstiel L. *Führung durch Motivation*, 221–271. München: Beck.

Rüegg-Stürm J. 2001. *Organisation und organisationaler Wandel. Eine theoretische Erkundung aus konstruktivistischer Sicht.* Wiesbaden: Westdt. Verlag. (im Erscheinen)

Scanlon N.L. 1999. *Marketing by menu.* New York, NY: Wiley.

Schaefer A., Harvey B. 1998. Stage models of corporate „greening": a critical evaluation. In: *Business Strategy and the Environment*, Vol. 7, 109–123.

Scharf A., Volkmer H.-P. 1997. Geschmackswahrnehmungen und Geschmackspräferenzen bei Nahrungs- und Genussmitteln unter besonderer Berücksichtigung von Produkterwartungen. In. *MARKETING ZFP*, Heft 2, 2. Quartal 1997, 93–106.

Schlatter A. 1998. *Umwelt-Dialog in Unternehmen. Gestaltung ökologieorientierter Lernprozesse.* Wiesbaden: Dt. Universitätsverlag / Wiesbaden: Gabler.

Schmid O. 2000. Evaluation of governmental regulations and private standards for processing of organic food products. In: Stucki B., Meier U. (eds.) 2000. *Proceedings 1st International Seminar „Organic Food Processing" IFOAM 2000 – The World Grows Organic*, 59–67. *Basel, August 28th–29th, 2000.* Frick: Forschungsinstitut für biologischen Landbau (FiBL). Zürich: vdf Hochschulverlag.

Schneidewind U. 1998. *Die Unternehmung als strukturpolitischer Akteur.* Marburg: Metropolis.

Schreiber C. 2001. Wird der Landwirt zum Angestellten? Die Kehrseite der tiergerechten Label-Produktion. In: *NZZ* Nr. 93, S. 11, 23.04.2001.

Schreyögg G. 1998. Strategische Diskurse: Strategieentwicklung im organisatorischen Prozess. In: *Organisationsentwicklung* 4/98, Vol. 17, 32–43.

Schreyögg G., Conrad P. (Hrsg.) 2000. *Organisatorischer Wandel und Transformation. Managementforschung Band 10.* Wiesbaden: Gabler.

Schreyögg G., Noss C. 2000. Von der Episode zum fortwährenden Prozess – Wege jenseits der Gleichgewichtslogik im Organisatorischen Wandel. In: Schreyögg G., Conrad P. (Hrsg.) 2000. *Organisatorischer Wandel und Transformation. Managementforschung Band 10,* 33–62. Wiesbaden: Gabler.

Schwaderlapp R. 1999. *Umweltmanagementsysteme in der Praxis. Qualitative empirische Untersuchung über die organisatorischen Implikationen des Öko-Audits.* München / Wien: Oldenbourg.

Tanner C., Wölfing Kast S., Arnold S., Sätteli K. 1998. *Internale und externale Restriktionen und Ressourcen des ökologisch nachhaltigen Lebensmitteleinkaufs.* Bern: Forschungsbericht aus dem psychologischen Institut der Universität Bern, 1998-2.

Tanner C., Wölfing-Kast S., Arnold S. 1999. *Typisierung von Konsumenten und Konsumentinnen aufgrund personaler und verhaltensbezogener Unterschiede.* Bern: Forschungsbericht aus dem psychologischen Institut der Universität Bern, 1999-2.

Tappeser B., Baiser A., Dette B., Tügel H. 1999. *Die_blaue_Paprika. Globale Nahrungsmittelproduktion auf dem Prüfstand.* Basel / Boston / Berlin: Birkhäuser.

Tomczak T., Müller F. 1993. Erklärungswettbewerb. In: *SMM Schweizer Maschinenmarkt*, Nr. 9, 1993, 38–41.

Ulrich H. 1981. Die Betriebswirtschaftslehre als anwendungsorientierte Sozialwissenschaft. In: Geist M., Köhler R. (Hrsg.) *Die Führung des Betriebes,* 1–25. Stuttgart.

Villiger A. 2000. *Von der Öko-Nische zum ökologischen Massenmarkt. Strategien und Perspektiven für den Lebensmittelsektor.* Wiesbaden: Dt. Universitätsverlag / Wiesbaden: Gabler.

Villiger A. Wüstenhagen R., Meyer A. 2000. *Jenseits der Ökonische.* Basel / Boston / Berlin: Birkhäuser.

Welford R. 1995. *Environmental Strategy and Sustainable Development. The corporate challenge for the 21st century.* London / New York: Routledge.

Williamson O.E. 1975. *Markets and Hierarchies: Analysis and Antitrust Implications.* New York: Free Press.

Wüstenhagen R. 1997. *Ökologie im Catering-Markt Schweiz. Branchenanalyse und Beurteilung ökologischer Wettbewerbsstrategien in der Gemeinschaftsgastronomie.* St. Gallen: Universität St. Gallen, IWÖ-HSG, Diskussionsbeitrag Nr. 45.

Wüstenhagen R. 1998. *Greening Goliaths versus Multiplying Davids: Pfade einer Coevolution ökologischer Massenmärkte und nachhaltiger Nischen.* St. Gallen: Universität St. Gallen, IWÖ, Diskussionsbeitrag Nr. 61.

Wüstenhagen R. 2000. *Ökostrom – von der Nische zum Massenmarkt. Entwicklungsperspektiven und Marketingstrategien für eine zukunftsfähige Elektrizitätsbranche.* Zürich: vdf Hochschulverlag.

Yin R.K. 1994. *Case Study Research. Design and Methods.* Thousand Oaks, CA. / London: Sage Publications.

Zuccolin I. 1997. *Öko-Marketing am Beispiel des Projektes Bio-logisch im SV-Service.* Bern: BFF Bern, unveröffentlichte Diplomarbeit.

Informationsmaterial verschiedener Organisationen

Mövenpick Konzern

Mövenpick Produktions AG o.J. Salesfolder Biogratins. Birmenstorf.

Mövenpick 1996. Geschäftsbericht 1996. Adliswil.

Mövenpick 1999. Geschäftsbericht 1999. Adliswil.

SV-Service

SV-Service (o.J.)a. Ökologie in der Gemeinschaftsgastronomie. Die acht Grundsätze des SV-Service. Zürich: SV-Service.

SV-Service (o.J.)b. Richtig geniessen, logisch. Gesundheit inbegriffen. Bio-logisch. Erste Broschüre zur Gästeinformation. Zürich: SV-Service.

SV-Service (o.J.)c. Handbuch. Bio logisch im SV-Service. Zürich: SV-Service.

SV-Service 1997a. Power aus der Knospe. Broschüre mit Beigabe von biologischen Kressesamen zur Gästeinformation am „Biotag", 27.10.1997, von SV-Service und Bio Suisse. Zürich: SV-Service.

SV-Service 1997b. Organigramm SV-Service. Stand 1. März 1997. Zürich: SV-Service.

SV-Service Umweltbericht 1997. Zürich: SV-Service.

SV-Service Geschäftsbericht 1997. Zürich: SV-Service.

SV-Service AG Umweltbericht 1999. Zürich: SV-Service AG.

SV-Group Geschäftsbericht 1999. Zürich: SV-Group.

SV-Group 2001. Aufbauorganisation der SV-Group. Auszug aus dem Management-Handbuch der SV-Group, Version 01, 01.05.2001, Seite 6.

Andere Organisationen

Bio Suisse 1997a). Das Leitbild VSBLO / BIO SUISSE. Basel: VSBLO / Bio Suisse.

Bio Suisse 1997b) Richtlinien für die Erzeugung, Verarbeitung und den Handel von Produkten aus biologischem (ökologischem) Anbau. Fassung vom 01.01.1997. Basel: VSLBO / Bio Suisse.

Bio Suisse 2000. Informationsmaterial zur Medienkonferenz vom 28. März 2000 in Bern. Basel: Bio Suisse.

Bio Suisse 2001. Informationsmaterial zur Medienkonferenz vom 29. März 2001 in Bern. Basel: Bio Suisse.

Coop 2001. Hintergrundinformationen zu den vier Coop Kompetenzmarken. Basel: Coop.

Frisco-Findus o.J. Findus Naturessa: Gemüseprodukte für natürlichen, gesunden Genuss. Rorschach: Frisco-Findus AG (Nestlé-Tochter).

MGB und Bio Suisse 1996. Einigung zwischen Migros und Biobauern. Pressemitteilung des Migros-Genossenschafts-Bunds und der Bio Suisse, Basel/Zürich, 06.08.1996.

Migros 2001. Umweltbericht des Migros-Genossenschafts-Bundes 2000. Zürich: Migros-Genossenschafts-Bund.

Swissair Gazette 6/97. A Timely Concept: „natural gourmet“. Swissair Gazette 6/97, 10–11.

Swissair Gazette 6/97. „natural gourmet“ Catering on Board. Swissair introduces a radical new nutrition concept. Swissair Gazette 6/97, 19.

WWF Schweiz & SKS 1996. Ökolabels für Lebensmittel. Zürich: WWF Schweiz.

WWF Schweiz & SKS 2000. Ausgezeichnet Einkaufen. Labels für Lebensmittel. Zürich: WWF Schweiz.

Anhang: Interviewleitfäden

Interviewleitfaden Erstgespräch

- Wie ist es zu der Einführung des biologischen Angebots gekommen? (Wer, Warum?)
- Wie lief das ab, von der Entwicklung bis zur Einführung? (Was waren Probleme – wie haben Sie sie gelöst?)
- Was waren die grössten Herausforderungen bei der Einführung von „Bio logisch“? Wie haben Sie sie gelöst?
- Wie wurden das Unternehmen, besonders die Beschaffung und die Betriebe (SV-Service) / die Beschaffung und die Produktion (ProdAG) auf die Bioprodukte vorbereitet? (Was waren Probleme – wie haben Sie sie gelöst?)
- Warum haben Sie sich für die Knospe entschieden?
- Wie lief die Zusammenarbeit mit der VSBLO ab? (Was waren Probleme – wie haben Sie sie gelöst?)
- Was haben Sie bei der Einführung der Bioprodukte gelernt / was hat sich verändert? (a) im Unternehmen, b) als Person?)
- Wie werden die Lernprozesse im Unternehmen festgehalten?
- Welche Bezug zu Ökologie / Nachhaltiger Entwicklung hat die Einführung der Bioprodukte in Ihren Augen?
- Was halten Sie persönlich von Bioprodukten?
- Wer ist noch besonders von der Einführung der Bioprodukte betroffen, mit dem ich sprechen sollte?

Interviewleitfaden für SV-Service Küchenchefs

- Wie lief die Einführung des Programms „Bio logisch“ für Ihren Betrieb ab?
- Wie wurden Sie von der Zentrale auf „Bio logisch“ vorbereitet? (Schulung, Lieferanten, Werbung?)
- Wie sind Ihre Erfahrungen mit „Bio logisch“ hier im Betrieb? (Mitarbeiter, Gäste, Auftraggeber, Lieferanten, VSBLO)
- Wurden Ihre Erfahrungen von der Zentrale abgefragt? (Wer ist Ansprechpartner?)
- Was waren die grössten Herausforderungen bei der Einführung von „Bio logisch“? Wie haben Sie sie gelöst?
- Was haben Sie bei der Einführung der Bioprodukte gelernt? / was hat sich verändert? (a) im Betrieb, b) als Person?)
- Wie werden die Lernprozesse im Unternehmen festgehalten?
- Welchen Bezug zu Ökologie / Nachhaltiger Entwicklung hat das Programm „Bio logisch“ in Ihren Augen?
- Was halten Sie persönlich von Bioprodukten?

Zusätzlich für Betrieb „Biopionier“:

- Warum haben Sie das Bioangebot angefangen?
- Was waren Ihre Erfahrungen? (Lieferanten, Mitarbeiter, Gäste?)
- Wusste die Zentrale von Ihrem Angebot – wurden Ihre Erfahrungen in die Entwicklung von „Bio logisch“ einbezogen?
- Was hat sich für Sie nach dem Programmstart verändert? (Besser / schlechter, warum?)

Interviewleitfaden für Lieferanten

- Wie ist es zu der Einführung des biologischen Angebots gekommen? (Wer, Warum?)
- Wie beschaffen Sie Ihre Bioprodukte?
- Wie sind Ihre Erfahrungen mit dem SV-Service?
- Was waren die grössten Herausforderungen in der Kundenbeziehung zum SV-Service? Wie haben Sie sie gelöst?
- Wie lief die Zusammenarbeit mit der VSBLO ab? (Was waren Probleme – wie haben Sie sie gelöst?)
- Was haben Sie bei der Einführung der Bioprodukte gelernt? / was hat sich verändert? (a) im Unternehmen, b) als Person?)
- Wie werden die Lernprozesse im Unternehmen festgehalten?
- Welchen Bezug zu Ökologie / Nachhaltiger Entwicklung haben Bioprodukte in Ihren Augen?
- Was halten Sie persönlich von Bioprodukten?

Über die Autorin

Dr. Simone Maier wurde 1968 in Düsseldorf geboren. Nach einer Berufsausbildung als Gross- und Aussenhandelskauffrau studierte sie von 1990 bis 1996 Wirtschaftswissenschaft an der Universität Witten/Herdecke, Deutschland, und der University of Haifa, Israel.
1996 ging Simone Maier als wissenschaftliche Mitarbeiterin an das idheap (Institut des Hautes Etudes en Administration Publique) in Lausanne. Dort arbeitete sie als Projektleiterin im transdisziplinären Forschungsprojekt des Schweizer Nationalfonds (Schwerpunktprogramm Umwelt) „Nachhaltige Schweiz im internationalen Kontext – Visionen, Strategien und Instrumente am Beispiel des Bedürfnisfelds Ernährung“. Zusätzlich erfüllte sie während dieser Zeit Lehraufträge an den Universitäten Bern und Witten/Herdecke und Beratungsmandate für mehrere Schweizer Non-profit-Organisationen.
Nach Abschluss des Forschungsprojektes stellte sie in den Jahren 2000 und 2001 als wissenschaftliche Mitarbeiterin am IWÖ-HSG (Institut für Wirtschaft und Ökologie der Universität St. Gallen) ihre Doktorarbeit fertig. Gleichzeitig erarbeitete sie mit zwei Kolleginnen aus dem Nationalfondsprojekt eine Heuristik für transdisziplinäre Forschungsprojekte im Bereich der nachhaltigen Entwicklung (erscheint ebenfalls im vdf Hochschulverlag).
Seit August 2001 arbeitet Simone Maier als Strategieentwicklerin beim Schweizer Verband der Raiffeisenbanken in St. Gallen.

Weitere Bände der Reihe «Wirtschaft – Energie – Umwelt»

Band 1:

Thomas Dyllick, Jost Hamschmidt
Wirksamkeit und Leistung von Umweltmanagementsystemen
Eine Untersuchung von ISO 14001-zertifizierten Unternehmen in der Schweiz
2000, 180 Seiten, zahlr. Abb., Format 16 x 23 cm, broschiert, ISBN 3 7281 2770 1

Umweltmanagementsysteme nach ISO 14001 etablieren sich zunehmend als Grundlage eines systematischen Umgangs mit Umweltfragen in Unternehmen, nicht nur in der Schweiz, sondern weltweit. Welche Wirkungen entfalten Umweltmanagementsysteme aber in der Unternehmenspraxis? Aus welchen Gründen werden sie eingerichtet? Wie wirken sie sich in wirtschaftlicher Hinsicht aus? Welche ökologischen Fortschritte werden durch sie erzielt? Wie sieht ihr konkreter Einsatz in der Unternehmenspraxis aus, und wie zufrieden sind die Anwender? Das vorliegende Werke enthält die Ergebnisse einer erstmalig durchgeführten Befragung der ISO 14001-zertifizierten Unternehmen durch das Institut für Wirtschaft und Ökologie an der Universität St. Gallen. Die Ergebnisse vermitteln einen empirisch begründeten, repräsentativen Überblick über die Umweltmanagementsystem-Praxis in Schweizer Unternehmen.

Band 2:

Rolf Wüstenhagen
Ökostrom – von der Nische zum Massenmarkt
Entwicklungsperspektiven und Marketingstrategien für eine zukunftsfähige Elektrizitätsbranche
2000, 352 Seiten, zahlr. Abb., Format 16 x 23 cm, broschiert, ISBN 3 7281 2777 9

Dank der Liberalisierung des Strommarktes können Kunden heute mitentscheiden, wie ihre Elektrizität produziert wird. Insbesondere erneuerbare Energien stossen bei den Konsumenten auf grosse Sympathie. Für die Anbieter von Elektrizität bietet das Ökostrom-Marketing einen möglichen Ausweg aus dem Verdrängungswettbewerb und eine Chance zur Erlangung nachhaltiger Wettbewerbsvorteile. Der Marktanteil dieser Produkte ist heute aber noch gering: Ökostrom wird zumeist als (teures) Nischenprodukt konzipiert. Aus der Perspektive einer Nachhaltigen Entwicklung ist diese Öko-Nische zwar ein notwendiger, aber kein hinreichender Schritt. Ausgehend von diesem Grundverständnis, zeigt Wüstenhagen Wege zur Diffusion ökologischer Stromprodukte in den Massenmarkt auf. Die Arbeit kombiniert eine theoretisch-konzeptionelle Analyse mit empirischen Erkenntnissen aus dem Ökostrom-Markt in Deutschland, der Schweiz, den USA und Grossbritannien sowie Quervergleichen zu anderen Branchen.

Band 3:

Jörg Wild
Deregulierung und Regulierung der Elektrizitätsverteilung
Eine mikroökonomische Analyse mit empirischer Anwendung für die Schweiz
2001, 240 Seiten, zahlr. Abb., Format 16 x 23 cm, broschiert, ISBN 3 7281 2783 3

In den nächsten Jahren wird die schweizerische Elektrizitätswirtschaft dereguliert werden. Die aktuelle Diskussion konzentriert sich jedoch hauptsächlich auf die Stromerzeugung und -übertragung. Die regionale und lokale Stromverteilung wird dabei oft ausser acht gelassen, obwohl etwa die Hälfte aller Kosten der Elektrizitätswirtschaft auf dieser Stufe entstehen.

Die vorliegende Arbeit untersucht, welche Rahmenbedingungen der Gesetzgeber bei der Elektrizitätsverteilung setzen kann und soll, damit die Marktöffnung zu einer Verbesserung der Effizienz des Sektors und zu Wahlmöglichkeiten für alle Verbraucher – insbesondere auch für die kleinen und mittleren – führen wird. Dazu wird eine Benchmarking-Analyse der Kosten der schweizerischen Elektrizitätsverteiler durchgeführt, die zeigt, dass die aktuelle Branchenstruktur beträchtliche Ineffizienzen aufweist.

Band 4:

Gabriella Sabine Ries
Umweltkompetenzen und Wissensmanagent für eine proaktive Produktentwicklung
Kompetenzen und Fallstudien in einem Grossunternehmen im Bausektor
2001, 216 Seiten, Darst. und Tab., Format 16 x 23 cm, broschiert, ISBN 3 7281 2787 6

Die Publikation hilft bei der Klärung des Begriffs Umweltkompetenz und erläutert Massnahmen zur Verbesserung der Umweltkompetenz in Entwicklungsteams. Sie zeigt, wie Konzepte des Wissensmanagements für die spezifische Problemstellung in der umweltorientierten Produktentwicklung genutzt werden können. Die konzeptionellen Erkenntnisse werden durch eine ausführliche empirische Studie über Entwicklungsteams beim Liechtensteiner Bautechnik-Hersteller Hilti ergänzt. Ein spezielles Augenmerk wird auf die Frage nach dem geeigneten Einsatz von Instrumentarien wie Öko-Design-Methoden (z.B. Ökobilanzen) gelegt. Die Arbeit verdeutlicht, welche Anforderungen derartige Methoden erfüllen müssen, damit sie in der Produktentwicklung nutzbringend eingesetzt werden können.

Band 5:

Lukas Weber
Energie in Bürogebäuden
Verbrauch und energierelevante Entscheidungen
2002, 156 Seiten, zahlr. Abb., Format 16 x 23 cm, broschiert, ISBN 3 7281 2819 8

Energieeinsparmassnahmen sind nur gerade eine – relativ teure – Möglichkeit, den Energieverbrauch effizienter zu machen. Höhere Energieeffizienz kann auch durch umsichtige Entscheidungen über den zukünftigen Energieverbrauch erreicht werden, etwa wenn ein Gebäude gebaut wird oder wenn Energieanwendungen beschafft werden. Dass dies bis heute selten getan wird, belegt dieses Buch.
Für eine repräsentative Stichprobe von Schweizer Bürogebäuden wurden die jährliche Entwicklung des Elektrizitätsverbrauchs und energieverbrauchsrelevante Entscheidungen im Zeitraum 1986–1996 erhoben und im Detail untersucht. Die Arbeit zeigt, dass der Elektrizitätsverbrauch in Bürogebäuden praktisch eine unbeabsichtigte Folge der Unternehmenstätigkeit ist. Einzelne Gebäudemerkmale und Veränderungen der technischen Infrastruktur legen die Höhe und die Entwicklung des Energieverbrauchs weitgehend fest. Organisatorische Massnahmen zur Verbesserung der Energieeffizienz – etwa ein Energiebeauftragter – führen nicht systematisch zu einem tieferen Verbrauch. Zur Förderung einer effizienteren Energienutzung wird daher empfohlen: Konzentration auf grössere Veränderungen im Bestand und Betrieb von Energieanwendungen, Konzentration auf Schlüsselentscheidungsträger (Beschaffungseinrichtungen, technischer Dienst, externe Planer), Beförderung der Kenntnis der Energiefolgen von geschäftsbezogenen energierelevanten Veränderungen.